ユーキャンの

JN023225

2025 年版

介護福祉士

書いて覚える！
ワークノート

新カリキュラムについて

　2017（平成29）年に介護福祉士養成課程における教育内容（カリキュラム）の見直しが行われました。新しいカリキュラムに基づく国家試験は、第35回試験（2023〔令和5〕年1月実施）から行われています。

求められる介護福祉士像

平成19年度カリキュラム改正時

1. 尊厳を支えるケアの実践
2. 現場で必要とされる実践的能力
3. 自立支援を重視し、これからの介護ニーズ、政策にも対応できる
4. 施設・地域（在宅）を通じた汎用性ある能力
5. 心理的・社会的支援の重視
6. 予防からリハビリテーション、看取りまで、利用者の状態の変化に対応できる
7. 多職種協働によるチームケア
8. 一人でも基本的な対応ができる
9. 「個別ケア」の実践
10. 利用者・家族、チームに対するコミュニケーション能力や的確な記録・記述力
11. 関連領域の基本的な理解
12. 高い倫理性の保持

→ 社会状況や人々の意識の移り変わり、制度改正等

今回の改正で目指すべき像

1. 尊厳と自立を支えるケアを実践する
2. 専門職として自律的に介護過程の展開ができる
3. 身体的な支援だけでなく、心理的・社会的支援も展開できる
4. 介護ニーズの複雑化・多様化・高度化に対応し、本人や家族等のエンパワメントを重視した支援ができる
5. QOL（生活の質）の維持・向上の視点を持って、介護予防からリハビリテーション、看取りまで、対象者の状態の変化に対応できる
6. 地域の中で、施設・在宅にかかわらず、本人が望む生活を支えることができる
7. 関連領域の基本的なことを理解し、多職種協働によるチームケアを実践する
8. 本人や家族、チームに対するコミュニケーションや、的確な記録・記述ができる
9. 制度を理解しつつ、地域や社会のニーズに対応できる
10. 介護職の中で中核的な役割を担う

＋

高い倫理性の保持

出典：厚生労働省「介護福祉士養成課程における教育内容の見直し」について

❶ 新カリキュラムの見直しのポイント

①チームマネジメント能力を養うための教育内容の拡充
②対象者の生活を地域で支えるための実践力の向上
③介護過程の実践力の向上
④認知症ケアの実践力の向上
⑤介護と医療の連携を踏まえた実践力の向上

❷ 新出題基準（新カリキュラム）に対応した第35回試験の内容

　第35回試験からは、下記のとおり見直されました。

①カリキュラムの見直しにより出題される領域の順番が変更となり、午前は「人間と社会」「こころとからだのしくみ」「医療的ケア」、午後は「介護」「総合問題」の順に出題された。

②カリキュラムの見直しにより「人間関係とコミュニケーション」の時間数が増えたことで、試験科目「人間関係とコミュニケーション」の問題数が2問増えて4問になった一方で、「コミュニケーション技術」が2問減って6問になった。

ユーキャンが よくわかる！ その理由

● 過去の頻出問題から、出るポイントを凝縮して構成！！

■重要度を表示

過去に実施された試験問題を徹底的に分析。そのデータに基づき、レッスンごとに重要度をA、B、Cの3段階（最も重要度が高いのはA）で表示しています。

重要度	A
学習日	／／／

■重要事項を簡潔に表現

重要事項を簡潔に、コンパクトにまとめました。見開き単位で一定量の学習ができるため、1日の学習目標を設定しやすく、コツコツと少しずつ学習することができます。

● まとめノートをつくって効率的に理解できる

■キーワードの穴埋めや表づくりで理解

【書いて覚えよう！】では、左ページで学習した内容から、重要キーワードを穴埋めで書き込んだり、表や図を完成させることで、学習内容の理解をより深めることができます。

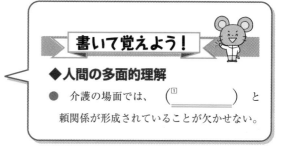

書いて覚えよう！

◆人間の多面的理解

● 介護の場面では、（①＿＿＿＿）と頼関係が形成されていることが欠かせない。

■振り返り確認で再度チェック

【確認しよう！】で、間違えやすいポイントをチェックできます（解答は本文中にあります）。

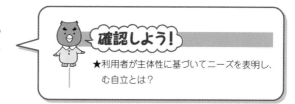

確認しよう！

★利用者が主体性に基づいてニーズを表明し、む自立とは？

● 専門的な用語も、わかりやすい解説で理解しやすい

■用語解説も充実

過去の試験問題でよく問われている事項に関係する用語について、【用語】でわかりやすく解説しています。

用語

本書の使い方

　ユーキャンの＜介護福祉士＞シリーズは、**速習テキスト**、**過去5年問題集**、**ワークノート**、**徹底予想模試**のラインアップで、効率的な学習をサポートします。本書「**ワークノート**」では、学習した内容をノートのように書いてまとめることで、知識の定着を図ります。

基本書に対応

科目名　　レッスンNo.

　姉妹書「速習テキスト」の該当レッスン番号を記載しています。なお、科目名は略称（次ページ下部参照）で示しています。

重要度を表示

A

　本試験における重要度をA、B、Cの3段階で表示しました（最重要はA）。
＊重要度は、過去問題の分析に基づいています。

学習スケジュールをチェック

　効果的な学習法として、繰り返し学習をおすすめします。1回目、2回目、3回目とそれぞれ学習した日をチェックしておきましょう。

社会の理解　　□速 社会 Lesson17, 18

レッスン 18　**個人の権利を守る制度**①　重要度 A　学習日

1. 成年後見制度

　成年後見制度は、認知症、知的障害、精神障害などによって判断能力が不十分であり、意思決定が困難な人の権利を守る制度で、後見人が身上監護と財産管理を行います。成年後見制度には法定後見制度と任意後見制度があります。

　1）法定後見制度
　①法定後見制度の申し立て…法定後見制度では、本人、配偶者、四親等内の親族 A などの後見開始等の審判の請求（申し立て）に基づき、家庭裁判所が成年後見人等を選任する。ただし、市町村長の判断で申し立てを行う場合には、二親等内の親族の有無を確認することで申し立てが可能である。
　②法定後見制度の類型と対象…法定後見制度は、本人の判断能力の状態によって後見、保佐、補助の3類型に分けられる。

　2）任意後見制度
　任意後見制度では、制度を利用する本人が、判断能力が低下する前に自ら任意後見人を指定し、公証人による契約を結び、法務局へ申請して後見登記を行っておきます。本人の判断能力が不十分になった際には、これに基づいて家庭裁判所への申し立てにより任意後見監督人が選任されることで、任意後見が開始されます。

2. 成年後見制度利用促進法

　「成年後見制度の利用の促進に関する法律（成年後見制度利用促進法）」は、成年後見制度が、認知症高齢者等の権利を守る重要な手段であるにもかかわらず十分に利用されていないことから、基本理念や基本方針等を定めることなどで、制度の利用促進に関する施策を総合的かつ計画的に推進することを目的とした法律です。

3. 日常生活自立支援事業

　日常生活自立支援事業とは、認知症、知的障害、精神障害などにより判断能力が不十分な人（ただし、最低限、契約内容が理解できる人 B）を対象に、福祉サービスの利用の援助等を行うものです。実施主体の都道府県・指定都市社会福祉協議会から委託を受けた市町村社会福祉協議会が事業主体となって、窓口業務を行っています。

　日常生活自立支援事業で提供されるサービスには次のようなものがあります。
　①福祉サービスの利用援助…利用に関する相談や情報の提供、苦情解決制度の利用援助、利用料の支払い手続き等
　②日常的金銭管理サービス…利用者の日常生活費の管理、年金の払い戻し・解約・預け入れの手続き、公共料金の支払いなど）

82

本書における掲載の順番について

より本試験を意識した学習が行えるよう、領域の掲載順は本試験の出題順になっています。

要点を振り返りチェック

　間違えやすいポイントを質問形式で振り返ります。解答は本文にあるので、最初は見ないで答え、答え合わせと復習をかねて、該当箇所をもう一度読み直しましょう。

穴埋めで学習のまとめ

左ページで学習した内容から、穴埋め部分にキーワードを書き込んで、ポイントとなる文章や表、図を完成させ、学習したことのまとめノートをつくりましょう。解答は巻末にあります。

用語解説も充実

過去の試験問題でよく問われている事項に関係する用語について、わかりやすく解説しています。

自由にメモして 次回の学習に活かそう

NOTE

例えば、1回目の学習で理解できなかったところや、大切と思ったところなどをメモしておきましょう。2回目以降では、全体の総復習と、メモしておいた部分の重点学習をすると効果的です。

社会の理解 ● 個人の権利を守る制度

▶書いて覚えよう！

◆成年後見制度

● 成年後見制度とは、後見人が、（ ① ）と財産管理を行うことなどにより、（ ② ）、知的障害、精神障害などで判断能力が不十分な人の（ ③ ）を保護するための制度である。

■成年後見制度

成年後見制度 ─ 法定後見 ─ 後見
　　　　　　　　　　　　─（ ⑤ ）
　　　　　　　　　　　　─ 補助
　　　　　　　─（ ④ ）後見

◆日常生活自立支援事業

● 日常生活自立支援事業とは、認知症、知的障害、精神障害などにより判断能力が不十分な人（ただし、最低限、（ ⑥ ）が理解できる人）を対象に、（ ⑦ ）の利用の援助等を行うものである。

■日常生活自立支援事業で提供されるサービス

福祉サービスの利用援助	利用に関する相談や情報の提供、苦情解決制度の利用援助、（ ⑧ ）の支払い手続き等
（ ⑨ ）サービス	利用者の日常生活費の管理（預金の払い戻し・解約・預け入れの手続き、公共料金の支払いなど）
書類等の預かりサービス	預貯金通帳や権利証等の預かり

▶確認しよう！

★法定後見制度では、四親等内の親族は申し立てが行える？ ➡ Ⓐ
★日常生活自立支援事業は、契約内容が理解できない人は利用できない？ ➡ Ⓑ

(83)

用語

身上監護

身の上、財産について監護・保護すること。福祉サービスにおいては、本人の代わりに介護契約、施設入所契約などを行うことがこれにあたる。

NOTE

一緒に学習しよう

合格に向けて学習をサポートします！

ネズオ先輩　ペン美さん

●科目名の略称●

「人間の尊厳と自立」	➡ 人自	「障害の理解」	➡ 障害
「人間関係とコミュニケーション」	➡ 人コ	「医療的ケア」	➡ 医療
「社会の理解」	➡ 社会	「介護の基本」	➡ 介基
「こころとからだのしくみ」	➡ こころ	「コミュニケーション技術」	➡ コ技
「発達と老化の理解」	➡ 発老	「生活支援技術」	➡ 生活
「認知症の理解」	➡ 認知	「介護過程」	➡ 介過

CONTENTS

医療的ケア

介護

介護福祉士国家試験について

　介護福祉士国家試験は、厚生労働大臣が指定した試験・登録機関である公益財団法人 社会福祉振興・試験センター（以下、試験センター）によって実施されています。受験資格に関しては、「社会福祉士及び介護福祉士法」に規定されています。

❶ 受験資格
■実務経験ルートの例

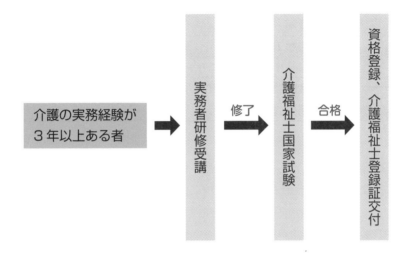

| 介護の実務経験が3年以上ある者 | → | 実務者研修受講 | 修了 → | 介護福祉士国家試験 | 合格 → | 資格登録、介護福祉士登録証交付 |

　実務経験ルートで受験される場合、実務経験に加えて実務者研修の修了が必要になります。また、実務経験として認められる施設や業務が細かく規定されていますので、自分が受験資格に該当するかどうかの詳細については、試験センターが送付する「受験の手引」またはホームページ等で必ず確認してください。

●試験に関する問い合わせ先
　試験案内専用電話：03-3486-7559（音声案内）
　試験室電話：03-3486-7521（平日9：30〜17：00）
　ホームページ：https://www.sssc.or.jp/

---

❷ 受験の手続き
　試験は年1回実施されます。受験の流れは次ページのとおりですが、詳細については必ず「受験の手引」等で確認してください。

■受験の流れ

受験申込みの受付期間	8月上旬～9月上旬
筆記試験日	1月下旬の日曜日
合格発表	3月下旬

❸ 試験について

(1) 試験の内容

筆記試験の出題数は全125問、試験時間は午前と午後を合わせて220分です。

■試験科目

領　域	科　目
人間と社会	人間の尊厳と自立、人間関係とコミュニケーション、社会の理解
こころとからだのしくみ	こころとからだのしくみ、発達と老化の理解、認知症の理解、障害の理解
医療的ケア	医療的ケア
介護	介護の基本、コミュニケーション技術、生活支援技術、介護過程
総合問題	※総合問題では、4領域の知識および技術を横断的に問う問題が、事例形式で出題される

(2) 出題形式

● マークシート方式
● 五肢択一を基本とする多肢選択形式とし、問題に図・表・イラスト・グラフを用いることがある

❹ 合格基準

試験センターから発表されている合格基準は次のとおりです。

■筆記試験

> 次の2つの条件を満たした者を筆記試験の合格者とする。
> ア：問題の総得点の60%程度を基準として、問題の難易度で補正した点数以上の得点の者
> イ：アを満たした者のうち、以下の試験科目11科目群すべてにおいて得点があった者
> ①人間の尊厳と自立、介護の基本、②人間関係とコミュニケーション、コミュニケーション技術、③社会の理解、④生活支援技術、⑤介護過程、⑥こころとからだのしくみ、⑦発達と老化の理解、⑧認知症の理解、⑨障害の理解、⑩医療的ケア、⑪総合問題

❺ 受験者数と合格率

	第31回 (平成31年)	第32回 (令和2年)	第33回 (令和3年)	第34回 (令和4年)	第35回 (令和5年)
受験者数	94,610名	84,032名	84,483名	83,082名	79,151名
合格者数	69,736名	58,745名	59,975名	60,099名	66,711名
合格率	73.7%	69.9%	71.0%	72.3%	84.3%

学習のポイントと出題予想

領域 人間と社会

人間の尊厳と自立

尊厳の保持と自立がキーワードだよ

学習のポイント 介護実践の基盤となる教養や倫理的態度を学習する科目です。人間の尊厳の保持と自立という考え方をきちんと理解したうえで、学習を進めることが重要です。

出題予想 ◆人間の尊厳と自立の歴史 ◆自己決定、自立支援 ◆基本的人権の尊重、生存権 ◆介護職の倫理 ◆身体拘束や虐待 ◆権利擁護、アドボカシー

人間関係とコミュニケーション

学習のポイント 良好な人間関係を形成するためのコミュニケーションの基本や、介護現場に求められるチームマネジメントを学習する科目です。介護実践のために必要な人間関係についての理解、他者への情報の伝達に必要な基礎的なコミュニケーション技法、チームの機能と構成、人材育成や自己研鑽のための仕組みについて学習します。

出題予想 ◆共感、受容、自己覚知、他者理解、ラポール ◆コミュニケーションの定義や種類、技法、道具を用いたコミュニケーション ◆チームマネジメント

社会の理解

近年制定・改正された法律を確認しよう

学習のポイント 介護実践の基盤となる社会的知識を身につける科目です。制度や政策に関して、覚えなければならない内容が多い科目ですが、制度の仕組みを理解して整理していきましょう。

出題予想 ◆家族の形態、国民生活基礎調査等によるライフスタイルの変化 ◆社会保障の基本的な考え方、年金、医療保険の概要 ◆介護保険制度の仕組みの基礎的理解 ◆障害者総合支援制度 ◆介護実践に関連する制度（成年後見制度、日常生活自立支援事業、高齢者虐待防止法、障害者虐待防止法、障害者差別解消法、生活保護法、生活困窮者自立支援法）

領域 こころとからだのしくみ

こころとからだのしくみ

学習のポイント 適切な介護実践の根拠として必要な知識を身につける科目です。介護実践に必要な医学的知識について、「生活支援技術」に結びつけていけるよう意識しながら学習していきましょう。

出題予想 ◆欲求や記憶などの心の仕組み ◆基本的な身体の仕組みとはたらき ◆身支度・移動・食事・入浴・排泄・睡眠などに関連した心と身体の仕組みとその機能低下が及ぼす影響

発達と老化の理解

学習のポイント 発達の観点から老化を理解し、老化に伴う心と身体の変化について学習する科目です。ここでは適切な介護実践の根拠として必要な知識を身につけるために、医学や心理学の基礎知識を学習していきましょう。

出題予想 ◆エリクソン等の発達段階説 ◆老年期の発達課題 ◆老化に伴う身体機能の変化、記憶・知能の変化 ◆老化に伴う喪失、適応機制 ◆脳血管障害、パーキンソン病、関節リウマチ、老人性難聴、誤嚥性肺炎、糖尿病など高齢者に多い疾患

認知症高齢者が増加している状況に対応できるよう知識を身につけよう

認知症の理解

学習のポイント 認知症介護を適切に行うための認知症に関する基礎知識を身につける科目です。認知症についての医学的知識や認知症のある人の心理的理解について学び、適切な介護に結びつけていきましょう。

出題予想 ◆認知症高齢者の現状 ◆認知症の定義 ◆認知症の診断基準 ◆認知症の原因疾患 ◆認知症の中核症状と行動・心理症状（BPSD） ◆国の認知症対策 ◆地域包括支援センターなどの地域福祉、多職種連携、家族へのレスパイトケア

障害の理解

学習のポイント 障害者の心理や身体機能に関する基礎知識を身につける科目です。障害の医学的・心理的側面を理解し、適切な介護に結びつけていけるようにしましょう。

出題予想 ◆障害のとらえ方 ◆ICFの分類 ◆法律での障害の定義 ◆障害者福祉の基本理念、ノーマライゼーションの理念 ◆障害の医学的理解と心理的理解 ◆多職種連携、家族へのレスパイトケア

===== 領域 医療的ケア =====

医療的ケア

学習のポイント 医療的ケア（喀痰吸引と経管栄養）の基礎と実践方法を身につける科目です。ケアを行うために必要な医療的基礎知識を学び、それを実践に結びつけ、正しく安全にケアを実施できるようになりましょう。

出題予想 ◆医療的ケアを規定した法律 ◆喀痰吸引の実施の留意点 ◆経管栄養の実施の留意点

===== 領域 介護 =====

介護の基本

「介護を必要とする人」を生活の観点からとらえることがポイントだね

学習のポイント 「尊厳の保持」と「自立支援」という考え方について理解を深め、介護の基本を身につける科目です。介護福祉士の役割や介護サービスなど、幅広く学習する必要があります。

出題予想 ◆「社会福祉士及び介護福祉士法」の介護福祉士の定義と義務規定 ◆利用者主体と自立の考え方 ◆ICFの考え方 ◆リハビリテーションの理念 ◆個別性の理解、生活ニーズ ◆ケアマネジメントとケアプラン ◆介護サービスの概要と介護サービス提供の場 ◆多職種連携 ◆リスクマネジメント ◆感染対策 ◆腰痛予防 ◆労働環境整備（労働基準法、労働安全衛生法、育児・介護休業法）

コミュニケーション技術

学習のポイント 適切なコミュニケーションを実践するためのコミュニケーション技術を学ぶ科目です。

出題予想 ◆傾聴、共感、質問の技法 ◆相談・助言・指導など介護における利用者・家族とのコミュニケーションの技法 ◆利用者の特性に応じたコミュニケーション ◆チームのコミュニケーション（報告・連絡・相談、記録、会議）

生活支援技術

根拠を意識しながら介護実践について学習しよう

学習のポイント 「尊厳の保持」と「自立支援」という観点から、利用者が望む生活を支えるために必要な介護福祉士としての専門的技術・知識を学ぶ科目です。利用者がどのような状態であっても、その人の自立を尊重し、安全に援助できるよう、適切な介護技術や知識を身につけることが重要です。

出題予想 ◆生活支援のあり方 ◆バリアフリー化や福祉用具の活用 ◆整容・口腔ケア・着替えなど身支度における介護技術 ◆体位変換・車いす介助・歩行介助など移動・移乗の介護技術 ◆誤嚥予防など食事における介護技術 ◆入浴、排泄、人生の最終段階における介護技術 ◆障害に応じた生活支援技術

介護過程

他科目で学習した基礎知識を統合して介護過程が展開できるようにしようね

学習のポイント 他科目で学習した知識や技術を統合して、介護過程の展開、計画の立案など適切な介護サービスを提供できる能力を身につけましょう。

出題予想 ◆介護過程の意義と目的 ◆介護過程の展開（アセスメント、計画の立案、援助の実施、評価） ◆介護過程とチームアプローチ

=== **総合問題** ===

4領域（人間と社会、こころとからだのしくみ、医療的ケア、介護）の知識及び技術を横断的に問う問題が、事例形式で出題されます。介護の実践に即して知識を活用できるように学習しましょう。

13

人間と社会

| レッスン 1 | 人間理解と尊厳／
人権と尊厳① | 重要度 B
学習日 ／／／ |

1. 人間の多面的理解

　人は、病気や障害、加齢による身体的・精神的機能の低下などにより、介護職の支援（介護）を必要とすることがあります。介護の場面では、利用者と介護職間の**信頼関係**は不可欠であるため、介護職には「**人間を多面的に理解する**」という視点が求められます。

2. 人間の尊厳と自立

　人間の尊厳とは、すべての人が一人ひとりの**個人として尊重されること**をいいます。利用者の尊厳を尊重し支えることは、その人の**自律**、ひいては**自立**へとつながります。

①**自立**…利用者が主体性に基づいてニーズを表明し、生活支援のためのサービスを選定・利用してよりよい生活を営むこと（**生活自立**Ⓐ）。

②**自律**…利用者が自らの意志によって立てた規範に従い、自分のことは自分で行うこと（**精神的自律**）。

3. 人間の尊厳と自立に関する法律－日本国憲法

　人間の尊厳と自立という概念に関しては、「**日本国憲法**」第13条Ⓑで国民の**幸福追求権**、第25条では国民の**生存権**と国の**保障義務**を規定しています。

○**第13条**…すべて国民は、個人として**尊重**される。生命、自由及び幸福追求に対する国民の権利については、**公共の福祉**に反しない限り、立法その他の国政の上で、最大の尊重を必要とする。

○**第25条**…すべて国民は、**健康で文化的な最低限度の生活**を営む権利を有するⒸ。

　2　国は、すべての生活部面について、社会福祉、社会保障及び公衆衛生の向上及び増進に努めなければならない。

　生存権保障の理念を具現化した法律が「**生活保護法**」Ⓓです。しかし、生存権の法的性格については、その解釈を巡って法廷で争い（朝日訴訟・堀木訴訟）が起こりました。そこでは、第25条は国政の目標または方針を宣言したプログラム規定にすぎず、個々の国民に対する具体的な権利を国が保障したものではないとする立場が示されました。

> プログラム規定とは、「日本国憲法」で定める権利保障は、個人に対して具体的な権利を付与するものではなく、国家に対し、その実現に努めるべき政治的・道義的目標と指針を示すに留まるとする規定をいいます。

書いて覚えよう！

◆人間の多面的理解

● 　介護の場面では、（①＿＿＿＿＿＿＿）と介護職との間で、信頼関係が形成されていることが欠かせない。そのために介護職に求められるのが、「人間を（②＿＿＿＿＿＿＿）に理解する」という視点である。

◆人間の尊厳と自立

● 　人間の（③＿＿＿＿）とは、すべての人が一人ひとりの個人として尊重されることをいう。利用者の尊厳を尊重し支えることは、その人の自律、ひいては自立へとつながる。

■自立と自律

自立とは、利用者が主体性に基づいて（④＿＿＿＿）を表明し、生活支援のためのサービスを選定・利用してよりよい生活を営むこと（生活自立）	自律とは、利用者が自らの（⑤＿＿＿＿）によって立てた規範に従い、自分のことは自分で行うこと（精神的自律）

◆人間の尊厳と自立に関する法律ー日本国憲法

● 　人間の尊厳と自立という概念に関しては、「（⑥＿＿＿＿＿＿＿）」第13条で国民の幸福追求権、第25条では国民の生存権と国の保障義務を規定している。

● 　生存権保障の理念を具現化した法律が「（⑦＿＿＿＿＿＿＿）法」である。

確認しよう！

★利用者が主体性に基づいてニーズを表明し、よりよい生活を営む自立とは？　⇨ Ⓐ

★「日本国憲法」で幸福追求権を規定しているのは第何条？　⇨ Ⓑ

★「日本国憲法」第25条では、すべて国民はどのような生活を営む権利を有すると規定されている？　⇨ Ⓒ

★生存権保障の理念を具現化した法律は？　⇨ Ⓓ

朝日訴訟
「生活保護法」による月額の生活扶助費が、健康で文化的な最低限度の生活を営める水準かどうかが争われた。

堀木訴訟
障害福祉年金と児童扶養手当の併給禁止規定が、「日本国憲法」に違反するかどうかが争われた。

糸賀一雄
知的障害児（者）福祉の理論を確立し実践した人物。重度の障害があっても、人間の発達を保障することが重要であるとの理念をもち、『この子らを世の光に』を著した。

NOTE

レッスン 1 人間理解と尊厳／人権と尊厳②

1. 人間の尊厳と自立に関する法律－福祉関連法

　人間の尊厳と自立という概念は、「介護保険法」「障害者基本法」「障害者総合支援法」「障害者差別解消法」などの福祉関連法の目的や理念としても広く明示されています。

　①**介護保険法**…要介護状態となった者などの**尊厳**を保持し、自立した日常生活を営めるよう、必要な介護サービスを提供することを目的としている。

　②**障害者基本法**…第3条では、障害者の権利として「尊厳にふさわしい生活」を保障している。また、第4条では「障害を理由とする**差別の禁止**」「**社会的障壁の除去**」も定めている。

　③**障害者総合支援法**…第1条では、「個人としての尊厳」「人格と個性の尊重」を規定している。また、第3条では**国民の責務**も定めている。

　④**障害者差別解消法**…第1条では、障害を理由とする**差別の解消、共生社会の実現**に資することを目的としている。

> 「障害者基本法」の基本的な理念を具体的に実施するために制定された法律が「障害者差別解消法」です。それぞれの法律については「障害の理解」の科目で詳しく触れています。

2. 権利擁護（ようご）

　尊厳を保持するためには、利用者一人ひとりの権利を尊重し、擁護する必要があり、介護職には「介護を必要とする人々も人間らしく生きる権利を有する」という**人権意識**をもつことが求められます。そのためには利用者主体の支援姿勢を貫き、利用者の自己判断と自己決定を最大限に尊重しなくてはなりません。これを実現するためには、**アドボカシー（権利擁護）とエンパワメント**の視点をもつことが重要です。

3. 権利侵害の実態と対応

　介護職は、利用者の尊厳を保持するために、一人ひとりの権利を尊重することを念頭に置く必要があります。利用者の権利侵害は、不適切な生活環境や不十分な生活条件のために利用者の生活が脅かされる**生活環境による権利侵害**や対人関係において生じる**虐待（ぎゃくたい）による権利侵害**、悪質商法や詐欺まがい商法の被害に遭う<u>社会生活上の権利侵害</u>🅐といった場面で起こります。

　利用者の権利を擁護するためには、市町村や弁護士、**地域包括支援センター**、消費生活センターなどとの**連携**が不可欠です。その際、必要な情報を他職種と共有することは重要ですが、個人情報の保護については細心の注意を払います。

書いて覚えよう！

◆人間の尊厳と自立に関する法律－福祉関連法

● 「介護保険法」では、要介護状態となった者などの（ ① ）を保持し、自立した日常生活を営めるよう、必要な介護サービスを提供することを目的としている。

● 「障害者基本法」第4条では、「障害を理由とする（ ② ）の禁止」「社会的障壁の除去」を規定している。

● 「（ ③ ）法」第1条では、障害を理由とする差別の解消、共生社会の実現に資することを目的としている。

◆権利擁護

● 介護職には、利用者の権利を擁護するため、「介護を必要とする人々も人間らしく生きる権利を有する」という（ ④ ）をもつことが求められる。

● 利用者の自己判断と自己決定を最大限に尊重するためには、アドボカシー（権利擁護）と（ ⑤ ）の視点をもつことが重要である。

◆権利侵害の実態と対応

● 利用者の権利侵害は、不適切な生活環境や不十分な生活条件のために利用者の生活が脅かされる（ ⑥ ）による権利侵害、対人関係において生じる（ ⑦ ）による権利侵害、悪質商法や詐欺まがい商法の被害に遭う社会生活上の権利侵害といった場面で起こる。

● 介護職が利用者の権利を擁護するためには、市町村や弁護士、地域包括支援センター、消費生活センターなどとの（ ⑧ ）が不可欠。

確認しよう！

★利用者の権利侵害を分類すると、生活環境による権利侵害、虐待による権利侵害ともうひとつは何？　⇒ Ⓐ

用語

アドボカシー
援助者が利用者の意向をくみ、意思の疎通を図ったうえで、利用者に代わって権利やニーズを主張すること。

エンパワメント
権利の侵害や抑圧された状況にある利用者が、自らその状況を主体的に解決しようとする力を引き出すこと。また、このために行う支援のことをエンパワメント・アプローチという。

NOTE

レッスン 2 人間関係と心理／対人関係 とコミュニケーション①

重要度 A
学習日 ／／／

1. 自己覚知と他者理解

　他者を理解するためには、まず自分自身の価値観や感情などを**客観的**に理解しておくこと（**自己覚知**A）が大切です。対人援助において、偏見や先入観をもったり、自分の感情に気づかないまま接したりすることは、専門職としての冷静な判断ができないだけでなく、必要なサービス提供の妨げともなります。利用者の価値観と自己の価値観の違いなどを理解し、適切な距離感を保てるよう、自己理解を深めることは必要です。

> 自己覚知は、介護福祉士の専門性の維持・向上だけでなく、利用者との信頼関係の構築においても必要不可欠です。

2. 信頼関係（ラポール）の構築

　ラポールとは、ソーシャルワークの直接援助や心理カウンセリングにおいて、援助する側とされる側との間に結ばれる**信頼関係**のことです。利用者とラポールを構築するには、**受容、共感、傾聴**の3つの態度が求められます。介護職がこのような態度で接することにより、利用者は安心して**自己開示**ができます。

受容	相手をありのままに受け止め、相手の気持ちを感受する
共感	相手の立場や考え方に対し、共感したいという態度を示す
傾聴	相手の話を真剣に聴くという態度を示す（リラックスした態度をとる、耳や身体を傾ける、視線を合わせる、適度に相づちを打つ、など）

3. 対人関係・コミュニケーションの意義

　コミュニケーションの目的は、相手との**意思の疎通、情報の伝達**です。特に対人援助の関係にある介護職と利用者・家族では、コミュニケーションを通して信頼関係を築くことが大切であり、そのうえに支援が成り立っているといえます。

　コミュニケーションの意義には、以下のようなものがあります。

　①**情報の伝達**…福祉や医療の現場においては、**インフォームド・コンセント**（説明と同意）の観点からも情報伝達が重要な意味をもつ。

　②**感情の伝達**…人間同士の精神的交流の手段であり、気持ちや思い、感情を伝える。

　③**自己の形成と人間関係の形成**…人間は他者とのコミュニケーションを通して成長発達し、自己形成と人間関係の形成をしていく。

　④**人間関係の調整**…さまざまなやり取りを通して、お互いの性格や考え方などを知り、人間関係を調整していく。

書いて覚えよう！

◆自己覚知と他者理解

● 他者を理解するためには、まず自分自身の価値観や感情などを客観的に理解しておく（ ① ）が大切である。

◆信頼関係（ラポール）の構築

● ラポールとは、ソーシャルワークの直接援助などにおいて、援助する側とされる側との間に結ばれる信頼関係のことで、利用者とラポールを構築するには、受容、共感、（ ② ）の3つの態度が求められる。介護職がこのような態度で接することにより、利用者は安心して（ ③ ）ができる。

◆対人関係・コミュニケーションの意義

● コミュニケーションの目的は、相手との
（ ④ ）、情報の伝達である。

■コミュニケーションの意義

情報の伝達	福祉や医療の現場においては、（ ⑤ ）（説明と同意）の観点からも情報伝達が重要な意味をもつ
感情の伝達	人間同士の精神的交流の手段であり、気持ちや思い、感情を伝える
自己の形成と人間関係の形成	人間は他者との（ ⑥ ）を通して成長発達し、自己形成と人間関係の形成をしていく
（ ⑦ ）の調整	さまざまなやり取りを通して、お互いの性格や考え方などを知り、人間関係を調整していく

確認しよう！

★自分自身の価値観や感情などを客観的に理解することを何という？　⇨ Ⓐ

用語

インフォームド・コンセント
医療行為(または介護)の目的や内容を十分に説明し、患者（または利用者）の同意を得ること。

NOTE

レッスン2　人間関係と心理／対人関係とコミュニケーション②

重要度　A
学習日　／／／

1. コミュニケーションの基本

　コミュニケーションは、言語や文字、表情やしぐさ、声のトーンといった視覚・聴覚に訴える各種の媒体（**伝達媒体**）を通して成立します。コミュニケーションの種類には、**言語的コミュニケーション**と**非言語的コミュニケーション**があります。

1）言語的コミュニケーション

　人類特有の表現方法である言語を通じて思考や欲求、感情を伝達します。言語には、言葉や文字のほか、**点字、手話**Aがあります。

　目線（目の高さ）を合わせ、反応を読み取り、相手に合った言葉遣い、声の強弱・高低・速度を考えて話します。

2）非言語的コミュニケーション

　言語以外の表現（表情や態度、動作など）を通じて思考や欲求、感情を伝達します。溜め息、声のトーン、目線、姿勢なども含まれます。

　心理的葛藤（かっとう）や障害により適切な言語表現ができない場合は、**非言語的コミュニケーション**によって相手の本当の気持ちを読み取ります。

3）コミュニケーションに必要な基本姿勢

　イーガンは、コミュニケーションをとるのに必要な基本姿勢として、「私はあなたに十分関心をもっていますよ」と相手に伝える身体の5つの姿勢を①**まっすぐに向かい合う**（Squarely）、②**開いた姿勢**（Open）、③身体を**傾ける**（Lean）、④適切に**視線**を合わせる（Eye contact）、⑤**リラックス**した態度（Relaxed）にまとめ、それらの頭文字をとって**ソーラー**（**SOLER**）と名づけました。

2. 対人関係における自己開示

　自分自身に関する情報を自らの意思で伝達することを**自己開示**Bといいます。自己開示によって情報が共有されることで相互理解が深まり、信頼関係の形成につながります。

　自己および他者から見た自己の領域を表す概念に「**ジョハリの窓**」があります。4つの小窓全体で、その人の心全体を表しています。

■ジョハリの窓

　①**開放部分**…自分で気づいていて、他人も知っている部分。

　②**盲点部分**…他人には見えているが、自分では気がついていない部分。

　③**隠蔽（いんぺい）部分**…自分は気づいているが、他人には見せていない部分。

　④**未知部分**…自分も他人も気づいていない部分。

書いて覚えよう！

◆コミュニケーションの基本

言語的コミュニケーション	非言語的コミュニケーション
人類特有の表現方法である（ ① ____ ）を通じて思考や欲求、感情を伝達する。言語には、言葉や文字のほか、点字、手話がある。目線（目の高さ）を合わせ、反応を読み取り、相手に合った（ ② _____ ）、声の強弱・高低・速度を考えて話す	言語以外の表現（ ③ ____ ）や（ ④ ____ ）、動作など）を通じて思考や欲求、感情を伝達する。溜め息、声のトーン、目線、姿勢なども含まれる

■イーガンが示したコミュニケーションに必要な基本姿勢

ソーラー（SOLER）

①まっすぐに向かい合う　　　　　　（Ｓquarely）
②開いた姿勢　　　　　　　　　　　（Ｏpen）
③（ ⑤ ____ ）を傾ける　　　（Ｌean）
④適切に（ ⑥ ____ ）を合わせる　（Ｅye contact）
⑤リラックスした態度　　　　　　　（Ｒelaxed）

◆対人関係における自己開示

■ジョハリの窓

①開放部分
②（ ⑦ ____ ）
③隠蔽部分
④未知部分

	自分が知っている	自分が知らない
他人が知っている	①	②
他人が知らない	③	④

確認しよう！

★言語的コミュニケーションには、点字や手話も含まれる？　⇒ Ⓐ
★自分自身に関する情報を自らの意思で伝達することを何という？　⇒ Ⓑ

レッスン 3 コミュニケーションを促す環境

1. コミュニケーション環境

　年齢や性別、価値観、生活歴など、送り手、受け手双方のメッセージを成立させる諸要素を**環境**といいます。メッセージには双方の環境が反映されているため、相手の環境を知る努力はコミュニケーションを図るうえで欠かせません。

2. 雑音

　コミュニケーションを妨げる要因を**雑音**といいます。雑音には聴力障害、言葉の障害、入れ歯の不具合などの**身体的雑音**Ⓐ、大きな音、不快な音、不快な空気・空間、不適切な温度や照明などの**物理的雑音**、心理的防衛機制、偏見や誤解に基づく先入観などの**心理的雑音**があります。

3. 対人距離

　コミュニケーションには、**物理的距離**と**心理的距離**が存在します。物理的距離とは、人とコミュニケーションをとるときの**空間的距離**（**パーソナル・スペース**）を意味します。一方、心理的距離とは、相手に対する関心や気持ちの距離感を意味します。この2つの距離は、個人差や相手との関係に応じて変化します。

　パーソナル・スペースは、介護の場では必要に応じて**個人的距離**と**親密距離**Ⓑを使い分けながらコミュニケーションを図っていきます。

4. 位置関係

　コミュニケーションを促すには、お互いの位置関係も重要です。

①**対面法**…相手とまっすぐ向かい合って座る方法。相手に緊張を強いるため、視線を向けることのできる花瓶などを机の上に置くなど、話しやすい環境がつくれるよう工夫するとよい。

②**直角法**…相手に対して**90°**の向きに座る方法。対面法よりも緊張せず、話しやすい環境がつくれる。

書いて覚えよう！

用語

個人的距離
相手の気持ちを察しながら個人的な関心や関係を話し合う距離（45〜120cm）。

親密距離
親しい間柄の距離（0〜45cm）。

◆コミュニケーション環境

● 年齢や性別、価値観、（ ［1］ ）など、送り手、受け手双方のメッセージを成立させる諸要素を環境という。メッセージには双方の環境が反映されているため、相手の環境を知る努力はコミュニケーションを図るうえで欠かせない。

◆雑音

● コミュニケーションを妨げる要因を（ ［2］ ）という。

身体的雑音	聴力障害、言葉の障害、入れ歯の不具合など
（ ［3］ ）	大きな音、不快な音、不快な空気・空間、不適切な温度や照明など
心理的雑音	心理的防衛機制、偏見や誤解に基づく先入観など

◆対人距離

● コミュニケーションには、物理的距離と（ ［4］ ）が存在する。物理的距離とは、人とコミュニケーションをとるときの空間的距離（パーソナル・スペース）を意味する。一方、心理的距離とは、相手に対する関心や気持ちの距離感を意味する。この2つの距離は、個人差や相手との関係に応じて変化する。

● （ ［5］ ）は、介護の場では必要に応じて個人的距離と親密距離を使い分けながらコミュニケーションを図っていく。

NOTE

確認しよう！

★聴力障害、言葉の障害、入れ歯の不具合などの雑音を何という？ ⇒ Ⓐ

★パーソナル・スペースは、個人的距離と何を使い分けながらコミュニケーションを図っていく？ ⇒ Ⓑ

レッスン4 チームマネジメント

重要度 **A**
学習日 ／／／

1. チームマネジメント

　チームマネジメントとは、チームが行動するために必要な目標を設定し、その目標達成のためにチームメンバーをはじめ、さまざまな社会資源を効率的に活用したりする仕組みを整えるはたらきをいいます。

2. チームの機能と構成

　チームでは、目指すべき目標やケアの方針を多職種のメンバーで共有し、個々の役割を果たすとともに、メンバー同士の連携や協働によって課題を達成することが重要です。
　一般に、チームは**リーダー**と**フォロワー**で構成されます。
　○**リーダーシップ**…リーダーが発揮すべき意識や行動。チームをまとめ、統率していく資質や能力が求められる。
　○**フォロワーシップ**…チームの目標達成のためにリーダーを補佐・支援する機能。自発的・自律的な判断・行動が求められる。
　介護福祉士は、介護の現場においては介護チームのリーダーとしてリーダーシップを発揮する一方で、多職種チームにおいては<u>フォロワーとしての役割</u>ⓐも求められます。

3. 人材育成・自己研鑽（けんさん）

1）OJTとOff-JT

　介護の専門職として根拠のあるケア、質の高い介護を実践していくためには、人材育成・自己研鑽への取り組みが重要です。職務を通じた教育訓練（**OJT**）と、職務を離れた教育訓練（**Off-JT**）に大別されます。
　○<u>**OJT**</u>ⓑ…実際の介護現場で実務を通して、新人の介護職や実習生を専門職として育成する方法。OJTで行われる方法には、**ティーチング**と**コーチング**の2つがある。
　○**Off-JT**…職場外で行われる研修会に介護職が参加したり、外部講師を職場に招いたりして研鑽を積む方法。

2）SDS（Self Development System：自己啓発援助制度）

　自己啓発・自己研鑽のため、職員が**自主的**に行う外部研修への参加や資格取得に向けた勉強などを支援する制度です。外部研修期間中の賃金保障や研修費用の負担などの経済的支援、勤務調整などの業務調整支援、情報の提供など、内容は多岐にわたります。

3）スーパービジョン

　スーパーバイジー（経験の浅い援助者）が専門的能力を発揮できるよう、**スーパーバイザー**（熟練した援助の専門家）から指導やサポートを受けることを**スーパービジョン**といいます。**管理・教育・支持**の3つの機能があります。

書いて覚えよう！

◆チームマネジメント

● (① _____) とは、チームが行動するために必要な目標を設定し、その目標達成のためにチームメンバーをはじめ、さまざまな (② _____) を効率的に活用したりする仕組みを整えるはたらきをいう。

◆チームの機能と構成

● 一般に、チームはリーダーと (③ _____) で構成される。

■チームに求められる機能

リーダーシップ	リーダーが発揮すべき意識や行動。チームをまとめ、統率していく資質や能力が求められる
(④ _____)	チームの目標達成のためにリーダーを補佐・支援する機能。(⑤ _____)・自律的な判断・行動が求められる

◆人材育成・自己研鑽

● 職務を通じた教育訓練（(⑥ _____)）と、職務を離れた教育訓練（(⑦ _____)）に大別される。

● (⑧ _____) とは、自己啓発・自己研鑽のため、職員が自主的に行う外部研修への参加や資格取得に向けた勉強などを支援する制度。

● (⑨ _____)（経験の浅い援助者）が専門的能力を発揮できるよう、スーパーバイザー（熟練した援助の専門家）から指導やサポートを受けることを (⑩ _____) という。

確認しよう！

★多職種チームにおいて、介護福祉士に求められる役割は何？ ⇨ A

★実際の介護現場で実務を通して、新人の介護職や実習生を専門職として育成する方法を何という？ ⇨ B

ティーチング
リーダーが必要な知識や技術などを教えること。

コーチング
リーダーが質問することでフォロワーの自発性を促し、答えを引き出すこと。

コンサルテーション
人材育成や組織体制、利用者への援助など、事業を運営していくうえで生じるさまざまな課題解決に向けた、専門家との専門的な相談、助言・指導やそのプロセス。

NOTE

レッスン5 生活と福祉①

重要度 **A**
学習日 ／／／

1. 家族

1）家族の定義

　家族の定義は、文化や時代の違いによる家族の実態とともに変化してきており、家族を類型化するには多様な考え方があることを理解しておく必要があります。

　自分が生まれ育った家族のことを**定位家族**といいます。結婚して新しく創っていく家族のことを**創設家族**または生殖家族ともいいます。**核家族**は、家族形態の基礎的な単位で、1組の夫婦とその未婚の子どもからなる家族のことです。核家族以外の家族で、三世代が同居する家族や、夫婦の兄弟姉妹が同居する家族のことを**拡大家族**といいます。

2）家族の機能

　現代における家族の機能では、社会に対する機能よりも、個人に対する機能に重点が置かれるようになったために、以下の4つの占める割合が大きくなっています。

　①**生命維持機能**…個人の生存にかかわる食欲・性欲などを充足する機能。

　②**生活維持機能**…衣食住などの一定の生活水準を保持する機能。

　③**パーソナリティの安定化**…子どもの基礎的な社会化と成人のパーソナリティの安定化の2つの機能を指し、他のものでは代替が利かない現代家族の代表的な機能。

　④**ケア機能**…高齢者や病人など、自力での生活が困難な人に対する介護や療育の機能。

3）世帯区分

　世帯とは、住居と生計を共にする人々の集まり、または独立して住居を維持し、もしくは生計を営む単身者のことです。

2. 地域社会

1）地域社会の考え方

　アメリカの社会学者マッキーバーは、地域社会の集団を**コミュニティ**と**アソシエーション**という対置する分類で考えました。

　①**コミュニティ**…地域性と共同性を含む、生活全般の土台ともいうべき枠組みであり、精神的絆で結ばれる社会関係のこと。地域の町内会・自治会など。

　②**アソシエーション**…共通の目的や関心をもつ人々が自発的につくる集団や組織のこと。コミュニティに比べ、より具体的な方向性を基に当事者の利害を優先した組織といえる。企業や組合、学校など。

2）地域社会の変容

　少子高齢化に伴い、都市の**空洞化**（都市部における少子高齢化が進行し、人口の減少が起こっている状態）、過疎地域での**限界集落**（65歳以上の高齢者の人口比率が50%を超えた集落）といった現象がみられ、地域福祉政策やそれに伴う人材確保、地方財政などにも大きな影響を及ぼしています。

書いて覚えよう！

◆家族

定位家族	自分が生まれ育った家族のこと
創設家族	結婚して新しく創っていく家族のこと。生殖家族ともいう
（ ① ）	家族形態の基礎的な単位で、1組の夫婦とその未婚の子どもからなる家族のこと
（ ② ）	核家族以外の家族で、三世代が同居する家族や、夫婦の兄弟姉妹が同居する家族のこと

● 現代における家族の機能では、社会に対する機能よりも、個人に対する機能に重点が置かれるようになったために、生命維持機能、生活維持機能、（ ③ ）の安定化、（ ④ ）の占める割合が大きくなっている。

● （ ⑤ ）とは、住居と生計を共にする人々の集まり、または独立して住居を維持し、もしくは生計を営む単身者をいう。

◆地域社会

（ ⑥ ）	地域性と共同性を含む、生活全般の土台ともいうべき枠組みであり、精神的絆で結ばれる社会関係のこと。地域の町内会・自治会など
（ ⑦ ）	共通の目的や関心をもつ人々が自発的につくる集団や組織のこと。コミュニティに比べ、より具体的な方向性を基に当事者の利害を優先した組織といえる。企業や組合、学校など

ライフサイクル
人間に共通した一定の周期性のこと。

ライフステージ
人間が生まれてから死ぬまでの生活史上の各段階のこと。幼児期、児童期、青年期、成人期、老年期などに分けられる。

NOTE

確認しよう！

★自分が生まれ育った家族のことを何という？　⇒ Ⓐ

★65歳以上の高齢者の人口比率が50％を超えた集落を何という？　⇒ Ⓑ

レッスン **5**

生活と福祉②

重要度　**A**
学習日　／／／

1. ライフスタイルの変化

1）少子化

　1人の女性が一生のうちに平均何人の子どもを産むのかを示す数値を**合計特殊出生率**Ⓐといいます。現在の日本では**2.07〜2.08**（人口置換水準）を下回ると、将来人口は減少するとされています。

　出生率が低下し、総人口に占める子どもの割合が減る傾向を**少子化**といいます。

　近年の少子化の背景には、晩婚化や非婚化といった結婚観の変化、女性の就労率の上昇、不十分な住宅環境、保育施設の不足などが挙げられます。

2）高齢化

　総人口に占める高齢者（65歳以上）の割合を**老年人口比率**または**高齢化率**といい、その上昇を**高齢化**といいます。2022（令和4）年10月1日現在の老年人口比率は29.0％を占め、2038（令和20）年には国民の3人に1人（33.9％）、2070（令和52）年には約2.6人に1人（38.7％）が高齢者になると推計されています。

　老年人口比率が**7％**を超えた社会を**高齢化社会**、**14％**を超えた社会を**高齢社会**、**21％**を超えた社会を**超高齢社会**といいます。

■ 少子高齢化の影響

　○高齢者の増加が、年金や医療費、福祉サービス費などの**社会保障関係費**Ⓑの増大につながる。

　○**生産年齢人口**Ⓒ（15歳以上65歳未満の人口）の減少により経済成長が停滞し、国家財政にも影響を与える。

　○十分な福祉サービスの実現に必要な労働力の確保が困難となる。

2. ライフスタイルの多様化

1）ワーク・ライフ・バランス

　内閣府では2007（平成19）年に「**仕事と生活の調和（ワーク・ライフ・バランス）憲章**」を策定し、①就労による経済的自立が可能な社会、②健康で豊かな生活のための時間が確保できる社会、③多様な働き方・生き方が選択できる社会、の3つを示し、女性の就業率や育児休業取得率、年次有給休暇取得率の上昇などを目標として掲げています。

2）余暇時間の活用と地域活動への参加

　平均寿命の延伸は、子育てを終えた後や退職後の時間を大幅に伸長させ、長期の人生設計が必要な時代となりました。こうした背景の下、余暇時間を有効に活用したい人々が増えており、地域活動やボランティアへの参加者が増加傾向にあるといわれます。経済的豊かさから生活や心の豊かさを見直すことに関心が集まったことが、地域コミュニティの活性化に大きな影響を及ぼしたといえます。

書いて覚えよう！

◆ライフスタイルの変化

● 出生率が低下し、総人口に占める子どもの割合が減る傾向を（①＿＿＿＿＿＿＿）という。

● 総人口に占める高齢者（65歳以上）の割合を老年人口比率または高齢化率といい、その上昇を（②＿＿＿＿＿＿＿）という。

● 2022（令和4）年10月1日現在の老年人口比率は（③＿＿＿＿＿）％を占め、2070（令和52）年には約（④＿＿＿＿＿）人に1人が高齢者になると推計されている。

■高齢化の定義

種類	定義
高齢化社会	老年人口比率が（⑤＿＿）％を超えた社会
（⑥＿＿＿＿＿＿）	老年人口比率が14％を超えた社会
超高齢社会	老年人口比率が（⑦＿＿）％を超えた社会

◆ライフスタイルの多様化

● 2007（平成19）年に策定された「仕事と生活の調和（（⑧＿＿＿＿＿＿＿＿＿＿＿＿＿））憲章」では、①就労による経済的自立が可能な社会、②健康で豊かな生活のための時間が確保できる社会、③多様な働き方・生き方が選択できる社会、の3つを示し、女性の就業率や（⑨＿＿＿＿＿）取得率、年次有給休暇取得率の上昇などを目標として掲げている。

確認しよう！

★1人の女性が一生のうちに平均何人の子どもを産むかを示す数値を何という？　⇨ Ⓐ

★高齢者の増加は、年金や医療費などの何の増大につながる？　⇨ Ⓑ

★15歳以上65歳未満の人口のことを何という？　⇨ Ⓒ

用語

平均寿命
0歳の人があと何年生きられるかを平均して表した数値。2022（令和4）年の簡易生命表によると、男性81.05年、女性87.09年となっている。

NOTE

レッスン6 社会保障の基本的な考え方／社会保障制度の発達①

重要度　A
学習日　／／／

1. 社会保障の概念

　社会保障の概念である**ナショナル・ミニマム**（国家が国民に対して最低限度の生活を保障すること）は、19世紀末にイギリスのウェッブ夫妻が提唱しました。この考え方は、日本では「日本国憲法」第25条の**生存権Ⓐ**として定められています。

2. 社会保障の範囲

　欧米諸国においては、社会保障とは所得保障制度を指し、福祉的なサービスは含まないことが一般的です。しかし、日本では、1950（昭和25）年の「社会保障制度に関する勧告」において、社会保険、公的扶助、社会福祉に公衆衛生などを加えた広い概念を指す言葉として用いられています。

3. 社会保障の役割と機能

　社会保障制度とは、国民の日々の生活の中で、自助努力では対応しがたい事態を公助によって補完する仕組みのことで、最近では社会保障を**セーフティネット**（安全網）という言葉で表すことが増えてきました。このセーフティネットは、病気やけが、失業などをはじめとする不測の事態により生活の安定が損なわれたときの受け皿になるだけでなく、その存在により安心した生活を送れるという役割も果たしています。

4. 社会保障制度の歴史

1）戦後日本の社会保障の歴史

　1946（昭和21）年に「**旧生活保護法**」、1947（昭和22）年には「**児童福祉法**」、1949（昭和24）年には「**身体障害者福祉法**Ⓑ」が制定されました。これらは**福祉三法**とよばれ、わが国の社会保障制度の骨組みとなりました。また、1946年に「日本国憲法」が制定され、その生存権保障の理念に則り、新たな「**生活保護法**」が1950（昭和25）年に成立します。1960年代に入ると、1960（昭和35）年に「**精神薄弱者福祉法**（現：知的障害者福祉法）」、1963（昭和38）年には「**老人福祉法**」、1964（昭和39）年には「**母子福祉法**（現：母子及び父子並びに寡婦福祉法）」が制定され、**福祉六法体制**が確立されました。

　1951（昭和26）年には、「**社会福祉事業法**Ⓒ（現：社会福祉法）」が制定され、戦後の社会福祉事業の発展の基礎を築きました。

2）国民皆保険・国民皆年金体制の確立

　1958（昭和33）年には「国民健康保険法」の改正、1959（昭和34）年には「国民年金法」が制定され、1961（昭和36）年に現在のわが国の社会保障制度の根幹をなす**国民皆保険・国民皆年金体制**が確立されました。

書いて覚えよう！

◆社会保障の概念

● 社会保障の概念である （①＿＿＿＿＿＿＿＿＿＿＿）

（国家が国民に対して最低限度の生活を保障すること）は、19世紀末にイギリスのウェッブ夫妻が提唱した。

◆社会保障の範囲

● 日本では、1950（昭和25）年の「（②＿＿＿＿＿＿＿＿＿＿）

に関する勧告」において、社会保険、公的扶助、社会福祉に公衆衛生などを加えた広い概念を指す言葉として用いられている。

◆社会保障制度の歴史

■福祉六法体制の確立

1946（昭和21）年	生活保護法 →「日本国憲法」の生存権保障の理念に則り、1950年全面改正
1947（昭和22）年	児童福祉法
1949（昭和24）年	（③　　　　　　　　　　　）
1960（昭和35）年	精神薄弱者福祉法 → 現在の知的障害者福祉法
1963（昭和38）年	（④　　　　　　　　　　　）
1964（昭和39）年	母子福祉法 → 現在の母子及び父子並びに寡婦福祉法

● 1961（昭和36）年に現在のわが国の社会保障制度の根幹をなす

（⑤＿＿＿＿＿＿＿＿＿＿＿） 体制が確立された。

確認しよう！

★19世紀末にイギリスのウェッブ夫妻が提唱したナショナル・ミニマムの考え方は、日本国憲法では何として定められている？ ⇨ Ⓐ

★福祉三法とは、「生活保護法」「児童福祉法」とあとひとつは何？ ⇨ Ⓑ

★1951年に制定され、戦後の社会福祉事業の発展の基礎を築いた法律は何？ ⇨ Ⓒ

用語

自助
自分の収入（勤労収入や年金収入等）によって、自分の生活を支え、健康を維持すること。

公助
生活保護や人権擁護・虐待対策など、行政等が公費負担で行う公的な援助のこと。

共助
年金保険や医療保険、介護保険などの社会保険制度やサービスといった制度化された相互扶助のこと。

NOTE

レッスン6 社会保障の基本的な考え方／社会保障制度の発達②

重要度　**B**

学習日　／／／

1. 社会保障制度の見直し

1）社会保障関係費用の適正化

　1972（昭和47）年の**児童手当制度**の実施、1973（昭和48）年の**老人医療費支給制度**の創設や国民健康保険の給付率および年金の給付水準などの大幅な引き上げ、給付改善が行われた結果、社会保障関係費が膨大になりました。しかし、同年に起きた**オイルショック**による経済成長の鈍化や失業者の増大、さらには社会の高齢化による財政負担の拡大に伴い、1970年代後半から国の行政改革の一環として社会保障制度の見直しが進められました。

　社会保障関係費用の適正化としては、1982（昭和57）年に「**老人保健法**（現：高齢者医療確保法）」の制定（医療費の一部負担の導入）が行われ、1984（昭和59）年に「健康保険法」などの一部改正（医療費の一部負担の導入）が行われました。また、1985（昭和60）年に<u>基礎年金制度の導入</u>Ⓐ（少子高齢化による年金財源不足の解消のため）が行われました。

2）高齢者介護の施策

　高齢者介護の問題についても、国の段階的な対応施策が打たれました。1989（平成元）年に「高齢者保健福祉推進十か年戦略（**ゴールドプラン**）」が策定され、これを受けて、翌1990（平成2）年に「老人福祉法等の一部を改正する法律（**社会福祉関係八法の改正**）」が公布されました。改正の目的としては、ゴールドプランの実施基盤を整えるために、住民に最も身近な市町村が福祉行政の推進を担い、在宅福祉サービスと施設福祉サービスを総合的に提供する体制をつくることでした。

　2000（平成12）年4月からは、少子高齢社会における介護を社会全体で支えるものとして「<u>介護保険法</u>Ⓑ」が施行され、介護基盤の整備と総合的な介護システムの構築が図られています。

3）社会福祉基礎構造改革

　社会福祉基礎構造改革とは、新しい社会福祉ニーズに応えるため、社会福祉の枠組みを再編成することを目的として実施された一連の制度改革のことをいいます。これにより、措置制度（そち）から<u>利用契約制度</u>Ⓒへのサービス利用方法の転換、地域福祉体制の確立など、社会福祉全般にわたる制度改革の指針が示されました。

　社会福祉基礎構造改革の基本方針は、○サービスの利用者と提供者との**対等**な関係の確立、○**利用者本位**の考え方に立った地域での総合的な支援、○利用者の幅広い需要に応える**多様な主体**の参入促進、○信頼と納得が得られるサービスの質と効率性の向上、○**情報公開**による事業運営の透明性の確保、○増大する費用の**公平**かつ**公正**な負担、○住民の積極的かつ主体的な参加による福祉の文化の創造、となっています。

書いて覚えよう！

◆社会保障制度の見直し

● 1970年代後半から社会保障制度の見直しが進められる中で、1982（昭和57）年の「（①＿＿＿＿＿＿＿＿＿）」の制定や、1984（昭和59）年の「（②＿＿＿＿＿＿＿＿＿）」などの一部改正が行われた。

■高齢者介護の施策

1989（平成元）年	高齢者保健福祉推進十か年戦略（ゴールドプラン）策定
1990（平成2）年	老人福祉法等の一部を改正する法律（社会福祉関係八法の改正）公布
2000（平成12）年	（③＿＿＿＿＿＿＿＿）施行

● 新しい社会福祉ニーズに応えるため、社会福祉の枠組みの再編成を目的として実施された一連の制度改革のことを（④＿＿＿＿＿＿＿＿＿＿＿＿＿＿＿）という。これにより、（⑤＿＿＿＿＿＿＿＿）から利用契約制度へのサービス利用方法の転換などが図られた。

● 社会福祉基礎構造改革の基本方針は、サービスの利用者と提供者との対等な関係の確立、（⑥＿＿＿＿＿＿＿＿＿）の考え方に立った地域での総合的な支援、利用者の幅広い需要に応える多様な主体の参入促進、信頼と納得が得られるサービスの質と効率性の向上、（⑦＿＿＿＿＿＿＿＿）による事業運営の透明性の確保、増大する費用の公平かつ公正な負担、住民の積極的かつ主体的な参加による福祉の文化の創造、となっている。

確認しよう！

★少子高齢化による年金財源不足の解消のため、1985（昭和60）年に何が導入された？ ⇒ Ⓐ

★少子高齢社会における介護を社会全体で支えるものとして、2000（平成12）年4月から施行された法律は何？ ⇒ Ⓑ

★社会福祉基礎構造改革で措置制度から何に移行した？ ⇒ Ⓒ

用語

社会福祉関係八法
①老人福祉法②身体障害者福祉法③精神薄弱者福祉法（現：知的障害者福祉法）④児童福祉法⑤母子及び寡婦福祉法（現：母子及び父子並びに寡婦福祉法）⑥社会福祉事業法（現：社会福祉法）⑦老人保健法（現：高齢者医療確保法）⑧社会福祉・医療事業団法（現：独立行政法人福祉医療機構法）の8法をいう。

NOTE

レッスン 7 社会保障制度の仕組み ①

1. 社会保障の仕組み

1）社会保険と社会扶助

　社会保障制度は、**相互扶助**と**社会連帯**の精神を基盤として創設されました。そのため、すべての人を給付の対象とする反面、**財源の負担**もすべての人に課しています。社会保障の体系は、財源の拠出方法から、**社会保険**と**社会扶助**に分けられます。

①社会保険

　　国や地方公共団体などが保険者となり、主な財源は**社会保険料**、国庫負担などである。加入方法は、法に基づいた**強制加入**で、保険事故に対して標準化・規格化された給付を**世帯**単位・**個人**単位で行う。社会保険には、**年金保険、医療保険、雇用保険**、労働者災害補償保険（**労災保険**）、**介護保険**がある。

②社会扶助

　　主な財源は租税（**税金**）などである。国民や住民に対し、**現金**または**サービス**を提供するかたちで給付が行われる。社会扶助には、**生活保護**、社会手当（児童扶養手当、特別児童扶養手当など）、社会サービスがある。

2）給付と負担方法

　社会保障制度におけるサービス給付方法には、利用者に**サービス**そのものを給付する**現物給付**と利用者に**金銭**を支給する**現金給付**があります。また、利用者の負担方法には、利用者の**支払い能力**に応じて負担額を決定する**応能負担**と利用者が受けた**サービスの量**に応じて負担額を決定する**応益負担**があります。

2. 社会保障の財源

1）社会保障にかかわる費用

　2021（令和3）年度の**社会保障給付費**は138兆7,433億円に上り、対前年度比の伸び率は4.9％、国民1人当たりに換算すると110万5,500円です。給付対象でみるとその多くが**高齢者**関係であり、全体の**約60％**を占めています。一方、児童・家族関係はわずか**9.6％**であり、給付配分の見直しが指摘されています。さらに社会福祉に関する費用は、国家会計予算のうち**社会保障関係費**として計上されます。2023（令和5）年度の社会保障関係費は36兆8,889億円で、一般会計歳出総額の**約32％**を占めています。

2）国民負担率

　国民負担率とは、国民所得に占める租税負担と社会保障負担（社会保険料）を合計した割合をいいます。財務省では、国民負担率が50％を超えると経済成長に悪影響が出るとし、50％を超えないための社会保障制度改革が必要であるとしています。

書いて覚えよう！

用語

社会保障給付費
ILO（国際労働機関）が定めた基準に基づき、社会保障や社会福祉等の社会保障制度を通じて、1年間に国民に給付される金銭またはサービスの総額。

◆社会保障の仕組み

● 社会保障制度は、相互扶助と社会連帯の精神を基盤として創設された。そのため、すべての人を給付の対象とする反面、（ ① ）の負担もすべての人に課している。

● 社会保障の体系は、財源の拠出方法から、（ ② ）と（ ③ ）に分けられる。

● 社会保険は、国や地方公共団体などが保険者となり、加入方法は法に基づいた（ ④ ）であり、保険事故に対して標準化・規格化された給付を（ ⑤ ）単位・個人単位で行う公的な仕組みをいう。

● 社会扶助は、（ ⑥ ）（税金）などの財源を用いて、国民や住民に対し、現金またはサービスを提供する仕組みをいう。

■社会保障制度におけるサービスの分類

給付方法	現物給付	利用者に（ ⑦ ）そのものを給付する
	現金給付	利用者に（ ⑧ ）を支給する
利用者の負担方法	応能負担	利用者の支払い能力に応じて負担額を決定
	応益負担	利用者が受けたサービスの（ ⑨ ）に応じて負担額を決定

◆社会保障の財源

● （ ⑩ ）とは、国民所得に占める租税負担と社会保障負担（社会保険料）を合計した割合をいう。

NOTE

確認しよう！

★社会保障の体系は、財源の拠出方法から、社会保険と何に分けることができる？　　　⇒ Ⓐ

レッスン **7**

社会保障制度の仕組み ②

重要度　**A**

学習日　／　／　／

1. 年金保険

1）年金保険制度の概要

　公的年金保険とは、老齢・障害・死亡などに伴う所得の減少・喪失(そうしつ)といったすべての国民に共通して起こり得る**保険事故**に対して、その生活を支える所得給付を**国**が保障する制度です。

　日本の公的年金保険は恩給制度などを元に始まり、公務員・教職員を対象とした共済制度、民間被用者を対象とした厚生年金制度が相次いで成立し、1961（昭和36）年に自営業者等を対象とした国民年金制度が成立したことによって**国民皆年金体制(かい)**_A が確立されました。その後、少子高齢化による年金財源不足を解消するために1985（昭和60）年に制度改正が行われ、全国民共通の**基礎年金制度**が確立されました。また、国民年金基金・厚生年金基金などによる支給がさらに上乗せされ、**3階建て**の体系となりました。

2）公的年金保険の特徴

　①**強制加入**であるとともに、**終身年金**である、②経済の変動に応じて年金額の価値が維持される、③本人の保険料以外に、後世代の保険料や国庫負担による財政措置(そち)がある、という特徴があります。

3）国民年金

　国民年金は、**全国民共通の基礎年金**です。

　基礎年金は、原則として受給資格期間（10年）を満了した者が**65歳**_Bになった時に支給されます。給付の種類には、全国民を対象とした老齢基礎年金のほか、障害基礎年金、遺族基礎年金があります。

　国民年金の被保険者は、次の3種類です。

①**第1号被保険者**…日本国内に住所を有する**20歳以上60歳未満**_Cの自営業者、農業者、学生等。

②**第2号被保険者**…民間サラリーマン、公務員等。

③**第3号被保険者**…民間サラリーマン、公務員等に扶養される配偶者であって、20歳以上60歳未満の者。

　保険料を国民年金に直接納入するのは、**第1号被保険者**のみであり、その保険料は**均一拠出**となっています。

4）厚生年金

　厚生年金の保険者は政府であり、被保険者は、適用事業所に就業している70歳未満の者になります。保険料は、被保険者・事業主で**折半**して負担する仕組みになっています。給付の種類には、老齢厚生年金、障害厚生年金、遺族厚生年金の年金給付と、障害手当金の一時給付があります。

書いて覚えよう！

用語

障害基礎年金
障害基礎年金の障害等級は1級と2級に分けられ、それぞれ支給額が異なる。また、子の人数に応じた加算がある。

◆年金保険

● 1985（昭和60）年に全国民共通の（ ① _____ ）が確立された。年金は国民年金基金・厚生年金基金などが上乗せされ、（ ② _____ ）の体系となった。

■国民年金の被保険者

第1号被保険者	第2号被保険者	第3号被保険者
日本国内に住所を有する20歳以上60歳未満の（ ③ _____ ）、農業者、学生等	民間サラリーマン、（ ④ _____ ）等	民間サラリーマン、公務員等に扶養される（ ⑤ _____ ）であって、20歳以上60歳未満の者

■国民年金と厚生年金

	国民年金	厚生年金
特徴	全国民共通の基礎年金。保険料は均一拠出	（ ⑥ _____ ）が保険者。被保険者は適用事業所に就業している70歳未満の者。保険料は被保険者と事業主で（ ⑦ _____ ）して負担する
給付の種類	（ ⑧ _____ ）、障害基礎年金、遺族基礎年金	老齢厚生年金、障害厚生年金、遺族厚生年金、障害手当金

確認しよう！

★1961年に自営業者等を対象とした国民年金制度が成立したことによって確立された体制は？ ⇨ A

★基礎年金は、原則として受給資格期間を満了した者が何歳になった時に支給される？ ⇨ B

★国民年金の第1号被保険者は20歳以上何歳未満の自営業者、農業者、学生等？ ⇨ C

NOTE

社会保障制度の仕組み ③

重要度 **A**
学習日 ／／／

1. 医療保険

　医療保険とは、あらかじめ保険料を支払い、疾病や傷害などの際にかかった医療費の一部を保険から給付する制度です。日本の医療保険制度は、すべての国民を適用対象とする**国民皆保険体制**をとっており、健康保険や共済組合などの**被用者保険**と、自営業者などを対象とする**国民健康保険**に大別することができます。

　保険料は、被用者保険は被用者と事業主で原則**折半**して負担しますが、国民健康保険は**全額自己負担**となります。

■ 国民健康保険

保険者	被保険者
都道府県・市町村	都道府県の区域内に住所を有する自営業者など
国民健康保険組合	医師・弁護士・薬剤師など、**同種同業**で組織される組合の組合員

2. 労働保険

　労働者関連の社会保険としては、**労働者災害補償保険（労災保険）**と**雇用保険**があり、両者を併せて**労働保険**とよんでいます。労働保険は、労働者が被る業務上の傷病・障害・死亡、さらに労働者固有の失業というリスクに対応するための保険制度です。

1）労働者災害補償保険（労災保険）

　労災保険は、業務執行中に起こった**業務災害**や通勤途中に起こった**通勤災害**によって労働者が負傷・死亡した場合に必要な保険給付を行うことで、公務員などを除くすべての労働者（パートタイム労働者やアルバイトも含む）やその遺族の生活の安定を図る制度です。

　保険料の拠出は**事業主**Ⓐのみです。給付を受けるには、業務災害または通勤災害であると認定されることが必要です。認定にあたっては、事業主に故意・過失がない場合でも、災害補償の対象になります（**無過失責任**）。

2）雇用保険

　雇用保険は、労働者が**失業**したときや、子を養育するために**休業**したときなどに、必要な給付（失業等給付、育児休業給付）を行うことによって労働者の**生活および雇用の安定**と**雇用の促進**を図る制度です。また、失業の予防や雇用構造の改革、労働者の能力開発や福祉の増進等を図ることを目的として、雇用保険二事業（雇用安定事業、能力開発事業）も行っています。

　保険料は、失業等給付と育児休業給付は事業主と労働者で**折半**して負担しますが、雇用保険二事業は事業主が**全額負担**Ⓑします。

書いて覚えよう！

◆医療保険

● 健康保険などの（ ① ）保険と、自営業者などを対象とする（ ② ）保険に大別することができる。

● 保険料は、被用者保険は被用者と事業主で原則折半して負担するが、国民健康保険は（ ③ ）となる。

◆労働保険

● 労働者関連の社会保険としては、労働者災害補償保険（労災保険）と雇用保険があり、両者を併せて（ ④ ）とよんでいる。

■労災保険と雇用保険

	労災保険	雇用保険
給付の内容	業務執行中に起こった（ ⑤ ）、通勤途中に起こった（ ⑥ ）によって労働者が負傷・死亡した場合、必要な保険給付が行われる	労働者が失業したときや、子を養育するために（ ⑦ ）したときなどに、必要な保険給付（失業等給付、（ ⑧ ）給付）が行われる
保険料の負担	（ ⑨ ）のみが負担	失業等給付、（ ⑩ ）給付は事業主と労働者で折半、（ ⑪ ）事業は事業主が全額負担する

確認しよう！

★労災保険の保険料の負担は誰がする？ ⇒ Ⓐ

★雇用保険二事業の保険料の負担は誰がする？ ⇒ Ⓑ

用語

労働者災害補償保険

公務員は「国家公務員災害補償法」または「地方公務員災害補償法」が適用される。

雇用保険の被保険者

原則として適用事業所に雇用される労働者（１週間の所定労働時間が20時間以上で、同一事業者に31日以上の雇用見込みがある）。季節労働者、公務員などは適用対象外。

失業等給付

求職者給付、就職促進給付、教育訓練給付、雇用継続給付の４つがある。労働者が介護休業を取得した場合は、雇用継続給付から介護休業給付が支給される。

NOTE

レッスン8　介護保険制度創設の背景および目的①

重要度　**A**

学習日　／　／　／

1. 高齢化の進展とその課題

　介護保険制度創設以来、要支援・要介護認定を受けた高齢者の数は増加し続けており、2022（令和4）年10月時点では高齢者人口の約2割を占める約685万人に至っています。また、要介護者等と同居している家族は約5割を占めていますが、そのうち主な介護者を年齢層でみると、男性では60〜69歳、女性では60〜69歳と70〜79歳が約3割と多くなっています。全体でも60歳以上の介護者が**約8割**を占めています。

2. 介護保険制度の創設

1）介護保険制度創設までの流れ

　高齢者介護の問題が深刻化する中、従来の制度や家族介護の限界が指摘され、高齢者介護を社会全体で支える新しいシステムの構築が望まれるようになりました。こうした社会情勢を背景に、「**介護保険法**」が1997（平成9）年12月に成立し、2000（平成12）年4月から施行されました。

2）介護保険制度の目的

　介護保険制度は「介護保険法」第1条に基づき、①個人の**尊厳保持**、②**自立した日常生活**の保障、③国民の**共同連帯**の理念、④国民の保健医療の向上および福祉の増進、の4つを柱に運営されています。

3）介護保険制度の特徴

　介護保険制度は、次のような特徴を備えています。

①**社会保険方式の導入**…要介護状態・要支援状態を「国民共通のリスク」として位置づけており、保険料の負担と給付（介護サービス等の提供）との関係が明確になっている。

②**応能負担から応益負担**へ…**応益負担**が基本となることで、利用者負担の不均衡が是正される。

③**利用者本位の制度の導入**…サービス提供事業者との**利用契約**に基づき、利用者自身によるサービスの選択が認められている。

④**ケアマネジメントの導入**…**ケアマネジメント**の手法を導入することで、保健・医療・福祉各制度の**総合的・一体的・効率的**なサービスを提供することが可能となった。

⑤**民間活力の導入**…多様な事業者の参入を認めることで自由競争を促進し、利用者の選択の幅が広がることが期待されている。

⑥**市町村による運営**…制度を運営する保険者を、被保険者に身近な**市町村**（特別区を含む）としている。

書いて覚えよう！

◆介護保険制度の創設

● 高齢者介護を社会全体で支える新しいシステムの構築が望まれる社会情勢を背景に、「（　①　）」が1997（平成9）年12月に成立し、2000（平成12）年4月から施行された。

● 介護保険制度は、個人の（　②　）保持、自立した日常生活の保障、国民の（　③　）の理念、国民の保健医療の向上および（　④　）の増進の4つを柱に運営されている。

■介護保険制度の特徴

社会保険方式の導入	要介護状態・要支援状態を「国民共通のリスク」として位置づけており、保険料の負担と給付との関係が明確になっている
応能負担から応益負担へ	（　⑤　）が基本となることで、利用者負担の不均衡が是正される
利用者本位の制度の導入	サービス提供事業者との（　⑥　）に基づき、利用者自身によるサービスの選択が認められている
ケアマネジメントの導入	ケアマネジメントの手法を導入することで、保健・医療・福祉各制度の総合的・一体的・効率的なサービスを提供することが可能となった
民間活力の導入	多様な事業者の参入を認めることで自由競争を促進し、利用者の選択の幅が広がることが期待されている
市町村による運営	制度を運営する保険者を、被保険者に身近な（　⑦　）（特別区を含む）としている

確認しよう！

★要介護者等と同居している家族は約何割を占める？　⇨ Ⓐ

★介護保険制度の利用者の負担方法は応能負担？　応益負担？　⇨ Ⓑ

レッスン8 介護保険制度創設の背景および目的②

重要度 **A**
学習日 ／／／

1. 介護保険制度改正の概要

1）2005（平成17）年の制度改正

　要支援者や軽度の要介護者の増加、給付率の増加などを背景に、制度の持続可能性を高め、新たな課題に対応するため、①**予防重視型システム**への転換（**地域密着型サービス**、**地域包括支援センター**の創設）、②施設給付の見直しなどの改正が行われました。

2）2011（平成23）年の制度改正

　地域包括ケアシステムを実現し、医療と介護の連携強化や認知症施策を推進するため、①医療と介護の連携（**定期巡回・随時対応型訪問介護看護**と**複合型サービス**の創設）、②**介護予防・日常生活支援総合事業**の創設などを柱とした改正が行われました。

3）2014（平成26）年の制度改正

　高齢化が急速に進行する中、持続可能な社会保障制度の確立を図るため、次のような改正が行われました。

○**地域包括ケアシステムの構築**…①地域支援事業の**包括的支援事業**の充実、②介護予防訪問介護と介護予防通所介護を**介護予防・日常生活支援総合事業**に移行

○**費用負担の公平化**…①指定介護老人福祉施設の入所要件の厳格化（新規入所者は原則として**要介護3以上**🅐）、②利用者負担の引き上げ（一定以上の所得のある第1号被保険者は**2割**に引き上げ）など

4）2017（平成29）年の制度改正

　高齢者の自立支援と要介護状態の重度化防止、**地域共生社会**の実現を図るとともに、制度の持続可能性を確保するため、次のような改正が行われました。

○**地域包括ケアシステムの深化・推進**…①新たな介護保険施設となる**介護医療院**を創設、②地域共生社会の実現（介護保険と障害者福祉制度に新たに**共生型サービス**🅑を位置づける）

○**介護保険制度の持続可能性の確保**…利用者負担の引き上げ（2割負担している第1号被保険者のうち特に所得の高い層は**3割**に引き上げ）など

5）2020（令和2）年の制度改正

　地域共生社会の実現を図り、包括的な福祉サービス提供体制を整備する観点から、「介護保険法」など複数の法律が一括で改正されました。「介護保険法」では、①認知症施策推進大綱の反映など、②認知症に関する**定義**の変更などが行われました。

6）2023（令和5）年の制度改正

　全世代対応型の持続可能な社会保障制度を構築するため、「介護保険法」など複数の法律が一括で改正されました。「介護保険法」では、①複合型サービスの**定義**の見直し、②地域包括支援センターの**業務**の見直し（指定介護予防支援事業者の対象拡大、総合相談支援業務の委託）などが行われました。

書いて覚えよう！

◆介護保険制度改正の概要

2005（平成17）年の制度改正	①（　①　） システムへの転換 ②施設給付の見直し　など
2011（平成23）年の制度改正	①定期巡回・随時対応型訪問介護看護と （　②　） の創設 ②（　③　） 事業の創設　など
2014（平成26）年の制度改正	○地域包括ケアシステムの構築（①地域支援事業の包括的支援事業の充実、②介護予防訪問介護と介護予防通所介護を （　④　） 事業 に移行） ○費用負担の公平化　など
2017（平成29）年の制度改正	○地域包括ケアシステムの深化・推進 （①新たな介護保険施設となる （　⑤　） の創設、 ②（　⑥　） 社会の実現） ○介護保険制度の持続可能性の確保
2020（令和2）年の制度改正	①認知症施策推進大綱の反映など ②認知症に関する（　⑦　） の変更 など
2023（令和5）年の制度改正	①複合型サービスの定義の見直し ②（　⑧　） の業務 の見直し　など

用語

地域共生社会
地域のあらゆる住民が役割を持ち、支え合いながら、自分らしく活躍できる地域コミュニティを育成し、公的な福祉サービスと協働して助け合いながら暮らすことのできる社会。

共生型サービス
対象となるサービスは、ホームヘルプサービス、デイサービス、ショートステイの3つである。

指定居宅介護支援事業者
2023年の制度改正により、次の業務を行うことが可能になった。
①市町村から直接指定を受け、指定介護予防支援事業者として要支援者のケアマネジメント（介護予防支援）を実施する。
②地域包括支援センターの設置者から総合相談支援業務の一部を受託する。

NOTE

確認しよう！

★2014年の制度改正で、指定介護老人福祉施設への新規入所者は原則として要介護いくつ以上とされた？ ⇒ Ⓐ

★2017年の制度改正で、地域共生社会を実現するため、介護保険と障害者福祉制度に新たに位置づけられたサービスは何？ ⇒ Ⓑ

レッスン9 介護保険制度の保険者・被保険者など

重要度　A

学習日　／／／

1. 保険者・被保険者

1）保険者

　保険事業を運営・実施する者を**保険者**といい、保険料を徴収し、保険事故が生じた際に給付を行います。介護保険では、**市町村**（特別区を含む）が保険者となります。

　市町村では、介護サービスの確保と円滑な提供のため、**介護保険事業計画**を策定し、介護サービスの提供・管理や財政運営を一元的・計画的に行います。

2）被保険者

　介護保険制度では、40歳以上で要件に該当すれば、<u>本人の意思にかかわりなく、何ら手続きを要せずに被保険者となります（強制加入）</u>Ⓐ。65歳以上の者が**第1号被保険者**で、40歳以上65歳未満の**医療保険加入者**が**第2号被保険者**とされます。また、介護保険制度では、実際に居住している市町村の被保険者となるのが原則です（**住所地主義**）。

> 日本国籍のない外国人でも、国内に住所があると認められ、一定の要件を満たしていれば、介護保険の被保険者となります。逆に、日本国籍があっても、海外に長期滞在しているなどで日本に住民票がない場合は、被保険者にはなりません。

3）保険料の徴収方法

　第1号被保険者は、市町村が徴収します。老齢・退職年金、障害年金、遺族年金が年額18万円以上の者は年金からの天引き（**特別徴収**）Ⓑとなります。それ以外の者は直接徴収します（**普通徴収**）。第2号被保険者は、医療保険者が医療保険料と一体的に徴収し、介護給付費・地域支援事業支援納付金として**社会保険診療報酬支払基金**に納付し、支払基金が市町村に定率交付します。

2. 介護保険の財政

1）負担割合

　介護費用から利用者負担分を除いた**介護給付費**（予防給付費を含む）と**地域支援事業**の費用は、**公費**（国、都道府県、市町村）と**保険料**（第1号保険料、第2号保険料）で賄います。介護給付費と介護予防・日常生活支援総合事業（総合事業）の国の負担分は、定率負担金と**調整交付金**（5％相当）からなります。また、地域支援事業のうち、総合事業以外は第2号保険料による負担はありません。

2）財政安定化基金

　市町村の介護保険事業の運営における、保険料の収納率低下や介護給付費の見込み誤りによる財政不足などに対応するため、**都道府県**に**財政安定化基金**Ⓒが設置されます。基金の財源は、国、都道府県、市町村（第1号保険料）の拠出金で賄われ、それぞれの負担割合は**3分の1**ずつです。

書いて覚えよう！

◆保険者・被保険者

● 介護保険の被保険者のうち、（ ⑴ ）歳以上の者が第1号被保険者で、40歳以上65歳未満の（ ⑵ ）加入者が第2号被保険者とされる。また、介護保険制度では、実際に居住している市町村の被保険者となるのが原則である（（ ⑶ ）主義）。

■保険料の徴収方法

第1号被保険者	第2号被保険者
（ ⑷ ）が徴収する ① 老齢・退職年金、障害年金、遺族年金が年額18万円以上の者は年金から天引きする（（ ⑸ ）） ② ①以外の者は直接徴収する（（ ⑹ ））	医療保険者が（ ⑺ ）と一体的に徴収し、介護給付費・地域支援事業支援納付金として（ ⑻ ）支払基金に納付し、支払基金が市町村に定率交付する

◆介護保険の財政

● 介護費用から利用者負担分を除いた（ ⑼ ）（予防給付費を含む）と地域支援事業の費用は、公費（国、都道府県、市町村）と保険料（第1号保険料、第2号保険料）で賄う。介護給付費と（ ⑽ ）事業の国の負担分は、定率負担金と調整交付金（5％相当）からなる。

確認しよう！

★介護保険は、加入に手続きが必要？ ⇒ Ⓐ

★介護保険料のように、年金から天引きされる徴収方法を何という？ ⇒ Ⓑ

★市町村の介護保険事業の運営における財政不足などに対応するため、都道府県に何が設置される？ ⇒ Ⓒ

用語

住所地特例

介護保険施設等の多い市町村の介護費用の負担が重くなり、市町村間の財政の不均衡を招かないようにするための特例措置である。

第2号保険料

2017（平成29）年8月から、第2号保険料に総報酬割が導入され、被用者保険（協会けんぽ、健保組合、共済組合）間では、報酬額に応じて負担する仕組みとなった。

NOTE

レッスン10 介護サービス利用までの流れ①

重要度 **A**

学習日 ／／／

1. 給付を受けるための要件

　被保険者が給付を受けるためには、保険者である<u>市町村から**要介護認定・要支援認定**を受ける</u>A必要があります。

1）要介護者・要介護状態

　①**要介護者**…第1号被保険者で、要介護状態にある人、または、第2号被保険者で、加齢に伴う**特定疾病**によって要介護状態になった人。

　②**要介護状態**…身体上または精神上の障害があるために、入浴、排泄、食事などの日常生活における基本的な動作の全部または一部について、6か月にわたり継続して、常時介護を要すると見込まれる状態。

　要介護状態は、介護の必要度に応じて、<u>最も重度である**要介護5**から最も軽い**要介護1**までの**5段階**に区分</u>Bされています。

2）要支援者・要支援状態

　①**要支援者**…第1号被保険者で、要支援状態にある人、または、第2号被保険者で、加齢に伴う**特定疾病**によって要支援状態になった人。

　②**要支援状態**…身体上もしくは精神上の障害があるために、入浴、排泄、食事などの日常生活における基本的な動作の全部もしくは一部について、6か月にわたり継続して、常時介護を要する状態の軽減もしくは悪化の防止のための支援を要すると見込まれる状態、または6か月にわたり継続して日常生活を営むのに支障があると見込まれる状態。

　要支援状態は、支援の必要度に応じて、必要度の高い**要支援2**と必要度の低い**要支援1**の**2段階**に区分されています。

> 介護保険制度では、末期がん、関節リウマチ、筋萎縮性側索硬化症（ALS）、骨折を伴う骨粗鬆症、初老期における認知症、進行性核上性麻痺・大脳皮質基底核変性症およびパーキンソン病、糖尿病性神経障害・糖尿病性腎症・糖尿病性網膜症、脳血管疾患など、16の疾病が「特定疾病」に指定されています。

2. 要介護認定・要支援認定の流れ

　要介護認定・要支援認定の流れは次のようになっています。

　①**本人等による申請** ⇒②**市町村による認定調査**＝概況調査＋**基本調査**（74項目）＋**特記事項**（2次判定の資料）⇒③基本調査等に基づく**1次判定**（コンピュータによる分析）＋市町村の**介護認定審査会**による審査・判定（**2次判定**）⇒市町村が**要介護認定・要支援認定**（または**非該当**）を行う。

NOTE

書いて覚えよう！

◆給付を受けるための要件

● 被保険者が給付を受けるためには、保険者である

（① ＿＿＿＿＿＿ ） から （② ＿＿＿＿＿＿＿＿＿＿＿ ） を

受ける必要がある。

■要介護者・要介護状態

要介護者	①第１号被保険者で、要介護状態にある人 ②第２号被保険者で、加齢に伴う（③ ＿＿＿＿ ＿＿＿＿ ）によって要介護状態になった人
要介護状態	身体上または精神上の（④ ＿＿＿＿ ）があるために、入浴、排泄、食事などの日常生活における基本的な動作の全部または一部について、（⑤ ＿ ）か月にわたり継続して、（⑥ ＿＿＿＿＿ ）を要すると見込まれる状態

■要支援者・要支援状態

要支援者	①第１号被保険者で、要支援状態にある人 ②第２号被保険者で、（⑦ ＿＿＿ ）に伴う特定疾病によって要支援状態になった人
要支援状態	身体上もしくは精神上の障害があるために、入浴、排泄、食事などの日常生活における基本的な動作の全部もしくは一部について、６か月にわたり継続して、常時介護を要する状態の軽減もしくは悪化の防止のための（⑧ ＿＿＿ ）を要すると見込まれる状態、または６か月にわたり継続して日常生活を営むのに（⑨ ＿＿＿ ）があると見込まれる状態

確認しよう！

★要介護認定・要支援認定はどこから受ける？ ⇨ A

★要介護状態は、何段階に区分されている？ ⇨ B

レッスン 10 介護サービス利用までの流れ②

重要度 **A**
学習日 ／／／

1. 要介護認定・要支援認定

1）本人等による申請

　被保険者は、市町村に**要介護認定・要支援認定**の申請をします。申請は被保険者本人のほか、家族、親族、民生委員、成年後見人、社会保険労務士、**地域包括支援センター、指定居宅介護支援事業者**・地域密着型介護老人福祉施設・介護保険施設であって、厚生労働省令で定めるもの A が代行・代理することもできます（**申請代行・代理**）。

2）市町村による認定調査

　認定申請を受けた市町村は、申請を行った被保険者の**居宅**を訪問し、心身の状況等に関する聞き取り調査を行います。新規認定の場合は、原則として**市町村の職員**が**認定調査**を行います。ただし、例外として**指定市町村事務受託法人**には、新規認定、更新認定、区分変更認定時の認定調査を**委託**することができます。認定調査には、**概況調査、基本調査、特記事項**で構成された**全国一律**の認定調査票が用いられます。

3）介護認定審査会による審査・判定

　基本調査結果（および必要に応じて主治医意見書）に基づき**1次判定**（コンピュータによる分析）が行われます。これを基にして、市町村の**介護認定審査会**における審査・判定（**2次判定**）が実施されます。2次判定時には、**主治医意見書**および特記事項が用いられます。

　被保険者に主治医がいない場合には、市町村が指定する医師、または市町村職員である医師の診断を受けるよう命じることができます。なお、被保険者が正当な理由なくこの命令に従わない場合は、市町村は申請を**却下**することができます。

　2次判定の結果をふまえ、市町村が要介護認定・要支援認定を行い、被保険者に結果を**通知**します。なお、要介護認定等に不服がある場合は、**都道府県の介護保険審査会** B に審査請求ができます。

2. 要介護認定等の更新と区分変更、取り消し

　要介護認定等には**有効期間**（新規・区分変更認定は原則**6か月**、更新認定は原則**12か月**）が設けられており、サービスの継続を希望する場合は**更新認定**を受ける必要があります。

　有効期間満了日前であっても要介護認定・要支援認定を受けた被保険者が要介護者等に該当しなくなった場合や正当な理由なく認定調査に応じない、または主治医意見書のための診断命令に従わない場合には、市町村は認定を**取り消す**ことができます。

書いて覚えよう！

◆要介護認定・要支援認定

● 被保険者は、市町村に（ ① _____ ）の申請をする。

● 認定申請を受けた市町村は、申請を行った被保険者の（ ② _____ ）を訪問し、心身の状況等に関する聞き取り調査を行う。新規認定の場合は、原則として市町村の職員が認定調査を行う。ただし、例外として指定市町村事務受託法人には、新規認定、更新認定、区分変更認定時の認定調査を（ ③ _____ ）することができる。

● 基本調査結果（および必要に応じて主治医意見書）に基づき1次判定（コンピュータによる分析）が行われる。さらにこれを基にして、市町村の（ ④ _____ ）による審査・判定（2次判定）が実施される。2次判定では、（ ⑤ _____ ）および特記事項が用いられる。

◆要介護認定等の更新と区分変更、取り消し

● 要介護認定等には（ ⑥ _____ ）（新規・区分変更認定は原則6か月、更新認定は原則12か月）が設けられており、サービスの継続を希望する場合は（ ⑦ _____ ）を受ける必要がある。

● 有効期間満了日前であっても要介護認定・要支援認定を受けた被保険者が（ ⑧ _____ ）に該当しなくなった場合などには、市町村は認定を（ ⑨ _____ ）ことができる。

確認しよう！

★本人、家族、親族のほかに要介護認定・要支援認定の申請代行が行えるのは？ ⇒ Ⓐ

★市町村が行った要介護認定等に不服がある場合、どこに審査請求する？ ⇒ Ⓑ

介護認定審査会
保健・医療・福祉に関する学識経験者によって構成された第三者機関。市町村の附属機関として設置される。

NOTE

介護サービス等の種類・内容①

重要度　**A**

学習日　／／／

1. 保険給付の種類

介護保険の保険給付には、次の3種類があります。

①介護給付

　　要介護者を対象とする給付。居宅介護サービス費、地域密着型介護サービス費、施設介護サービス費などがある。

②予防給付

　　要支援者を対象とする給付。介護予防サービス費、地域密着型介護予防サービス費などがある。

③市町村特別給付

　　市町村が独自に行う給付で、**要介護者**と**要支援者**が対象。ただし、サービス内容は、要介護状態または要支援状態の軽減、悪化防止のためのものに限られる。

2. 地域支援事業

　介護予防を目的として、保険給付とは別に**地域支援事業**が介護保険制度に位置づけられています。**介護予防・日常生活支援総合事業**は、要支援者等に多様なサービスを地域の実情に合わせて柔軟に、総合的に提供する仕組みとなっています。

3. 償還払いと現物給付

1）償還払い

　サービス利用時に、利用者がサービス提供事業者・施設に費用をいったん全額支払い、後で市町村から保険給付分の払い戻しを受ける仕組みを**償還払い**といいます。

2）現物給付

　保険給付は、「介護保険法」の規定では償還払いが原則となっていますが、利用者の利便性を考慮し、一定の要件を満たせば**現物給付**が認められています。

4. 支給限度基準額

　要介護者等が無制限にサービスを利用すると、給付財源が不足して分配に不公平が生じるため、**支給限度基準額**を設け、その範囲内で保険給付を行う仕組みがとられています。支給限度基準額を超えてサービスを利用する場合は、その超える部分の費用は原則として**全額自己負担**となります。

書いて覚えよう！

◆保険給付の種類

介護給付	（①＿＿＿＿＿＿）を対象とする給付。居宅介護サービス費、（②＿＿＿＿＿＿）、施設介護サービス費など
予防給付	（③＿＿＿＿＿＿）を対象とする給付。（④＿＿＿＿＿＿）、地域密着型介護予防サービス費など
（⑤＿＿＿＿＿＿＿）	（⑥＿＿＿＿＿＿）が独自に行う給付で、要介護者と要支援者が対象。ただし、サービス内容は、要介護状態または要支援状態の軽減、悪化防止のためのものに限られる

◆償還払いと現物給付

	償還払い	現物給付
内容	サービス利用時に、利用者が（⑦＿＿＿＿＿＿）・施設に費用をいったん全額支払い、後で（⑧＿＿＿＿＿＿）から保険給付分の払い戻しを受ける仕組み	利用者の利便性を考慮し、（⑨＿＿＿＿＿＿）を満たせば認められている

◆支給限度基準額

● 要介護者等が無制限にサービスを利用すると、給付財源が不足して分配に不公平が生じるため、（⑩＿＿＿＿＿＿）を設け、その範囲内で保険給付を行う仕組みがとられている。

確認しよう！

★市町村特別給付の対象者は？　⇒ Ⓐ
★支給限度基準額を超えた分は、利用者はいくら自己負担する？ ⇒ Ⓑ

レッスン 11 介護サービス等の種類・内容②

1. 居宅サービス

要介護者に向けた居宅サービスには以下のようなものがあります。

①**訪問介護** A …介護福祉士などが要介護者の**居宅**を訪問して、入浴、排泄（はいせつ）、食事などの**介護**、その他の日常生活上の世話を行う。**身体介護**と**生活援助**に分けられる。

②**訪問入浴介護**…自宅の浴槽での入浴が困難な要介護者の居宅を、看護職員や介護職員が入浴車で巡回訪問し、入浴の介護を行う。

③**訪問看護**…主治医が必要と認めた場合に、看護師等が要介護者の居宅を訪問し、医師の指示に基づいた**療養上の世話**や必要な**診療の補助**を行う。

④**訪問リハビリテーション**…主治医が必要と認めた場合に、理学療法士や作業療法士、言語聴覚士（げんごちょうかくし）が要介護者の居宅を訪問し、**理学療法**や**作業療法**、その他必要なリハビリテーションを行う。

⑤**居宅療養管理指導**…医師、歯科医師、歯科衛生士、薬剤師、管理栄養士などが要介護者の居宅を訪問し**療養上の管理・指導**を行う。

⑥**通所介護**…通所が可能な要介護者を老人デイサービスセンターなどに通わせ、入浴、排泄、食事などの介護、その他の日常生活上の世話や**機能訓練**を行う（利用定員が19人以上のものにかぎり、認知症対応型通所介護に該当するサービスを除く）。

⑦**通所リハビリテーション**…主治医が必要と認めた場合に、通所が可能な要介護者を介護老人保健施設や介護医療院、病院、診療所に通わせ、**理学療法**や**作業療法**、その他必要なリハビリテーションを行う。

⑧**短期入所生活介護**…老人短期入所施設や介護医療院、特別養護老人ホームなどに要介護者を短期間入所させ、入浴、排泄、食事などの介護、その他の日常生活上の世話や機能訓練を行う。

⑨**短期入所療養介護**…医学的管理が必要な要介護者を介護老人保健施設や介護医療院、療養病床のある病院、診察所などに短期間入所させ、日常生活上の世話や必要な**医療**などを提供する。

⑩**特定施設入居者生活介護**…**特定施設**に入居している要介護者に対し、日常生活上の世話や相談、療養上の世話、機能訓練などのサービスを提供する。

⑪**福祉用具貸与**（たいよ）…**機能訓練**や**自立**を支援するための福祉用具を貸与する。

⑫**特定福祉用具販売**…入浴や排泄等に使用するなど貸与には向かない特定福祉用具を販売する。

「介護保険法」上の「居宅」には、「老人福祉法」に規定する養護老人ホーム、軽費老人ホーム、有料老人ホームにおける居室も含まれます。

書いて覚えよう！

用語

◆居宅サービス

①訪問介護

　介護福祉士などが要介護者の居宅を訪問して、入浴、排泄、食事などの介護、その他の日常生活上の世話を行う。

　（ ① 　　　　　　　 ） と生活援助に分けられる

② （ ② 　　　　　　　　 ）

　自宅の浴槽での入浴が困難な要介護者の居宅を、看護職員や介護職員が入浴車で巡回訪問し、入浴の介護を行う

③訪問看護

　主治医が必要と認めた場合に、 （ ③ 　　　　　 ） 等が要介護者の居宅を訪問し、医師の指示に基づいた療養上の世話や必要な診療の補助を行う

④訪問リハビリテーション

　主治医が必要と認めた場合に、理学療法士や作業療法士、言語聴覚士が要介護者の居宅を訪問し、理学療法や作業療法、その他必要な （ ④ 　　　　　　　　　 ） を行う

⑤居宅療養管理指導

⑥ （ ⑤ 　　　　　　　 ）

　通所が可能な要介護者を老人デイサービスセンターなどに通わせ、入浴、排泄、食事などの介護、その他の日常生活上の世話や機能訓練を行う

⑦ （ ⑥ 　　　　　　　　 ）

　主治医が必要と認めた場合に、通所が可能な要介護者を介護老人保健施設や介護医療院、病院、診療所に通わせ、理学療法や作業療法、その他必要なリハビリテーションを行う

⑧短期入所生活介護

⑨短期入所療養介護

⑩特定施設入居者生活介護

⑪福祉用具貸与

⑫特定福祉用具販売

特定施設

有料老人ホーム、軽費老人ホーム、養護老人ホームで、地域密着型特定施設でないもの。

NOTE

確認しよう！

★介護福祉士などが要介護者の居宅を訪問し、食事などの介護を行うサービスは？　⇒ Ⓐ

レッスン11 介護サービス等の種類・内容③

重要度　A
学習日　／／／

1. 介護予防サービス

要支援者に向けた介護予防サービスには次のようなものがあります。

①**介護予防訪問入浴介護**…自宅の浴槽での入浴が困難な要支援者の居宅を、看護職員や介護職員が入浴車で巡回訪問し、入浴の介護を行う。

②**介護予防訪問看護**…主治医が必要と認めた場合に、看護師等が要支援者の居宅を訪問し、医師の指示に基づいた**療養上の世話**や必要な**診療の補助**を行う。

③**介護予防訪問リハビリテーション**…主治医が必要と認めた場合に、理学療法士や作業療法士、言語聴覚士が要支援者の居宅を訪問し、**理学療法**や**作業療法**、その他必要なリハビリテーションを行う。

④**介護予防居宅療養管理指導**…医師、歯科医師、歯科衛生士、薬剤師、管理栄養士などⒶが要支援者の居宅を訪問し**療養上の管理・指導**を行う。

⑤**介護予防通所リハビリテーション**…主治医が必要と認めた場合に、通所が可能な要支援者を介護老人保健施設や介護医療院、病院、診療所に通わせ、**理学療法**や**作業療法**、その他必要なリハビリテーションを行う。

⑥**介護予防短期入所生活介護**…老人短期入所施設や介護医療院、特別養護老人ホームなどに要支援者を短期間入所させ、入浴、排泄、食事などの介護、その他の日常生活上の世話や機能訓練を行う。

⑦**介護予防短期入所療養介護**…医学的管理が必要な要支援者を介護老人保健施設や介護医療院、療養病床のある病院、診療所などに短期間入所させ、日常生活上の世話や必要な医療などを提供する。

⑧**介護予防特定施設入居者生活介護**…**特定施設**に入居している要支援者に対し、日常生活上の世話や相談、療養上の世話、機能訓練などのサービスを提供する。

⑨**介護予防福祉用具貸与**Ⓑ…**介護予防**に資する福祉用具を貸与する。

⑩**特定介護予防福祉用具販売**…入浴や排泄等に使用するなど貸与には向かない特定福祉用具を販売する。

■**主な介護予防福祉用具貸与・特定介護予防福祉用具販売の対象種目**

介護予防福祉用具貸与　　　　　　　　　　　　　　　　特定介護予防福祉用具販売

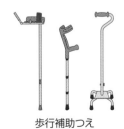

歩行補助つえ　　　　歩行器　　　　スロープ　　　　腰掛便座　　　入浴補助用具

NOTE

書いて覚えよう！

◆介護予防サービス

①介護予防訪問入浴介護

②（ 　　　[1]　　　 ）

　主治医が必要と認めた場合に、看護師等が要支援者の居宅を訪問し、医師の指示に基づいた療養上の世話や必要な診療の補助を行う

③介護予防訪問リハビリテーション

　主治医が必要と認めた場合に、（　　[2]　　）や作業療法士、言語聴覚士が要支援者の居宅を訪問し、理学療法や作業療法、その他必要なリハビリテーションを行う

④介護予防居宅療養管理指導

⑤介護予防通所リハビリテーション

　主治医が必要と認めた場合に、通所が可能な要支援者を（　　[3]　　）や介護医療院、病院、診療所に通わせ、理学療法や作業療法、その他必要なリハビリテーションを行う

⑥（ 　　　[4]　　　 ）

　老人短期入所施設や介護医療院、特別養護老人ホームなどに要支援者を短期間入所させ、入浴、排泄、食事などの介護、その他の日常生活上の世話や機能訓練を行う

⑦介護予防短期入所療養介護

⑧（ 　　　[5]　　　 ）

　（　　[6]　　）に入居している要支援者に対し、日常生活上の世話や相談、療養上の世話、機能訓練などのサービスを提供する

⑨介護予防福祉用具貸与

⑩（ 　　　[7]　　　 ）

　入浴や排泄等に使用するなど貸与には向かない特定福祉用具を販売する

確認しよう！

★介護予防居宅療養管理指導では、どのような職種が要支援者の居宅を訪問してサービスを提供する？ ⇒ Ⓐ

★介護予防に資する福祉用具を貸与するサービスは？ ⇒ Ⓑ

レッスン11 介護サービス等の種類・内容④

重要度 **A**

学習日 ／／／

1. 地域密着型サービス・地域密着型介護予防サービス

地域密着型サービス・地域密着型介護予防サービスには次のようなものがあります。

①**定期巡回・随時対応型訪問介護看護（要介護者のみ）**…介護福祉士などが定期的な巡回訪問により、または随時通報を受け、要介護者の**居宅**を訪問し、入浴、排泄_{はいせつ}、食事などの**介護**、日常生活上の世話、看護師等により行われる療養上の世話や必要な診療の補助を行う。

②**夜間対応型訪問介護（要介護者のみ）**…夜間の定期的な**巡回訪問**または**随時通報**によって**要介護者**の居宅を訪問し、入浴、排泄、食事などの介護、その他の日常生活上の世話を行う（定期巡回・随時対応型訪問介護看護に該当するサービスを除く）。

③**認知症対応型通所介護・介護予防認知症対応型通所介護**Ⓐ…**認知症**の要介護者等を、老人デイサービスセンターなどに通わせ、入浴、排泄、食事などの介護、その他の日常生活上の世話、機能訓練を行う。

④**小規模多機能型居宅介護・介護予防小規模多機能型居宅介護**…要介護者等を、心身の状況や環境等に応じ、**居宅**において、または**通所**もしくは短期間**宿泊**させて、入浴、排泄、食事などの介護、その他の日常生活上の世話や機能訓練を行う。

⑤**認知症対応型共同生活介護・介護予防認知症対応型共同生活介護**…**認知症**の要介護者等（急性の状態にある者を除く）に、入居定員が5～9人の**共同生活住居**（居室は原則**個室**）において、入浴、排泄、食事などの介護、その他の日常生活上の世話、機能訓練を行う。

⑥**地域密着型特定施設入居者生活介護（要介護者のみ）**…入居定員が29人以下の**介護専用型特定施設**（地域密着型特定施設という）に入居している**要介護者**に、入浴、排泄、食事などの介護、その他の日常生活上の世話、機能訓練、療養上の世話を行う。

⑦**地域密着型介護老人福祉施設入所者生活介護（要介護者のみ）**…入所定員が29人以下の**特別養護老人ホーム**である地域密着型介護老人福祉施設に入所している**要介護者**（原則として**要介護3以上**）に、入浴、排泄、食事などの介護、その他の日常生活上の世話、機能訓練、健康管理、療養上の世話を行う。

⑧**看護小規模多機能型居宅介護（複合型サービス）（要介護者のみ）**…要介護度が高く、医療ニーズの高い**要介護者**にも対応し、**小規模多機能型居宅介護**と、必要に応じて**訪問看護**を組み合わせて提供する。

⑨**地域密着型通所介護（要介護者のみ）**…**要介護者**を老人デイサービスセンターなどに通わせ、入浴、排泄、食事などの介護、その他の日常生活上の世話や機能訓練を行う（利用定員が18人以下であるものに限り、認知症対応型通所介護に該当するものを除く）。

書いて覚えよう！

◆地域密着型サービス・地域密着型介護予防サービス

● **定期巡回・随時対応型訪問介護看護（要介護者のみ）**…介護福祉士などが定期的な巡回訪問により、または随時通報を受け、要介護者の（ ① ）を訪問し、入浴、排泄、食事などの（ ② ）、日常生活上の世話、看護師等により行われる療養上の世話や必要な診療の補助を行う。

● **夜間対応型訪問介護（要介護者のみ）**…夜間の定期的な（ ③ ）または随時通報によって要介護者の居宅を訪問し、入浴、排泄、食事などの介護、その他の日常生活上の世話を行う（定期巡回・随時対応型訪問介護看護に該当するサービスを除く）。

● **小規模多機能型居宅介護・介護予防小規模多機能型居宅介護**…要介護者等を、心身の状況や環境等に応じ、（ ④ ）において、または通所もしくは短期間（ ⑤ ）させて、入浴、排泄、食事などの介護、その他の日常生活上の世話、機能訓練を行う。

● **地域密着型特定施設入居者生活介護（要介護者のみ）**…入居定員が29人以下の（ ⑥ ）（地域密着型特定施設という）に入居している要介護者に、入浴、排泄、食事などの介護、その他の日常生活上の世話、機能訓練、療養上の世話を行う。

● （ ⑦ ）（複合型サービス）（要介護者のみ）…要介護度が高く、医療ニーズの高い要介護者にも対応し、小規模多機能型居宅介護と、必要に応じて（ ⑧ ）を組み合わせて提供する。

確認しよう！

★認知症の要介護者等を、老人デイサービスセンターなどに通わせ、入浴、排泄、食事などの介護等を行うサービスは？　⇒ Ⓐ

用語

定期巡回・随時対応型訪問介護看護
サービスの提供形態により、次の2つに分かれる。
①介護・看護一体型…訪問介護と訪問看護を一体的に提供。
②介護・看護連携型…訪問看護事業所と緊密な連携を図って実施。

NOTE

介護サービス等の種類・内容⑤

重要度　**A**
学習日　／／／

1. 住宅改修

在宅の要介護者（要支援者）が一定の**住宅改修**を行った場合、居宅介護住宅改修費（介護予防住宅改修費）が**償還払い**で給付されます。

2. 居宅介護支援・介護予防支援

在宅の要介護者等の依頼を受けて**ケアプラン**を作成するとともに、そのケアプランに基づいて適切なサービス提供が確保されるよう、サービス提供事業者や関係機関との連絡調整その他の便宜の提供を行うことを、要介護者については**居宅介護支援**、要支援者については**介護予防支援**といいます。そして、要介護者（要支援者）が指定居宅介護支援事業者（指定介護予防支援事業者）から**指定居宅介護支援（指定介護予防支援）**を受けたときに**居宅介護サービス計画費（介護予防サービス計画費）**として、費用の全額（**10割**）が**現物給付**されます。

3. 施設サービス

要介護者が都道府県知事（または指定都市・中核市の市長）の**指定**（介護老人保健施設および介護医療院の場合は許可）を受けた**介護保険施設**（指定介護老人福祉施設、介護老人保健施設、介護医療院）に入所し、次の**指定施設サービス**を受けたときに**施設介護サービス費**が現物給付されます。

施設サービスには、次のようなものがあります。

①**介護福祉施設サービス**…身体上または精神上著しい障害があるために**常時介護**を必要とする、**特別養護老人ホーム**（入所定員が30人以上のものに限る）に入所する**要介護者**（原則として**要介護3以上**）に対し、施設サービス計画に基づいて入浴、排泄、食事などの介護、その他日常生活上の世話および機能訓練、健康管理、療養上の世話を行う。

②**介護保健施設サービス**…病状が安定期にある、**介護老人保健施設**に入所する**要介護者**の在宅復帰に向けて、施設サービス計画に基づいて看護、医学的管理下における介護および機能訓練、その他必要な医療ならびに日常生活上の世話を行う。

③**介護医療院サービス**…日常的な医学管理や**看取り・ターミナルケア**などの医療機能と、**生活施設**としての機能を兼ね備えた**介護医療院**に入院する**要介護者**に対し、療養上の管理、看護、医学的管理下における介護および機能訓練その他必要な医療ならびに日常生活上の世話を行う。

書いて覚えよう！

◆住宅改修

● 在宅の要介護者（要支援者）が一定の （[1]＿＿＿＿＿＿） を行った場合、居宅介護住宅改修費（介護予防住宅改修費）が （[2]＿＿＿＿＿＿） で給付される。

◆居宅介護支援・介護予防支援

● 在宅の要介護者等の依頼を受けてケアプランを作成するとともに、そのケアプランに基づいて適切なサービス提供が確保されるよう、サービス提供事業者や関係機関との連絡調整その他の便宜の提供を行うことを、要介護者については （[3]＿＿＿＿＿＿＿＿） 、要支援者については介護予防支援という。

◆施設サービス

● 要介護者が （[4]＿＿＿＿＿＿） （または指定都市・中核市の市長）の指定 （介護老人保健施設および介護医療院の場合は許可）を受けた（[5]＿＿＿＿＿＿）（指定介護老人福祉施設、介護老人保健施設、介護医療院）に入所し、指定施設サービスを受けたときに （[6]＿＿＿＿＿＿） が現物給付される。

● 介護福祉施設サービスでは、身体上または精神上著しい障害があるために常時介護を必要とする、 （[7]＿＿＿＿＿＿＿） （入所定員が30人以上のものに限る）に入所する要介護者（原則として要介護3以上）に対し、 （[8]＿＿＿＿＿＿） 計画に基づいて入浴、排泄、食事などの介護、その他日常生活上の世話および機能訓練、健康管理、療養上の世話を行う。

● 介護保健施設サービスでは、病状が安定期にある、 （[9]＿＿＿＿＿＿＿） に入所する要介護者の （[10]＿＿＿＿＿＿） に向けて、施設サービス計画に基づいて看護、医学的管理下における介護および機能訓練、その他必要な医療ならびに日常生活上の世話を行う。

用語

給付対象となる住宅改修

・手すりの取り付け
・段差の解消
・引き戸などへの扉の取り換え
・洋式便器などへの便器の取り換え
・滑りの防止や移動を円滑にするための床または通路面の材料の変更
・その他、上記に付帯して必要な住宅改修

指定居宅介護支援（指定介護予防支援）

市町村長の指定を受けた事業者によって行われる居宅介護支援（介護予防支援）のこと。

NOTE

地域支援事業など①

重要度　**A**

学習日　／／／

1. 介護予防・日常生活支援総合事業（総合事業）

1）総合事業の内容

　総合事業は**必須事業**に位置づけられ、**介護予防・生活支援サービス事業**と<u>一般介護予防事業</u>Ａの２つがあります。介護予防・生活支援サービス事業は**要支援者**、基本チェックリストに該当した**第1号被保険者**、**要介護者**（認定前から市町村の補助により実施される介護予防・生活支援サービス事業を利用する者に限る）（以下、要支援者等）が対象となります。一般介護予防事業は、すべての**第1号被保険者**とその支援のための活動にかかわる人を対象とします。

2）総合事業の内訳

①介護予防・生活支援サービス事業

○**訪問型サービス**（第1号訪問事業）…要支援者等の居宅において、掃除、洗濯などの日常生活上の支援を行う。

○**通所型サービス**（第1号通所事業）…施設において、日常生活上の支援や機能訓練を行う。

○**生活支援サービス**（第1号生活支援事業）…介護予防サービスや訪問・通所型サービスと一体的に行われる場合に効果があると認められる生活支援サービスを行う。

○**介護予防ケアマネジメント**（第1号介護予防支援事業）…総合事業のみを利用する要支援者等に対し、総合事業のサービスを適切に提供できるよう、**地域包括支援センター**が介護予防ケアマネジメントを実施する。

②一般介護予防事業

○**介護予防把握事業**…地域の実情に応じて収集した情報等の活用により、閉じ籠り等の支援を要する者を把握し、介護予防活動へつなげる。

○**介護予防普及啓発事業**…介護予防活動の普及・啓発を行う。

○**地域介護予防活動支援事業**…地域における住民主体の介護予防活動の育成・支援を行う。

○**一般介護予防事業評価事業**…介護保険事業計画に定める目標値の達成状況等の検証を行い、一般介護予防事業を評価する。

○**地域リハビリテーション活動支援事業**…介護予防の取り組みを機能強化するため、訪問、通所、地域ケア会議、住民運営の通いの場などへのリハビリテーション専門職などの関与を促進する。

NOTE

書いて覚えよう！

◆介護予防・日常生活支援総合事業（総合事業）

● （①＿＿＿＿＿＿＿＿＿）は必須事業に位置づけられ、

（②＿＿＿＿＿＿＿＿＿＿＿＿＿＿＿＿）と一般介護予防事業

の2つがある。介護予防・生活支援サービス事業は要支援者、基

本チェックリストに該当した第1号被保険者などを対象とし、一

般介護予防事業はすべての（③＿＿＿＿＿＿＿＿＿＿）とその支

援のための活動にかかわる人を対象とする。

■介護予防・生活支援サービス事業

① 訪問型サービス（第1号訪問事業）…要支援者等の居宅に
おいて、掃除、洗濯などの日常生活上の支援を行う
② 通所型サービス（第1号通所事業）…施設において、日常
生活上の支援や（④＿＿＿＿＿＿）を行う
③ （⑤＿＿＿＿＿＿＿＿）（第1号生活支援事業）…介護予
防サービスや訪問・通所型サービスと一体的に行われる場合
に効果があると認められる生活支援サービスを行う
④ （⑥＿＿＿＿＿＿＿＿＿＿）（第1号介護予防支援事
業）…総合事業のみを利用する要支援者等に対し、総合事業
のサービスを適切に提供できるよう、
（⑦＿＿＿＿＿＿＿＿＿）が介護予防ケアマネジメント
を実施する

■一般介護予防事業

① （⑧＿＿＿＿＿＿＿＿＿）
② 介護予防普及啓発事業
③ 地域介護予防活動支援事業
④ 一般介護予防事業評価事業
⑤ 地域リハビリテーション活動支援事業

確認しよう！

★総合事業で行われる2つの事業は、介護予防・生活支援サービ
ス事業ともうひとつは何？　　　　　　　　　　⇒ Ⓐ

レッスン12 地域支援事業など②

重要度 A
学習日 ／／／

1. 包括的支援事業

　包括的支援事業は、**第1号被保険者**と**第2号被保険者 A** を対象とした市町村の**必須事業**で、次の業務と事業が実施されます。この包括的支援事業を一体的に実施する機関として、**地域包括支援センター**が位置づけられています。

①**第1号介護予防支援事業 B**（要支援者以外）…総合事業のサービスを包括的・効率的に提供できるよう、**地域包括支援センター**が介護予防ケアマネジメントを実施する。

②**総合相談支援業務**…地域における**ネットワーク構築**、高齢者の心身の状況や家族の状況などについての**実態把握**、**総合相談支援**（高齢者からの相談対応、サービスや制度の情報提供、関連機関の紹介等）など、保健医療の向上や福祉の増進を図るための総合的な支援を行う。

③**権利擁護業務**…虐待の防止や早期発見のための業務その他権利擁護のために必要な援助（**成年後見制度**の活用促進、**高齢者虐待**への対応、消費者被害の防止等）を行う。

④**包括的・継続的ケアマネジメント支援業務**…保健医療・福祉の専門家が居宅サービス計画や施設サービス計画を検証し、被保険者の心身の状況を適切に協議するなどの取り組みを通じて、被保険者が地域で自立した日常生活を送ることができるように包括的・継続的な支援を行う。

⑤**在宅医療・介護連携推進事業**…地域の医療・介護の**資源**の把握、地域の医療・介護関係者による会議の開催による課題抽出、対応策の検討、医療・介護関係者の**情報共有**の支援、医療・介護関係者の**研修**、在宅医療・介護連携に関する地域住民への**普及啓発**などを行い、在宅医療と介護サービスの**一体的**な提供に向けて、医療・介護関係者の連携を推進する。

⑥**生活支援体制整備事業**…被保険者の地域での自立した日常生活の支援や介護予防のための体制の整備・促進をする事業（**生活支援コーディネーター**、**就労的活動支援コーディネーター**の配置、研修事業の実施など）を行う。

⑦**認知症総合支援事業**…保健医療・福祉の専門家による認知症の早期対応のための支援や、認知症や認知症が疑われる被保険者に対する総合的な支援（**認知症初期集中支援チーム**、**認知症地域支援推進員**の配置、認知症ケアの向上・推進等）を行う。

2. 任意事業

　家族介護支援事業、介護給付等費用適正化事業など、被保険者および要介護被保険者を介護している者等に対して、地域の実情に応じた必要な支援を行います。

書いて覚えよう！

◆包括的支援事業

● **第1号介護予防支援事業（要支援者以外）**…総合事業のサービスを包括的・効率的に提供できるよう、地域包括支援センターが（　①　）を実施する。

● （　②　）…地域におけるネットワーク構築、高齢者の心身の状況や家族の状況などについての実態把握、総合相談支援など、保健医療の向上や福祉の増進を図るための総合的な支援を行う。

● **権利擁護業務**…（　③　）の防止や早期発見のための業務その他権利擁護のために必要な援助（（　④　）制度の活用促進、高齢者虐待への対応、消費者被害の防止等）を行う。

● **在宅医療・介護連携推進事業**…地域の医療・介護の資源の把握、地域の医療・介護関係者による会議の開催による課題抽出、対応策の検討などを行い、在宅医療と介護サービスの（　⑤　）な提供に向けて、医療・介護関係者の連携を推進する。

● **生活支援体制整備事業**…被保険者の地域での自立した日常生活の支援や（　⑥　）のための体制の整備・促進をする事業（（　⑦　）、就労的活動支援コーディネーターの配置、研修事業の実施など）を行う。

● （　⑧　）…保健医療・福祉の専門家による認知症の早期対応のための支援や、認知症や認知症が疑われる被保険者に対する総合的な支援（認知症初期集中支援チーム、認知症地域支援推進員の配置、認知症ケアの向上・推進等）を行う。

確認しよう！

★包括的支援事業の対象者は？　⇒ A

★総合事業のサービスを包括的・効率的に提供できるよう、地域包括支援センターが行うのは？　⇒ B

用語

家族介護支援事業
介護方法の指導など、要介護者を介護する人を支援するための事業。家族介護教室の開催や認知症高齢者見守り事業など。

介護給付等費用適正化事業
利用者に適切なサービスを提供できる環境の整備や介護給付費の適正化を図るための事業。

NOTE

地域支援事業など③

重要度 **A**
学習日 ／／／

1. 地域包括支援センター

　地域包括支援センターは、地域の高齢者の心身の健康の保持、生活の安定のために必要な援助を行うことにより、保健・医療の向上、福祉の増進を**包括的**に支援する中核的機関です。

　地域包括支援センターは、次のような体制で運営されています。

①**設置主体**…**市町村**または市町村から**包括的支援事業**の委託を受けた法人。

②**主な業務内容**…包括的支援事業、総合事業（**介護予防ケアマネジメント**、一般介護予防事業）、任意事業、指定介護予防支援事業者として行う**介護予防支援**。

③**職員体制**…原則として第1号被保険者数おおむね3,000人以上6,000人未満ごとに、常勤専従の**保健師**、**社会福祉士**、**主任介護支援専門員**を各1人配置する。

　なお、地域包括支援センターの設置・運営に関しては、中立性・公正性の確保や人材確保支援などの観点から、原則として市町村単位で設置される**地域包括支援センター運営協議会**が関与します。

2. サービス提供事業者・施設の指定

1）指定の概要

　介護保険の給付対象となるサービスの提供は、**都道府県知事**または**市町村長**の**指定**を受けた事業者・施設（以下、事業者等）が行います。

　指定は、原則**申請**に基づき、サービスの**種類**ごとに、**事業所**ごと（施設では施設ごと）に行われます。また、指定を受けるためには、原則として**法人格**をもち、人員・設備・運営基準などの要件を満たす必要があります。ただし、営利・非営利は問われません。

■事業者・施設の指定

都道府県知事	居宅サービス事業者、介護予防サービス事業者、**介護保険施設**
市町村長	**居宅介護支援事業者**、**介護予防支援事業者**、地域密着型（介護予防）サービス事業者

2）指定の更新

　事業者等の指定には、**6年間**の有効期間が設けられています。

書いて覚えよう！

◆地域包括支援センター

● （ ①＿＿＿＿＿＿＿＿＿＿ ） は、地域の高齢者の心身の

健康の保持、生活の安定のために必要な援助を行うことにより、

保健・医療の向上、福祉の増進を （ ②＿＿＿＿ ） 的に支援する

中核的機関である。

■地域包括支援センターの体制

設置主体	市町村または市町村から（ ③＿＿＿＿＿＿ ）事業の委託を受けた法人
主な業務内容	（ ④＿＿＿＿＿＿ ） 事業、総合事業（ （ ⑤＿＿＿＿＿＿＿＿ ） 、一般介護予防事業）、任意事業、指定介護予防支援事業者として行う （ ⑥＿＿＿＿＿＿ ）
職員体制	原則として第1号被保険者数おおむね 3,000 人以上 6,000 人未満ごとに、常勤専従の（ ⑦＿＿＿＿ ） 、社会福祉士、主任介護支援専門員を各1人配置する

◆サービス提供事業者・施設の指定

■事業者・施設の指定

都道府県知事	居宅サービス事業者、介護予防サービス事業者、（ ⑧＿＿＿＿＿＿ ）
市町村長	居宅介護支援事業者、介護予防支援事業者、地域密着型（介護予防）サービス事業者

● 事業者・施設の指定には、 （ ⑨＿＿ ） 年間の有効期間が設

けられている。

確認しよう！

★地域包括支援センターに常勤専従で配置される職員は、保健師

と社会福祉士ともうひとつは何？ ⇒ Ⓐ

67

レッスン 13 組織・専門職の機能と役割①

重要度 B
学習日 ／／／

1. 国の役割

国は、介護保険事業の運営が健全かつ円滑に行われるよう、**保健医療サービスおよび福祉サービスを提供する体制の確保**に関する施策など、必要な措置を講じなければなりません。

国は、①制度の枠組み設定に関する事務Ⓐ（介護報酬の額や**支給限度基準額、第2号被保険者負担率**の設定など）、②財政支援に関する事務（**調整交付金**の交付など）、③保険給付の基盤整備に関する事務を担います。

2. 都道府県・市町村の役割

1）都道府県が扱う事務

都道府県は、介護保険事業の運営が健全かつ円滑に行われるよう、市町村に対して必要な助言および適切な援助を行います。

都道府県は、主に次のような事務を担います。

①事業者等の指定や指導に関する事務

②財政支援に関する事務（**財政安定化基金**の設置・運営など）

③**都道府県介護保険事業支援計画**に関する事務

2）市町村が扱う事務

介護保険の保険者である**市町村**は、保険運営の責任主体として被保険者を把握・管理し、保険事故が発生した場合に**保険給付**を行います。また、被保険者から保険料を徴収し、その保険料や公費を元に保険財政を管理し、事業運営を行います。

市町村は、主に次のような事務を担います。

①被保険者の資格管理に関する事務

②**要介護認定・要支援認定**に関する事務（**介護認定審査会**の設置・運営など）

③保険給付に関する事務

④事業者等の指定や指導に関する事務

⑤**市町村介護保険事業計画**に関する事務

⑥保険料に関する事務（**第1号被保険者の保険料率**の設定・保険料額の算定など）

3. 国民健康保険団体連合会（国保連）

国民健康保険団体連合会（国保連）は都道府県Ⓑ単位で設置されています。**市町村**からの委託業務（介護給付費などの審査・支払い、第三者行為求償事務）、独立業務（**苦情処理**）、指定居宅サービス、指定介護予防サービスなどの事業や介護保険施設の運営などを行っています。

書いて覚えよう！

NOTE

◆国の役割

■国が扱う事務

①制度の枠組み設定に関する事務
②財政支援に関する事務
③（ 　[1]　 ） の基盤整備に関する事務

◆都道府県・市町村の役割

■都道府県が扱う事務

①事業者等の （ 　[2]　 ） や指導に関する事務
②財政支援に関する事務
③（ 　[3]　 ） 計画に関する事務

■市町村が扱う事務

①被保険者の資格管理に関する事務
②（ 　[4]　 ） に関する事務
③保険給付に関する事務
④事業者等の指定や指導に関する事務
⑤（ 　[5]　 ） 計画に関する事務
⑥保険料に関する事務

◆国民健康保険団体連合会（国保連）

①（ 　[6]　 ） からの委託業務
  ●介護給付費などの審査・支払い
  ●第三者行為求償事務
②独立業務 （ 　[7]　 ）
③指定居宅サービス、指定介護予防サービスなどの事業や
  （ 　[8]　 ） の運営など

確認しよう！

★制度の枠組み設定に関する事務は、どこが行う？　⇒ A
★国保連はどこに設置されている？　⇒ B

レッスン 13 組織・専門職の機能と役割②

重要度 **B**
学習日 ／／／

1. 介護支援専門員

1）介護支援専門員とは

一般に**ケアマネジャー**とよばれ、「介護保険法」において制度化された資格です。要介護者等からの**相談**に応じ、心身の状況などに応じた適切なサービス利用ができるよう**ケアプラン**を作成するほか、市町村や事業者等と**連絡調整**を行うなど、ケアマネジメントにおいて中心的な役割を担っています。

2）介護支援専門員の資格

介護支援専門員の業務に従事するには、**都道府県が実施する介護支援専門員実務研修受講試験**に合格し、所定の実務研修を修了して、**都道府県知事**から**登録**と**介護支援専門員証の交付**を受けることが必要となります。

介護支援専門員証の有効期間は**5年間**です。更新する場合は、原則的に都道府県知事またはその指定する機関が行う**更新研修**を受けなければなりません。登録後5年を超えている人が介護支援専門員証の交付を受けようとする場合は、更新研修ではなく**再研修**Ⓐを受ける必要があります。

3）介護支援専門員の義務等

「介護保険法」において、次の事項が規定されています。

①公正・誠実な業務遂行義務

要介護者等の**人格**を尊重し、常に要介護者等の立場に立って、提供するサービスや事業が特定の種類や事業者・施設に不当に偏ることがないよう、**公正**かつ**誠実**に業務を行わなければならない。

②基準遵守義務

厚生労働省令の定める基準（指定居宅介護支援等基準の基本取扱方針）に従って、業務を行わなければならない。

③資質向上努力義務

要介護者等が自立した日常生活を営むのに必要な援助に関する専門的知識および技術の水準を向上させ、その**資質の向上**を図るよう努めなければならない。

④名義貸しの禁止等

介護支援専門員証を不正に使用したり、他人にその名義を貸して、介護支援専門員の業務のために使用させたりしてはならない。

⑤信用失墜行為の禁止

介護支援専門員の信用を傷つけるような行為をしてはならない。

⑥秘密保持義務

正当な理由なしに、その業務について知り得た人の秘密を漏らしてはならない。介護支援専門員でなくなった後も同様であるⒷ。

書いて覚えよう！

◆介護支援専門員

● 介護支援専門員は、一般にケアマネジャーとよばれ、要介護者等からの（①＿＿＿＿＿）に応じ、ケアプランを作成するほか、市町村や事業者等と（②＿＿＿＿＿＿）を行う。

● 介護支援専門員の業務に従事するには、（③＿＿＿＿＿＿）が実施する介護支援専門員実務研修受講試験に合格し、実務研修を修了して、都道府県知事から登録と（④＿＿＿＿＿＿＿）の交付を受けることが必要。

● 介護支援専門員証の有効期間は（⑤＿＿＿＿）年間である。更新する場合は、原則的に都道府県知事またはその指定する機関が行う（⑥＿＿＿＿＿＿）を受けなければならない。

■介護支援専門員の義務等（「介護保険法」で定められる６項目）

①公正・誠実な業務遂行義務	○要介護者等の（⑦＿＿＿＿＿）を尊重する ○公正かつ誠実に業務を行う
②基準遵守義務	厚生労働省令の定める基準に従う
③資質向上努力義務	専門的知識および技術の水準を向上させ、その資質の向上を図るよう努める
④名義貸しの禁止等	介護支援専門員証の不正使用、（⑧＿＿＿＿＿）を貸すことの禁止
⑤信用失墜行為の禁止	介護支援専門員の（⑨＿＿＿＿＿）を傷つけるような行為の禁止
⑥秘密保持義務	正当な理由なしに、業務上知り得た人の（⑩＿＿＿＿＿）を漏らしてはならない

確認しよう！

★登録後５年を超えている人が介護支援専門員証の交付を受けようとする場合は、更新研修？ 再研修？ ⇒ Ⓐ

★秘密保持義務は介護支援専門員でなくなった後も課せられる？ ⇒ Ⓑ

レッスン 14 障害者総合支援制度 創設の背景

重要度 **B**

学習日 ／／／

1. 今日までの障害者福祉制度

1）障害者基本計画

「**障害者基本法**」は国に対し、障害者施策に関する基本的な計画（**障害者基本計画**）を策定するよう定めています。この障害者基本計画などに基づいて、都道府県と市町村は**障害者計画**を策定することが義務づけられています。

1993（平成5）〜 2002（平成14）年度の期間、「**障害者対策に関する新長期計画**」が障害者基本計画として位置づけられ、これを具体化する重点施策実施計画として「障害者プラン〜ノーマライゼーション7か年戦略」が策定されました。さらに、2003（平成15）〜 2012（平成24）年度の期間で計画された「**新障害者基本計画**」の前期5年間の重点施策実施計画として策定されたのが「**新障害者プラン**」です。新障害者プランは、前期5年間（2003 〜 2007〔平成19〕年度）と後期5年間（2008〔平成20〕〜 2012年度）の2回に分けて展開されました。

2）社会福祉基礎構造改革と障害者施策

障害福祉サービスは、長きにわたって行政処分である**措置制度**で行われてきましたが、2000（平成12）年の**社会福祉基礎構造改革**によりサービスの利用者とサービス提供事業者との対等な関係の確立が望まれました。これを受けて2003（平成15）年度に**支援費制度**が導入され、措置制度から**利用契約制度**へと変わり、障害者の福祉サービスの一元化、応益負担などを盛り込んだ「**障害者自立支援法**」が2005（平成17）年に成立しました。その後、法律の見直しが進められ、2012年6月に「障害者の日常生活及び社会生活を総合的に支援するための法律（**障害者総合支援法**）」が成立し、2013（平成25）年4月から段階的に施行されていきました。

2. 障害者総合支援法の成立

「障害者総合支援法」の主な改正内容は、次のとおりです。

①**基本理念の創設**

②**障害者の範囲の見直し**…「制度の谷間」を埋めるべく、障害者の範囲に**難病等**を加える（障害児の範囲も同様に対応）。

③**障害支援区分への名称・定義の改正**…旧法の「障害程度区分」を、障害の多様な特性その他の心身の状態に応じて必要とされる標準的な支援の度合いを総合的に示す**障害支援区分**に改める。

法第1条の2には、「すべての国民が、障害の有無にかかわらず、等しく基本的人権を享有するかけがえのない個人として尊重される」「**共生**する社会を実現」「**社会参加の機会の確保**」「**社会的障壁の除去**」という基本理念が掲げられています。

書いて覚えよう！

◆今日までの障害者福祉制度

■障害者基本計画と障害者プラン

期間	障害者基本計画	重点施策実施計画
1993（平成5）年度 〜 2002（平成14）年度	「障害者対策に関する新長期計画」	「障害者プラン〜ノーマライゼーション7か年戦略」
2003（平成15）年度 〜 2012（平成24）年度	「新障害者基本計画」	「（ ①＿＿＿＿ ）」

■社会福祉基礎構造改革と障害者施策

2000（平成12）年	社会福祉基礎構造改革
2003（平成15）年度	（ ②＿＿＿＿ ）制度の導入
2005（平成17）年	「障害者自立支援法」成立
2012（平成24）年	「（ ③＿＿＿＿＿＿＿ ）法」成立

◆障害者総合支援法の成立

● 「障害者総合支援法」の主な改正内容は、基本理念の創設、障害者の範囲の見直し、（ ④＿＿＿＿＿＿＿ ）への名称・定義の改正である。

● 法第1条の2には、「すべての国民が、（ ⑤＿＿＿＿ ）の有無にかかわらず、等しく基本的人権を享有するかけがえのない個人として尊重される」「（ ⑥＿＿＿＿ ）する社会を実現」「社会参加の機会の確保」「（ ⑦＿＿＿＿＿＿ ）の除去」という基本理念が掲げられている。

確認しよう！

★「障害者基本法」は国に対し、何を策定するよう定めている？ ⇒ Ⓐ

★「障害者総合支援法」で障害者の範囲に加えられたのは？ ⇒ Ⓑ

レッスン 15 障害者総合支援制度の仕組み①

重要度 A
学習日 ／　／　／

1. サービスの概要

　「障害者総合支援法」に基づく障害者総合支援制度は、**市町村**が実施主体となって行われます。対象は、**身体障害、知的障害、精神障害**（発達障害を含む）、**難病等**で、障害の種別にかかわりなく、障害者（児）に対して共通のサービスを提供する仕組みとなっています。

　サービスは、障害福祉サービスなどを提供する**自立支援給付**（介護給付、訓練等給付、自立支援医療、補装具、相談支援Ⓐ）と、市町村・都道府県が地域の実情に応じて柔軟に実施する**地域生活支援事業**の2つが大きな柱となっています。

　2018（平成30）年4月からは、高齢者と高齢障害者等が同一事業所でサービスを受けやすくするため、介護保険制度と障害者福祉制度（「障害者総合支援法」「児童福祉法」）に**共生型**サービスが位置づけられました。

2. 自立支援給付－障害福祉サービス

1）障害福祉サービス

　自立支援給付のうち、**介護給付**と**訓練等給付**の2つが障害福祉サービスに該当します。

①介護給付

　　支援の度合が一定以上の者が、生活上または療養上の必要な介護を受けたときに支給される（下線は障害児も利用可能なサービス）。

○**居宅介護**（ホームヘルプ）　○**重度訪問介護**（重度の**肢体不自由者**や重度の**知的障害**または**精神障害**により行動上著しい困難を有する者）　○**行動援護**（**知的障害**または**精神障害**によって行動上著しい困難があり、常時介護を必要とする者）
○**同行援護**（**視覚障害**によって移動に著しい困難を伴う者）　○**短期入所**（ショートステイ）　○**重度障害者等包括支援**　○療養介護　○生活介護　○施設入所支援（夜間ケア）

---

②訓練等給付

　　施設等で、身体的または社会的リハビリテーションや、就労につながる支援を受けたときに支給される（サービスを利用できるのは障害者のみⒷ）。

○自立訓練　○就労移行支援　○就労継続支援　○就労定着支援
○自立生活援助　○共同生活援助（グループホーム）

書いて覚えよう！

 **用語**

◆サービスの概要

● 「障害者総合支援法」に基づく障害者総合支援制度は、（①＿＿＿＿＿＿＿＿）が実施主体となって行われる。対象は、身体障害、知的障害、精神障害（発達障害を含む）、（②＿＿＿＿＿＿＿＿）で、障害の種別にかかわりなく、障害者（児）に対して共通のサービスを提供する仕組みとなっている。

● サービスは、障害福祉サービスなどを提供する（③＿＿＿＿＿＿＿＿＿）（介護給付、訓練等給付、自立支援医療、補装具、相談支援）と、市町村・都道府県が地域の実情に応じて柔軟に実施する（④＿＿＿＿＿＿＿＿＿＿＿）の２つが大きな柱となっている。

◆自立支援給付－障害福祉サービス

■自立支援給付の障害福祉サービスの種類と内容

サービスの種類	内容	対象となるサービス
介護給付	（⑤＿＿＿＿＿＿＿）が一定以上の者が、生活上または療養上の必要な介護を受けたときに支給される	居宅介護、重度訪問介護、行動援護、同行援護、短期入所、重度障害者等包括支援、療養介護、生活介護、施設入所支援
訓練等給付	施設等で、身体的または社会的リハビリテーションや、（⑥＿＿＿＿＿＿）につながる支援を受けたときに支給される	自立訓練、（⑦＿＿＿＿＿＿＿＿＿＿）、就労継続支援、就労定着支援、自立生活援助、共同生活援助

 確認しよう！

★自立支援給付には、介護給付、訓練等給付、自立支援医療、補装具とあとひとつは何が含まれる？ ⇒ **A**

★訓練等給付のサービスは障害児も利用できる？ ⇒ **B**

障害者総合支援法の改正

2022（令和４）年12月に、障害者等の地域生活や就労の支援の強化などを目的に改正法が成立、公布された。主な改正事項は次のとおり。

①共同生活援助の内容に、一人暮らし等を希望する人への支援や退居後の一人暮らし等の定着のための相談などの支援を追加

②基幹相談支援センターや地域生活支援拠点等の整備を市町村の努力義務に

③就労選択支援の創設など

※①、②は2024（令和６）年４月施行、③は公布後３年以内の政令で定める日

NOTE

15 障害者総合支援制度の仕組み②

重要度　**B**

学習日　／／／

1. 自立支援給付－自立支援医療など

1）自立支援医療

　身体障害者に対する**更生医療**、精神障害者に対する**通院医療**、障害児に対する**育成医療**という公費負担医療制度が統合されたものです。指定自立支援医療機関で医療を受けた場合、その費用が**自立支援医療費**として支給されます。

2）補装具

　補装具とは、障害者（児）の身体の一部の欠損または機能の障害を補い、日常生活や職業生活を容易にするために用いられる器具のことです。補装具を購入または修理もしくは借受け（レンタル）した場合に、**補装具費**が支給されます。

3）相談支援

　障害者がさまざまなサービスを組み合わせ、計画的な利用ができるように、**ケアマネジメント**が制度に導入されています。相談支援には、**基本相談支援**、**地域相談支援**、**計画相談支援** Ⓐ の3つのサービスがあります。

2. 地域生活支援事業

　地域生活支援事業は、障害者（児）が自立した日常生活または社会生活を営むことができるよう、市町村・都道府県が地域の特性や利用者の状況に応じて柔軟に実施するものです。

　市町村が実施する事業には、相談支援事業、**成年後見制度利用支援事業**、**意思疎通支援事業**、**日常生活用具給付等事業**、**手話奉仕員養成研修事業**、**移動支援事業**などがあります。

3. 障害児支援

　障害児は、「障害者総合支援法」だけでなく「**児童福祉法**」に基づく**障害児支援**も利用できます。障害児支援には、市町村が実施主体となる**障害児通所支援**と**障害児相談支援**、都道府県が実施主体となる**障害児入所支援**があります。

障害児通所支援	児童発達支援、居宅訪問型児童発達支援、**放課後等デイサービス**、**保育所等訪問支援**
障害児相談支援	障害児支援利用援助、継続障害児支援利用援助
障害児入所支援	福祉型障害児入所施設、医療型障害児入所施設

書いて覚えよう！

用語

◆自立支援給付－自立支援医療など

● 自立支援医療は、更生医療、通院医療、（[1]＿＿＿＿＿＿＿＿）が統合されたもので、指定自立支援医療機関で医療を受けた場合、その費用が（[2]＿＿＿＿＿＿＿＿＿＿）として支給される。

● （[3]＿＿＿＿＿）とは、障害者（児）の身体の一部の欠損または機能の障害を補い、日常生活や職業生活を容易にするために用いられる器具をいう。

● 障害者がさまざまなサービスを組み合わせ、計画的な利用ができるように、（[4]＿＿＿＿＿＿＿＿）が制度に導入されている。相談支援には、基本相談支援、（[5]＿＿＿＿＿＿＿）、計画相談支援の３つのサービスがある。

◆地域生活支援事業

● 地域生活支援事業は、障害者（児）が（[6]＿＿＿＿＿）した日常生活または社会生活を営めるよう、市町村・都道府県が地域の（[7]＿＿＿＿＿＿）や利用者の状況に応じて柔軟に実施するものである。

● 市町村が実施する事業には、相談支援事業、（[8]＿＿＿＿＿＿）制度利用支援事業、意思疎通支援事業、（[9]＿＿＿＿＿＿）給付等事業、手話奉仕員養成研修事業、移動支援事業などがある。

◆障害児支援

● 障害児は、「障害者総合支援法」だけでなく「（[10]＿＿＿＿＿＿）法」に基づく障害児支援も利用できる。障害児支援には、市町村が実施主体となる障害児通所支援と（[11]＿＿＿＿＿＿＿＿）、都道府県が実施主体となる障害児入所支援がある。

確認しよう！

★相談支援には、基本相談支援、地域相談支援とあとひとつは何がある？

⇒ Ⓐ

相談支援

基本相談支援と地域相談支援の両方を行う事業を「一般相談支援事業」、基本相談支援と計画相談支援の両方を行う事業を「特定相談支援事業」という。一般相談支援事業または特定相談支援事業を行う者は、都道府県知事または市町村長の指定を受け、事業所に相談支援専門員を配置しなければならない。

NOTE

レッスン **16** サービス利用手続きと
利用者負担など

重要度 **A**
学習日 ／／／

1. サービス利用手続きの流れ

1）障害福祉サービスの支給決定

「障害者総合支援法」では、障害者が障害福祉サービス（介護給付）を利用する際の指標として**障害支援区分**（A）を導入しています。身体障害、知的障害、精神障害、難病等の特性を反映できるよう考慮されていますが、**共通の基準**となっています。サービスの利用申請から支給決定までの流れは次のとおりです。

①**市町村**へのサービス利用申請（申請は障害者本人または障害児の保護者）

②障害者の心身の状況等についてのアセスメント（80項目）など

③**介護給付**を希望する場合のみ、アセスメントに基づき、**障害支援区分**について1次判定（市町村）、2次判定（**市町村審査会**）の実施

④市町村による障害支援区分認定（**6段階の区分**）

⑤市町村による勘案事項調査（地域生活・就労・日中活動・介護者・居住など）、サービスの利用意向の聴取など

⑥サービス等利用計画案の作成

⑦市町村による支給決定

市町村による支給決定後は、**指定特定相談支援事業所**に配置された**相談支援専門員**（B）により実際に利用する**サービス等利用計画**が作成され、サービス利用が開始されます。

なお、障害支援区分の認定や支給決定について不服がある場合、都道府県の**障害者介護給付費等不服審査会**に審査請求を行うこともできます。

2）自立支援医療費の支給認定

更生医療、育成医療については**市町村**、精神通院医療については**都道府県・政令指定都市**に申請します。実施主体により支給認定が行われた後、指定自立支援医療機関を個別に決定します。

3）補装具費の支給決定

障害者本人または障害児の保護者が、**市町村**に申請します。市町村は、更生相談所、指定自立支援医療機関、保健所などの意見を聴いたうえで支給決定をします。

2. 財源と利用者負担

自立支援給付の財源は、国が**50％**、都道府県と市町村が**25％**ずつの負担義務があります。障害福祉サービスなどを利用したときの利用者負担は、家計の負担能力に応じた**応能負担**（C）が原則となります。障害福祉サービスと「介護保険法」に規定する一部のサービス（政令で定める）、障害児支援および補装具費の合計負担額が著しく高額な場合は、高額障害福祉サービス等給付費が支給され、利用者負担の軽減化が図られています。

書いて覚えよう！

◆サービス利用手続きの流れ

■障害福祉サービスの支給決定までの流れ

① （ 1　　　　　　　　　） へのサービス利用申請

↓

②障害者の心身の状況等についてのアセスメント（80項目）

↓

③障害支援区分についての１次判定、２次判定

↓

④市町村による（ 2　　　　　　　　　　　　） 認定（６段階の区分）

↓

⑤市町村による勘案事項調査、サービスの利用意向の聴取など

↓

⑥ （ 3　　　　　　　　　　　　　　　　　　） の作成

↓

⑦市町村による支給決定

● 　更生医療、育成医療については （ 4　　　　　　　　） 、精神通院医療については都道府県・政令指定都市に申請する。実施主体により支給認定が行われた後、指定自立支援医療機関を個別に決定する。

● 　補装具費は、（ 5　　　　　　　） または障害児の保護者が、（ 6　　　　　　　） に申請する。市町村は、更生相談所、指定自立支援医療機関、保健所などの意見を聴いたうえで支給決定をする。

用語

障害支援区分

障害者の障害の多様な特性その他の心身の状態に応じて必要とされる標準的な支援の度合を総合的に示す６段階の区分。区分１が最も必要度が低く、区分６へかけて高くなる。

市町村審査会

市町村の附属機関で、障害支援区分の判定を中立・公正な立場で専門的な観点から行う。なお、審査・判定を行うにあたって必要があると認めるときは、その対象となる障害者や家族、医師その他の関係者の意見を聴くことができる。

NOTE

確認しよう！

★障害者が障害福祉サービス（介護給付）を利用する際の指標として用いられるのは？　⇨ Ⓐ

★サービス等利用計画を作成するのは誰？　⇨ Ⓑ

★障害福祉サービスなどを利用したときの利用者負担は、応益負担？　応能負担？　⇨ Ⓒ

レッスン 17 組織・事業者の機能と役割

重要度 **B**
学習日 ／／／

1. 国・都道府県・市町村の役割

1）国の役割

国は、市町村および都道府県に対して必要な助言、情報の提供などを行います。また、厚生労働大臣は、障害福祉サービスおよび地域生活支援事業の提供体制を整備し、自立支援給付および地域生活支援事業の円滑な実施を確保するための**基本指針**を定めます。

2）都道府県の役割

都道府県は、国が定めた基本指針に基づき、市町村に対して必要な助言、情報の提供その他の援助を行います。

都道府県が扱う主な事務には、①障害福祉サービス事業者等の許認可、②「障害者基本法」に基づく都道府県障害者計画の策定、③「障害者総合支援法」に基づく**都道府県障害福祉計画**の策定、④「児童福祉法」に基づく**都道府県障害児福祉計画**の策定、⑤障害福祉サービス等情報の公表、⑥小さな市町村では設置が困難な施設や事業の設置（更生相談所、**発達障害者支援センター**など）などがあります。

3）市町村の役割

市町村は制度の運営主体となるため、サービス利用にかかわる窓口の役割を担います。

市町村が扱う主な事務には、①「障害者基本法」に基づく市町村障害者計画の策定、②「障害者総合支援法」に基づく**市町村障害福祉計画**の策定、③障害福祉サービス費の支払事務、④「児童福祉法」に基づく**市町村障害児福祉計画**の策定、⑤障害福祉サービス等情報の公表（指定都市・中核市のみ）などがあります。

4）その他の機関

①**基幹相談支援センター**…市町村は、地域における相談支援の中核的な役割を担う機関として、**基幹相談支援センター**を設置している。障害者（児）の相談を総合的に行うほか、地域の相談支援事業者間の連絡調整や関係機関の連携の支援を担う。

②**運営適正化委員会**…制度の安定運営と適正なサービス提供の確保、サービスに関する苦情などを適切に解決するため、都道府県社会福祉協議会に**運営適正化委員会**が設置されている。

2. サービス提供事業者

「障害者総合支援法」において、障害福祉サービスを提供し、保険給付を受けようとする事業者は、**都道府県知事**または**市町村長**が指定権者となり、サービスごとに**指定**を受けることが必要です。指定には**有効期間**が設けられており、事業者は**6年ごと**に指定の更新を受けなければなりません。

また、利用者本位のサービス提供を維持するため、**苦情相談窓口**を設置し、サービスの質の向上に努めることが求められています。

書いて覚えよう！

用語

発達障害者支援センター

「発達障害者支援法」に基づいて設置される機関。発達障害者およびその家族に対する相談支援などを行う。

◆国・都道府県・市町村の役割

国の役割	市町村および都道府県に対して必要な（①＿＿＿＿＿）、情報の提供などを行う
都道府県の役割	国が定めた（②＿＿＿＿＿）に基づき、市町村に対して必要な助言、情報の提供その他の援助を行う
市町村の役割	制度の（③＿＿＿＿＿）となるため、サービス利用にかかわる（④＿＿＿＿）の役割を担う

● 市町村は、地域における（⑤＿＿＿＿＿）の中核的な役割を担う機関として、（⑥＿＿＿＿＿）を設置している。

◆サービス提供事業者

● 「障害者総合支援法」の対象となるサービスを提供し、保険給付を受けようとする事業者は、都道府県知事または市町村長からサービスごとに（⑦＿＿＿＿＿）を受ける必要がある。指定には（⑧＿＿＿＿＿）が設けられており、事業者は（⑨＿＿＿）年ごとに指定の更新を受けなければならない。

● 事業者は利用者本位のサービス提供を維持するため、（⑩＿＿＿＿＿）を設置し、サービスの質の向上に努めることが求められている。

確認しよう！

★市町村障害児福祉計画は、何の法律に基づいて策定される？ ⇒ Ⓐ

★制度の安定運営と適正なサービス提供の確保、サービスに関する苦情などを適切に解決するため設けられているのは？ ⇒ Ⓑ

★障害福祉サービスを提供する事業者は、何年ごとに指定の更新を受けなければならない？ ⇒ Ⓒ

NOTE

個人の権利を守る制度①

重要度	**A**
学習日	／／／

1. 成年後見制度

　成年後見制度は、認知症、知的障害、精神障害などによって**判断能力が不十分**であり、**意思決定が困難な人の権利を守る**制度で、後見人が身上監護と財産管理を行います。成年後見制度には**法定後見制度**と**任意後見制度**があります。

1）法定後見制度

　①**法定後見制度の申し立て**…法定後見制度では、**本人、配偶者、四親等内の親族**Ⓐなどによる後見開始等の審判の請求（申し立て）に基づき、**家庭裁判所が成年後見人等を選任**する。ただし、市町村長の判断で申し立てを行う場合には、二親等内の親族の有無を確認することで申し立てが可能である。

　②**法定後見制度の類型と対象者**…法定後見制度は、本人の判断能力の状態によって**後見、保佐、補助**の3類型に分けられる。

2）任意後見制度

　任意後見制度では、制度を利用する本人が、**判断能力が低下する前**に自ら**任意後見人**を指定し、公正証書による契約を結び、法務局へ申請して後見登記を行っておきます。本人の判断能力が不十分になった際には、これに基づいて**家庭裁判所への申し立て**により任意後見監督人が選任されることで、任意後見が開始されます。

2. 成年後見制度利用促進法

　「成年後見制度の利用の促進に関する法律（**成年後見制度利用促進法**）」は、成年後見制度が、認知症高齢者等の権利を守る重要な手段であるにもかかわらず十分に利用されていないことから、基本理念や基本方針等を定めることなどで、制度の利用促進に関する施策を総合的かつ計画的に推進することを目的とした法律です。

3. 日常生活自立支援事業

　日常生活自立支援事業とは、認知症、知的障害、精神障害などにより**判断能力が不十分な人**（ただし、最低限、**契約内容が理解できる人**Ⓑ）を対象に、福祉サービスの利用の援助等を行うものです。実施主体の**都道府県・指定都市社会福祉協議会**から委託を受けた市町村社会福祉協議会が事業主体となって、窓口業務を行っています。

　日常生活自立支援事業で提供されるサービスには次のようなものがあります。

　①**福祉サービスの利用援助**…利用に関する相談や情報の提供、苦情解決制度の利用援助、利用料の支払い手続き等

　②**日常的金銭管理サービス**…利用者の日常生活費の管理（預金の払い戻し・解約・預け入れの手続き、公共料金の支払いなど）

　③**書類等の預かりサービス**…預貯金通帳や権利証等の預かり

書いて覚えよう！

◆成年後見制度

● 成年後見制度とは、後見人が、（ ① ＿＿＿＿＿＿＿＿ ）と財産管理を行うことなどにより、（ ② ＿＿＿＿＿＿＿ ）、知的障害、精神障害などで判断能力が不十分な人の（ ③ ＿＿＿＿＿ ）を保護するための制度である。

■成年後見制度

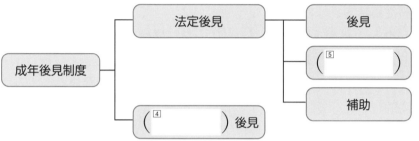

◆日常生活自立支援事業

● 日常生活自立支援事業とは、認知症、知的障害、精神障害などにより判断能力が不十分な人（ただし、最低限、

（ ⑥ ＿＿＿＿＿＿ ）が理解できる人）を対象に、

（ ⑦ ＿＿＿＿＿＿＿＿ ）の利用の援助等を行うものである。

■日常生活自立支援事業で提供されるサービス

福祉サービスの利用援助	利用に関する相談や情報の提供、苦情解決制度の利用援助、（ ⑧ ＿＿＿＿＿＿ ）の支払い手続き等
（ ⑨ ＿＿＿＿＿＿＿＿＿ ）サービス	利用者の日常生活費の管理（預金の払い戻し・解約・預け入れの手続き、公共料金の支払いなど）
書類等の預かりサービス	預貯金通帳や権利証等の預かり

確認しよう！

★法定後見制度では、四親等内の親族は申し立てが行える？ ⇒ Ⓐ

★日常生活自立支援事業は、契約内容が理解できない人は利用できない？ ⇒ Ⓑ

用語

身上監護

身の上、財産について監護・保護すること。福祉サービスにおいては、本人の代わりに介護契約、施設入所契約などを行うことがこれにあたる。

NOTE

個人の権利を守る制度②

1. 高齢者虐待防止法

　家庭内および施設内における高齢者虐待の防止のほか、養護者への支援を目的として「高齢者虐待の防止、高齢者の養護者に対する支援等に関する法律（**高齢者虐待防止法**）」が2005（平成17）年に制定され、2006（平成18）年4月から施行されました。

　この法律では、高齢者を原則として**65歳以上**の者、養護者を、高齢者を現に養護する者で「**養介護施設従事者等以外の者**」と規定しています。そして高齢者虐待を、①**身体的虐待**、②**ネグレクト**（介護の怠慢・放棄）、③**心理的虐待**、④**性的虐待**、⑤**経済的虐待**の5つに分けて定義しています。

　このほか、高齢者の福祉に職務上関係のある者が高齢者虐待の**早期発見**に努めることや、市町村による高齢者および養護者に対する相談・指導・助言、虐待発見者の**市町村への通報**などについて定められています。

　虐待を発見した場合の対応としては、発見者が養介護施設従事者等以外の者で、高齢者の生命・身体に重大な危険が生じている場合は、**通報義務**があります。また、発見者が養介護施設従事者等の場合は、高齢者の生命・身体に対する危機発生の有無を問わず、**通報義務**があります **Ⓐ**。

　虐待の通報を受けた市町村は、事実確認のための調査等を実施し、虐待の事実の有無および緊急性などを判断します。高齢者の生命または身体に重大な危険が生じている場合は、一時的に**保護**するために「**老人福祉法**」上の**措置**を講じます。

2. 障害者虐待防止法

　2011（平成23）年に「障害者虐待の防止、障害者の養護者に対する支援等に関する法律（**障害者虐待防止法**）」が制定され、2012（平成24）年10月に施行されました。この法律の第3条では「何人も、障害者に対し、虐待をしてはならない」と定めており、障害者の**尊厳の保持**や**自立**、社会参加にとって、障害者に対する虐待を防止することが極めて重要であるとしています。

　この法律では、障害者を「**障害者基本法**」に規定する障害者、養護者を、障害者を現に養護する者で「**障害者福祉施設従事者等および使用者以外の者**」と規定しています。そして障害者虐待を、①**身体的虐待**、②**ネグレクト**（介護の怠慢・放棄）、③**心理的虐待**、④**性的虐待**、⑤**経済的虐待**、の5つに分けて定義しています。

　このほか、障害者の福祉に職務上関係のある者および使用者が障害者虐待の早期発見に努めること、市町村による障害者および養護者に対する相談・指導・助言、虐待発見者の**市町村への通報義務**（使用者による虐待の場合は**都道府県も含む**） **Ⓑ**、**市町村障害者虐待防止センター**の設置などが定められています。

書いて覚えよう！

用語

養介護施設従事者等
介護老人福祉施設など
の養介護施設、または
居宅サービス事業など
の養介護事業の業務に
従事する者をいう。

**障害者福祉施設従事者
等**
障害者福祉施設の業務
に従事する者、または
障害福祉サービス事業
等の業務に従事する者
をいう。

使用者
障害者を雇用する事業
主等。

◆高齢者虐待防止法

● （ ① ） 内および （ ② ） 内における高齢者虐待の防止のほか、（ ③ ） への支援を目的として「高齢者虐待防止法」が2006（平成18）年に施行された。

■高齢者虐待防止法による定義

高齢者	原則として65歳以上の者
養護者	高齢者を現に養護する者で「（ ④ ） 等以外の者」

■高齢者虐待の定義

①身体的虐待　②（ ⑤ ）

③心理的虐待　④性的虐待　⑤（ ⑥ ）的虐待

◆障害者虐待防止法

● 2012（平成24）年に施行された「障害者虐待防止法」では、障害者の尊厳の保持や自立、（ ⑦ ） にとって、障害者に対する （ ⑧ ） を防止することが極めて重要であるとしている。

■障害者虐待防止法による定義

障害者	「（ ⑨ ） 」に規定する障害者
養護者	障害者を現に養護する者で「障害者福祉施設従事者等および（ ⑩ ） 以外の者」

NOTE

確認しよう！

★養介護施設従事者等が高齢者の虐待を発見した場合にはどうしなければならない？　⇨ Ⓐ

★使用者による障害者虐待の場合は、どこに通報する？　⇨ Ⓑ

レッスン 18 ③ 個人の権利を守る制度

重要度 **B**

学習日 ／／／

1. 個人情報保護に関する制度

　個人情報の**有用性**に配慮しながら、個人の権利や利益を**保護**することを目的として、2003（平成15）年に「個人情報の保護に関する法律（**個人情報保護法**）」が制定されました。この法律では、個人情報取扱事業者が本人の**同意なく**個人情報を第三者へ提供することを原則として**禁止**しています。

　　○**個人情報**…**生存**する個人に関する情報であって、次のいずれかに該当するもの。①氏名、生年月日その他の記述等（文書、図面、**電磁的記録**に記載・記録され、または**音声**、動作その他の方法を用いて表された一切の事項）により**特定の個人**を識別することができるもの、②**個人識別符号**が含まれるもの

　　○**個人情報取扱事業者**…個人情報データベース等を事業の用に供している者。ただし、国の機関や地方公共団体、独立行政法人等、地方独立行政法人は除外

> 個人識別符号とは、①**生体情報**を変換した符号（**DNA**、顔、虹彩、声紋、歩行の態様、手指の静脈、**指紋**・掌紋など）、②**公的な**番号（パスポート番号、**基礎年金**番号、免許証番号、社会保障・税番号（**マイナンバー**）、健康保険証番号などをいいます。

2. 消費者保護に関する制度

1）国民生活センター

　国民生活の安定および向上に寄与するための**国の機関**であり、全国の**消費生活センター**と協力して、国民生活に関する情報の提供および調査研究などを行います。

2）消費生活センター

　地方公共団体によって設置されている消費者のための相談窓口です。消費者庁の支援の下、日本消費者協会や**国民生活センター**と情報を共有しながら、消費者の安全確保に関する業務も行っています。

3）クーリング・オフ制度

　契約後であっても、**一定期間内**であれば、消費者が業者に申し出ると**無条件で解約できる**制度です。クーリング・オフの起算日は、申込み書面または契約書面のいずれか早いほうを受け取った日を1日目として計算します。なお、通信販売は制度の対象外 Ⓐ です。

■ クーリング・オフ制度で定める一定期間

一定期間	取引形態
8日	**訪問販売、訪問購入**、電話勧誘販売、特定継続的役務提供（エステ、語学教室など）
20日	連鎖販売取引（**マルチ商法**）、業務提供誘引販売取引

書いて覚えよう！

◆個人情報保護に関する制度

● 個人情報の有用性に配慮しながら、個人の権利や利益を保護することを目的として、2003（平成15）年に「個人情報の保護に関する法律（ ①_____ ）」が制定された。

● この法律では、個人情報取扱事業者が本人の ②_____ なく個人情報を第三者へ提供することを原則として ③_____ している。

● 個人情報とは、 ④_____ する個人に関する情報であって、次のいずれかに該当するもの。① ⑤_____ 、生年月日その他の記述等（文書、図面、電磁的記録に記載・記録され、または音声、動作その他の方法を用いて表された一切の事項）により ⑥_____ を識別することができるもの、② ⑦_____ が含まれるもの。

● ⑧_____ 事業者とは、個人情報データベース等を事業の用に供している者。ただし、国の機関や地方公共団体、独立行政法人等、地方独立行政法人は除外。

◆消費者保護に関する制度

● 国民生活センターは、国民生活の安定および向上に寄与するための ⑨_____ の機関であり、全国の ⑩_____ と協力して、国民生活に関する情報の提供および調査研究などを行う。

● クーリング・オフ制度とは、契約後であっても、 ⑪_____ 内であれば、消費者が業者に申し出ると無条件で ⑫_____ できる制度である。

用語

個人情報取扱事業者
個人情報の取扱い件数の多寡にかかわらず、国などを除いたすべての事業者が法の適用対象となる。

個人情報の第三者への提供
次の場合は、例外として本人の同意は不要。
①法令に基づく場合
②人の生命、身体・財産の保護に必要で、本人の同意を得ることが困難な場合
③公衆衛生の向上、児童の健全な育成の推進に必要で、本人の同意を得ることが困難な場合
④法令の定める事務を遂行する国の機関などに協力する場合

NOTE

確認しよう！

★通信販売は、クーリング・オフ制度の対象となっている？　⇒

生活保護制度など

重要度 **A**
学習日

1. 生活保護法の概要

　生活保護は**公的扶助**であり、すべて**公費負担**で給付が行われる制度です。また、他の社会保障制度によって生活が保障されない場合に限って行われる**最終的な救済措置**でもあります。「**生活保護法**」は、「日本国憲法」第25条の**生存権保障**を受け、生活に困窮（こんきゅう）するすべての国民に対して必要な生活保護を国が行い、最低限度の生活を保障するとともに、その人の**自立を助ける**ことを目的としています。

1）「生活保護法」の基本原理

①**国家責任の原理**…国家がその責任の下に、直接、保護を行う。

②**無差別平等の原理**…生活の困窮の原因を問わず、経済状況の視点から**すべての国民**を対象とする。

③**最低生活保障の原理**…保障する最低限度の生活は、**健康で文化的な生活水準**を維持できるものでなければならない。

④**補足性の原理**…保護を受けるためには、まず資産や能力を活用するといった努力が前提であり、**扶養義務者による扶養**や他法による扶助によっても救済できない場合に保護を適用する。

2）保護の原則

①**申請保護の原則**…保護は、**要保護者**や扶養義務者などの**申請**によって行う。

②**基準および程度の原則**…保護は、厚生労働大臣の定める基準により測定した要保護者の生活の困窮の状態に応じて不足分を補う程度とする。

③**必要即応の原則**…保護は、要保護者の年齢・性別・健康状態など個人または世帯の実情に応じて行う。

④**世帯単位の原則**…保護は**世帯**を単位として行う Ⓐ（それができない場合は個人を単位とすることもできる）。

2. 生活困窮者自立支援法の概要

　生活保護に至る前段階の支援策の強化を図るため、生活困窮者に対する自立の支援に関する措置を講じ、生活困窮者の自立の促進を図ることを目的として、2013（平成25）年に「**生活困窮者自立支援法**」が制定されました。法に基づく事業の実施主体は、**都道府県**、**市**および**福祉事務所**を設置する**町村**とされています。

　この制度で行われる事業には次のようなものがあります。

必須事業	自立相談支援事業、住居確保給付金	
任意事業	努力義務	就労準備支援事業、家計改善支援事業
	一時生活支援事業、子どもの学習・生活支援事業	

書いて覚えよう！

◆生活保護法の概要

■生活保護法の基本原理

国家責任の原理	国家がその責任の下に、直接、保護を行う
無差別平等の原理	生活の困窮の（ ①＿＿＿＿＿＿ ）を問わず、経済状況の視点からすべての（ ②＿＿＿＿＿＿ ）を対象とする
最低生活保障の原理	保障する最低限度の生活は、（ ③＿＿＿＿＿＿ ）で文化的な生活水準を維持できるものでなければならない
補足性の原理	保護を受けるためには、まず（ ④＿＿＿＿＿＿ ）や能力を活用するといった努力が前提であり、扶養義務者による扶養や他法による（ ⑤＿＿＿＿＿＿ ）によっても救済できない場合に保護を適用する

● 保護の原則には、（ ⑥＿＿＿＿＿＿ ）の原則、基準および程度の原則、必要即応の原則、（ ⑦＿＿＿＿＿＿ ）の原則の４つがある。

◆生活困窮者自立支援法の概要

● 「（ ⑧＿＿＿＿＿＿＿＿ ）法」は、生活保護に至る前段階の支援策の強化を図るため、生活困窮者に対する自立の支援に関する措置を講じ、生活困窮者の自立の促進を図ることを目的としている。

● 事業の実施主体は、都道府県、市および（ ⑨＿＿＿＿＿＿ ）を設置する町村とされている。必須事業には（ ⑩＿＿＿＿＿＿ ）と住居確保給付金がある。任意事業のうち、就労準備支援事業と家計改善支援事業は（ ⑪＿＿＿＿＿＿ ）である。

確認しよう！

★生活保護は、原則として何を単位として行われる？ ⇒ Ａ

用語

「生活保護法」における８つの扶助

①生活扶助、②教育扶助、③住宅扶助、④医療扶助、⑤介護扶助、⑥出産扶助、⑦生業扶助、⑧葬祭扶助。このうち、④、⑤は原則現物給付、その他は原則現金給付。

「生活困窮者自立支援法」で行われる事業の委託

すべての事業の事務の全部または一部を、社会福祉協議会や社会福祉法人、NPO法人などに委託することができる。

NOTE

介護保険の被保険者の要件と資格の得喪

	第1号被保険者	第2号被保険者
対象者	市町村の区域内に住所を有する65歳以上の者	市町村の区域内に住所を有する40歳以上65歳未満の医療保険加入者
資格の取得	65歳以上の者が市町村に住所を有した日、または市町村に住所を有する医療保険加入者が65歳に達した日	40歳以上65歳未満の者が当該市町村に住所を有し、かつ医療保険に加入した日
資格の喪失	転出、死亡	転出、死亡、65歳到達、医療保険脱退
届出	原則必要（本人または世帯主）	原則不要

住所地特例

対象者	介護保険制度における被保険者
住所地特例対象施設	介護保険施設、特定施設（有料老人ホーム、軽費老人ホーム、養護老人ホームで、地域密着型特定施設でないもの）、養護老人ホーム

（注）住所地特例適用被保険者も、2015（平成27）年度から、施設所在地の市町村が指定した地域密着型（介護予防）サービス（入居・入所系のサービスを除く）、介護予防支援、地域支援事業を利用できることになった

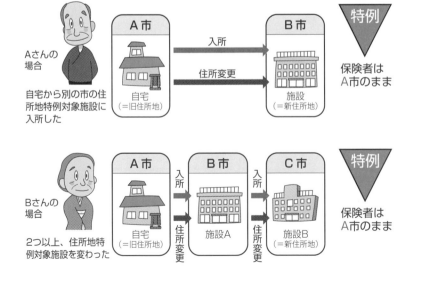

共生型サービスの対象サービス

	介護保険サービス		障害福祉サービス等
ホームヘルプサービス	訪問介護	⇔	居宅介護 重度訪問介護
デイサービス	通所介護（地域密着型を含む）	⇔	生活介護（※1） 自立訓練（機能訓練・生活訓練） 児童発達支援（※1） 放課後等デイサービス（※1）
	療養通所介護	⇔	生活介護（※2） 児童発達支援（※2） 放課後等デイサービス（※2）
ショートステイ	短期入所生活介護（介護予防を含む）	⇔	短期入所

※1：主として重症心身障害者または児童を通わせる事業所を除く
※2：主として重症心身障害者または児童を通わせる事業所に限る

介護保険制度と障害者総合支援制度の違い

		介護保険制度		障害者総合支援制度
種類・財源		社会保険（保険料と税を財源とする）		社会扶助（税を主な財源とする）
対象者		第1号被保険者（65歳以上の者） 第2号被保険者（40歳以上65歳未満の者）		身体障害者、知的障害者、精神障害者、発達障害者、障害児、難病患者等
利用者負担		原則応益負担（1～3割）		原則応能負担
サービスの種類	予防給付	介護予防サービス、地域密着型介護予防サービス、介護予防住宅改修、介護予防支援など	介護給付	居宅介護、重度訪問介護、行動援護、同行援護、重度障害者等包括支援、短期入所、療養介護、生活介護、施設入所支援
	介護給付	居宅サービス、地域密着型サービス、住宅改修、居宅介護支援、施設サービスなど	訓練等給付	自立訓練、就労移行支援、就労継続支援、就労定着支援、自立生活援助、共同生活援助
	市町村特別給付	市町村独自の保険給付	その他	自立支援医療、補装具、相談支援など
事業	地域支援事業	包括的支援事業、介護予防・日常生活支援総合事業、任意事業	地域生活支援事業	相談支援、意思疎通支援、日常生活用具給付等、移動支援など
給付の判定	要介護認定 要支援認定	市町村が認定 要介護（1～5）、要支援（1、2）	障害支援区分	市町村が認定（介護給付のみ） 6段階（1～6）
審査機関		介護認定審査会（2次判定）		市町村審査会（2次判定）
計画		居宅サービス計画、介護予防サービス計画、施設サービス計画		サービス等利用計画
計画作成者		介護支援専門員		相談支援専門員
基幹センター		地域包括支援センター		基幹相談支援センター

障害者（児）に対する福祉サービスの体系

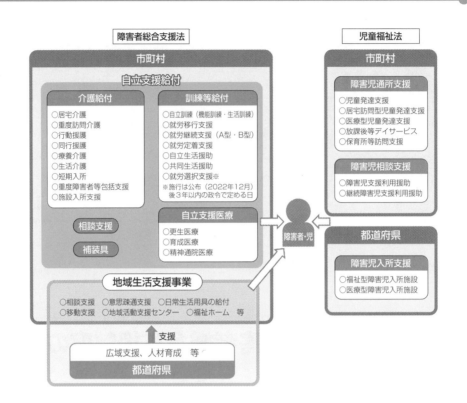

生活保護の8つの扶助

扶助の種類	内容	給付の種類
①生活扶助	食費や光熱費など日常生活に必要な費用	現金給付
②教育扶助	義務教育の就学に必要な費用	
③住宅扶助	住宅の確保とその補修に必要な費用	
④医療扶助	入院または通院による治療費	現物給付
⑤介護扶助	「介護保険法」における要介護者等が必要とするサービスにかかる費用	
⑥出産扶助	分娩等にかかる費用	現金給付
⑦生業扶助	生業費、技能習得費、就労や高校就学に必要な費用	
⑧葬祭扶助	死体の運搬、火葬、納骨など葬祭に必要な費用	

こころとからだのしくみ

レッスン **20** # 心の仕組みの理解①

重要度 **B**
学習日 ／／／

1. 人間の欲求の基本的理解

　人間の行動を引き起こし、一定の目標に方向づけ、持続・強化させる一連の心理的過程を**動機づけ**といいます。アメリカの心理学者**マズロー**Ⓐは、動機づけが形成されるとき、そこには欲求による階層的な序列があるとし、**欲求の五段階説**を唱えました。

1）基本的欲求

　○**生理的欲求**…食欲、性欲、睡眠欲など、生命維持にかかわる本能的な欲求

　○**安全と安定の欲求**…生命維持に必要な欲求で、危険のない平穏な暮らしを求める

2）社会的欲求

　○**愛情と所属の欲求**…家族や地域、社会などの集団に帰属することを求める

　○**自尊（承認）の欲求**…帰属集団の中で存在が認められ、尊敬されることを求める

　○**自己実現の欲求**…自分の能力を最大限に発揮し、自分らしさを追求する

　欲求の五段階説では、最下層に位置する生理的欲求から自尊（承認）の欲求までは充足されると解消されるため、**欠乏欲求**とよばれます。欠乏欲求がかなりの程度満たされると、最上層に位置する自己実現の欲求（**成長欲求**）が出現するとされています。

2. 心の仕組みの理解

1）学習・記憶・思考の仕組み

　学習は経験によって獲得される永続的な行動の変容をいいます。**記憶**は過去の経験を保存し、必要に応じて思い出す精神活動です。**思考**とは何らかの目的に沿った考えを思い起こして概念化し、判断・推理する心のはたらきのことです。

2）感情の仕組み

　一時的で激しく、生理的な変化が伴う感情を**情動**（情緒）、長時間持続する比較的弱い感情を**気分**といいます。

3）認知の仕組み

　感覚器を通して外部からの刺激を受け取り、その情報を意味づけする過程を経て、周囲で起きていることを理解する情報処理活動を**認知**といいます。

4）意欲・動機づけの仕組み

　意欲とは、欲動と意志を合わせたもので、人間を行動に駆り立てる力のうち低次のものから高次な統制力までを含めた概念です。人間の内にある行動を起こさせる要因（内部要因）には、欲求、要求、衝動、欲望などがあり、これらを**動機**といいます。また、人間の外にある行動を起こす要因（外部要因）を**目標**といいます。行動を推進するはたらきをもつのが**動機づけ**であり、人間の行動を引き起こし、一定の目標に方向づけ、持続・強化させる一連の心理的過程をいいます。

書いて覚えよう！

◆人間の欲求の基本的理解

■ マズローの欲求の五段階説

成長欲求	(①) の欲求	(②) 的欲求
欠乏欲求	自尊（承認）の欲求	
	愛情と所属の欲求	
	安全と安定の欲求	基本的欲求
	(③) 欲求	

◆心の仕組みの理解

(④)	経験によって獲得される永続的な行動の変容をいう
記憶	過去の経験を (⑤) し、必要に応じて思い出す精神活動をいう
思考	何らかの目的に沿った考えを思い起こして概念化し、(⑥) ・推理する心のはたらきのこと
感情	一時的で激しく生理的な変化を伴う (⑦)（情緒）と、長時間持続する比較的弱い感情の (⑧) がある
(⑨)	周囲で起きていることを理解する情報処理活動
意欲	人間を (⑩) に駆り立てる力のうち低次のものから高次な統制力までを含めた概念
動機づけ	人間の行動を (⑪) するはたらきをもつ

確認しよう！

★欲求の五段階説を唱えたのは誰？　⇒ Ⓐ

レッスン20 心の仕組みの理解②

1. 適応機制

　人間が環境にはたらきかけて自らの欲求を満たし、環境と調和のとれた関係を保とうとする心のはたらきを**適応**といいますが、現実には困難や障害のために欲求や願望が阻止され、心身に問題が生じて**不適応**をきたすことがあります。

　一般に不適応状態では、心理的に不安定な徴候を示すほか、身体症状を伴います。切迫した状況に置かれた場合は、自己が傷ついたり崩壊するのを防ぎ、自己を守るためにさまざまな手段を用います。これを**適応機制**（防衛機制）といいます。

　適応機制は、「**逃避機制**」「**自我防衛機制**」「**攻撃機制**」の3つに分けることができます。

1）逃避機制

○**逃避**…不安や緊張、葛藤などを感じる場面から逃げだしてしまうことで消極的に心の安定を図ろうとする。白昼夢、疾病利得などがある。

○**抑圧**…自分のもっている欲求を意識の表面に上らないよう無意識に抑えつける。

○**退行**…年齢よりも未熟な行動をとり、周囲の人の気を引くことで欲求の充足を図る。

○**拒否**…欲求不満を感じるような状況を避けるために、現実や周囲からの指示・要求を拒絶する。

2）自我防衛機制

○**合理化（正当化）**…欲求が満たせないときや失敗したとき、もっともらしい理由をつけて自分を**正当化**する。

○**同一化（同一視）**…自分の欲求を実現できそうな他者を自分と同じだと思い込むことで、現実の欲求不満を満足させる。

○**固着**…明らかに不可能と思われる欲求に対して、実現しようと行動し続ける。

○**注意獲得**…自分の価値と存在を認めさせたいために、他者とは異なった行動をとる。

○**代償**…より簡単に欲求を満たせるものに対象を変更し、満足しようとする。

○**反動形成**…欲求を満足させることが困難な場合に、正反対の態度や行動をとる。

○**投影（投射）**…自分の中の認めたくない欲求を、他者の中にあるようにみなす。

○**補償**…身体的・精神的な劣等感を、他の方面で能力を伸ばして優越を勝ちとることにより解消しようとする。

○**昇華**…社会的に容認されない欲求を、スポーツなど社会的・文化的価値の高い行動に振り替える。

○**隔離**…不安やストレスなどを回避するために関連ある問題や感情を切り離し、自分とは関係ないものとして扱う。

3）攻撃機制

○**攻撃**…自分の欲求を満足させるためにじゃまだと思われる人や状況に対して攻撃や反抗をする。**やつあたり**や弱い者いじめなどがある。

書いて覚えよう！

◆適応機制

■ 適応機制の種類

逃避機制	逃避	不安や緊張、葛藤などを感じる場面から逃げだしてしまうことで消極的に心の安定を図ろうとする。（①_____ ）、疾病利得などがある
	（②_____ ）	自分のもっている欲求を意識の表面に上らないよう無意識に抑えつける
	退行	年齢よりも（③_____ ）な行動をとり、人の気を引くことで欲求の充足を図る
自我防衛機制	合理化（正当化）	欲求が満たせないときや失敗したとき、もっともらしい理由をつけて自分を（④_____ ）する
	（⑤_____ ）	明らかに不可能と思われる欲求に対して、実現しようと行動し続ける
	（⑥_____ ）	より簡単に欲求を満たせるものに対象を変更し、満足しようとする
	反動形成	欲求を満足させることが困難な場合に、（⑦_____ ）の態度や行動をとる
	補償	身体的・精神的な（⑧_____ ）を、他の方面で能力を伸ばして優越を勝ちとることにより解消しようとする
	昇華	（⑨_____ ）的に容認されない欲求を、スポーツなど社会的・文化的価値の高い行動に振り替える
攻撃機制	攻撃	自分の欲求を満足させるためにじゃまだと思われる人や状況に対して攻撃や（⑩_____ ）をする

白昼夢
かくせい
覚醒時に現れる夢に似た意識状態。現実性のある世界をつくりあげ、それに没頭する。白日夢ともいう。

疾病利得
病気や症状があることで、嫌なことや葛藤していることから逃げられると思い満足すること、また逃げたことにより利益を得ること。

NOTE

レッスン **21** 身体の仕組みの
基礎的理解

重要度 **B**
学習日 ／／／

1. 生命の維持と恒常性

　体温や血圧などの身体機能は、身体の内外の環境が変化しても一定の状態に保たれます。これを**ホメオスタシス（恒常性）** Ⓐ といいます。ホメオスタシスを保つのは間脳にある**視床下部**で、**自律神経**や**ホルモン**を介して調整が行われています。ホメオスタシスが維持できなくなると健康が損なわれ、生命の危険を伴うこともあります。

2. 内分泌器

　内分泌器（内分泌腺）は、ホルモンを産生し直接血液や体液に分泌する器官で、脳下垂体、甲状腺、副甲状腺、副腎、精巣、卵巣、膵臓のランゲルハンス島などがあります。自律神経とともにホメオスタシスの維持にかかわっており、ホルモンを必要なときに・必要な量を・必要な場所に送り届ける仕組みが備わっています。

　内分泌器から分泌される物質が体内に分泌されるのに対し、外分泌器から分泌される物質は導管とよばれる排泄管を介して一般に体外へ分泌されます。

> 外分泌器は組織や臓器に存在するもので、汗腺・唾液腺・胃・膵臓などから汗・唾液・消化液などが分泌されることを外分泌といいます。

3. 自律神経

　自律神経は、呼吸・脈拍・血圧・体温・発汗・消化・排尿・排便などの臓器や器官のはたらきを調節しており、ホメオスタシスを維持する重要な役割を担っています。

　自律神経には**交感神経**と**副交感神経**の２種類があり、自律神経の中枢は間脳にある**視床下部**に位置しています Ⓑ 。

　交感神経がはたらくと心臓機能は亢進し心拍数が増え、心筋は強く収縮して血液を送り出し、血管は収縮し血圧が**上昇**します。肺、気道は拡張し、気管内径が広がります。瞳孔は散大し、光が多く入ります。唾液・胃液の分泌は減り、消化運動や排泄は**抑制**されます。

　副交感神経がはたらくと心臓機能は抑制され心拍数が減り、心筋は弱い収縮となり、血管は弛緩し血圧が**低下**します。肺、気道は収縮し、気管内径が狭くなります。瞳孔は縮小します。唾液・胃液の分泌は増え、消化運動や排泄は**亢進**します。

書いて覚えよう！

◆生命の維持と恒常性

● ホメオスタシスを保つのは間脳にある（ [1]＿＿＿＿＿＿＿ ）

で、（ [2]＿＿＿＿＿＿＿ ）やホルモンを介して調整が行われてい

る。

◆内分泌器

● 内分泌器は、（ [3]＿＿＿＿＿＿＿ ）を産生し直接

（ [4]＿＿＿＿＿ ）や体液に分泌する器官である。

● 内分泌器は、（ [5]＿＿＿＿＿＿＿ ）の維持にかかわっており、

ホルモンを必要なときに・必要な量を・必要な（ [6]＿＿＿＿＿＿ ）

に送り届ける仕組みが備わっている。

◆自律神経

	交感神経がはたらくと	副交感神経がはたらくと
循環器	心拍数が増え、心筋は強く（ [7]＿＿＿＿＿ ）し、血圧が（ [8]＿＿＿＿ ）する	心拍数が減り、心筋は弱い（ [9]＿＿＿＿＿ ）となり、血圧が（ [10]＿＿＿＿＿ ）する
呼吸器	肺、気道は（ [11]＿＿＿＿＿ ）し、気管内径が広がる	肺、気道は（ [12]＿＿＿＿＿ ）し、気管内径が狭くなる
感覚器	瞳孔は（ [13]＿＿＿＿＿ ）し、光が多く入る	瞳孔は（ [14]＿＿＿＿＿ ）する
消化器	唾液・胃液の分泌は減り、消化運動や排泄は（ [15]＿＿＿＿＿ ）される	唾液・胃液の分泌は増え、消化運動や排泄は（ [16]＿＿＿＿＿ ）する

確認しよう！

★身体の内外の環境が変化しても、体温や血圧などの身体機能が
一定の状態に保たれることを何という？　⇒ Ⓐ

★自律神経の中枢はどこに位置する？　⇒ Ⓑ

レッスン **22** 神経、脳の仕組み

1. 神経

　神経系は、脳と脊髄（せきずい）からなる**中枢神経**と、中枢神経とつながり全身に伸びている**末梢（まっしょう）神経**に分けられます。末梢神経は脳から出ている**脳神経**と脊髄から出ている**脊髄神経**で構成されます。また、末梢神経は、はたらきによって**体性神経**と**自律神経**に分けられ、さらに体性神経は運動神経と知覚感覚神経に、自律神経は**交感神経**と**副交感神経**に分かれます A。

2. 脳

　脳は、大脳（大脳皮質（だいのう）・大脳辺縁系（へんえんけい）・大脳基底核（きていかく））・間脳（かんのう）・小脳（しょうのう）・脳幹（のうかん）（中脳（ちゅうのう）・橋（きょう）・延髄（えんずい））に分けることができます。

1）大脳

　大脳の表層を覆う大脳皮質は灰白質（かいはくしつ）という神経細胞の集まりでできており、深部の大脳髄質は白質という神経線維の集まりでできています。大脳皮質にはさまざまな領域があり、特定の領域が特定の機能を担当しています。前頭葉（ぜんとうよう）と頭頂葉（とうちょうよう）の境には中心溝（ちゅうしんこう）があり、中心溝より前方（中心前回（ぜんかい））は**運動**をつかさどり（運動野（うんどうや）、後方（中心後回（こうかい））は**知覚**をつかさどっています（体性感覚野）。

　その他、大脳辺縁系は大脳半球の内側底面にあり、食欲、性欲、本能行動、快・不快など情動に関する中枢です。大脳基底核は視床や視床下部、脳幹、小脳と関連しながら随意運動の調節、姿勢の保持、筋肉の緊張（ししょう）（かぶ）の調節などのはたらきを行っています。

2）間脳

　間脳は、視床と視床下部からなります B。視床は、嗅覚（きゅうかく）を除く全感覚を伝える中継点で、視床下部は自律神経系や内分泌系（ないぶんぴつ）、体液調節の中枢です。

3）小脳

　手足の複雑で素早い運動がスムーズに行われるようにはたらいています。小脳の中央部にある虫部（ちゅうぶ）で、**姿勢**や身体の**バランス**を保っています。

4）脳幹

　中脳・橋・延髄からなります。中脳には、筋肉の緊張の調節に関係する黒質（こくしつ）や、眼球の動きや瞳孔（どうこう）の大きさを調節する部分があります。橋には顔や目を動かす部分が、延髄には言語の発音や嚥下（えんげ）、呼吸、発汗、排泄（はいせつ）などを調節する自律神経があります。

5）脊髄

　脊髄は、延髄に続いて下に向かって伸びる部分で、脊椎（せきつい）（背骨）に囲まれており、頸部（けいぶ）・胸部・腰部（ようぶ）・脊髄円錐（えんすい）の4つに分けられます。感覚・運動神経の伝達路で、ここから枝分かれした神経が身体の各部に伸びています。

書いて覚えよう！

◆神経

● 神経系は、脳と脊髄からなる（ ①　　　　 ） 神経と、中枢神経とつながり全身に伸びている（ ②　　　　 ） 神経に分けられる。

◆脳

● 前頭葉と頭頂葉の境には（ ③　　　　 ） がある。中心溝より前方（中心前回）は（ ④　　　　 ） をつかさどり（運動野）、後方（中心後回）は（ ⑤　　　　 ） をつかさどっている（体性感覚野）。

● 間脳は、視床と視床下部からなる。視床は、（ ⑥　　　　 ） を除く全感覚を伝える中継点で、視床下部は
（ ⑦　　　　　　　 ） 系や内分泌系、体液調節の中枢である。

● 小脳は、（ ⑧　　　　 ） の複雑で素早い運動がスムーズに行われるようにはたらいている。小脳の中央部にある
（ ⑨　　　　 ） で、（ ⑩　　　　 ） や身体のバランスを保っている。

● 脳幹は、中脳・橋・（ ⑪　　　　 ） からなる。中脳には、筋肉の緊張の調節に関係する（ ⑫　　　　 ） や、眼球の動きや瞳孔の大きさを調節する部分がある。橋には顔や（ ⑬　　 ） を動かす部分が、延髄には言語の発音や嚥下、呼吸、発汗、排泄などを調節する（ ⑭　　　　　 ） がある。

● 脊髄は、延髄に続いて下に向かって伸びる部分で、
（ ⑮　　　　 ） （背骨）に囲まれており、頸部・胸部・腰部・脊髄円錐の４つに分けられる。

確認しよう！

★自律神経は何と何に分かれる？　⇒ Ⓐ

★間脳は視床と何から構成される？　⇒ Ⓑ

レッスン 23 骨・関節・筋肉、感覚器の仕組み

1. 骨・関節

1）骨

骨は**カルシウム**の貯蔵庫であり、また、血液の凝固作用にも関係しています。

骨には、**長管骨**（手足の骨のように長い骨。大腿骨や腓骨、上腕骨、尺骨など）、**短骨**（指の骨のように短い骨。手根骨、足根骨など）、**扁平骨**（頭蓋骨や肩甲骨のように平たい骨）などがあります。

2）関節

隣接する骨が連結している部分を関節といいます。関節には、関節頭が半球、関節窩がくぼみになっていてさまざまな方向に動く**球関節**、関節頭と関節窩が蝶番のような動き方をする**蝶番関節**、2本の骨が互いに直角の方向に回転する**鞍関節**があります。

2. 筋肉

筋肉は、肝臓とともにエネルギーの貯蔵庫です。筋肉には、横紋筋で構成される**骨格筋**（自分の意思で動かせる随意筋。身体を動かしたり姿勢を保持したりする）と、平滑筋で構成される**内臓筋**（自分の意思で動かせない不随意筋。消化器、呼吸器、泌尿器など。緊張の保持と収縮に関係する）、**心筋**（横紋筋で構成された不随意筋。心臓の収縮と刺激伝導に関係する）があります。

3. 感覚器

1）視覚器（眼）

視覚器は、眼（眼球・視神経）と眼の機能を助ける副眼器（眼筋・眼瞼・結膜・涙器）からなります。眼には、角膜・虹彩（中央が瞳孔）・水晶体・網膜があり、網膜の上に映し出された像が視神経を経由して脳に伝達されます。

2）平衡聴覚器（耳）

平衡感覚や聴覚をつかさどっているのが耳 A で、外耳・中耳・内耳に分かれています。

○**外耳**…耳介・外耳道からなる→集音器の役割をする。

○**中耳**…鼓膜・鼓室・耳管からなる→外耳で集められた音波を骨振動に変えて内耳に伝える。

○**内耳**…聴覚と**平衡感覚**を感受する。

3）味覚器（舌）・皮膚

舌は舌筋でできていて、表面に小突起（舌乳頭）があります。この中の**味蕾** B で味を感じます。皮膚には表皮、真皮、皮下組織があり、身体を保護しています。

書いて覚えよう！

◆骨・関節

● 骨は（①＿＿＿＿＿＿＿＿＿＿）の貯蔵庫であり、また、血液の（②＿＿＿＿）作用にも関係している。骨の種類には、（③＿＿＿）骨、短骨、扁平骨などがある。

◆筋肉

■筋肉の種類と役割

骨格筋	横紋筋で構成される。自分の意思で動かせる（④＿＿＿＿）筋。身体を動かしたり（⑤＿＿＿＿）を保持したりする
内臓筋	平滑筋で構成される。自分の意思で動かせない（⑥＿＿＿＿）筋。消化器、呼吸器、泌尿器など。（⑦＿＿＿）の保持と収縮に関係する
心筋	（⑧＿＿＿）筋で構成された不随意筋。心臓の（⑨＿＿＿）と刺激伝導に関係する

◆感覚器

● 視覚器は、眼と眼の機能を助ける（⑩＿＿＿＿＿＿）からなる。眼には、角膜・虹彩・水晶体・（⑪＿＿＿）がある。

■耳の構造と役割

外耳	（⑫＿＿＿＿）の役割をする
中耳	外耳で集められた音波を（⑬＿＿＿＿）に変えて内耳に伝える
内耳	聴覚と（⑭＿＿＿）感覚を感受する

確認しよう！

★平衡感覚をつかさどっているのは、どの感覚器？ ⇒ Ⓐ

★舌の表面の小突起の中にある、味を感じる部分は何という？ ⇒ Ⓑ

用語

横紋筋
筋肉組織が横縞状に配列しているため、縞があるように見える筋肉のこと。

平滑筋
筋肉組織が細長い形をしている。収縮して毛を立たせる立毛筋や瞳孔の散大筋・括約筋も平滑筋である。

抗重力筋
姿勢を保持するためにはたらく筋肉。大腿四頭筋、脊柱起立筋、大臀筋、下腿三頭筋などがある。

NOTE

レッスン24 循環器、呼吸器の仕組み

重要度 **A**

学習日 ／／／

1. 循環器

1）心臓

心臓の内部は、三尖弁・僧帽弁・肺動脈弁・大動脈弁の4弁と、右心房・右心室・左心房・左心室の4室からなっています。心臓全体は心筋（**不随意筋**）で構成され、心臓に酸素と栄養素を送り込むための**冠状動脈** が分布しています。

ポンプ機能は、心臓から血液を全身に送る**体循環**（大循環）と、血液を肺に送る**肺循環**（小循環）に大別されます。

心臓では、毎分約60～80回の収縮と拡張が繰り返されており、1分間の収縮回数を**心拍数**といいます。1分間に心臓から押し出される血液量は約5～7Lで、これを**心拍出量**といいます。

2）血管系

血管には、心臓から全身に血液を送り出す動脈と、全身を巡った**血液**が心臓に戻るための静脈があります。また、血液は、**静脈血**（二酸化炭素が多い）と**動脈血**（酸素が多い）に分けられます。

心臓から血液が送り出されるときに動脈の血管壁にかかる圧力を**血圧**といいます。心臓が収縮したときの血圧を**収縮期血圧**（最高血圧）、心臓が拡張したときの血圧を**拡張期血圧**（最低血圧）といいます。

3）血液とリンパ系

血液は、肺で取り入れられた酸素や肝臓で取り入れられた栄養素を全身の細胞に運び、また、全身の細胞から集めた老廃物を排泄するために肺や腎臓、肝臓へ運ぶという重要な役割を担っています。血液の成分は、**血球**（約45%…赤血球・白血球・血小板からなる）と**血漿**（約55%…フィブリノーゲン・血清からなる）に分けられます。

リンパ管は、全身に張り巡らされていて、その中を**リンパ液**が流れています。リンパ管が合流する部分をリンパ節といい、細菌や有害物質を取り除く役割があります。その他、リンパ系には免疫作用や循環作用、栄養吸収作用などがあります。

2. 呼吸器

呼吸には、外界から酸素を取り入れて二酸化炭素を放出する**外呼吸**と、組織や細胞が酸素を取り入れて二酸化炭素を排出する**内呼吸**があります。呼吸器とは、一般に外呼吸に関与する臓器または器官をいい、気道（上気道・下気道）と**ガス交換**の場である**肺胞**で構成されています。

書いて覚えよう！

◆循環器

● 心臓は、三尖弁・僧帽弁・肺動脈弁・（ □1 ） 弁の
4弁と、 （ □2 ） ・右心室・左心房・左心室の4室か
らなっている。

● 血管には、心臓から全身に血液を送り出す （ □3 ） と、
全身を巡った血液が心臓に戻るための （ □4 ） がある。

● 血液は、肺で取り入れられた （ □5 ） や肝臓で取り入
れられた （ □6 ） を全身の細胞に運び、また、全身の
細胞から集めた （ □7 ） を排泄するために肺や腎臓、
肝臓へ運ぶという重要な役割を担っている。

■血液の成分

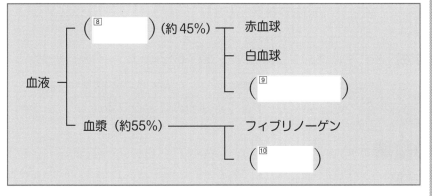

```
        ┌─ （ □8 ） （約45%）─┬─ 赤血球
        │                      ├─ 白血球
血液 ───┤                      └─ （ □9 ）
        │
        └─ 血漿（約55%）───┬─ フィブリノーゲン
                            └─ （ □10 ）
```

● リンパ管は、全身に張り巡らされていて、その中を
（ □11 ） が流れている。

◆呼吸器

● 呼吸には、外界から酸素を取り入れて二酸化炭素を放出する
（ □12 ） と、組織や細胞が酸素を取り入れて二酸化炭素
を排出する （ □13 ） がある。

確認しよう！

★心臓に酸素と栄養素を送り込むために分布しているのは？ ⇒ Ⓐ

レッスン 25 消化器、泌尿器の仕組み①

重要度 **A**

学習日 ／　／　／

1. 消化器とは

1）消化器

　消化器は、消化管と消化腺とに大別されます。食物が分解・吸収されて必要な栄養素が体内に摂取されることを**消化作用**といいます。消化された物質の大部分は**小腸**で吸収され、静脈系の血管である門脈を通して肝臓に送られます。肝臓に送られた栄養素は、利用しやすいかたちに分解・合成され（**代謝**）、肝臓に蓄えられるほか、解毒されたり胆汁の生成に使われたりします。

2）消化酵素

　消化酵素は食物の消化に関係する酵素で、唾液、胃液、膵液などの消化液に含まれています。

　消化酵素の種類と分泌部位は、次のとおりです。
①**口腔（唾液）**…プチアリン（唾液アミラーゼ）
②**胃（胃液）**…ペプシン
③**十二指腸（膵液）**…アミロプシン（膵液アミラーゼ）、マルターゼ、トリプシン、キモトリプシン、カルボキシペプチダーゼ、ステアプシン（膵液リパーゼ）
④**小腸（腸液）**…マルターゼ、スクラーゼ、ラクターゼ、エレプシン

2. 消化器の役割

1）口腔・咽頭・食道

　口腔では、**咀しゃく**、**攪拌**、**嚥下**が行われ、食物が食道に送られます。

2）胃

　胃は、食道と十二指腸の間にある袋状の器官です。唾液とともに送られてきた食物は、噴門に近い上半分に貯留され、**プチアリン**の作用を受けて消化されます。その後、ぜん動運動によって幽門側の下半分に送られ、**胃液**によって消化されます。

3）小腸・大腸

　小腸は、**十二指腸・空腸・回腸**によって構成されます。消化・吸収の大部分は**小腸**で行われます。十二指腸には胆汁と膵液が流れ込んで分解が進み、空腸では**腸液**が分泌され_Ⓐて、胆汁・膵液と混合されてさらに分解が進みます。また、回腸では栄養素と水分、電解質の大部分が吸収されます。

　大腸は、**盲腸・上行結腸・横行結腸・下行結腸・S状結腸・直腸**によって構成されます。大腸では、小腸で吸収されなかった水分や栄養素が吸収されます。下行結腸からS状結腸を通り直腸に溜まり便となって排泄されます。

書いて覚えよう！

◆消化器とは

● 消化器は、消化管と（ ① ＿＿＿＿＿＿ ）とに大別される。食物が分解・吸収されて必要な栄養素が体内に摂取されることを（ ② ＿＿＿＿＿＿ ）という。

■消化酵素の種類と分泌部位

分泌部位	消化酵素
口腔（唾液）	（ ③ ＿＿＿＿＿ ）（唾液アミラーゼ）
胃（胃液）	（ ④ ＿＿＿＿＿ ）
（ ⑤ ＿＿＿＿＿ ）（膵液）	アミロプシン（膵液アミラーゼ）、マルターゼ、トリプシン、キモトリプシン、カルボキシペプチダーゼ、ステアプシン（膵液リパーゼ）
小腸（腸液）	（ ⑥ ＿＿＿＿＿ ）、スクラーゼ、ラクターゼ、エレプシン

◆消化器の役割

■消化器の構造と役割

口腔	咀しゃく、攪拌、（ ⑦ ＿＿＿ ）が行われる
（ ⑧ ＿＿ ）	食道と十二指腸の間にある袋状の器官である。消化が行われる
小腸	十二指腸・空腸・（ ⑨ ＿＿＿ ）によって構成される。消化・（ ⑩ ＿＿＿ ）の大部分が行われる
大腸	盲腸・上行結腸・横行結腸・下行結腸・S状結腸・直腸により構成される。（ ⑪ ＿＿＿ ）や栄養素が吸収される

確認しよう！

★小腸の空腸で分泌される消化液は何？ ⇒ Ａ

用語

胃液
主成分は胃酸とペプシノーゲンである。ペプシノーゲンは胃酸によって活性化し、ペプシンとなる。胃酸は強酸性の塩酸を含み、強力な殺菌作用がある。

NOTE

レッスン 25 消化器、泌尿器の仕組み②

重要度　A

学習日　／　／　／

1. 消化器の役割

1）肝臓

　肝臓には、酸素を供給する肝動脈と、門脈とよばれる栄養素を運び込む血管があります。肝臓では、老廃物の**代謝・解毒**ⓐ・**排泄**などが行われています。また、吸収されたブドウ糖を**グリコーゲン**に変えて蓄え、必要なときにこれを分解してエネルギーを産生したり、肝臓で生成した物質を血液を通して全身に供給する**代謝機能**もあります。

2）膵臓

　膵臓には膵液を分泌する**外分泌機能**と、ホルモンを血液中に分泌する**内分泌機能**があります。また、内分泌にかかわる細胞が集まった**ランゲルハンス島**のβ細胞では**インスリン**ⓑが、α細胞では**グルカゴン**が合成されて血液中に分泌され**血糖値**に関係します。
○**インスリン**…血糖値を**降下**させる作用がある。不足すると**糖尿病**を発症する。
○**グルカゴン**…血糖値を**上昇**させる作用がある。

2. 泌尿器

　泌尿器は、老廃物を尿として体外へ排泄する器官で、腎臓と尿路からなります。

1）腎臓

　腎臓の主なはたらきは、**排泄処理機能**、体液バランスの維持機能、**ホルモン産生機能**です。腎臓は腰背部の脊柱の両側に1対あり、大人の握りこぶし大のそら豆形をしています。
　腎実質にある**糸球体**ⓒは、腎臓に入った腎動脈が毛細血管の塊となったもので、血液中のたんぱく質の老廃物や水分、ブドウ糖、アミノ酸、電解質（ナトリウム・カリウム・リン・カルシウムなど）をろ過します。

2）尿路

　腎臓でつくられた尿は腎杯に集められ、腎盂に運ばれ、尿管を通って膀胱に溜められます。一定量（約100〜150mL）が溜まると尿意を感じ排泄されます。膀胱の出口には**膀胱括約筋**が、尿道の途中には**尿道括約筋**があり、尿が漏れないように尿道を閉めるはたらきⓓをしています。

> 膀胱内に溜まる尿量は成人で1回につき300〜500mLで、1日の尿量は1,000〜2,000mLとされています。

108

書いて覚えよう！

◆消化器の役割

■消化器の構造と役割

肝臓	酸素を供給する肝動脈と、（ ①　　　　）とよばれる栄養素を運び込む血管がある。老廃物の代謝・（ ②　　　）・排泄などが行われている。吸収されたブドウ糖を（ ③　　　　　　）に変えて蓄え、必要なときにこれを分解してエネルギーを産生したり、肝臓で生成した物質を血液を通して全身に供給する（ ④　　　　　）機能もある
膵臓	（ ⑤　　　　）を分泌する外分泌機能と、（ ⑥　　　　　）を血液中に分泌する内分泌機能がある

◆泌尿器

● 腎臓の主なはたらきは、（ ⑦　　　　　　　　）機能、体液バランスの維持機能、（ ⑧　　　　　　　　）産生機能である。

● 腎実質にある（ ⑨　　　　　　）は、腎臓に入った腎動脈が毛細血管の塊となったもので、血液中の（ ⑩　　　　　　　　　）の老廃物や水分、ブドウ糖、アミノ酸、電解質を（ ⑪　　　　）する。

● 腎臓でつくられた尿は腎杯に集められ、（ ⑫　　　　）に運ばれ、尿管を通って（ ⑬　　　　）に溜められる。一定量（約100〜150mL）が溜まると（ ⑭　　　　）を感じ排泄される。

確認しよう！

★肝臓で行われているのは、老廃物の代謝・排泄とあとひとつは何？　⇨ Ⓐ

★膵臓のランゲルハンス島のβ細胞からは何が分泌される？　⇨ Ⓑ

★腎臓で老廃物をろ過するはたらきをしているのは何？　⇨ Ⓒ

★尿道括約筋はどんなはたらきをしている？　⇨ Ⓓ

レッスン 26 ボディメカニクスと
関節可動域

重要度 | A
学習日 | ／ ／ ／

1. ボディメカニクス

　ボディメカニクス（生体力学）とは、人間の姿勢・動作時の身体の骨格・関節・筋肉・内臓などの各系統間の力学的相互関係のことです。効果的なボディメカニクスとは、身体的特性が十分に活かされ、身体にかかる負担が少なく、かつ、合理的に使える状態をいいます。

　介護においてこれを活用すれば、利用者への負担は軽くなり、介護職にとっては**腰痛予防**にもなります。

2. 関節可動域

　関節には**可動関節**と**不動関節**（頭蓋骨や背骨、骨盤など）とがあります。一般的には、可動関節を関節とよんでいます。

　関節運動の方向や範囲を関節の**可動域**といい、それを規制しているのが**靱帯**です。長期間、関節を動かさないでいると、関節の軟部組織が変化して、関節可動域が狭くなり（**関節拘縮**）、ADL（日常生活動作）が難しくなります。

3. 関節の運動

　関節の動きは、外転と内転、回外と回内、屈曲と伸展、外旋と内旋の8つに分けられます。また、関節の運動にかかわる筋肉を**主動作筋**（主としてはたらく筋肉）といいます。

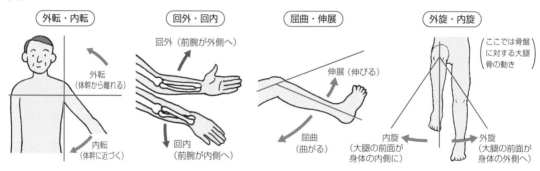

外転・内転
外転（体幹から離れる）
内転（体幹に近づく）

回外・回内
回外（前腕が外側へ）
回内（前腕が内側へ）

屈曲・伸展
伸展（伸びる）
屈曲（曲がる）

外旋・内旋
（ここでは骨盤に対する大腿骨の動き）
内旋（大腿の前面が身体の内側に）
外旋（大腿の前面が身体の外側へ）

4. 筋肉のはたらき

　筋肉は、伸縮性のある線維（筋線維）でできており、筋線維が収縮する速さの違いにより**速筋**と**遅筋**に分けられます。

　速筋は、収縮速度が速く、**瞬発力**を要する運動で使われます Ⓐ。老化が速いため、加齢によって瞬発力は低下していきます。いっぽう、遅筋は、収縮速度が遅く、**持久力**を要する運動で使われます。老化が遅いため、加齢によっても持久力は比較的保たれます。

書いて覚えよう！

◆ボディメカニクス

● 効果的なボディメカニクスとは、身体的特性が十分に活かされ、身体にかかる （①＿＿＿＿） が少なく、かつ、合理的に使える状態をいう。介護においてこれを活用すれば、利用者への負担は軽くなり、介護職にとっては （②＿＿＿＿＿＿） にもなる。

◆関節可動域

● 関節運動の方向や範囲を関節の （③＿＿＿＿＿） といい、それを規制しているのが （④＿＿＿＿） である。関節を動かさずにいると、関節可動域が狭くなり（関節拘縮）、（⑤＿＿＿＿）（日常生活動作）が難しくなる。

◆関節の運動

● 関節の動きは、外転と （⑥＿＿＿＿） 、回外と回内、屈曲と（⑦＿＿＿＿） 、外旋と内旋の８つに分けられ、関節の運動にかかわる筋肉を （⑧＿＿＿＿＿） （主としてはたらく筋肉）という。

◆筋肉のはたらき

■速筋と遅筋の機能

速筋	○収縮速度が速く、（⑨＿＿＿＿＿） を要する運動で使われる ○老化が （⑩＿＿＿＿） ため、加齢によって瞬発力は低下していく
遅筋	○収縮速度が遅く、（⑪＿＿＿＿＿） を要する運動で使われる ○老化が （⑫＿＿＿＿） ため、加齢によっても持久力は比較的保たれる

確認しよう！

★瞬発力が必要な運動で使われる筋肉は？ ⇒ Ⓐ

27 身支度に関連した心と身体の仕組み①

重要度　B
学習日　／／／

1. 身支度に関連した口腔の仕組み

1）口腔の構造と機能

①歯…歯肉から出ている部分を歯冠部、歯肉に埋まっている部分を歯根部、歯冠部と歯根部との境界を歯頸部という。歯冠部は硬い**エナメル質**で覆われ、歯根部はセメント質で覆われている。歯は、切歯、犬歯、臼歯の3種類に分けられる。

②舌…舌の表面には**味蕾**とよばれる部分があって味を感知する。舌の表面には**舌苔**とよばれる苔状の付着物がみられることがあり、**口臭**の原因になることがある。

③唾液…唾液の約99％は水分で、唾液腺には大唾液腺（耳下腺、顎下腺、舌下腺）と小唾液腺の2種類がある。食物の咀しゃくや嚥下の補助、消化、口腔内の粘膜の保護、自浄、抗菌などの役割がある。

2）加齢に伴う口腔の変化

　歯は、長年の咀しゃく運動によるエナメル質の摩耗やエナメル質の産生減少のため汚れが付着しやすくなり、黄ばんで見えるようになります。また、舌の動きの低下や、う蝕（虫歯）や歯周病などで歯が抜けて本数が減り、咀しゃく力が低下したり容貌が変わったりします。

　その他、味蕾の数と唾液分泌量が減少することによる口腔内の乾燥、薬剤の副作用などから食べ物の味がわかりにくくなり、濃い味つけの料理を好むようになります。

　口腔の変化は、咀しゃくや嚥下などの動作だけでなく、他者とのコミュニケーションにも影響を及ぼします。

3）口腔の観察のポイント

①う蝕…**歯垢**（プラーク）中の細菌によってつくられる酸で歯が溶かされ、穴が開くことをいう。う蝕発生には、①歯並びが悪いなどのう蝕ができやすい環境、②う蝕の原因となる菌、③糖質を多く摂取する食習慣、という3つの条件が揃うことで発生すると考えられており、これをカイスの3つの輪という。

②歯周病…歯と歯肉との境界に歯垢が付着し、すきまに細菌が侵入すると、細菌がつくり出す毒素によって歯肉の腫れや出血などの炎症が生じ、より深いすきま（**歯周ポケット**）ができる。歯周ポケットの内部は細菌が繁殖しやすく、炎症はさらに進行して歯槽骨まで溶かしてしまい、歯がぐらついたり抜け落ちたりする。このように歯を支える歯肉や歯槽骨に炎症が起こることを**歯周病**という。

③その他…う蝕や歯周病の進行をそのままにしていると歯を失うだけでなく、**誤嚥性肺炎**を引き起こしたり**糖尿病**を悪化させたりする。特に糖尿病と歯周病は相関関係にある。歯周病は全身の健康に影響するため、早い段階で歯科を受診して治療を行い、口腔内の問題が全身にまで及ばないよう注意する必要がある。

書いて覚えよう！

◆身支度に関連した口腔の仕組み

■口腔の構造と機能

歯	歯冠部は硬い（ ① _____ ）で覆われ、歯根部はセメント質で覆われている。歯は、（ ② ____ ）、犬歯、臼歯の３種類に分けられる
舌	舌の表面には（ ③ ____ ）とよばれる部分があって味を感知する。舌の表面にみられる舌苔は（ ④ ____ ）の原因になることがある
唾液	唾液の約99％は（ ⑤ ____ ）で、唾液腺には大唾液腺（耳下腺、顎下腺、舌下腺）と小唾液腺の２種類がある。咀しゃくや嚥下の補助、消化、口腔内の（ ⑥ ____ ）の保護、（ ⑦ ____ ）、抗菌などの役割をする

■う蝕発生の条件（カイスの３つの輪）

① （ ⑧ _____ ）が悪いなどのう蝕ができやすい環境

②う蝕の原因となる（ ⑨ __ ）

③ （ ⑩ ____ ）を多く摂取する食習慣

● 歯を支える歯肉や歯槽骨に炎症が起こることを（ ⑪ _____ ）という。

● う蝕や歯周病の進行をそのままにしていると歯を失うだけでなく、（ ⑫ _____ ）を引き起こしたり（ ⑬ _____ ）を悪化させたりする。

確認しよう！

★歯の種類は、切歯と犬歯ともうひとつは何？ ⇒ Ⓐ

★歯周病で歯と歯肉の間にできる深いすきまのことを何という？⇒ Ⓑ

用語

舌苔
口臭予防には、舌ブラシなどで舌苔を除去する必要があるが、すべて取り除いてしまうと逆に舌を痛めたり口臭がひどくなったりする場合があるので注意する。

舌ブラシ

唾液腺
口腔内が乾燥している場合、食事や口腔ケアの前に唾液腺マッサージを行うと、唾液の分泌が促進される。

NOTE

身支度に関連した
心と身体の仕組み②

重要度　**B**

学習日　／　／　／

1. 身支度に関連した爪の仕組み

1）爪の構造と機能

爪は、**ケラチン**という**たんぱく質**からできており、１日に**約0.1mm**伸びるといわれています。爪には、外部の刺激から指先を保護し、指先にかかる力を支え、物をつかみやすくする役割があります。

2）加齢に伴う爪の変化

高齢になると爪が伸びる速さが**遅く**なり、**厚く**なったりもろくなったりします。色も灰色や黄色がかったりしてつやがなくなります。陥入爪（巻き爪）や爪白癬（爪水虫）などの爪の疾患にもかかりやすいため注意が必要です。また、爪に縦筋が入ることがありますが、加齢による生理現象としてみられるもので病的なものではありません。

3）爪の観察のポイント

爪そのものの色やつや、硬さや厚さ、形などの変化はもちろん、爪周辺の皮膚の状態もよく観察します。爪の異常として、**白癬菌**が爪に感染して白濁・肥厚する**爪白癬**、爪の先端の角が皮膚に食い込むように伸びる**陥入爪**、爪の先端から剥離し、剥離した部分は白っぽくなる**爪甲剥離症**（二枚爪）、爪の先端が反り返り、中央がくぼんでさじ状になる**さじ状爪**、指先が大きく丸くなって太鼓のばちのような形になり、爪も丸く盛り上がった形になる**ばち状指**がある。

2. 身支度に関連した毛髪の仕組み

1）毛髪の構造と機能

毛髪も爪同様ケラチンでできており、汚れや暑さ・寒さなどの外的刺激から身体を保護する役割をもっています。毛髪は、１日に0.3〜0.45mm伸び、ある程度まで伸びると成長を止め、やがて抜け落ち、新たな毛へと生え替わります。このような毛髪の成長のサイクルを**毛周期**Ａといいます。

2）加齢に伴う毛髪の変化

加齢に伴い**白髪**が増え、毛が細くなり、張りやつやがなくなります。本数も次第に減り、頭髪が薄くなることもあります。男性では眉毛や耳毛が長く伸びたり、女性では腋毛が薄くなります。毛髪の変化は、遺伝的要因や生活習慣なども関係しており、加齢だけが原因とはいえません。

3）毛髪の観察のポイント

色の変化や脱毛の有無、つやや太さの変化を観察し、頭皮のふけやかゆみ、赤み、痛み、出血の有無などを観察します。毛髪の異常として、円形脱毛症、粃糠性脱毛症、多毛症、無毛症、乏毛症などがあります。

書いて覚えよう！

◆身支度に関連した爪の仕組み

● 爪は（␣␣␣␣␣␣␣␣␣␣␣␣␣␣␣␣¹␣␣␣␣␣␣␣␣␣␣␣␣␣␣␣␣）というたんぱく質からできていて、外部の刺激から指先を（␣␣␣␣²␣␣␣␣）し、指先にかかる力を支え、物をつかみやすくする役割がある。

● 高齢になると爪が伸びる速さが（␣³␣）なり、厚くなったり（␣␣⁴␣␣）なったりする。色も灰色や黄色がかったりしてつやがなくなる。爪の（␣␣⁵␣␣）にもかかりやすいため注意が必要である。

■爪の観察のポイント

| 観察する点 | … 爪そのものの色や（␣⁶␣）、硬さや厚さ、形などの変化、爪周辺の（␣⁷␣）の状態 |

| 爪 の 異 常 | … （␣⁸␣）（爪水虫）、陥入爪（巻き爪）、爪甲剝離症（二枚爪）、さじ状爪、ばち状指など |

◆身支度に関連した毛髪の仕組み

● 毛髪は（␣␣␣⁹␣␣␣）でできていて、汚れや暑さ・寒さなどの外的刺激から身体を保護する役割がある。

● 加齢に伴い（␣¹⁰␣）が増え、毛が細くなり、張りやつやがなくなる。本数も減り、頭髪が（␣¹¹␣）なることもある。

■毛髪の観察のポイント

| 観察する点 | … 色の変化や（␣¹²␣）の有無、つやや太さの変化、頭皮の（␣¹³␣）やかゆみ、赤み、痛み、出血の有無 |

| 毛髪の異常 | … （␣¹⁴␣）、粃糠性脱毛症、多毛症、無毛症、乏毛症など |

確認しよう！

★毛が生え替わるサイクルのことを何とよぶ？　⇒ Ⓐ

用語

爪の異常
陥入爪は加齢や深爪、足に合わない靴を履くことなどで起こる。さじ状爪は鉄欠乏性貧血、ばち状指は心疾患や肺疾患が原因である。

NOTE

レッスン 28 移動に関連した心と身体の仕組み

重要度　A
学習日　／　／　／

1. 心身の機能低下が移動に与える影響

1）加齢による影響

　加齢による感覚機能や運動機能の低下は、転倒や衝突、交通事故につながります。また、高齢者の骨折は長期にわたる安静臥床（がしょう）を余儀なくされ、<u>生活不活発病（はいようしょうこう）（廃用症候群（ぐん））を招く</u> ことが多くあります。

　その他、脊髄（せきずい）損傷による**麻痺（まひ）**や、高次脳機能障害による記憶障害や**半側空間無視（はんそくくうかんむし）**、地誌的障害などでも安全な移動が難しくなります。

■**高齢者に多い骨折部位**

　○肋骨（ろっこつ）
　○脊椎（せきつい）
　○上腕骨頸部（じょうわんこつけいぶ）
　○橈骨遠位端（とうこつえんいたん）
　○大腿骨頸部（だいたいこつ）

2）歩行の異常

　歩行の異常にはさまざまなものがあり、各症状と原因疾患（しっかん）は次のとおりです。

①**間欠（歇）性跛行（かんけつ・せいはこう）**…痛みが発生してもしばらく休むと症状が楽になり、再び歩けるようになる。**脊柱管狭窄症（せきちゅうかんきょうさくしょう）**でみられる。

②**動揺性歩行**…腹を前に突き出し腰を左右に振ってゆらゆら歩く。**筋ジストロフィー**でみられる。

③**失調性歩行・酩酊歩行（めいてい）**…歩くときふらつく、よろよろと歩く。**脊髄小脳変性症（せきずいしょうのうへんせいしょう）**（SCD）でみられる。

④**小刻み歩行**…ちょこちょこと小刻みに歩く。**パーキンソン病**でみられる。

⑤**すくみ足**…歩き出そうとしても足がすくんで踏み出すことができない。**パーキンソン病**でみられる。

⑥**突進歩行**…歩いているうちに速度が上がって止まるのが難しくなる。**パーキンソン病**でみられる。

⑦**鶏歩（けいほ）**…膝（ひざ）を高く持ち上げ、足が垂れた状態（下垂足）でつま先から足をつけて歩く。**腓骨神経麻痺（ひこつしんけいまひ）**でみられる。

> すくみ足がみられる場合には、一声かける、一度足を引いてから歩き出してもらう、足元に目印を置いてまたいでもらう、などの援助が必要です。

書いて覚えよう！

◆心身の機能低下が移動に与える影響

● 加齢による感覚機能や （ 1 ） 機能の低下は、

（ 2 ） や衝突、交通事故につながる。

● 脊髄損傷による （ 3 ） や、高次脳機能障害による

（ 4 ） 障害や半側空間無視、地誌的障害などでも安全な

移動が難しくなる。

■歩行の異常の種類

間欠（歇）性跛行	痛みが発生してもしばらく休むと症状が楽になり、再び歩けるようになる。（ 5 ） でみられる
動揺性歩行	腹を前に突き出し腰を左右に振ってゆらゆら歩く。（ 6 ） でみられる
失調性歩行・酩酊歩行	歩くときふらつく、よろよろと歩く。（ 7 ） （SCD）でみられる
小刻み歩行	ちょこちょこと小刻みに歩く。（ 8 ） でみられる
（ 9 ）	歩き出そうとしても足がすくんで踏み出すことができない。パーキンソン病でみられる
突進歩行	歩いているうちに速度が上がって止まるのが難しくなる。（ 10 ） でみられる
（ 11 ）	膝を高く持ち上げ、足が垂れた状態（（ 12 ）） でつま先から足をつけて歩く。腓骨神経麻痺でみられる

用語

腓骨神経麻痺
主に腓骨頭部（膝の外側）の外部からの圧迫により生じる麻痺で、足首と足指が背屈できず下垂足になり、鶏歩がみられるようになる。

NOTE

確認しよう！

★高齢者が骨折によって安静臥床を続けると、どうなる？ ⇒ Ⓐ

食事に関連した心と身体の仕組み①

1. 身体をつくる栄養素

　食事は、生命を維持していくための大切な行為であり、生活の基本となる行為です。食物に含まれる成分のうち、**炭水化物、脂質、たんぱく質**の3つを**三大栄養素**といいます。これらは人間の身体をつくったり、活動のエネルギーを生み出す重要な栄養素です。さらに、この三大栄養素のはたらきを助けて身体の機能を整える**ビタミン、無機質（ミネラル）**を加えたものを**五大栄養素**といいます。その他にも食物に含まれる栄養素はたくさんあり、私たちの身体を維持するために重要なはたらきをしています。

　水分も身体を維持していくために欠かせません。成人の場合、食事で摂る水分を含めて1日に2,000〜2,500mLの水分を摂取する必要があるとされています。

2. 食べることに関連した心と身体の仕組み

1）空腹と満腹の仕組み

　食後、一定の時間が経つと胃が飢餓収縮を起こします。胃の収縮運動、血糖値や体温の低下などが信号となり、間脳の視床下部にある**摂食中枢**が空腹感を意識させ、摂食行動を促します。胃に食物が満たされ、血糖値や体温が上昇すると視床下部にある**満腹中枢**に信号が送られて摂食行動を抑制します。

　脂肪やたんぱく質が豊富で消化液をたくさん必要とする食物（肉、卵、魚など）や、胃での滞留時間が長い食物のほうが満腹感を感じやすいとされています。

2）喉が渇く仕組み

　発汗や呼吸などにより体内の水分が足りなくなると、水分と電解質のバランスを正常に保つため視床下部にある**渇中枢**が作用して**口渇**（喉の渇き）を感じます。口渇を感じたときは、すぐに水分を摂取することが重要です。

3）摂食・嚥下の仕組み

　食事では、かみ砕き（咀しゃく）、飲み込んで胃に送り込む（嚥下）という行為が繰り返されています。視覚や嗅覚などで食物を認知し、口腔内に取り込み、咽頭から食道、そして胃に送るまでの過程を摂食・嚥下といいます。

　摂食・嚥下は、**先行期・準備期・口腔期・咽頭期・食道期**の5段階に分けられます（**摂食・嚥下の5分類**）。

　嚥下のとき、口唇（くちびる）が閉じ、軟口蓋と喉頭蓋によって鼻と気管が塞がれて呼吸が停止し（嚥下性無呼吸）、食物は食道に流れていきます（咽頭期）。この喉頭蓋の反射機能 により誤嚥を防止していますが、乳幼児や高齢者でははたらきが不十分なため、**誤嚥**が起こりやすくなります。

書いて覚えよう！

◆身体をつくる栄養素

■三大栄養素と五大栄養素

三大栄養素………炭水化物、脂質、（ [1]　　　　　　　 ）

　　　　人間の身体をつくり、活動の（ [2]　　　　　　　 ） を生み出す

五大栄養素………三大栄養素＋（ [3]　　　　　 ）、無機質（ミネラル）

　　　　三大栄養素のはたらきを助け、身体の（ [4]　　　 ）を整える

● 　水分も身体を維持していくうえで欠かせず、成人の場合、食事で摂る水分を含めて１日に（ [5]　　　　 ）～（ [6]　　　　 ）mLの水分を摂取する必要がある。

◆食べることに関連した心と身体の仕組み

● 　摂食行動は、胃の収縮運動、（ [7]　　　　　　　 ）や体温の低下などが信号となり、間脳の視床下部にある（ [8]　　　　 ）中枢が空腹感を意識させ促される。胃に食物が満たされ、血糖値や体温が上昇すると視床下部にある（ [9]　　　　 ）中枢に信号が送られて摂食行動を（ [10]　　　　 ）する。

● 　体内の水分が足りなくなると、水分と（ [11]　　　　　 ）のバランスを正常に保つため視床下部にある（ [12]　　　　 ）が作用して（ [13]　　　 ）（喉の渇き）を感じる。

● 　視覚や嗅覚などで食物を（ [14]　　　　 ）し、口腔内に取り込み、咽頭から食道、胃に送るまでの過程を摂食・（ [15]　　　 ）という。

■摂食・嚥下の５分類

先行期 ⇒ 準備期 ⇒ （ [16]　　 ）期 ⇒ 咽頭期 ⇒ 食道期

確認しよう！

★誤嚥は、どの部位の反射機能によって防止されている？ ⇒

レッスン **29** 食事に関連した心と
身体の仕組み②

1. 利用者の状態に合わせた食事

治療食とは、疾患などの治療のために利用者の状態に合わせて医師が指示したエネルギー量や栄養量などに基づいた食事のことで、エネルギーコントロール食、塩分コントロール食、脂質コントロール食、たんぱく質コントロール食があります。

種類	対応する疾患
エネルギーコントロール食	**糖尿病**、脂肪肝、脂質異常症、痛風などの場合に使用される
塩分コントロール食	**高血圧**、**心臓病**、**腎臓病**、妊娠高血圧症候群などの場合Ⓐに使用される
脂質コントロール食Ⓑ	肝炎、膵炎、胆石症などの場合に使用される
たんぱく質コントロール食	低たんぱく食（尿毒症、腎不全などの場合に使用）と高たんぱく食Ⓒ（低アルブミン血症、貧血などの場合に使用）がある

2. 心身の機能低下が食事に与える影響

加齢、疾患、障害による心身の機能低下は、食事にさまざまな影響を与えます。

1）加齢による影響

嚥下にかかわる筋肉が衰え、歯・歯肉、口腔粘膜、顎、舌、唾液腺の変化が起こり、**歯数の減少や顎の筋力低下**のため、咀しゃく力が低下します。

2）疾患による影響

疾患による器質的な障害、機能的な障害、心理的な障害が食事に影響を与えます。

器質的な障害では、がんの罹患・切除で舌や咽頭の形態が変化することによる摂食・嚥下障害が起こります。また、咽頭や食道の狭窄による摂食・嚥下障害が起こります。

機能的な障害では、筋萎縮性側索硬化症などが原因で起こる**球麻痺**で、嚥下障害Ⓓと構音障害が生じます。脳血管障害などで起こる**仮性球麻痺**では、嚥下障害・構音障害・摂食障害が起こります。

心理的な障害では、**認知症**、心身症、**鬱病**の精神機能低下によって嚥下障害が引き起こされます。

3）障害による影響

障害により集中力・判断力の低下、覚醒レベルの低下が起こると、食物を食物として認識できない状態になります。また、安定した姿勢の保持ができなくなります。

書いて覚えよう！

用語

球麻痺
延髄にある脳神経核
（口唇・舌・口蓋など
に関係する神経の集合
体）が障害されるもの。

仮性球麻痺
延髄は障害されない
が、脳神経核に至る前
で両側性（右脳と左脳）
が障害されるもの。

◆利用者の状態に合わせた食事

● 治療食とは、疾患などの治療のために利用者の状態に合わせて（ ① ）が指示した（ ② ）や栄養量などに基づいた食事のことである。

■ 治療食の種類

○エネルギーコントロール食　　○（ ③ ）コントロール食
○（ ④ ）コントロール食　　○たんぱく質コントロール食

● エネルギーコントロール食は、（ ⑤ ）、脂肪肝、脂質異常症、痛風などの場合に使用される。

◆心身の機能低下が食事に与える影響

● 加齢による歯数の減少や顎の筋力低下のため、（ ⑥ ）が低下する。

● 筋萎縮性側索硬化症などが原因で起こる（ ⑦ ）麻痺では、嚥下障害と（ ⑧ ）が生じる。

● 脳血管障害などで起こる（ ⑨ ）麻痺では、（ ⑩ ）障害・構音障害・摂食障害が起こる。

● 心理的な障害では、認知症、心身症、（ ⑪ ）の精神機能低下によって（ ⑫ ）障害が引き起こされる。

● 障害によって集中力・判断力の低下、（ ⑬ ）の低下が起こると、食物を食物として認識できない状態になる。また、安定した（ ⑭ ）の保持ができなくなる。

確認しよう！

★塩分コントロール食は、どのような疾患の治療に使用される？ ⇒ Ⓐ
★肝炎、膵炎、胆石症などの疾患に使用される治療食は何？　　⇒ Ⓑ
★たんぱく質コントロール食には、低たんぱく食と何がある？　⇒ Ⓒ
★球麻痺になると、食事に影響を与えるどんな障害が起こる？　⇒ Ⓓ

NOTE

1. 高齢者に多くみられる身体的変化

1）脱水

　脱水とは、身体の中で**水分**が不足している状態をいいます。高齢者の場合、体内の水分量が少ないうえ、口渇（こうかつ）を感じにくく、水分摂取量が減少しがちなどの理由により脱水になりやすく注意が必要です。脱水の原因は、摂食不良、**下痢**（げり）、発熱のほか、高血糖、利尿剤の服用、胸水、腹水（ふくすい）、消化管出血、吸痰（きゅうたん）などによる場合や、**認知症**やADLの低下のために自分で水を飲むことが難しい場合などが考えられます。

　高張性脱水（水欠乏性脱水）は、水分摂取ができなかったり、多量の発汗などによって体内から水分が多く失われて起こります。口渇感がある、舌の乾燥、尿量の減少、衰弱などの症状が出ます。**低張性脱水**（食塩欠乏性脱水）は、嘔吐（おうと）や下痢などでミネラル（特にナトリウム）が多く失われた後、水のみが補充されて起こります。口渇感はないですが倦怠感（けんたいかん）や立ちくらみ、頭痛などがあり、重症化すると嘔吐や痙攣（けいれん）などの症状が出ます。**等張性脱水**は、水分とミネラルが同じ割合で不足して起こります。

　このほか、脱水の症状としては、皮膚などの乾燥、**体温上昇**、**血圧の低下**、**体重の減少**、頻脈（ひんみゃく）、食欲不振、**尿量の減少**、目のくぼみ、**めまい**、**全身倦怠感**などが起こります。重度では、意識障害や痙攣などが現れる場合もあります。

2）低栄養

　低栄養かどうかは、血液中の**アルブミン**の量で判断されます。低栄養になると、食欲の低下や味覚の低下、嗜好（しこう）の変化、活動量の減少、体重の減少、筋力の低下、褥瘡（じょくそう）になりやすい、感染症にかかりやすいなどの変化がみられます。

3）食欲不振

　ストレスや薬剤による副作用で、**食欲不振**になることがあります。食べる速さや食べ残しの有無など利用者の食事中の様子に注意すると同時に、１日の水分摂取量、排尿・排便の回数や性状、腹部の張り、げっぷやガスの有無なども**観察**します。

4）誤嚥（ごえん）

　誤嚥とは、食物や唾液（だえき）などが気管に入ることをいいます。嚥下機能が低下している高齢者は咳嗽（がいそう）反射が弱いため誤嚥しやすく、それが疾患（しっかん）につながることもあります。誤嚥により引き起こされる**誤嚥性肺炎**や、むせ込みなどがなくあまり変化が目立たない**不顕（ふけん）性誤嚥**（せい）（気づかないほどごく少量の口腔内（こうくうない）分泌物や雑菌を気管内に誤嚥すること）も高齢者には多くみられます。誤嚥によって窒息が起こると声が出せなくなり、もがいたり**チョークサイン**や**チアノーゼ**などの症状がみられ、脈拍や血圧が上昇します。早急に対処しなければ死に至ります。

書いて覚えよう！

◆高齢者に多くみられる身体的変化

● 高齢者の場合、体内の （ ① ） が少ないうえ、（ ② ） を感じにくく、水分摂取量が減少しがちなどの理由により脱水になりやすい。

■脱水の種類

高張性脱水 （水欠乏性脱水）	水分摂取ができなかったり、多量の発汗などによって体内から （ ③ ） が多く失われて起こる。口渇感がある、舌の乾燥、（ ④ ） の減少、衰弱などの症状が出る
低張性脱水 （食塩欠乏性脱水）	嘔吐や下痢などで （ ⑤ ） （特にナトリウム）が多く失われた後、（ ⑥ ） のみが補充されて起こる。口渇感はないが （ ⑦ ） や立ちくらみ、頭痛などがあり、重症化すると嘔吐や痙攣などの症状が出る
等張性脱水	水分とミネラルが同じ割合で（ ⑧ ） して起こる

● 低栄養かどうかは、血液中の （ ⑨ ） の量で判断される。

● ストレスや薬剤による （ ⑩ ） で食欲不振になることがある。利用者の食事中の様子に注意し、1日の （ ⑪ ） 摂取量、排尿・排便の回数や （ ⑫ ） 、腹部の張り、げっぷやガスの有無なども観察する。

● 誤嚥により引き起こされる （ ⑬ ） や、むせ込みなどがなくあまり変化が目立たない （ ⑭ ） （気づかないほどごく少量の口腔内分泌物や雑菌を気管内に誤嚥すること）も高齢者には多くみられる。

レッスン 30 入浴・清潔保持に関連した心と身体の仕組み①

重要度 **B**

学習日 ／／／

1. 入浴・清潔保持の効果

　身体を清潔にすることは、健康を維持するために欠かせない生活習慣のひとつです。入浴には、皮膚を清潔にすることで細菌感染を防ぐことができ、心身がリラックスした状態になり良質な睡眠につながるなど、さまざまな効果があります。また、体臭等を防ぎ良好な対人関係の維持・形成にもつながります。

　38 〜 41℃の中温の湯に浸かると**副交感神経**がはたらいて心拍数が**減少**し、血圧も**低下**してリラックスした状態になります。筋肉は**弛緩**し、腎臓・腸・膀胱のはたらきは**促進**し、**活性化します**Ⓐ。これに対して、42℃以上の高温の湯に浸かると**交感神経**がはたらいて心拍数が**増加**し、血圧も**上昇**して興奮した状態になります。筋肉は**収縮し**Ⓑ、腎臓・腸・膀胱のはたらきは**抑制**されます。

2. 皮膚の仕組みと汚れ

1）皮膚の仕組み

　皮膚は、人間の身体を覆い、細菌や紫外線など外界の刺激から保護しています。皮膚の表面は**弱酸性**（pH4.5 〜 6.5）に保たれているため、皮膚の状態が正常であれば細菌などは増殖することができません。皮膚の構造は、**表皮・真皮**Ⓒ・**皮下組織**の3層に大きく分けることができます。表皮の基底層では次々と新しい細胞がつくられ、角質層へと押し出されていき、垢となって皮膚から剥がれ落ちます。また、表皮には**汗腺**や**皮脂腺**の出口があり、汗や皮脂が分泌されます。

2）汗と汗腺

　汗はpH 4 〜 6の**弱酸性**で、成分の99％以上が**水分**であり、残りは塩化ナトリウムや尿素、乳酸などが含まれています。

　皮膚にある汗腺には、全身に分布する**エクリン腺**と、腋の下や陰部などに分布する**アポクリン腺**とがあります。エクリン腺から分泌される汗は水と電解質からなるさらさらとした汗で、**体温調節**を行っています。アポクリン腺から分泌される汗はたんぱく質や脂質などを含んでおり、**体臭**の原因となります。

> 中高年ではノネナールという不飽和脂肪酸が原因で独特の体臭が強くなります。

書いて覚えよう！

NOTE

◆入浴・清潔保持の効果

● 清潔保持である入浴には、（① _____ ）を防いだり心身がリラックスするなどさまざまな効果がある。

● 中温の湯に浸かると（② _____ ）神経がはたらいて心拍数が減少し、血圧も（③ _____ ）してリラックスした状態になる。高温の湯に浸かると（④ _____ ）神経がはたらいて心拍数が（⑤ _____ ）し、血圧も上昇して興奮した状態になる。

◆皮膚の仕組みと汚れ

● 皮膚は、人間の身体を覆い、細菌や（⑥ _____ ）など外界の刺激から保護している。

● 表皮の基底層では次々に新しい細胞がつくられ、（⑦ _____ ）へと押し出され、（⑧ _____ ）となって皮膚から剥がれ落ちる。

● 汗はpH 4～6の（⑨ _____ ）性で、その成分の99％以上が（⑩ _____ ）であり、残りは塩化ナトリウムや尿素、乳酸などが含まれている。

● 皮膚にある汗腺には、全身に分布するエクリン腺と、腋の下や陰部などに分布する（⑪ _____ ）とがある。アポクリン腺から分泌される汗はたんぱく質や脂質などを含んでおり、（⑫ _____ ）の原因となる。

● 中高年では、（⑬ _____ ）という不飽和脂肪酸が原因で、独特の体臭が強くなる。

確認しよう！

★中温の湯に浸かると、腎臓・腸・膀胱のはたらきはどうなる？ ⇒ Ⓐ

★高温の湯に浸かると、筋肉はどうなる？ ⇒ Ⓑ

★皮膚の構造は、表皮、皮下組織とあとひとつは何の層に分けられる？ ⇒ Ⓒ

入浴・清潔保持に関連した心と身体の仕組み②

1. 心身の機能低下が入浴・清潔保持に与える影響

　加齢、疾患、障害による皮膚の変化、ADLの低下は、入浴・清潔保持にさまざまな影響を与えます。

1）加齢による影響

①**皮膚の変化**…汗や皮脂の分泌量の減少による乾燥肌（**ドライスキン**）が起こりやすい。入浴の際には洗浄しすぎて必要な皮脂まで落とさないよう注意する。

②**ADLの低下**…上下肢の筋力低下が起こり、可動域に制限が生じる。そのため、**転倒**する恐れがある。また、座位の保持が難しい場合がある。移動の際には十分な見守りを行い、身体の状態に応じた自助具や福祉用具を活用する必要がある。

③**視覚機能の低下**…浴室内などの様子が見えづらく、**転倒**する恐れがある。蛇口の湯と水の区別ができず、**やけど**を負う恐れがある。言葉かけを行い、周囲の様子を伝えることが重要である。

2）疾患による影響

①**高血圧・動脈硬化**…血圧の変化で脳出血や脳梗塞、心筋梗塞を引き起こす恐れがある。また、脱衣室や浴室の温度差によって**ヒートショック**を起こす恐れがある。そのため、浴室暖房を設置し、一番風呂を避けるなどして温度による身体への影響を小さくする。湯船に浸かる時間を**短く**する必要もある。

②**褥瘡（床ずれ）**…損傷がひどく滲出液などが出ている場合には、感染の恐れがある。患部をこすったり傷つけたりしないよう十分に気をつけ、感染の恐れがある場合には、患部に防水フィルムを貼ることが必要である。

③**皮膚疾患**…**白癬菌**の場合、患部を強くこすると悪化の原因となる。患部を強くこすりすぎず、洗浄後や入浴後はよく**乾燥**させ、使用後のタオルなどは他の人の物とは別にするなどの注意が必要である。**疥癬**の場合、硫黄入りの入浴剤は皮膚を乾燥させてしまうことがあるので使用しない。毎日入浴して全身を丁寧に洗浄し、入浴の順番を最後にする。また、脱いだ衣類は熱水で洗濯することが重要である。**老人性皮膚瘙痒症**がある場合、入浴により皮膚の乾燥や**かゆみ**が起こる。皮膚への摩擦に注意し、石鹸などを使いすぎて必要以上に皮脂を落とさないようにする。

3）障害による影響

①**胃瘻**…胃瘻を造設していても浴槽に入る際は、特に覆いをする必要はない。石鹸はよく洗い流し、入浴後は水気を十分に拭き取り乾燥させる。

②**壊疽**…長く湯に浸けると、傷口から**感染**する恐れがある。壊疽は足に多くみられるため、毎日足を洗って清潔を保ち、柔らかいタオルなどを使用し、足を傷つけないように注意する。足の感覚低下がみられる場合、**やけど**をする恐れがある。湯の温度は必ず確認する。

NOTE

書いて覚えよう！

◆心身の機能低下が入浴・清潔保持に与える影響

● 加齢により、汗や皮脂の分泌量の減少による乾燥肌（（ ①＿＿＿＿＿＿＿＿＿＿＿ ）） が起こりやすい。入浴の際には洗浄しすぎて必要な（ ②＿＿＿＿ ）まで落とさないよう注意する。

■疾患による影響

高血圧・動脈硬化	○血圧の変化で（ ③＿＿＿＿＿＿ ）や脳梗塞、心筋梗塞を引き起こす恐れがある ○脱衣室や浴室の温度差によって（ ④＿＿＿＿＿＿＿ ）を起こす恐れがある 【留意点】温度による身体への影響を小さくする。湯船に浸かる時間を（ ⑤＿＿＿＿ ）する
褥瘡（床ずれ）	○損傷がひどく滲出液などが出ている場合は（ ⑥＿＿＿＿ ）の恐れがある 【留意点】患部をこすらない。感染の恐れがある場合は患部に（ ⑦＿＿＿＿＿＿＿＿ ）を貼る
皮膚疾患	○白癬菌…患部を強くこすると（ ⑧＿＿＿＿ ）の原因となるため、こすらない 【留意点】洗浄後や入浴後はよく（ ⑨＿＿＿＿ ）させ、使用後のタオルなどは他の人の物とは別にする ○疥癬…（ ⑩＿＿＿＿＿ ）入りの入浴剤は皮膚を乾燥させてしまうことがあるので使用しない 【留意点】入浴の順番を（ ⑪＿＿＿＿ ）にする。脱いだ衣類は熱水で洗濯する ○老人性皮膚瘙痒症…入浴により皮膚の乾燥や（ ⑫＿＿＿＿＿ ）が起こる 【留意点】皮膚への（ ⑬＿＿＿＿ ）に注意する

レッスン 31 排泄に関連した心と身体の仕組み①

重要度 **A**

学習日 ／／／

1. 排泄における身体の仕組み

1）尿の基礎知識

　通常、健康な人の尿は**淡黄色**から**透明**の無菌の液体で、**弱酸性**（pH 5 ～ 7）です。排泄されて空気に触れるとアンモニア臭がします。尿は、1 日に1,000 ～ 2,000mL排出されます。通常、健康な人の1 日の排尿回数は4 ～ 6回_Aですが、疾患などにより尿量と回数に異常がみられる場合があります。1 日に50 ～ 100mL以下を**無尿**、400mL以下を**乏尿**、3,000mL以上を**多尿**といいます。

2）排尿の仕組み

　体内を流れる血液は、腎臓にある糸球体で老廃物などがろ過されます。ろ過された老廃物は尿の基（原尿）となり、尿細管へ運ばれます。原尿には身体に必要な栄養素（ナトリウムやブドウ糖など）がまだ残っているため、尿細管で再吸収されて血管へ戻り、残りが尿となって腎杯、腎盂から尿管へ流れて膀胱に溜められます。

　膀胱に尿が一定量（約100 ～ 150mL）溜まると**尿意**を感じます。尿道括約筋のはたらきにより尿道は閉じられ、尿が漏れないようになっていますが、脳から排尿命令が膀胱や尿道に伝えられると、膀胱が収縮し、尿道括約筋が弛緩して、尿が体外へ排出されます。

3）便の基礎知識

　便の性状や回数には、個人差があります。便の硬さを客観的に評価するための指標のひとつに、**ブリストル便形状スケール**があります。ブリストル便形状スケールでは、タイプ1 （硬く排便困難な便）～タイプ7 （液状便）まで段階的に分類しています。

4）排便の仕組み

　食物は、口から入って咽頭を通り、ぜん動運動によって食道、胃、小腸（十二指腸、空腸、回腸）、大腸（上行結腸、横行結腸、下行結腸、S 状結腸、直腸）を経て肛門から排出されます。大腸では水分が吸収され、S 状結腸、直腸へ至る頃には便は普通の硬さとなって溜められ、肛門から体外へ排出されます。食物が口に入ってから便として体外へ排出されるまで通常**24 ～ 72時間**かかるとされています。

　直腸に送られた便がある程度溜まって直腸の内圧が高まると、脳へ刺激が伝わり**便意**を感じます。肛門は、不随意筋である**内肛門括約筋**と随意筋である**外肛門括約筋**で取り囲まれています。内肛門括約筋は、通常、溜まった便やガスなどが漏れないように収縮しており、便意を感じても緩むことはありません。トイレで排便の準備が整っていきむと腹圧が上がり、まず内肛門括約筋が緩み、自分の意思で動かせる外肛門括約筋も緩んで便が体外へ排出されます。排便は便意がない状態ではどんなに強くいきんでも便を排出することができません。排便の姿勢には**座位**が適しており、前傾姿勢をとることで直腸と肛門の角度が広がり、重力に逆らうことなく排出することができます。

書いて覚えよう！

NOTE

◆排泄における身体の仕組み

■尿量の異常

正常値	1,000 ～ 2,000mL ／日
(①_____)	50 ～ 100mL 以下／日
(②_____)	400mL 以下／日
多尿	(③_____) mL 以上／日

● 体内を流れる血液は、腎臓にある (④_____) で老廃物などがろ過され、老廃物は尿の基（原尿）となり、尿細管へ運ばれる。原尿に残っている身体に必要な栄養素（ナトリウムやブドウ糖など）は尿細管で再吸収されて血管へ戻り、残りが尿となって腎杯、腎盂から (⑤_____) へ流れて膀胱に溜められる。

● 膀胱に尿が一定量溜まると (⑥_____) を感じる。脳から排尿命令が膀胱や尿道に伝えられると、膀胱が (⑦_____) し、尿道括約筋が (⑧_____) して、尿が体外へ排出される。

● 便の硬さを客観的に評価するための指標のひとつに、(⑨_____) スケールがある。このスケールでは、便をタイプ1（硬く排便困難な便）～タイプ (⑩____)（液状便）まで段階的に分類している。

● 食物が口に入ってから便として体外へ排出されるまで通常 (⑪____) ～ (⑫____) 時間かかるとされている。

● 排便の姿勢には (⑬_____) が適しており、(⑭_____) をとることで直腸と肛門の角度が広がり排出しやすくなる。

確認しよう！

★健康な人の1日の排尿回数は？　　　⇨

129

排泄に関連した心と身体の仕組み②

重要度　**A**

学習日　／　／　／

1. 心身の機能低下が排泄に与える影響

1）排尿障害

　1日の排尿回数が8〜10回以上（昼間8回以上、夜間2回以上）になるものを**頻尿**といいます。逆に、尿が出にくい状態を**排尿困難**といい、膀胱に尿が溜まっているのに、排尿しようとしてもまったく出てこないものを**尿閉**といいます。

　尿失禁の種類としては、**機能性尿失禁**（膀胱や尿道に異常はないが、運動機能や認知機能の低下によりトイレまで間に合わなかったり、排泄に関連した動作や判断ができなくなることで起こる失禁）、**腹圧性尿失禁**（咳やくしゃみ、笑い、運動、重い物を持ち上げるなど、腹圧がかかったときに尿が漏れる。肥満や妊娠・出産、老化などにより骨盤底筋群が弱くなることが原因。尿道の短い女性、特に中年以降の**女性**に多い）、**切迫性尿失禁**（突然強い尿意を感じ、漏らしてしまう。高齢者に最も多い尿失禁で、加齢による膀胱括約筋の弛緩や脳血管障害の後遺症、前立腺肥大症、膀胱炎などが原因となる）、**溢流性（横溢性）尿失禁**（神経を障害されるなどして尿意を感じても排尿することができず、膀胱がいっぱいになると少しずつ漏れてしまう。前立腺肥大症や尿道狭窄などによる尿道の通過障害や、神経因性膀胱などが原因となる）、**反射性尿失禁**（尿意が感じられないのに、膀胱にある程度尿が溜まると膀胱が反射的に収縮して尿が漏れる。脊髄損傷や脳障害が原因となることがある）があります。

2）排便障害

①**便秘**…便秘には、大腸がんなどの**疾患**が原因で起きる**器質性便秘**と、大腸のはたらきが低下して起きる**機能性便秘**がある。機能性便秘の種類としては、**直腸性（習慣性）便秘**（排便反射が起こらず、便意を感じないために起こる。便意があるのに排便を我慢することの習慣化、下剤・浣腸の乱用などが原因）、**結腸性（弛緩性）便秘**（大腸のぜん動運動が低下して便を十分に押し出すことができずに起こる。食物繊維の摂取不足、運動不足、長期臥床、加齢による**腹筋**の衰え、大腸の弛緩などが原因）、**痙攣性便秘**（大腸が痙攣を起こして部分的に狭くなり、便の通過が妨げられることで起こる。ストレス、鬱病などが原因）がある。

②**下痢**…**浸透圧性下痢**（浸透圧により水分が腸内に移行することで起こる）、**分泌性下痢**（細菌の毒素などの作用で起こる）、**滲出性下痢**（腸の粘膜が炎症して起こる）、**吸収不良性下痢**（水分の吸収が十分に行われないため起こる）、**運動亢進性下痢**（便が腸を通過する速度が速くて、水分が十分に吸収されなくて起こる）がある。

③**便失禁**…**漏出性便失禁**（内肛門括約筋の機能低下で起こる）、**切迫性便失禁**（外肛門括約筋の機能低下で起こる）、下痢による便失禁、便秘による便失禁がある。

書いて覚えよう！

◆心身の機能低下が排泄に与える影響

■尿失禁の種類

機能性 尿失禁	運動機能や（ ① ）機能の低下により起こる
腹圧性 尿失禁	腹圧がかかったときに尿が漏れる。（ ② ）が弱くなることが原因
切迫性 尿失禁	突然強い（ ③ ）を感じ、漏らす。加齢による膀胱括約筋の（ ④ ）や（ ⑤ ）の後遺症、前立腺肥大症などの疾患が原因
溢流性 （横溢性） 尿失禁	尿意を感じても（ ⑥ ）することができず、少しずつ漏れる。（ ⑦ ）の通過障害、神経因性膀胱などが原因
反射性 尿失禁	尿意が感じられないのに、膀胱が反射的に（ ⑧ ）して尿が漏れる。（ ⑨ ）や脳障害などが原因

■機能性便秘の種類

直腸性 （習慣性） 便秘	排便反射が起こらず、（ ⑩ ）を感じないために起こる。排便を我慢することの習慣化、（ ⑪ ）・浣腸の乱用などが原因
結腸性 （弛緩性） 便秘	大腸の（ ⑫ ）が低下して便を十分に押し出すことができずに起こる。（ ⑬ ）の摂取不足、運動不足、長期臥床、加齢による腹筋の衰え、大腸の弛緩などが原因
痙攣性 便秘	大腸が（ ⑭ ）を起こして部分的に狭くなり、便の通過が妨げられることで起こる。（ ⑮ ）、鬱病などが原因

用語

混合性尿失禁
腹圧性尿失禁と切迫性尿失禁の両方の症状がみられるもの。

下痢
下痢は便秘と違い回数は関係なく、1回でも性状が水様なら下痢という。

NOTE

131

レッスン 32 睡眠に関連した心と身体の仕組み①

重要度 A
学習日 ／／／

1．睡眠の役割

　睡眠は、1日のうち約3分の1を占める基本的な行為で、健やかな生活を送るうえで欠かせません。睡眠の役割には、①脳の疲労回復（日中の活動によって疲れた脳を休め、脳の機能を回復させる）、②成長ホルモンの分泌（睡眠中に分泌される**成長ホルモン**により、日中の活動で消耗した細胞が修復される）、③免疫力の強化（**副交感神経**が優位となってリラックスした状態になると、免疫細胞のはたらきが活発化し免疫力が高まる）、④情報の整理・保存（日中の活動で得た情報を取捨選択し、不要な情報は忘れられ、必要な情報は保存される）、⑤血圧・血糖値などの調整（睡眠時間が短いとホルモンバランスが乱れ、高血圧や糖尿病、肥満につながる恐れがある）があります。

2．睡眠の仕組み

1）2過程モデル

　概日リズムとは、人間の体内時計が、地球の自転と同調しながら約24時間の周期を示すことをいいます。サーカディアンリズムともいいます。**睡眠負債**とは、睡眠不足を補うために必要な睡眠量のことで、どれくらい眠るかは、どれくらい睡眠負債があるかによって決まります。この概日リズムと睡眠負債の2つの要素を組み合わせたものを**2過程モデル**といいます。睡眠の長さや深さは、日中の活動時間や疲労の状態などによって決められ、私たちはそれに合わせて睡眠をとっていると考えられています。

2）レム睡眠・ノンレム睡眠

　人間の睡眠には、**レム睡眠**と**ノンレム睡眠**の2種類があります。通常、健康な成人の睡眠はノンレム睡眠から始まり、約**90分**周期でレム睡眠とノンレム睡眠が**交互**に出現します。レム睡眠の眠りは**浅く**、身体の力が抜けた状態でも大脳は活発に活動しています。夢を見ているのはレム睡眠中であることが多く Ⓐ、ノンレム睡眠では、大脳の活動が低下して**熟睡**した状態になるため、刺激を与えてもなかなか目が覚めません。

3．睡眠障害が身体に及ぼす影響

　睡眠障害があると、交感神経が活発になり、血圧が上がり心拍数が増えます。この状態が慢性化すると、**高血圧**になったり、高血圧の人は病状が悪化することになります。また、インスリンのはたらきが弱くなり、血糖値が下がりにくくなります。そのため、不眠が続くと血糖値のコントロールができなくなり、**糖尿病**を発症する危険性が高くなります。さらには、睡眠障害により食欲を抑制するホルモンの分泌が減り、逆に食欲を増進するホルモンの分泌が盛んになるため、**肥満**になりやすいとされています。

書いて覚えよう！

◆睡眠の役割

● 睡眠は、1日のうち約 （ ① ） 分の1を占める基本的な行為で、健やかな生活を送るうえで欠かせない。

■睡眠の役割

①脳の疲労回復　②（ ② ） の分泌

③（ ③ ） の強化　④情報の整理・（ ④ ）

⑤血圧・（ ⑤ ） などの調整

◆睡眠の仕組み

● 概日リズムと （ ⑥ ） の2つの要素を組み合わせたものを （ ⑦ ） モデルという。

● 通常、健康な成人の睡眠は （ ⑧ ） 睡眠から始まり、約 （ ⑨ ） 分周期でレム睡眠とノンレム睡眠が交互に出現する。

■レム睡眠とノンレム睡眠

| レム睡眠 | … 眠りは （ ⑩ ） 、身体の力が抜けた状態でも大脳は活発に （ ⑪ ） している |

| ノンレム睡眠 | … 大脳の活動が低下して （ ⑫ ） した状態 |

◆睡眠障害が身体に及ぼす影響

● 睡眠障害があると、インスリンのはたらきが （ ⑬ ） なり、血糖値が下がりにくくなる。そのため、不眠が続くと血糖値のコントロールができなくなり、 （ ⑭ ） を発症する危険性が高くなる。

NOTE

確認しよう！

★夢を見ているときは、レム睡眠？ それもとノンレム睡眠？ ⇒

レッスン **32**

睡眠に関連した心と身体の仕組み②

1. 高齢者の睡眠の特徴

　一般的に、加齢に伴い睡眠時間は短くなります。健康な高齢者であっても睡眠は**浅く**、早寝早起きになる傾向があります。これは、若い頃に比べると日中の活動量が減り、必要となる睡眠の量も減るためだと考えられています。

2. 高齢者がかかりやすい睡眠障害

①**不眠症**…不眠症には、**入眠障害**（床についてもなかなか眠ることができない）、**中途覚醒**（眠りが浅く、夜間に何度も目が覚めてしまう）、**早朝覚醒**（早朝に目が覚めてしまい、再び眠ることができない）、**熟眠障害**（臥床時間は十分だが、ぐっすり眠ったという感じが得られない）がある。

②**睡眠時無呼吸症候群**（SAS）…睡眠中に10秒以上呼吸が停止した状態が何度も繰り返される。ぐっすり眠れず、日中激しい眠気に襲われるなど生活にさまざまな支障が出る。呼吸中枢の障害や**肥満**などによる上気道の狭窄が原因とされる。

③**周期性四肢運動障害**…睡眠時ミオクローヌス症候群ともいう。睡眠中、上肢や下肢が周期的にピクピクと勝手に動くため眠りが浅くなり、日中に眠気が起こる。本人は症状を自覚していないことも多い。

④**レストレスレッグス症候群**…むずむず脚症候群ともいう。夕方から深夜にかけて下肢にむずむずと虫が這うような不快感が生じ、じっとしていられなくなる。

⑤**レム睡眠行動障害**…夢の中での言動が異常行動として現れるもの。睡眠中に大声で叫んだり手足を大きく動かしたり、立ち上がって走り出したりする。呼びかけたり刺激を与えると目が覚め、見ていた夢の内容も思い出すことができる。

⑥**概日リズム睡眠障害**…概日リズム（体内時計によって保たれる約24時間周期のリズム）に乱れが生じることで、睡眠と覚醒に障害が出た状態。

3. さまざまな睡眠障害の原因

　加齢に伴い心身機能が低下してくると、さまざまな不調が心身に現れて睡眠障害となることがあります。睡眠障害の原因としては、**頻尿**が挙げられます。腎臓の機能低下によりつくられる尿量が増え、膀胱の容量が減るため、夜間も頻繁にトイレへ行かなければならなくなり、不眠につながります。

　認知症では、行動・心理症状（BPSD）として、不眠、昼夜逆転、夜間せん妄などがみられ、睡眠障害の原因となります。また、鬱病の典型的な症状である不眠や過眠は見逃されやすく、症状が重篤化することがあります。疾患や障害の治療のために服用している**薬の副作用**により眠れなくなったり、逆に日中に強い眠気が起こったりすることもあります。

書いて覚えよう！

◆高齢者の睡眠の特徴

● 一般的に、加齢に伴い睡眠時間は（ ① ）なる。健康な高齢者であっても睡眠は浅く、（ ② ）になる傾向がある。

◆高齢者がかかりやすい睡眠障害

不眠症	入眠障害、中途覚醒、（ ③ ）、熟眠障害がある
睡眠時無呼吸症候群（SAS）	睡眠中に（ ④ ）秒以上呼吸が停止した状態が何度も繰り返される。ぐっすり眠れず、日中激しい眠気に襲われる。呼吸中枢の障害や（ ⑤ ）などによる上気道の狭窄が原因とされる
周期性四肢運動障害	睡眠中、上肢や下肢が周期的にピクピクと勝手に動くため眠りが（ ⑥ ）なり、日中に眠気が起こる
レストレスレッグス症候群	夕方から深夜にかけて（ ⑦ ）にむずむずと虫が這うような不快感が生じ、じっとしていることができなくなる
レム睡眠行動障害	夢の中での言動が（ ⑧ ）として現れるもの。睡眠中に大声で叫んだり手足を大きく動かしたり、立ち上がって走り出したりする

◆さまざまな睡眠障害の原因

● 睡眠障害の原因としては、頻尿がある。腎臓の機能低下によりつくられる（ ⑨ ）が増え、膀胱の容量が（ ⑩ ）ため、夜間も頻繁にトイレへ行かなければならなくなり、不眠につながる。

死にゆく人に関連した心と身体の仕組み

重要度 **A**
学習日 ／／／

1. 「死」のとらえ方

1) 人間の「死」の定義

人間の死の定義には、**生物学的な死**、**法律的な死**（脳死）、**臨床的な死**があります。

○**生物学的な死**…生体のすべての生理機能が停止し、生命が不可逆的（元には戻らない性質をもつこと）に失われた状態。

○**法律的な死（脳死）** Ⓐ…脳幹を含む全脳の機能が不可逆的に停止した状態。

○**臨床的な死**…心臓・肺・脳の三臓器の機能が不可逆的に停止した状態。

2) 終末期ケア

回復の見込みがなく、死期が近づいた状態（**終末期**）にある人に対して行われるケアを**終末期ケア**、または**ターミナルケア**（エンドオブライフケア）といいます。

3) 尊厳死

尊厳死とは、終末期にある人が延命のためだけの医療を拒み、人としての尊厳を保ちながら**自然な死**を迎えることです。尊厳死のためには生前の意思の表明である**リビングウィル**（事前指示書） Ⓑ が必要となります。

2. 終末期、危篤時の身体の理解

1) 終末期の身体的変化

脈拍や呼吸の乱れ、血圧の下降、体温の低下などが現れます。また、日中に**傾眠**がみられる、呼びかけにあまり反応を示さないなど、意識がはっきりしない状態になります。食事や水分を満足に摂取できなくなり、排尿量が減少し、便秘や下痢などの排便不調もみられるようになります。痛みや倦怠感、不安などのために、**不眠**の訴えが多くみられます。長時間圧迫を受けた皮膚の血液循環が悪くなり、**褥瘡**が発生します。

2) 危篤時の身体的変化

徐々に意識レベルが低下していきますが、最後まで清明である人もいます。体温は、徐々に**低下**していきます。呼吸は、リズムや深さが**不規則**になり、**鼻翼呼吸**や**下顎呼吸**などがみられ、徐々に無呼吸になります。また、呼吸時には**死前喘鳴**が出現します。脈拍は、**頻脈**がみられ、徐々にリズムが乱れ、微弱になります。血圧は徐々に**下降**し、測定不能となります。

3. 「死」に対する心の理解

アメリカの精神科医**キューブラー・ロス**は、死にゆく人々がたどる心理的過程を**否認・怒り・取り引き・抑鬱・受容**の5段階で示し、この段階を行きつ戻りつしながら段階的に死を受容していくとしています。

書いて覚えよう！

◆「死」のとらえ方

● 人間の死の定義には、（ ① ）的な死、（ ② ）的な死（脳死）、臨床的な死がある。

● 尊厳死とは、終末期にある人が（ ③ ）のためだけの医療を拒み、人としての（ ④ ）を保ちながら自然な死を迎えることをいう。

◆終末期、危篤時の身体の理解

● 終末期の身体的変化として、脈拍や（ ⑤ ）の乱れ、血圧の下降、体温の低下などが現れる。また、日中に（ ⑥ ）がみられるなど、意識がはっきりしない状態になる。

■危篤時の身体的変化

意識	徐々に意識レベルが低下（傾眠から昏眠、昏睡状態）していくが、最後まで（ ⑦ ）である人もいる
体温	徐々に低下していく
呼吸	リズムや深さが不規則になり、鼻翼呼吸や（ ⑧ ）呼吸などがみられ、徐々に（ ⑨ ）になる
脈拍	（ ⑩ ）がみられ、徐々にリズムが乱れ、微弱になる
血圧	徐々に（ ⑪ ）し、測定不能となる

◆「死」に対する心の理解

■キューブラー・ロスが説いた死にゆく人々がたどる心理的過程

否認 ⇒ （ ⑫ ） ⇒ 取り引き ⇒ 抑鬱 ⇒ 受容

確認しよう！

★脳幹を含む全脳の機能が不可逆的に停止した状態を何という？ ⇒ Ⓐ

★尊厳死のためには生前の意思の表明である何が必要とされる？ ⇒ Ⓑ

用語

積極的安楽死
薬物などを用いて意図的に死期を早めて死に至ること。

脳死
呼吸など生命維持に重要な役割を果たしている脳幹を含む全脳の機能が不可逆的に停止した状態。

傾眠
意識が混濁しているため、刺激があれば目覚めるが、放っておけばまた眠ってしまう状態。

死後の処置
医師が①心拍停止、②呼吸停止、③瞳孔散大の三徴候を基に死亡を確認した後、死後硬直が始まる前に看護師などが行う。

NOTE

レッスン 34 人間の成長と発達①

重要度 **B**
学習日 ／／／

1. 運動機能に関する発達

　運動機能は、大きな身体の動きである**粗大運動**と手指の細かな動きである**微細運動**に分けられ、発達は粗大運動から始まります。

■ 粗大運動と微細運動の発達

	粗大運動	微細運動
3～4か月	首がすわる	おもちゃをつかむ
6～7か月	数秒の座位保持	おもちゃを持ち替える
9～10か月	つかまり立ちをする	積み木を打ち合わせる
1歳	数秒の立位保持	なぐり書きをする
1歳半	走る	コップからコップへ水を移す
2歳	ボールを蹴る	積み木を横に並べる

2. 言語に関する発達

1）音声の発達

　生後2か月頃になると、「あー」「うー」といった泣き声以外の音を発するようになります。これを**クーイング**といいます。6か月頃になると、喃語を発するようになります。

2）語彙・文法の発達

　○ **1歳前後**…**初語**（最初に発する語）を発する。また、「だっこしてほしい」ときに「だっこ」と言うように、1単語で意思を伝えようとする（**一語文**）。

　○ **1歳半頃**…急速に発語できる単語数が増えていく**語彙爆発**が起きる。「わんわんきた」「まんまちょうだい」など、単語と単語をつなげて発話する（**二語文**Ⓐ）。

3. 社会性に関する発達

　新生児は、**新生児微笑**とよばれる表情を見せることがあります。これは他者とのコミュニケーションとして生まれる微笑ではなく、生理的なものです。生後3か月頃には他者に向かってほほえむようになり（**社会的微笑**）、8か月頃になると人見知りの反応が現れます。

　乳児の周囲へのかかわりとして、最初は**二項関係**が生まれます。この頃の乳児は、例えば自分と母親、自分とおもちゃというように、二項の間でしかコミュニケーションがとれません。9か月頃には**三項関係**が成立するようになります。三項関係が成立すると、自分、他者、対象という三項の間でコミュニケーションがとれるようになります。

書いて覚えよう！

◆運動機能に関する発達

● 運動機能は、大きな身体の動きである（① ＿＿＿＿＿＿）と手指の細かな動きである（② ＿＿＿＿＿＿）に分けられ、発達は粗大運動から始まる。

■粗大運動と微細運動の発達

	粗大運動	微細運動
3～4か月	首がすわる	おもちゃを（③ ＿＿＿＿＿）
6～7か月	数秒の（④ ＿＿＿＿＿）保持	おもちゃを持ち替える
9～10か月	（⑤ ＿＿＿＿＿）をする	積み木を打ち合わせる

◆言語に関する発達

● 生後2か月頃になり、「あー」「うー」といった泣き声以外の音を発するようになることを（⑥ ＿＿＿＿＿＿）という。

◆社会性に関する発達

● 新生児は、（⑦ ＿＿＿＿＿＿）とよばれる表情を見せることがある。生後3か月頃には他者に向かってほほえむようになり（社会的微笑）、8か月頃になると人見知りの反応が現れる。

● 乳児の周囲へのかかわりとして、最初は（⑧ ＿＿＿＿＿＿）が生まれる。この頃の乳児は、例えば自分と母親などというように、二項の間でしかコミュニケーションがとれない。9か月頃には（⑨ ＿＿＿＿＿＿）が成立するようになる。

確認しよう！

★ 「わんわんきた」「まんまちょうだい」など、単語と単語をつなげて発話することを何という？　⇒ Ⓐ

用語

喃語
まだ言葉にならない段階の声。「あうー」など2つの母音を並べた音、「ばー」「だー」などの子音、「ばぶばぶ」といった反復する音がある。

二項関係
自分と他者、あるいは、自分と対象との間に生まれる関係のこと。

社会的参照
幼児が自分ではどうしてよいかわからない状況に陥った場合、まわりの信頼できる大人の表情や反応を手がかりにして自分の行動を決める現象。

NOTE

レッスン 34 人間の成長と発達②

重要度 **B**
学習日 ／／／

1. 発達段階と発達課題

　発達の過程は、他の時期とは異なった特徴をもついくつかのまとまりに区分することができます。この区分を**発達段階**といい、それぞれの発達段階には達成すべき**発達課題**があります。

発達課題を達成できないと、以降の発達に問題が生じます。そのため、各段階における課題の達成に取り組むことが重要とされています。

1）ピアジェが唱えた発達段階説

　ピアジェは、子どもの思考は、**環境との相互作用**によって発達していくとして、発達段階を次のように分類しました。

　○**感覚運動期（0～2歳）**…見たり聞いたりという感覚や、つかんだり噛（か）んだりという運動によって外界を知る、**感覚器や運動器が主体**となる時期。

　○**前操作期（2～6、7歳）**…言葉遊びやごっこ遊びをするなど、物を離れた思考ができる時期で、**直感的**で自己中心性がある。物の見かけが変わると、その数や量も変わったと判断する段階。

　○**具体的操作期（6、7～11、12歳）**…物の見かけが変わっても数や量、長さなどは同じであると理解する**保存概念が確立**するが、推論はできない段階。

　○**形式的操作期（11、12歳～）**…具体的な体験がなくても頭の中で仮説を立てたり**抽象的な思考**ができるようになったりする段階。

2）エリクソンが唱えた発達段階説

　エリクソン🅐は、発達の概念を生涯にわたり継続するものととらえ、心理的・社会的側面を**8つの発達段階**にまとめました。そして、各段階における**発達課題**を達成できなかった場合の**心理的・社会的危機**を示しました。

■**8つの発達段階と心理的・社会的発達課題**

　○**乳児期（0～1歳）**…「**信頼感（信頼性）**」対「**不信**」

　○**幼児前期（1～3歳）**…「**自律性**」対「**恥と疑惑**」

　○**幼児後期（3～6歳）**…「**自発性（積極性）**」対「**罪悪感**」

　○**学童期（7～11歳）**…「**勤勉性**」対「**劣等感（れっとうかん）**」

　○**青年期（思春期）（12～20歳）**…「**（自我）同一性**」対「**（自我）同一性拡散**」

　○**成年前期（20～30歳）**…「**親密性**」対「**孤独**」

　○**成年後期（30～65歳）**…「**生殖性**」対「**停滞**」

　○**老年期（65歳以上）**…「**統合性**」対「**絶望**」

書いて覚えよう！

◆発達段階と発達課題

● 発達の過程は、他の時期とは異なった特徴をもついくつかのまとまりに区分することができる。この区分を（①＿＿＿＿＿）という。

● ピアジェは、子どもの思考は、（②＿＿＿＿）との相互作用によって発達していくとして、発達段階を感覚運動期、前操作期、（③＿＿＿＿）期、形式的操作期の4つに分類した。

● （④＿＿＿＿）期は、具体的な体験がなくても頭の中で仮説を立てたり抽象的な思考ができるようになったりする段階である。

■エリクソンの発達段階説

発達段階		心理的・社会的発達課題
乳児期	0〜1歳	「（⑤＿＿＿）（信頼性）」対「不信」
幼児前期	1〜3歳	「自律性」対「恥と疑惑」
幼児後期	3〜6歳	「（⑥＿＿＿）（積極性）」対「罪悪感」
学童期	7〜11歳	「勤勉性」対「劣等感」
青年期（思春期）	12〜20歳	「（自我）（⑦＿＿＿）」対「（自我）同一性拡散」
成年前期	20〜30歳	「親密性」対「孤独」
成年後期	30〜65歳	「生殖性」対「停滞」
老年期	65歳以上	「統合性」対「（⑧＿＿）」

確認しよう！

★発達の概念を生涯にわたり継続するものととらえ、心理的・社会的側面を8つの発達段階にまとめたのは誰？　⇨

用語

愛着（アタッチメント）理論
乳幼児が養育者に対して泣いたり、甘えたりして親密な絆を形成しようとする愛着行動に関する理論。ボウルビィが提唱した。

ストレンジ・シチュエーション法
ボウルビィが提唱した愛着（アタッチメント）理論に基づき、エインズワースによって考案された実験観察法。養育者との分離の場面や再会の場面などにおける乳幼児の反応により、愛着行動のパターンを、①安定型、②葛藤型、③回避型、④無秩序型の4つに分類している。

NOTE

レッスン 35　老年期の発達と成熟

1. 老化

　老化とは、人間が成熟した後、心身機能が年齢の影響で変化（退行）する過程を指します。老化は、生理的老化と病的老化とに分けることができます。

　生理的老化とは、記憶力の低下、軽度の動脈硬化、生理機能の低下など、疾患（しっかん）の影響を受けず、加齢による影響のみで現れてくる心身機能の変化のことをいい、遺伝的にプログラムされた現象です。**病的老化**とは、高血圧症、糖尿病、重度の動脈硬化などを原因とする脳血管障害や心疾患など、疾患が老化に影響を与えるものをいいます。

　生理的老化の代表的な老化学説には次のようなものがあります。

　○**消耗説**…加齢による臓器や器官の萎縮（いしゅく）や縮小に対して、それを補う回復力や治癒力といった再生機能が低下して老化が進行するという説。

　○**機能衰退説**…加齢による臓器や器官の機能低下が老化を招くという説。

　○**エラー破局説**…紫外線や放射線、化学物質などにより細胞内のDNAが傷つけられたために、DNAのはたらきが不十分となり、臓器や器官の老化を招くという説。

2. 老年期の発達課題

1）エイジズム

　エイジズムという概念は、広義では「年齢による差別」を意味し、すべての年齢層が対象となりますが、狭義では、高齢者に対する不当な差別を意味します。老年学者のパルモアは、加齢に対する知識の不足がエイジズムの原因であると述べています。

2）喪失体験（そうしつ）

　喪失体験とは、人生の過程で大切な人物や事物を失うという**人生の危機となるような体験**を指します。老年期の喪失の特徴は、心身の健康の喪失、経済的自立の喪失、生きる目的の喪失、家族や社会とのつながりの喪失の４つに集約されます。

3）サクセスフル・エイジング

　サクセスフル・エイジングは主観的幸福感ともいい、「老化の過程に上手く適応することができ、幸福な老後を迎えることができる状況」といえます。

4）プロダクティブ・エイジング

　プロダクティブ・エイジングとは**バトラー**が提唱した概念で、「高齢者を社会の弱者や差別の対象としてとらえるのではなく、すべての人が老いてこそますます社会にとって必要な存在としてあり続けること」をいいます。

5）セクシュアリティ

　セクシュアリティは性別や性的興味、性的特質を表すもので、元は「性別」を意味する言葉です。高齢者の生活歴を把握するうえで重要な要素となります。

書いて覚えよう！

◆老化

● （　①　）とは、人間が成熟した後、心身機能が年齢の影響で変化（退行）する過程を指す。

■生理的老化と病的老化

生理的老化	記憶力の低下、軽度の動脈硬化、生理機能の低下など、（　②　）の影響を受けず、（　③　）による影響のみで現れてくる心身機能の変化
病的老化	高血圧症、糖尿病、重度の動脈硬化などを原因とする脳血管障害や心疾患など、（　④　）が老化に影響を与えるもの

● 消耗説とは、加齢による臓器や器官の萎縮や縮小に対して、それを補う回復力や治癒力といった（　⑤　）が低下して老化が進行するという説。

● （　⑥　）とは、加齢による臓器や器官の機能低下が老化を招くという説。

◆老年期の発達課題

■老年期の喪失体験の特徴

> 心身の健康の喪失

> 経済的（　⑦　）の喪失

> 生きる（　⑧　）の喪失

> 家族や社会とのつながりの喪失

■エイジングに関する考え方

サクセスフル・エイジング	プロダクティブ・エイジング
（　⑨　）ともいい、「老化の過程に上手く（　⑩　）することができ、幸福な老後を迎えることができる状況」をいう	（　⑪　）が提唱した概念。「高齢者を社会の弱者や差別の対象としてとらえるのではなく、すべての人が老いてこそますます社会にとって必要な（　⑫　）としてあり続けること」をいう

用語

フリーラジカル説
フリーラジカル（遊離基）が活性酸素となって、細胞を損傷し、老化が生じると考える説。

プログラム説
遺伝子DNAに老化プログラムが組み込まれており、そのプログラムに従い、老化が進行するという説。

エイジズム
セクシズム（性差別）、レイシズム（人種差別）と並ぶ「第3の差別」として、アメリカの老年学者バトラーが提唱した。

NOTE

36① 老化に伴う心身の変化

重要度 **A**

学習日 ／／／

1. 老化に伴う身体的変化

老化に伴う身体的変化には**個人差**がみられ、次のようなものがあります。

①**感覚機能**…視覚では、老眼（老視）、**視野狭窄**、明暗順応の低下、色覚の低下が起こる。聴覚では、高音域ほど聞こえが悪くなる**感音性難聴**が起こり、会話の識別力の低下が起こる。平衡感覚では、身体のバランスがとれずにふらつきやすく、**転倒**の原因となる。味覚では、味蕾の数の減少などから、食べ物の味がわかりにくくなる。

②**口腔機能**…咀しゃく機能・**嚥下機能の低下**がみられる。

③**呼吸器機能**…肺活量・換気量の低下が起こり、**呼吸器疾患**にかかりやすくなる。

④**運動機能**…敏捷性の低下、筋肉量・骨量の減少、筋力（特に**下肢**）の低下、関節可動域の縮小がみられ、**骨折**を起こしやすくなる。

⑤**精神機能**…**記憶力の低下**が起こり、疎外感や孤立感をもちやすい。

⑥**循環器機能**…血管の弾力性が低下し、**不整脈**が増加する。

⑦**消化・排泄機能**…ぜん動運動機能の低下、**尿失禁や便失禁**を起こしやすくなる。

⑧**生殖機能**…**男性（女性）ホルモン**の減少、女性は月経停止が起こり、男性は**前立腺肥大**が起こりやすい。

⑨**免疫機能**…免疫機能の低下、**感染症に罹患**しやすく、**重症化しやすい**。

⑩**バイタル**…基礎代謝や体温調節中枢の機能低下などが体温維持機能に影響する。**低体温（33～34℃）**になる傾向がある。

2. 高齢者の疾患の特徴

高齢者の疾患は生理的老化の影響を強く受けており、①全身状態が悪化しやすい・疾患が**重症化**しやすい、②複数の疾患を合併している場合が多く、**慢性化**しやすい、③**個人差**が大きく、症状が非典型的である、④薬剤の**副作用**が起こりやすくなる、⑤**環境因子**の影響を受けやすい、⑥潜在的な**臓器障害**が多い、⑦**鬱症状**を伴うことがある、⑧**QOL**への影響が大きい、という特徴があるとされています。

3. フレイル、サルコペニア

フレイル（虚弱）は、高齢になって、筋力や活力が低下している状態です。健康な状態と要介護状態の中間的な段階であり、適切な介入によって予備能力・残存機能を戻すことができます。①**体重減少**（低栄養）、②**筋力低下**、③**疲労感**、④**歩行速度**の低下、⑤**身体活動**の減少の5項目のうち、3項目以上当てはまればフレイルとみなされます。進行すると寝たきりや生活不活発病になりやすくなります。

サルコペニア（筋肉減弱症）は、①加齢に伴う**骨格筋**（筋肉）の減少に加え、②**筋力**低下、③**歩行速度**の低下のいずれかを伴う場合に、サルコペニアと診断されます。

書いて覚えよう！

◆老化に伴う身体的変化

感覚機能	老眼、視野（ ① ）、明暗順応の低下、色覚の低下、感音性（ ② ）、平衡感覚機能の低下、味覚の低下
口腔機能	咀しゃく機能・（ ③ ）機能の低下
運動機能	敏捷性の低下、筋肉量・骨量の減少、筋力（特に（ ④ ））の低下、関節可動域の縮小、骨折を起こしやすい
精神機能	（ ⑤ ）力の低下、疎外感や孤立感をもちやすい
循環器機能	血管の弾力性が低下、不整脈の増加
消化・排泄機能	ぜん動運動機能の低下、（ ⑥ ）や便失禁を起こしやすい
生殖機能	男性（女性）（ ⑦ ）の減少、月経停止（女性）、前立腺肥大（男性）
免疫機能	免疫機能の低下、（ ⑧ ）に罹患しやすく、重症化しやすい

◆高齢者の疾患の特徴

● 高齢者の疾患は、複数の疾患を合併している場合が多く、

（ ⑨ ）しやすい、個人差が大きく、症状が

（ ⑩ ）的であるなどの特徴がある。

◆フレイル、サルコペニア

● （ ⑪ ）（虚弱）は、高齢になって、筋力や活力が低下している状態。

● サルコペニア（筋肉減弱症）は、①加齢に伴う骨格筋（筋肉）の減少に加え、②筋力低下、③（ ⑫ ）の低下のいずれかを伴う場合に、サルコペニアと診断される。

用語

明暗順応

暗い場所から明るい場所に出たときに、明るさに目が慣れることを明順応、逆に暗さに目が慣れることを暗順応という。

色覚の低下

白と黄色など、コントラスト（明暗の差）の弱い組み合わせは識別しにくいため、高齢者向けの案内表示などは、コントラストの強いもの（白と赤、黒と黄など）が望ましい。

PEM（たんぱく質・エネルギー低栄養状態）

食欲や摂食・嚥下機能の低下により食事摂取量が低下し、身体を動かすのに必要なエネルギーや身体の組織をつくるたんぱく質が不足している状態。体重の減少がみられる。

NOTE

レッスン 36 老化に伴う心身の変化 ②

1. 老化に伴う心理的変化

1）注意力の分類と変化

　記憶は、**注意力**と深く関係しています。注意力は**選択的注意・注意の分散・注意の持続力**に分けられます。選択的注意は、さまざまな刺激の中から、特定の刺激に注意を集中させることをいいます。注意の分散は、さまざまなことにバランスよく注意を分散させることやあちこちに気を配ることをいいます。注意の持続力とは、ある一定の刺激にどれだけの時間、注意を向けていられるかということをいいます。このうち、「注意の分散」と「注意の持続力」は加齢によって低下すると考えられています。

2）記憶の分類と変化

　記憶は、記銘（符号化）・保持（貯蔵）・再生（想起）のプロセスをたどります。

　記銘は、学習したことを覚えこむ・経験を蓄えることをいいます。**保持**は、記銘した内容や体験が持続されることをいいます。**再生**は、保持している内容や体験を意識に上らせ、再現することをいいます。

　時間幅による記憶の分類では、**感覚記憶**Ⓐ、**短期記憶**、**長期記憶**に分けられます。さらに、長期記憶は記憶の内容を言葉で表現できる**陳述的記憶**（意味記憶、エピソード記憶）と、言葉で表現できない**非陳述的記憶**（手続き記憶、プライミング）とに分けられます。陳述的記憶は**海馬**で記憶され、非陳述的記憶は大脳基底核と小脳で記憶されます。

　意味記憶は、一般的な情報や住所、名前の記憶など、言葉のもつ意味や概念を**知識**として記憶しておくものです。高齢になっても正確さは保持されますが、思い出すのに時間がかかるようになります。

　また、**エピソード記憶**は、「昨日は誰と会ったか」など個人的な出来事や**経験**を時間と結び付けて記憶しておくものです。日々変化する内容のため、加齢による影響を受けやすいとされています。

　一方で、自転車の乗り方やスケートの滑り方など身体で覚えているような情報・記憶である**手続き記憶**は、加齢による影響を受けにくいとされています。

　先に受けた刺激が後に受ける刺激に影響を及ぼすプライミング（呼び水効果）も、記憶障害がある場合でも保たれるといわれています。

> プライミングでは、例えばキリン、ライオン、シマウマといった動物のカードを見せた後に「スピードの速いものは？」と質問すると、光や飛行機など動物以外に速いものがあるにもかかわらず、先に見たカードから連想して「チーター」と答える人が少なくありません。

書いて覚えよう！

◆老化に伴う心理的変化

■注意力の分類と変化

選択的注意	さまざまな刺激の中から、特定の刺激に（ ① ）を集中させること
注意の分散	さまざまなことにバランスよく注意を（ ② ）させること。あちこちに気を配ること
注意の（ ③ ）	ある一定の刺激にどれだけの時間、注意を向けていられるかということ

■記憶のプロセス

（ ④ ）（符号化） ⇒ 保持（貯蔵） ⇒ 再生（想起）

■時間幅による記憶の分類

時間幅が短い ⟹ 時間幅が長い

感覚記憶 ⇒ 短期記憶 ⇒ （ ⑤ ）記憶

■長期記憶の種類

陳述的記憶	（ ⑥ ）記憶	一般的な情報や住所、名前などの記憶
	エピソード記憶	「昨日は誰と会ったか」など個人的な出来事や経験を時間と結び付けた記憶
非陳述的記憶	手続き記憶	自転車の乗り方やスケートの滑り方などの身体で覚えているような情報・記憶
	（ ⑦ ）	先に受けた刺激が後に受ける刺激に影響を及ぼすこと

確認しよう！

★時間幅による記憶の分類では、短期記憶、長期記憶と何記憶がある？　⇒ Ⓐ

用語

作業記憶
短期記憶のひとつで、読み書きや計算など、複雑な知的行動の過程で使われる記憶。ワーキングメモリーともいう。

展望的記憶
陳述的記憶のひとつで、将来の予定や約束について記憶しておくもの。

海馬（そくとうよう）
側頭葉の内側面、脳幹（のうかん）の上方にある弓状の部分。大脳辺縁系（だいのうへんえんけい）の一部であり、記憶や学習に関連するとされている。

NOTE

レッスン36 老化に伴う心身の変化③

重要度　A
学習日　／／／

1. 知能の分類と変化

キャッテルは、知能を「**結晶性知能**（結晶性一般能力）」と「**流動性知能**（流動性一般能力）」に分けました。

○**結晶性知能**…**学習**や**経験**などにより獲得された能力に関連した知能。

○**流動性知能**…新しい環境に適応するための能力であり、新しい**情報**を獲得し、適切に処理していく知能。

一般的に、流動性知能は加齢による影響を受けやすい A のに対して、結晶性知能は加齢による変化が少ないといわれています。

2. 人格の分類と変化

老年期は喪失の時期であると同時に、自らの老いを自覚（**老性自覚**）しながら、新たな自分や環境に**適応**していけるかどうかという時期でもあります。

ライチャードは、現役引退後の高齢男性の性格を、適応という面から次のように分類しています。

■**適応タイプ**

①**円熟型**…自分の過去を受容し、人生に**建設的**な態度をもつ。積極的な社会活動を維持し、そこに満足を見出す。高齢であっても、未来に対する視野をもち、社会と一体になって生きていけるタイプ。

②**揺りいす型（依存型・安楽いす型）**…現実に満足し、不満を感じても自分を抑えて周囲に適応し、安楽を求める。万事に**消極的**で、高齢者としていたわられ、依存的欲求の充足に満足するタイプ。

③**鎧兜型（防衛型）**…老化への不安に対して強い**防衛的**態度で臨み、積極的な活動を維持し、若者と張り合おうとするタイプ。

■**不適応タイプ**

①**他罰憤慨型（外罰型）**…自分の過去や老化の事実を受容できず、その態度は**攻撃的**で相手に敵意を向けるタイプ。

②**自己嫌悪型（自責型・内罰型）**…自分の過去を悔やみ、自分を責めるタイプ。

現役引退後の高齢男性の性格についてはニューガーテンも、統合型（再統合型、集中型、離脱型）、防衛型（固執型、緊縮型）、受身・依存型（依存型、鈍麻型）、不統合型に分類しています。

書いて覚えよう！

◆知能の分類と変化

■結晶性知能と流動性知能

結晶性知能（結晶性一般能力）	流動性知能（流動性一般能力）
学習や（①＿＿＿＿）などにより獲得された能力に関連した知能	新しい環境に（②＿＿＿＿）するための能力であり、新しい（③＿＿＿＿）を獲得し、適切に処理していく知能

◆人格の分類と変化

● 老年期は喪失の時期であると同時に、自らの老いを自覚（（④＿＿＿＿））しながら、新たな自分や環境に（⑤＿＿＿＿）していけるかどうかという時期でもある。

■ライチャードによる現役引退後の高齢男性の５つの性格類型

適応タイプ	円熟型	自分の過去を（⑥＿＿＿＿）し、人生に建設的な態度をもつ
	揺りいす型（依存型・安楽いす型）	現実に満足し、不満を感じても自分を抑えて周囲に適応し、（⑦＿＿＿＿）を求める
	鎧兜型（防衛型）	老化への不安に対して強い防衛的態度で臨み、積極的な活動を維持し、（⑧＿＿＿＿）と張り合おうとする
不適応タイプ	他罰憤慨型（外罰型）	自分の過去や老化の事実を受容できず、その態度は攻撃的で相手に（⑨＿＿＿＿）を向ける
	自己嫌悪型（自責型・内罰型）	自分の（⑩＿＿＿＿）を悔やみ、自分を責める

用語

鎧兜型
ライチャードによる分類のうち、鎧兜型を甲冑型、装甲型などとよぶ場合もある。

NOTE

確認しよう！

★加齢による影響を受けやすいのは、流動性知能？ 結晶性知能？ ⇒

レッスン **36** ④ 老化に伴う心身の変化

重要度 **A**

学習日 / / /

1. 身体機能と心理状態の関係

身体機能と心理状態は双方向に影響し合っています。また、運動機能が低下すると**生活不活発病**（廃用症候群）を起こしやすくなります。心肺機能や排泄機能、精神機能など全般的に症状が現れるため、心理的荒廃や**閉じ籠り**などを引き起こし、さらに生活の不活発が助長する悪循環を招きます。

2. 高齢者に多い精神障害

高齢者の精神障害は、脳の器質的な問題が原因で起こる**器質性精神障害**（せん妄など）と、脳に器質的な問題がなく精神状態の変化のみが起こる**機能性精神障害**（老年期の統合失調症、老年期神経症、老年期の気分障害〔老年期鬱病〕、老年期心身症など）に分類されます。

①**せん妄** Ⓐ…意識障害の一種。軽い**意識混濁**とともに**幻覚・妄想**、興奮を伴う状態をいう。**急激に発症**することが多く、**日内変動**を認めることが多い。夜間に強く現れるものを**夜間せん妄**とよぶ。主な原因は、認知症や脳血管障害など脳の器質的疾患や栄養障害、脱水、**高熱**、肺炎、感染症、ビタミン欠乏、**薬の副作用**など。

②**老年期の統合失調症**…**無関心**で**自閉的**な態度となる。感情が鈍くなって穏和になり、対人関係の障害も目立たなくなる。

③**老年期神経症**…発症には身体的素因と心因が関与していると考えられている。症状の大半は**心気症**と**抑鬱症状**である。

④**老年期の気分障害（老年期鬱病）**…鬱病が頻繁に発症する。不安や焦燥感を訴え、罪業妄想・心気妄想などがみられる。また、**自殺**を図る危険性と完遂率が高い。

⑤**老年期心身症**…めまい、頭痛、耳鳴り、知覚異常、不眠、食欲不振、動悸、不整脈、難聴、視力障害、疼痛などがみられる。

> 鬱病の人に対しては、「頑張って！」などの励ましや「死んではダメ！」などの説得は逆効果となります。訴えを傾聴し、受容的な態度で接することが大切です。

3. 高齢者の自殺

厚生労働省の「人口動態統計」によると、2022（令和4）年の75歳以上の自殺死亡率（人口10万対）は、男性が30.8、女性が11.8と**いずれも高率**です。

書いて覚えよう！

◆身体機能と心理状態の関係

● 運動機能が低下すると、（［①_____］）病（廃用症候群）を起こしやすくなる。

◆高齢者に多い精神障害

器質性精神障害	せん妄	意識障害の一種。軽い意識混濁とともに幻覚・妄想、興奮を伴う。急激に発症することが多く、（［②_____］）を認めることが多い。夜間に強く現れるものを（［③_____］）とよぶ
機能性精神障害	老年期の統合失調症	（［④_____］）で自閉的な態度となる。感情が鈍くなって穏和になり、対人関係の障害も目立たなくなる
	老年期神経症	発症には、身体的素因と心因が関与していると考えられている。症状の大半は（［⑤_____］）と抑鬱症状である
	老年期の気分障害（老年期鬱病）	（［⑥_____］）が頻繁に発症する。不安や焦燥感を訴え、罪業妄想・心気妄想などがみられる。また、（［⑦_____］）を図る危険性と完遂率が高い
	（［⑧_____］）	めまい、頭痛、耳鳴り、知覚異常、不眠、食欲不振、動悸、不整脈、難聴、視力障害、疼痛などがみられる

確認しよう！

★軽い意識混濁とともに幻覚・妄想、興奮を伴う器質性精神障害は何？　⇒ Ⓐ

用語

心気症
身体の調子や健康状態を異常なまでに心配し、しつように心身の異常を訴える状態が続くこと。

NOTE

レッスン**37** **脳・神経系・骨格の疾患①**

1. 脳血管障害（脳卒中）

　脳血管障害は、高齢者の発症頻度が高い疾患です。脳血管障害は出血性脳血管障害（脳出血）と虚血性脳血管障害（脳梗塞）に大別されます。

1）出血性脳血管障害（脳出血）

①**脳内出血**…脳動脈の一部が切れて脳内に流れ出た血液が固まって血腫となり、脳を圧迫することで障害が起こる。吐き気・**嘔吐**・めまい・頭痛などの頭蓋内圧亢進症状のほか、片麻痺や言語障害などの症状が現れる。

②**くも膜下出血**…くも膜と軟膜との間にあるすき間（くも膜下腔）に出血したもの。**活動時**など血圧が上昇しているときに発症しやすく、突然の激しい**頭痛**、嘔吐、痙攣、一過性の意識障害などが現れる。

2）虚血性脳血管障害（脳梗塞）

①**脳血栓**…脳動脈の動脈硬化が進行すると内径が狭くなり、血液が順調に流れなくなる。そのため血液の固まり（血栓）ができて血管が詰まったものを脳血栓という。血圧が低下する**安静時**などに発症しやすいとされている。片麻痺や構音障害などが現れる。

②**脳塞栓**…脳以外の場所にできた血栓が血管内を流れてきて脳動脈に詰まったものをいい、症状が突然現れることが特徴である。最も多いのが、**心臓**で発生した血栓によるものである。危険因子には、不整脈、心臓弁膜症などの心疾患がある。症状としては、損傷部位にかかわる機能障害と頭蓋内圧亢進症状が現れる。

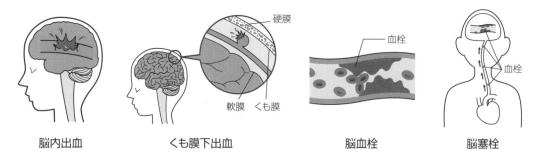

脳内出血　　　　　くも膜下出血　　　　　脳血栓　　　　　脳塞栓

3）脳の損傷

①**硬膜下血腫**…転倒による頭部外傷などが原因で硬膜の下に徐々に血腫ができ、脳が圧迫されて起こる。**慢性硬膜下血腫**は、受傷後**1か月**ほど経ってから頭痛や意識障害、運動障害、記憶力や判断力の低下などの症状が現れ、認知症と誤診されることがあるので注意が必要である。

②**高次脳機能障害**…脳出血、脳梗塞、硬膜下血腫などによって起こる後遺症である。症状としては、**失語**、**失行**、**失認**、人格の変化などが現れる。

書いて覚えよう！

◆脳血管障害（脳卒中）

■主な脳の疾患

<table>
<tr><td rowspan="2">出血性脳血管障害（脳出血）</td><td>脳内出血</td><td>脳動脈の一部が切れて脳内に流れ出た血液が固まって血腫となり、脳を圧迫することで障害が起こる
【症状】吐き気・（①＿＿＿＿）・めまい・頭痛などの頭蓋内圧亢進症状のほか、片麻痺や言語障害など</td></tr>
<tr><td>くも膜下出血</td><td>くも膜と軟膜の間にあるすき間（くも膜下腔）に出血したもの。（②＿＿＿＿）など血圧が上昇しているときに発症しやすい
【症状】突然の激しい（③＿＿＿＿）、嘔吐、痙攣、一過性の意識障害など</td></tr>
<tr><td rowspan="2">虚血性脳血管障害（脳梗塞）</td><td>脳血栓</td><td>脳動脈の動脈硬化が進行し、血液の固まり（血栓）ができて血管が詰まったものを脳血栓という。くも膜下出血とは逆に、血圧の低下する（④＿＿＿＿）などに発症しやすい
【症状】片麻痺や構音障害など</td></tr>
<tr><td>脳塞栓</td><td>脳以外の場所にできた血栓などが血管内を流れて（⑤＿＿＿＿）に詰まる疾患
【症状】損傷部位にかかわる機能障害と頭蓋内圧亢進症状</td></tr>
<tr><td rowspan="2">脳の損傷</td><td>硬膜下血腫</td><td>転倒による頭部外傷などが原因で硬膜の下に徐々に（⑥＿＿＿＿）ができ、脳が圧迫されて起こる
【症状】頭痛や意識障害、運動障害、記憶力や判断力の低下など</td></tr>
<tr><td>高次脳機能障害</td><td>脳出血、脳梗塞、硬膜下血腫などによって起こる後遺症
【症状】失語、失行、失認、（⑦＿＿＿＿）の変化など</td></tr>
</table>

用語

ラクナ梗塞
脳の深部の細い動脈に血栓が詰まることで発症する疾患。

NOTE

レッスン37 脳・神経系・骨格の疾患②

重要度 **A**

学習日

1. 神経系の疾患

①**パーキンソン病**…中脳黒質の神経細胞が産出するドーパミンの量が減少することにより、運動機能が全体的に低下していく疾患。50～60代に多く発症する。①**安静時振戦**（手足が震える）、②**筋固縮**（身体の筋肉がこわばる）、③**無動・寡動**（ひとつの動作を行うのに時間がかかる）、④**姿勢反射障害**（姿勢保持障害ともいう。小刻み歩行、突進歩行、すくみ足など）を四大症状という。

②**筋萎縮性側索硬化症（ALS）**…原因は不明だが、5～10%の症例は家族性で遺伝子異常が明らかなものもある。症状としては、**全身の筋肉が徐々に萎縮する**。筋力低下による生活機能低下、**嚥下障害、言語障害**などが現れる。**進行性**のため、数年で**四肢麻痺**、嚥下障害による食事摂取不良、呼吸筋麻痺による**呼吸障害**で自立困難となるが、**眼球運動**や肛門括約筋、**感覚、知能**や意識は末期まで保たれる。

③**シャイ・ドレーガー症候群**…原因は不明。自律神経症状（起立性低血圧、排尿障害、発汗低下など）、小脳症状（立位や歩行時のふらつき、ろれつが回らない、字が上手く書けないなど）、パーキンソニズムが現れるのが特徴。進行するとそれぞれの症状が重複し、多系統の萎縮がみられる。

④**多発性硬化症**…神経細胞の神経線維（軸索）の周囲を取り囲んでいる髄鞘とよばれる部分が障害される疾患。原因は不明。視力の低下、眼球振盪（眼球が勝手に動く）、複視（物が二重に見える）、手足のしびれ、構音障害などが現れる。

⑤**脊髄小脳変性症（SCD）**…原因は不明。小脳の萎縮が認められる。小脳・脳幹・脊髄などが障害され**運動失調症**が現れる疾患。ろれつが回らない、動作時に上肢が震える、歩行がふらつく**失調性歩行**（小脳性体幹失調）などが現れる。

⑥**ハンチントン病**…遺伝性変性疾患で、常染色体との関係が指摘されている。手足や顔・首・肩などが不規則・不随意に動く舞踏運動がみられるほか、認知症の症状や幻覚、妄想、**パーソナリティ障害**などが現れる。

⑦**重症筋無力症**…神経筋伝達の障害で、骨格筋を繰り返し使うことで筋力が低下する疾患。膀胱や肛門の括約筋を除くすべての骨格筋が障害される。知能は影響を受けない。

⑧**てんかん**…中枢神経系慢性疾患の一種。大脳に異常な電気的興奮が生じ、身体が数十秒から1～2分痙攣するてんかん発作を起こす。痙攣には、身体の一部がピクピク動く部分発作（局所性てんかん）と、全身が硬く緊張しガクガク震える全般発作がある。

書いて覚えよう！

◆神経系の疾患

■神経系の疾患の種類

パーキンソン病	中脳で産出する （ ① _____ ） の量の減少により、運動機能が全体的に低下していく疾患。①安静時振戦、②筋固縮、③無動・寡動、④ （ ② _____ ） 障害が四大症状
筋萎縮性側索硬化症（ALS）	原因は不明。症状は、全身の （ ③ _____ ） が徐々に萎縮する。進行性のため、数年で自立困難となるが、眼球運動や肛門括約筋、感覚、（ ④ _____ ） や意識は末期まで保たれる
シャイ・ドレーガー症候群	原因は不明。（ ⑤ _____ ） 症状、小脳症状、（ ⑥ _____ ） が現れるのが特徴。進行するとそれぞれの症状が重複し、多系統の萎縮がみられる
脊髄小脳変性症（SCD）	原因は不明。運動失調症が現れる疾患。症状は、ろれつが回らない、動作時に （ ⑦ _____ ） が震える、歩行がふらつく （ ⑧ _____ ） 性歩行など
ハンチントン病	遺伝性変性疾患。症状は、手足や顔・首・肩などが不規則・不随意に動く （ ⑨ _____ ） がみられるほか、認知症の症状や （ ⑩ _____ ） 、妄想、パーソナリティ障害などが現れる
てんかん	中枢神経系慢性疾患の一種。大脳に異常な電気的興奮が生じ、身体が数十秒から1～2分 （ ⑪ _____ ） するてんかん発作を起こす。痙攣には、局所性てんかんと （ ⑫ _____ ） 発作がある

用語

パーキンソニズム
パーキンソン病とは別の原因疾患により生じる、パーキンソン病と同様の緩慢な動作や振戦などの症状のこと。

NOTE

レッスン 37　脳・神経系・骨格の疾患③

重要度　A
学習日　／　／　／

1. 骨格の疾患

①**変形性関節症**…代表的な関節の疾患。主な症状は、関節の痛み、腫れ、変形、関節が伸ばせなくなる、などである。

○**変形性膝関節症**…膝関節の軟骨がすり減るために起こる。男性より**女性**に多く、**O脚**（内反型変形）で膝の**内側**に体重がかかる人、**肥満**の人に多くみられる傾向がある。正座や階段の昇降はなるべく避ける。

○**変形性股関節症**…先天性股関節脱臼などの先天性要因、大腿骨骨折や化膿性関節炎などの後天性要因によって、股関節の構造が障害されることで起こる。

○**変形性肘関節症**…肘の関節にトゲのような突起ができるなどして変形し、肘の曲げ伸ばしが十分にできなくなるものをいう。

②**骨粗鬆症**…遺伝や性ホルモンの低下、**カルシウムやビタミンD・K**の不足、**運動不足**、**日光浴不足**などが原因となり骨の形成が阻害され、骨密度が減少して骨がもろくなる疾患である。**高齢者**や閉経後の女性に多くみられ、**脊椎圧迫骨折**が多く起こる。また、着替えや体位変換など軽い動作でも骨折することがある。

③**関節リウマチ**…膠原病のひとつ。<u>**女性**に発症しやすく</u>Ⓐ、若年層から高齢者まで幅広い層にみられるが、一般には40〜50代に多くみられる進行性の多発性関節炎である。起床時に関節がこわばって動かしにくく感じる（**朝のこわばり**）のが特徴。根本的な治療法はなく、薬物療法、リハビリテーション、手術療法、**自助具**の活用などで日常生活の負担を軽減する。過剰な安静は生活不活発病を招くため、症状の**日内変動**をふまえ、関節を保温・保護しながら無理のない運動を行う。

④**後縦靱帯骨化症**…脊椎の後面には靱帯が縦に走り（後縦靱帯）、頸椎・胸椎・腰椎などすべての脊椎をつなげている。この靱帯が骨に変化して厚みを増し、脊柱管が狭くなって脊髄を圧迫する疾患。特に頸椎・胸椎に多く発症し、手指の運動障害や歩行障害、手足のしびれなどがみられる。

⑤**脊柱管狭窄症**…脊髄を保護している脊柱管が老化などによって狭くなり、脊髄神経が圧迫されて起きる疾患で、腰痛、足の痛みや**しびれ**、**歩行障害**などが現れる。痛みが発生してもしばらく休むと症状が楽になり、再び歩けるようになる**間欠（歇）性跛行**が特徴である。安静時は無症状であり、脊柱管が広くなる前屈みの姿勢になると痛みが軽くなる。60歳以上に多くみられる。

⑥**関節炎**…外傷のために細菌が関節に入り込んだり、他の感染源から血液を通して細菌が関節まで流れ込んだりすることで関節の中が炎症を起こして化膿するもの。

⑦**骨折**…転倒によるものが多く、脊椎、**大腿骨頸部**、**橈骨遠位端**、上腕骨頸部、肋骨などの骨折が多くみられる。骨折が原因で寝たきりになることも少なくない。

書いて覚えよう！

◆骨格の疾患

変形性関節症	代表的な関節の疾患。主な症状は、関節の痛み、腫れ、（［①_____］）、関節が伸ばせなくなる、などである
骨粗鬆症	遺伝や性ホルモンの低下などが原因で骨の形成が阻害され、骨密度が減少して骨がもろくなる疾患。高齢者や閉経後の（［②_____］）に多くみられ、（［③_____］）骨折が多く起こる
関節リウマチ	膠原病のひとつ。女性に発症しやすく、一般には40～50代に多くみられる進行性の多発性関節炎。起床時に関節がこわばって動かしにくく感じる（朝の（［④_____］））のが特徴
後縦靱帯骨化症	脊椎の後面の靱帯が骨に変化して厚みを増し、脊柱管が狭くなって脊髄を圧迫する。手指の運動障害や（［⑤_____］）障害、手足のしびれなどがみられる
脊柱管狭窄症	脊柱管が狭くなり、脊髄神経が圧迫されて起きる。腰痛、足の痛みや（［⑥_____］）、歩行障害などが現れる。間欠（歇）性跛行が特徴
関節炎	細菌が関節まで流れ込んだりすることで関節の中が炎症を起こして（［⑦_____］）するもの
骨折	（［⑧_____］）によるものが多く、脊椎、大腿骨頸部、橈骨遠位端、上腕骨頸部、（［⑨_____］）などの骨折が多くみられる

用語

日内変動
症状が1日の中で時間とともに変化すること。朝が最も悪く、夕方には軽快あるいは回復する。

NOTE

確認しよう！

★関節リウマチは、男性と女性のどちらに多く発症する？　⇒ Ⓐ

レッスン **38** **感覚器の疾患**

重要度 **B**
学習日 ／／／

1. 眼

①**白内障**…たんぱく質の変性などにより水晶体が**白濁**して視力が低下する疾患。痛みや充血はなく、視界全体が白っぽく霧がかかったように見える。

②**緑内障**…**眼圧が上昇**して視神経が障害を受け、視野が欠ける疾患。中年以降に発症率が高くなる。高血圧や糖尿病は、緑内障を悪化させる。

③**網膜色素変性症**…**夜盲**（暗い場所で物が見えにくくなる）や視野の変化が起こる遺伝性の疾患で、**指定難病**に該当する。**求心性視野狭窄**（周辺から中心に向かって視野が狭くなり、視野の中心部だけが見えている状態）を起こし、**失明**に至る。

④**加齢黄斑変性症**…網膜の中の黄斑部に萎縮や変性が起こることで物が歪んで見えたり、**中心暗点**（視野の中心部が見えない）Aや視力低下などの症状が起こる。

2. 耳

①**難聴**…**伝音性難聴**は音が伝わっていく過程にある外耳や中耳に障害が生じて起こり、**小さな音**が聞き取りにくくなる。手術や**補聴器**の使用で症状は改善される。**感音性難聴**は振動が内耳から聴神経を伝わり大脳に伝達されるまでの過程に障害が生じて起こる。**高音域**ほど聞き取りにくくなる。混合性難聴は、伝音性難聴と感音性難聴が混在している難聴である。

②**メニエール病**…内耳を満たしているリンパ液が過剰になり、**めまい**が起こる疾患。反復する回転性のめまいに蝸牛症状（耳鳴り・難聴・耳閉塞感など）が伴う。30代後半から50代前半に多くみられる。

③**良性発作性頭位めまい症**…高齢者に多くみられるめまいで、頭を特定の位置に動かすことで**回転性**のめまいやふわふわした感じの**非回転性**のめまいが起こる。

3. 皮膚

①**老人性皮膚瘙痒症**…加齢により皮膚の角質層の水分が減少して乾燥した状態を**老人性乾皮症**といい、これによりかゆみが出るものを**老人性皮膚瘙痒症**という。

②**疥癬**…ヒゼンダニが皮膚の角層（垢の層）に寄生して起こる感染症。身体の柔らかいところや関節の内側など広範囲に赤い丘疹や小水疱、膿疱がみられる。特に夜間に激しい**かゆみ**を伴う。**ノルウェー疥癬**（**角化型疥癬**）は、強力な感染力をもつため**個室管理**が必要である。

③**白癬**…真菌（カビ）の一種である白癬菌によって起こる疾患。水虫（足）、たむし（体幹）、しらくも（頭皮）などがある。症状は、かゆみ、腫れ、痛みなど。

④**カンジダ症**…カビの一種であるカンジダに感染して起こる。おむつの中、腋窩部など湿った環境を好み、口腔内や口角にも発生する。症状は発赤やただれなど。

書いて覚えよう！

◆眼

白内障	（____①____）が白濁して視力が低下する疾患。痛みや充血はなく、視界全体が白っぽく霧がかかったように見える
緑内障	眼圧が上昇して視神経が障害を受け、（____②____）が欠ける疾患。中年以降に発症率が高くなる。高血圧や（____③____）により悪化する
網膜色素変性症	夜盲や視野の変化が起こる遺伝性の疾患で、（____④____）に該当する。求心性視野狭窄を起こし、（____⑤____）に至る

◆耳

| 難聴 | ○伝音性難聴…外耳や中耳に障害が生じて起こり、（____⑥____）が聞き取りにくくなる。手術や補聴器の使用で症状は改善する |
	○感音性難聴…振動が内耳から聴神経を伝わり大脳に伝達されるまでの過程に障害が生じて起こる
メニエール病	内耳を満たしているリンパ液が過剰になり、（____⑦____）が起こる疾患

◆皮膚

疥癬	（____⑧____）が皮膚の角層に寄生して起こる感染症。特に（____⑨____）に激しいかゆみを伴う。ノルウェー疥癬は強力な感染力をもつため、（____⑩____）が必要

確認しよう！

★加齢黄斑変性症では、視野にどんな変化が起きる？　⇒ Ⓐ

指定難病
「難病法」に定められた医療費助成の対象となる難病。

半盲（はんもう）
両眼または片眼の視野の半分が見づらくなる。両眼ともに同じ側（左側または右側）が見づらい状態を同名半盲という。

丘疹
皮膚面から隆起した、粟粒大（あわつぶ）から豆粒大ぐらいの発しん。

NOTE

レッスン 39　循環器の疾患

1. 不整脈

　不整脈とは、脈拍の乱れをいいます。脈拍の正常値は、成人で1分間に60〜80回、高齢者で1分間に60〜70回で、脈拍が1分間に50〜60回以下を**徐脈**、100回以上を**頻脈**といいます。心房細動、心室細動、洞不全症候群は、加齢とともに起こりやすくなる不整脈です。特に**心房細動**は頻脈になることが多く、心臓でできた血栓が剝がれて脳血管を塞ぐ心原性脳塞栓が起こりやすくなります。

2. 心不全

　心筋梗塞や心臓弁膜症、不整脈、高血圧性の心肥大などを原因として心臓の機能が低下して、血液を全身に十分に送り出せなくなった状態を**心不全**といいます。心不全には、左心不全、右心不全、両心不全があり、主な症状は次のとおりです。

○**左心不全**…**チアノーゼ**、呼吸困難。

○**右心不全**…体重増加、**浮腫**、腹水。

○**両心不全**…心拍出量が毎分2.5〜4L程度にまで低下し、**倦怠感**や脈拍の増加が現れる。重症になるとショック状態に陥る。

3. 虚血性心疾患

　虚血性心疾患の代表的なものに狭心症と心筋梗塞があります。

○**狭心症**…心筋虚血の初期段階で起こる。寒い時期に階段や上り坂を荷物を持って歩いたときに、胸の圧迫感や痛みを感じ、立ち止まると数分間（通常5分程度、長くても15分以内）で圧迫感や痛みが消失するというパターンで症状が現れる。発作時には**ニトロ製剤**が有効。

○**心筋梗塞**…心筋虚血の状態が長く続き、心筋の血行が完全に途絶えて心筋の細胞が一部死滅した状態をいう。高齢者では**女性**に多い。**30分以上**続く激しい前胸部の痛みと締めつけられるような感覚があり、冷や汗、吐き気、嘔吐、**呼吸困難**、左肩から頸部の鈍痛などの症状がみられる。発症から3日以内のものは**急性心筋梗塞Ⓐ**と診断される。高齢者の場合は、自覚症状がなく非特異的な場合があるため、発見や診断が遅れないよう注意が必要である。

4. 血管にかかわる疾患

　動脈の内径が狭くなったり、血管壁の弾力性が失われたりすることで**動脈硬化症**が起こり、心筋梗塞や脳梗塞などを引き起こすことがあります。動脈硬化症の主な要因として、**高血圧**、脂質異常症、**喫煙**、糖尿病などが挙げられます。

書いて覚えよう！

心拍出量
心臓が全身に送り出す血液量。正常安静時は、毎分5〜7L。

◆不整脈

● 脈拍の乱れを（ ① ）という。脈拍が1分間に50〜60回以下を（ ② ）、100回以上を（ ③ ）という。

● 心房細動は（ ④ ）になることが多く、心臓でできた血栓が剥がれて脳血管を塞ぐ（ ⑤ ）が起こりやすくなる。

◆心不全

■心不全の主な症状

左心不全	（ ⑥ ）、呼吸困難
（ ⑦ ）	体重増加、浮腫、腹水
両心不全	倦怠感や脈拍の（ ⑧ ）が現れる。重症になるとショック状態に陥る

◆虚血性心疾患

● 狭心症は、発作時の痛みは数分で収まる。発作時には（ ⑨ ）が有効である。

● 心筋梗塞は、高齢者の場合、（ ⑩ ）に多くみられる。（ ⑪ ）分以上続く前胸部の痛みなどが特徴である。

● 高齢者の心筋梗塞の発作は、自覚症状がなく（ ⑫ ）な場合があるので、注意が必要である。

◆血管にかかわる疾患

■動脈硬化症の主な要因

高血圧	脂質異常症	（ ⑬ ）	糖尿病

NOTE

確認しよう！

★発症から3日以内の心筋梗塞は何と診断される？　⇒

レッスン40　呼吸器の疾患

重要度　A
学習日　／　／　／

1. 肺炎・誤嚥性肺炎

　肺炎とは、さまざまな病原菌の感染によって肺に炎症が起こった状態をいいます。肺炎による死亡数は多く、2022（令和4）年では死因の**第5位**となっています。

　高齢者の肺炎には、典型的な肺炎の症状が出ないことがしばしばあります。特に**高熱が出ない**ことも多くみられます。また、**食欲不振**、全身の**倦怠感**など、非特異的な初発症状が多く、肺炎と気づきにくい場合があります。初期には**頻呼吸**、呼吸パターンの変化がみられ、**せん妄**、**傾眠傾向**など、精神・神経症状が目立つことがあります。意識障害やショックなど、症状の急変がみられる場合や、基礎疾患の増悪や肺炎以外の症状が主となる場合もあります。

　誤嚥性肺炎とは、高齢者に多い誤嚥（飲食物の一部が気管に入る）によって肺炎を起こすものです。誤嚥性肺炎による死亡数は多く、2022年では死因の第6位となっています。飲食物以外にも嘔吐物や口腔内あるいは咽頭の病原菌を含む分泌物（痰や唾液）を少しずつ繰り返し誤嚥し続けることが原因になることもあります。そのため、**口腔ケア**により口腔内を清潔に保つことが重要となります。

2. 慢性閉塞性肺疾患（COPD）

　肺の換気機能が低下する疾患のうち、慢性気管支炎と肺気腫（急性・可逆性の気道閉塞を主症状とする気管支喘息を除く）を総称して<u>慢性閉塞性肺疾患</u>Ⓐといいます。高齢者に多い疾患で、大量の痰、運動時の呼吸困難が主症状です。

①**慢性気管支炎**…原因不明の咳と痰が長期間続くもの。ほとんどの場合は肺気腫を伴っている。発症には**喫煙**が大きく関係している。

②**肺気腫**…肺胞の壁が長い年月をかけて壊れていく疾患。主な原因は**喫煙**で、高齢者で長く喫煙をしてきた人にみられる。十分な呼吸が行えず、身体を動かしたときに息切れが生じる。

3. 肺がん

　発生場所が肺の場合は**原発性肺がん**、他臓器から肺に転移したものを**転移性肺腫瘍**とよびます。主な原因は**喫煙**Ⓑです。肺がん特有の症状はなく、咳、喘鳴、血痰、胸痛など、呼吸器疾患の一般的な症状がみられます。肺がんによる死亡数は多く、2022年では部位別にみた悪性新生物死亡数において**男性**の**第1位**となっています。

書いて覚えよう！

◆肺炎・誤嚥性肺炎

■高齢者の肺炎の主な特徴

○典型的な肺炎の症状が出ないことがしばしばある。特に
（ ［１］ ） が出ない（平熱である）ことが多い

○ （ ［２］ ） 、全身の倦怠感など、非特異的な初発
症状が多く、肺炎と気づきにくい

○初期には （ ［３］ ） 、呼吸パターンの変化がみられ、
せん妄、傾眠傾向など、精神・神経症状が目立つことがある

○意識障害や （ ［４］ ） など、症状の急変がみられる
場合や、基礎疾患の （ ［５］ ） や肺炎以外の症状が主と
なる場合もある

● 誤嚥性肺炎を予防するためには、 （ ［６］ ） に
より口腔内を清潔に保つことが重要となる。

◆慢性閉塞性肺疾患（COPD）

● 慢性閉塞性肺疾患は、大量の痰、 （ ［７］ ） の呼吸
困難が主症状で、原因としては （ ［８］ ） が大きくかか
わっている。

● 慢性気管支炎は、原因不明の咳と痰が長期間続くものをいい、
ほとんどの場合は （ ［９］ ） を伴っている。

◆肺がん

● 肺がんによる死亡数は多く、2022（令和４）年では部位別にみ
た悪性新生物死亡数において男性の第 （ ［10］ ） 位となってい
る。

確認しよう！

★慢性気管支炎と肺気腫（急性・可逆性の気道閉塞を主症状とす
る気管支喘息を除く）を総称して何とよぶ？ ⇨ Ⓐ

★肺がんの主な原因は何？ ⇨ Ⓑ

レッスン41 消化器の疾患①

重要度　A
学習日　／／／

1. 胃潰瘍・十二指腸潰瘍

消化性潰瘍ともいわれ、胃液中の胃酸や消化酵素のペプシンなどが、食物だけでなく胃や十二指腸の内側の粘膜をも消化してしまい、傷つけることで生じる疾患です。近年、患者数は減少傾向にあります。

原因としては、**ストレス**、薬剤の服用、刺激のある飲食物や熱いものの摂取、**ピロリ菌**（ヘリコバクター・ピロリ）によるものなどがあります。**胃潰瘍**は中高年以降に多く発症します。

2. 胃がん

胃にできる悪性腫瘍で、女性よりも**男性**に多く、2022（令和4）年では部位別にみた悪性新生物死亡数において男性の**第3位**となっています。初期に自覚症状はなく、あっても胃炎や胃潰瘍に伴う症状と同じです。進行すると胃重圧感、胃痛、体重減少、貧血などが現れます。原因は過食や早食いの習慣、喫煙、飲酒などが関連しています。また、**ピロリ菌**の持続的な感染が危険要因であるとされています。

3. 大腸がん

大腸にできる悪性腫瘍で、日本では、肺がんや胃がんとともに死亡率の高いがんのひとつです。2022年では部位別にみた悪性新生物死亡数において**女性の第1位**となっています。初期には目立った症状はみられません。進行すると血便、便が細くなる、貧血、体重減少、腸閉塞（イレウス）を起こすこともあります。

4. 膵炎・膵がん

アルコールの多飲や胆石などが原因となって起こる**急性膵炎**と、膵臓で炎症が繰り返し起こり膵臓機能が低下する**慢性膵炎**があります。急性膵炎は、上腹部の痛みが特徴です。慢性膵炎は、繰り返し起こる腹痛や背部痛のほか、脂肪便がみられます。

膵がんは膵臓にできる悪性腫瘍です。症状が現れにくく、**早期発見が難しい**がんです。進行すると腹痛、黄疸、食欲不振、腰背部の痛み、倦怠感、体重減少がみられます。

5. 胆石症・胆嚢炎

胆石症は胆汁の通り道（胆道）を結石が塞ぐ疾患で、加齢とともに増加します。高齢者では胆嚢結石でみられる激しい腹痛や**黄疸**などの典型的な症状がみられず、食欲低下など漠然とした症状で発症することがありますが、重症化しやすいため注意が必要です。

胆嚢炎の原因はほとんどが**胆石**です。胆嚢結石が胆嚢管にはまり込み、胆管を経由して胆嚢に達した腸内細菌に感染して起こります。

書いて覚えよう！

◆胃潰瘍・十二指腸潰瘍

● 原因としては、（ [1]＿＿＿＿＿＿）、薬剤の服用、ピロリ菌（ヘリコバクター・ピロリ）によるものなどがある。胃潰瘍は

（ [2]＿＿＿＿＿＿）　以降に多く発症する。

◆胃がん

● 胃がんは、女性よりも　（ [3]＿＿＿＿）　に多く、2022（令和4）年では部位別にみた悪性新生物死亡数において男性の

第　（ [4]＿＿）　位となっている。

● 胃がんの危険要因には、（ [5]＿＿＿＿＿＿）　の持続的な感染がある。

◆大腸がん

● 大腸がんは、2022年では部位別にみた悪性新生物死亡数において　（ [6]＿＿＿＿）　の第1位となっている。

◆膵炎・膵がん

● 急性膵炎の原因は、（ [7]＿＿＿＿＿＿）　の多飲や胆石などである。慢性膵炎は、膵臓で（ [8]＿＿＿＿）　が繰り返し起こり膵臓機能が低下するものをいう。

● 膵がんは、膵臓にできる悪性腫瘍である。症状が現れにくく、（ [9]＿＿＿＿）　発見が難しい。進行すると腹痛、（ [10]＿＿＿＿＿）、食欲不振、腰背部の痛み、倦怠感、体重減少がみられる。

◆胆石症・胆嚢炎

● 胆石症は胆汁の通り道を結石が塞ぐ疾患で、（ [11]＿＿＿＿＿）とともに増加する。胆嚢炎の原因はほとんどが（ [12]＿＿＿＿＿）である。

確認しよう！

★胃潰瘍や十二指腸潰瘍のことは、何とよばれる？　⇒ Ⓐ

★胆嚢炎の原因は何が多い？　⇒ Ⓑ

用語

黄疸
眼の白目の部分や皮膚が黄色く見える、全身の倦怠感、皮膚のかゆみ、尿の色が濃くなる、などの症状がある。

NOTE

レッスン41　消化器の疾患②

重要度　A
学習日　／　／　／

1. 肝炎

肝炎の主な原因である肝炎ウイルスにはA・B・C・D・E型などがありますが、D・E型は日本ではほとんどみられません。

○A型肝炎…経口感染。潜伏期は2〜6週で、20〜30歳に好発する。母子感染はなく、慢性化もしない。

○B型肝炎…血液感染。潜伏期は4〜24週で、20〜30歳に好発する。多くは**母子感染**で、**慢性化**する。

○C型肝炎…血液感染。潜伏期は2〜16週で、すべての年齢で発症する。母子感染は10%弱で、**慢性化**する。

1）急性肝炎

急性肝炎では**A型肝炎**が最も多くを占めます。原因となる肝炎ウイルスに感染すると、潜伏期を経て食欲不振や全身の倦怠感など風邪に似た症状を示しますが、**黄疸**が現れてから肝炎に気づくこともあります。ほとんどの場合短期間で治癒し、予後は良好です。

2）慢性肝炎

6か月以上、肝細胞の破壊が継続する疾患で、ほとんどの場合、**肝炎ウイルス**が原因です。急性肝炎から移行したものを除いてはほとんど**無症状**です。進行すると肝硬変、肝がんへと病態が変化していきます。高齢者には、C型が多いといわれています。

2. 肝硬変

肝細胞が長期にわたり破壊と再生を繰り返した結果、肝臓全体が硬くなったものを**肝硬変**といいます。原因は**C型肝炎**によるものが最も多く、他にB型肝炎や**アルコール性肝障害**などがあります。無症状の時期が長期間続き、さらに進行すると**黄疸**・皮膚のかゆみ・腹水（腹部に水分が溜まる）・肝性脳症（うわごと、興奮、錯乱、異常行動、傾眠、羽ばたき振戦〔鳥が羽ばたくように手が震える〕など）・出血傾向・クモ状血管腫（クモが足を広げたような赤斑）・手掌紅斑（手のひらが赤くなる）などが現れます。

高齢者では進行が遅く、症状が強く現れない場合が多いとされます。肝不全の予防、肝がんの合併に注意が必要です。

3. 肝がん

肝がんは**原発性肝がん**（肝細胞がん、胆管細胞がん）と**転移性肝がん**に分けられ、一般に肝がんといえば原発性肝がんを指します。**男性**に多く発症します。慢性肝炎や肝硬変から進行することが多くあります。特有の症状は現れにくく、進行すると腹部の圧迫感や膨満感、倦怠感、**黄疸**などが現れます。

書いて覚えよう！

◆肝炎

■肝炎の比較

	A型	B型	C型
感染経路	経口	(①_____)	血液
潜伏期	2～6週	4～24週	2～16週
好発年齢	(②_____)～ (③_____)歳	20～30歳	すべての年齢
母子感染	ない	(④_____)	10%弱
慢性化	しない	(⑤_____)	する

● 急性肝炎では (⑥____) 型肝炎が最も多くを占める。ほとんどの場合短期間で治癒し、予後は (⑦_____) である。

● 慢性肝炎は、(⑧____) か月以上、肝細胞の破壊が継続する疾患で、ほとんどの場合、(⑨_____) が原因である。

● 慢性肝炎は、進行すると肝硬変や (⑩_____) へと病態が変化していく。

◆肝硬変

● 肝細胞が長期にわたり破壊と再生を繰り返した結果、肝臓全体が硬くなったものを (⑪_____) という。原因は (⑫____) 型肝炎によるものが最も多い。

◆肝がん

● 一般に肝がんといえば (⑬_____) がんを指す。慢性肝炎や (⑭_____) から進行することが多い。

確認しよう！

★肝がんは、男性と女性のどちらに多く発症する？　⇒ Ⓐ

用語

アルコール性肝障害
大量のアルコールを摂取し続けることにより、肝細胞が変化し機能が低下する疾患。脂肪肝（肝臓に中性脂肪が蓄積）や肝炎、肝硬変などになる。

NOTE

レッスン**42** 腎・泌尿器の疾患

1. 腎不全

1）急性腎不全

　急激に腎臓のはたらきが低下した状態を**急性腎不全**といいます。原因は脱水や心不全、急性腎炎、尿の通り道の閉塞などがあります。血中の老廃物が急に増え、乏尿や無尿を伴います。

2）慢性腎不全

　長期にわたって腎臓のはたらきが低下した状態を**慢性腎不全**といいます。原因は糖尿病からくる**糖尿病性腎症**Aが最も多く、他に慢性腎炎などがあります。倦怠感・浮腫・睡眠障害・しびれ感・動悸・息切れ・食欲減退・皮膚のかゆみなど、さまざまな症状が現れます。

　腎機能の低下の程度が軽いうちは保存療法（薬物療法、食事療法、生活管理）を行いながら経過を見ますが、保存療法では改善ができなくなると、透析療法（**人工透析**）や**腎移植**が必要となりますB。

> 慢性腎不全の末期や急性腎不全で、腎機能が通常の10％以下に低下した状態を**尿毒症**といいます。

2. 膀胱炎

　膀胱の粘膜が細菌に感染して発症することが多い疾患です。細菌が尿道を遡って膀胱まで達します。男性に比べて尿道が短い**女性**に多いのが特徴です。排尿痛や残尿感、頻尿が症状として現れます。また尿が濁り、血尿が出る場合もあります。

3. 前立腺肥大症

　前立腺が肥大して尿道を圧迫し、尿の通過障害が起こります。前立腺の尿道近接部に発生する良性腫瘍で、50歳頃からCみられるようになります。初期症状は、**夜間頻尿**や排尿困難（尿の出方が悪い、排尿に時間がかかるなど）で、症状が進行すると、**尿閉**（排尿しようとしても尿がまったく出ない）になることがあります。

4. 前立腺がん

　前立腺がんは高齢者に多くみられるがんです。近年、増加傾向にあります。初期には無症状ですが、進行すると排尿困難・頻尿・血尿などが現れます。

書いて覚えよう！

◆腎不全

■腎不全の特徴

急性腎不全	急激に腎臓のはたらきが低下した状態。原因は脱水や（①＿＿＿＿）、急性腎炎、尿の通り道の閉塞などがある
慢性腎不全	長期にわたって腎臓のはたらきが低下した状態。原因は（②＿＿＿＿）からくる糖尿病性腎症が最も多く、他に慢性腎炎などがある。倦怠感・（③＿＿＿＿）・睡眠障害・しびれ感・動悸・息切れ・食欲減退・皮膚のかゆみなどの症状が現れる

◆膀胱炎

● 膀胱炎は、尿道が短い（④＿＿＿＿）がなりやすい。排尿痛や残尿感、（⑤＿＿＿＿）が症状として現れる。

◆前立腺肥大症

● 前立腺が肥大して（⑥＿＿＿＿）を圧迫し、尿の通過障害が起こる。初期症状は、（⑦＿＿＿＿）や排尿困難で、症状が進行すると、（⑧＿＿＿＿）になることがある。

◆前立腺がん

● 前立腺がんは（⑨＿＿＿＿）に多くみられるがんである。近年、増加傾向にある。初期には無症状だが、進行すると排尿困難・頻尿・（⑩＿＿＿＿）などが現れる。

確認しよう！

★慢性腎不全の原因で最も多いのは何？ ⇒ Ⓐ
★保存療法では腎機能の改善ができなくなると、何が必要となる？ ⇒ Ⓑ
★前立腺肥大症は、何歳頃から起こる？ ⇒ Ⓒ

乏尿
尿が1日に400mL以下の状態をいう。
無尿
尿が1日に50～100mL以下の状態をいう。

NOTE

レッスン43 内分泌器の疾患

1. 更年期障害

　更年期における心身の乱れや不調の訴えなどを総称して**更年期障害**といいます。**エストロゲン**（女性ホルモン）の減少(A)により、自律神経が失調することから起こると考えられています。主な症状は月経不順、のぼせや顔のほてり、冷え、動悸（どうき）などがあり、不眠や憂鬱感（ゆううつかん）、イライラ感など精神的な症状が日常生活に支障をきたす人もいます。

2. 甲状腺機能亢進症（こうじょうせん き のうこうしんしょう）

　甲状腺のはたらきが活発になりすぎて、甲状腺からのホルモンの分泌が過剰になる疾患（しっかん）をいいます。代表的な疾患に**バセドウ病**があります。

　バセドウ病は、**自己免疫異常**により血液中に甲状腺を刺激する物質（抗体）が多量にできてしまうことが原因で起こります。20～30代の**女性**に多いという特徴があります。代表的な症状は、①**甲状腺腫**（こうじょうせんしゅ）(B)（甲状腺が腫れて首が太くなったようにみえる）、②**頻脈**（ひんみゃく）（安静時にも動悸を感じる）、③**眼球突出**（眼球が前方に突き出るもので、約半数に現れる）、の3つです。また、汗をかきやすい、食欲があって食べるのに痩せる（やせる）、微熱、高血圧、手の震えなどの症状も現れます。

3. 甲状腺機能低下症

　甲状腺のはたらきが低下するため、血液中の甲状腺ホルモンが減少した状態をいいます。体内の物質代謝が上手く行われなくなるため、倦怠感（けんたいかん）や無気力、動作緩慢などの症状が現れます。**橋本病**（慢性甲状腺炎）（まんせい）がよく知られています。

　橋本病は、**自己免疫異常**が原因とされ、甲状腺の炎症が慢性的に続く疾患です。若年～中年の**女性**に多いとされています。倦怠感、気力の低下、**浮腫**（ふしゅ）、冷え、便秘、皮膚の乾燥など、さまざまな症状が出ます。甲状腺ホルモンがさらに低下すると、息切れや呼吸困難など心不全の症状が出ることもあります。

書いて覚えよう！

◆更年期障害

● 更年期における心身の乱れや不調の訴えなどを総称して

（<u>　　　①　　　</u>）　という。

◆甲状腺機能亢進症

■代表的な疾患の特徴

バセドウ病	○ （<u>　　②　　</u>）　により血液中に甲状腺を刺激する物質（抗体）が多量にできてしまうことが原因 ○20〜30代の　（<u>　③　　</u>）　に多い ○代表的な症状は、①甲状腺腫（甲状腺が腫れて首が太くなったようにみえる）、②頻脈（安静時にも動悸を感じる）、 ③　（<u>　　④　　</u>）　（眼球が前方に突き出るもので、約半数に現れる）、の3つ ○汗をかきやすい、食欲があって食べるのに痩せる、微熱、高血圧などの症状も現れる

◆甲状腺機能低下症

■代表的な疾患の特徴

橋本病	○自己免疫異常が原因とされ、 （<u>　　⑤　　</u>）　の炎症が慢性的に続く ○若年〜中年の　（<u>　⑥　</u>）　に多い ○倦怠感、気力の低下、浮腫、冷え、便秘、皮膚の乾燥など、さまざまな症状が出る ○甲状腺ホルモンがさらに低下すると、息切れや呼吸困難など　（<u>　⑦　</u>）　の症状が出ることもある

確認しよう！

★更年期障害は、何というホルモンの減少で起こる？　　⇒ Ⓐ

★バセドウ病の三大特徴は、頻脈と眼球突出ともうひとつは？　⇒ Ⓑ

レッスン **44** 生活習慣病

重要度 **A**
学習日 ／／／

1. 生活習慣病の理解

生活習慣病とは、「食習慣、運動習慣、休養、喫煙、飲酒等の生活習慣が、その発症・進行に大きく関与する疾患群」とされています。

2. 高血圧

WHO（世界保健機関）や日本高血圧学会のガイドラインでは、血圧測定値が収縮期血圧（最高血圧）**140**mmHg以上、拡張期血圧（最低血圧）**90**mmHg以上の場合を**高血圧**と定義しています。

3. 糖尿病

糖尿病には**1型糖尿病**と**2型糖尿病**があり、日本の糖尿病患者の多くは2型です。

○1型糖尿病…多くは**若年者**に発症。**インスリン注射**が必要。

○2型糖尿病…多くは**中年**以降に発症。**生活習慣の改善**で予防できる場合が多い。

初期にはほとんど**無症状**ですが、高血糖の状態が続くと、口渇、多飲、**多尿**、体重減少、易疲労感などの症状が現れます。さらに、高血糖の状態が長期間続くと、糖尿病性**網膜症**、糖尿病性**腎症**、糖尿病性**神経障害**の三大合併症が現れます。

治療は**食事療法・運動療法**が基本となりますが、これらの治療を行っても改善が見込めない場合に、インスリン注射などによる**薬物療法**が行われます。薬物療法では、血糖値が必要以上に低くなる**低血糖**の状態になることがあります。低血糖が疑われる場合には、速やかに医療職に連絡します。

4. 脂質異常症

血液中のLDLコレステロール値が140mg/dL以上、中性脂肪（トリグリセライド）の値が150mg/dL以上、HDLコレステロール値が40mg/dL未満のいずれかの状態を**脂質異常症**といいます。自覚症状はなく気づかないうちに動脈硬化が進行する原因になります。

5. 高尿酸血症

血液中に含まれている尿酸が7.0mg/dLを超えたものを**高尿酸血症**といいます。尿酸が関節に結晶として沈着し痛覚神経を刺激するようになった状態を**痛風**といいます。

6. 肥満

肥満はさまざまな生活習慣病に関係する重要な危険因子です。内臓脂肪型肥満に加えて、高血糖、高血圧、脂質異常のうちいずれか2つ以上を併せもった状態を**メタボリックシンドローム**（内臓脂肪症候群）といいます。

書いて覚えよう！

◆生活習慣病の理解

● 生活習慣病とは、食習慣、（① ＿＿＿＿＿）習慣、休養、喫煙、飲酒等の生活習慣が、その発症・進行に大きく関与する疾患群である。

◆高血圧

■日本高血圧学会による高血圧の定義

収縮期血圧（最高血圧）	拡張期血圧（最低血圧）
（② ＿＿＿）mmHg 以上	（③ ＿＿＿）mmHg 以上

◆糖尿病

● 1型糖尿病の多くは（④ ＿＿＿＿＿）に発症し、インスリン注射が必要となる。2型糖尿病の多くは中年以降に発症し、（⑤ ＿＿＿＿＿）の改善で予防できる場合が多い。

● 初期にはほとんど（⑥ ＿＿＿＿＿）だが、高血糖の状態が続くと、口渇、多飲、多尿などの症状が現れる。この状態が長期間続くと、糖尿病性網膜症、糖尿病性（⑦ ＿＿＿＿＿）、糖尿病性（⑧ ＿＿＿＿＿）の三大合併症が現れる。

● 糖尿病の治療は食事療法・（⑨ ＿＿＿＿＿）療法が基本となるが、これらの治療を行っても改善が見込めない場合に、インスリン注射などによる薬物療法が行われる。薬物療法で（⑩ ＿＿＿＿＿）が疑われる場合には、速やかに医療職に連絡する。

◆脂質異常症

● 血液中の（⑪ ＿＿＿＿＿）コレステロール値が140mg/dL以上、中性脂肪（トリグリセライド）の値が150mg/dL以上、HDLコレステロール値が（⑫ ＿＿＿）mg/dL未満のいずれかの状態を脂質異常症という。

◆高尿酸血症

● 尿酸が（⑬ ＿＿＿）mg/dLを超えたものを高尿酸血症という。

レッスン45 感染症

1. 高齢者の感染症の特徴

　高齢者は、免疫機能が低下しているためさまざまな病原体に感染しやすく、感染すると抵抗力の弱い臓器から発症します。高齢者にとって感染症は、生命にかかわる重大な疾患となるため、注意が必要です。

　高齢者の場合、咳や発熱、腹痛などの症状が明確に現れず、食欲不振や活動性の低下、失禁、脱水、意識障害といった症状がしばしばみられるという特徴があります。

2. 高齢者に多い感染症

①**腸管出血性大腸菌感染症**…食中毒のひとつで、**O157**によるものは症状が重く現れる。ベロ毒素が赤血球を破壊し、**急性腎不全**を起こす場合がある。対策としては、手洗いを徹底し、ドアノブやトイレの便座は**消毒用エタノール**などで拭くのが有効。

②**結核**…結核菌に**空気感染**して起きる疾患。感染してもすぐには発症せず、多くの場合、体力が落ちたときなどに発症する（**日和見感染**）。主症状は倦怠感や午後の微熱、寝汗、体重の減少、咳、痰など。対策としては、年に一度の定期健診時に、胸部のレントゲン撮影を受けることが重要である。また、寝汗、微熱、咳が2週間以上続くときは医療機関を受診する。

③**MRSA感染症／緑膿菌感染症**…MRSA（**メチシリン耐性黄色ブドウ球菌**）、緑膿菌ともに、多剤投与により菌が抗生物質に耐性を示すため、治療が難しく、**院内感染**の原因となる。高齢者や手術後の体力が低下している人などに感染すると発症する。対策としては、手洗いを徹底することが重要である。

④**ノロウイルス（感染性胃腸炎）**…**秋から冬**にかけて発生することが多く、集団感染の原因となる。ほとんどが二枚貝（カキなど）を摂取することによる**経口感染**だが、接触感染・飛沫感染など通常の感染症としての側面ももつ。対策としては、手洗いを徹底することが有効。排泄物・嘔吐物は、使い捨てのマスク・手袋・予防衣（ビニールエプロン）を着用し、速やかに処理する。消毒液は**次亜塩素酸ナトリウム**を使用する。

⑤**レジオネラ症**…**レジオネラ属の細菌**による感染症。**入浴設備**からの感染が多く、重症化すると死亡する場合がある。高齢者や免疫力の低下している人に感染しやすく、人から人には感染しない。対策としては、施設・設備を徹底的に点検、消毒することが重要である。浴槽は毎日洗浄し、月に一度は**塩素系消毒液**で消毒する。

⑥**インフルエンザ**…鼻水や咳など呼吸器の症状より先に、38℃以上の高熱、頭痛、筋肉や関節の痛みなどが起こる。対策としては、マスク、手洗いの励行が有効である。感染者は外出禁止とし、面会も制限する。室温約22℃、湿度50～70％に保ち、栄養や水分管理をしっかり行うとよい。

書いて覚えよう！

用語

ノロウイルス
食中毒予防のため、ノロウイルスによる汚染の恐れのある食品（カキなど）は、十分に加熱（中心温度が85～90℃で90秒以上）する。

NOTE

◆高齢者の感染症の特徴

● 高齢者の場合、感染しても通常みられる症状が明確に現れず、（①＿＿＿＿＿＿＿＿）や活動性の低下、失禁、（②＿＿＿＿）、意識障害などの症状がみられる。

◆高齢者に多い感染症

■高齢者に多い感染症の特徴と対策

腸管出血性大腸菌感染症	食中毒のひとつ。（③＿＿＿＿＿＿＿）を起こす場合がある 【対策】手洗いの徹底、ドアノブやトイレの便座は消毒用エタノールなどで拭く
結核	（④＿＿＿＿＿＿）に空気感染して起きる疾患。日和見感染をする 【対策】定期健診時に、（⑤＿＿＿＿）のレントゲン撮影を受ける
MRSA感染症／緑膿菌感染症	治療が難しく（⑥＿＿＿＿＿＿＿）の原因となる。体力が低下しているとかかりやすい 【対策】手洗いの徹底
ノロウイルス（感染性胃腸炎）	秋から冬にかけて発生することが多く、集団感染の原因となる 【対策】手洗いの徹底。排泄物などの処理時の消毒液は（⑦＿＿＿＿＿＿＿＿＿）を使用する
レジオネラ症	レジオネラ属の細菌による感染症。（⑧＿＿＿＿＿＿）からの感染が多く、死亡する場合がある 【対策】施設・設備の徹底的な点検、消毒
インフルエンザ	高熱、頭痛、筋肉や（⑨＿＿＿＿＿）の痛みなどが起こる 【対策】マスク、手洗いの励行

175

レッスン 46 認知症を取り巻く状況 ①

重要度 **B**

学習日 ／／／

1. 認知症ケアの理念

1）パーソン・センタード・ケア

　認知症高齢者への援助の基本は、認知症は病気であるという理解です。そして認知症の理解に加え、高齢者本人を理解することも必要になります。高齢者本人を理解するためには、その人を理解する手だてとなる情報を収集することが求められます。これは高齢者自身を中心に据えた対応であり、**パーソン・センタード・ケア**（A）とよばれます。

　パーソン・センタード・ケアはイギリスの臨床心理学者**キットウッド**が提唱したものです。それまでの医学モデルに基づいた認知症の見方を再検討し、認知症の症状からその人をみるのではなく、今の状態がベストであるとし、その人らしさを尊重しながら、人間らしい生き方を支援していく考え方です。

2）認知症の人のためのケアマネジメントセンター方式

　「認知症の人のためのケアマネジメントセンター方式（以下、**センター方式**）」は、認知症介護研究・研修センターが中心となって開発されました。センター方式は、認知症高齢者本人や家族、また、介護に携わる専門職などが共通シートを使って情報の交換や共有を行いながら、よりよい暮らしを目指していくために活用されるものです。認知症の初期からターミナル期までどの段階でも使える（B）ような工夫がしてあります。

3）ひもときシート

　ひもときシートは、認知症のある人の言動の背景要因を分析し、その人を理解するためのツールで、アセスメントの前段階で使用されます。項目を順番に書き込むことにより、**評価的理解**、**分析的理解**、**共感的理解**の３ステップを経て課題解決に導く構成になっています。

　ひもときシートには、**思考の転換**と**思考の展開**（C）の２つの意義があります。

①**思考の転換**…認知症のある人の言動を、介護福祉職の視点から認知症のある人の視点に切り替えること（**リフレーミング**）。

②**思考の展開**…視点を切り替えるため、認知症のある人の行動の背景要因を分析すること。

■ひもときシートの内容

①評価的理解	援助者が感じている課題、援助者が考える対応法を書き出し、援助者が自身の気持ちに向き合う
②分析的理解	認知症のある人の言動をその人の立場に立って理解する。具体的な言動の背景要因を分析する
③共感的理解	分析的理解を基に認知症のある人の言動の意味を把握し、その人の気持ちに共感する

書いて覚えよう！

◆認知症ケアの理念

● 認知症高齢者への援助の基本は、認知症は（［1］＿＿＿＿＿）であるという理解に加え、（［2］＿＿＿＿＿＿＿＿＿）を理解することも必要になる。

● 認知症高齢者を理解するための情報を収集し、高齢者自身を中心に据えた対応をすることを（［3］＿＿＿＿＿＿＿＿）とよぶ。これは、イギリスの臨床心理学者である（［4］＿＿＿＿＿＿＿）が提唱した考え方である。

● パーソン・センタード・ケアは、それまでの（［5］＿＿＿＿＿）モデルに基づいた見方を再検討し、認知症の症状からその人をみるのではなく、今の状態がベストであるとし、その人らしさを尊重しながら、（［6］＿＿＿＿＿）らしい生き方を支援していく考え方である。

● 「認知症の人のためのケアマネジメントセンター方式（センター方式）」は、（［7］＿＿＿＿＿＿＿＿＿＿）が中心となって開発したものである。

■センター方式による「共通の５つの視点」

● ひもときシートは、認知症のある人の言動の（［8］＿＿＿＿＿）を分析し、その人を理解するためのツールで、アセスメントの（［9］＿＿＿＿＿）で使用される。

● 項目を順番に書き込むことにより、（［10］＿＿＿＿＿）的理解、分析的理解、（［11］＿＿＿＿＿）的理解の３ステップを経て課題解決に導く構成になっている。

確認しよう！

★キットウッドが唱えた認知症高齢者を中心に据えた対応を何という？ ⇒ Ⓐ

★センター方式は、認知症のどの段階で使われる？ ⇒ Ⓑ

★ひもときシートの２つの意義は、思考の転換ともう１つは何？ ⇒ Ⓒ

用語

ユマニチュード
認知症ケアの技法のひとつで、「人間らしさを取り戻す」という意味をもっている造語。「見る」「話す」「触れる」「立つ」を４つの柱としている。

NOTE

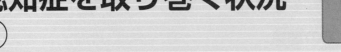

レッスン46 認知症を取り巻く状況②

重要度 **B**

学習日 ／／／

1. 認知症に関する行政の方針と施策

1）認知症施策推進総合戦略～認知症高齢者等にやさしい地域づくりに向けて～（新オレンジプラン）

2015（平成27）年1月、厚生労働省は「認知症施策推進総合戦略～認知症高齢者等にやさしい地域づくりに向けて～（**新オレンジプラン**）」を策定しました。認知症のある人の意思が尊重され、できる限り住み慣れた地域のよい環境で自分らしく暮らし続けることができる社会の実現を目指しています。

2019（令和元）年6月、関係閣僚会議において、「**認知症施策推進大綱**」がとりまとめられました。これまで「新オレンジプラン」で進められてきた施策も含めて、新たな大綱に基づく認知症施策が推進されることになりました。

2）認知症施策推進大綱

認知症の発症を遅らせ、発症後も希望をもって日常生活を過ごせる社会を目指して「<u>共生</u>」と「<u>予防</u>」Ⓐを車の両輪として据え、次の5つの柱に沿った取り組みが実施されています。

①普及啓発・本人発信支援
②予防
③医療・ケア・介護サービス・介護者への支援
④認知症バリアフリーの推進・若年性認知症の人への支援・社会参加支援
⑤研究開発・産業促進・国際展開

対象期間は、団塊の世代が75歳以上となる2025（令和7）年までとされています。

3）認知症基本法

認知症の人が尊厳を保持しつつ希望をもって暮らすことができるよう、認知症の人を含めた国民一人一人がその個性と能力を十分に発揮し、相互に人格と個性を尊重しつつ支え合いながら共生する活力ある社会の実現を推進することを目的として、「共生社会の実現を推進するための認知症基本法（**認知症基本法**）」が2023（令和5）年6月に公布されました（施行は2024〔令和6〕年1月）。

認知症施策は基本理念に定められた事項に沿って行うとともに、施策を総合的かつ計画的に推進するため、内閣に内閣総理大臣を本部長とする**認知症施策推進本部**を設置します。

書いて覚えよう！

◆認知症に関する行政の方針と施策

● 2015（平成27）年に厚生労働省は「認知症施策推進総合戦略〜認知症高齢者等にやさしい地域づくりに向けて〜（ （ ① ） ）」を策定した。

● 2019（令和元）年6月、関係閣僚会議において、「 （ ② ） 」がとりまとめられた。

● 認知症施策推進大綱では、認知症の発症を遅らせ、発症後も希望をもって日常生活を過ごせる社会を目指して「 （ ③ ） 」と「予防」を車の両輪として据え、①普及啓発・本人発信支援、②予防、③医療・ケア・介護サービス・介護者への支援、④認知症 （ ④ ） の推進・ （ ⑤ ） 認知症の人への支援・社会参加支援、⑤研究開発・産業促進・国際展開の5つの柱に沿った取り組みが実施されている。

● 対象期間は、 （ ⑥ ） が75歳以上となる2025（令和7）年までとされている。

● 認知症の人が （ ⑦ ） を保持しつつ希望をもって暮らすことができるよう、認知症の人を含めた国民一人一人がその個性と能力を十分に発揮し、相互に人格と個性を尊重しつつ支え合いながら （ ⑧ ） する活力ある社会の実現を推進することを目的として、「共生社会の実現を推進するための認知症基本法（ （ ⑨ ） ）」が2023（令和5）年6月に公布された。

● 認知症施策は （ ⑩ ） に定められた事項に沿って行うとともに、施策を総合的かつ計画的に推進するため、内閣に内閣総理大臣を本部長とする （ ⑪ ） を設置する。

 ### 確認しよう！

★認知症施策推進大綱では、何と何を車の両輪として据えている？ ⇒

NOTE

レッスン 47 医学的側面からみた認知症の基礎①

重要度 **A**

学習日 ／／／

1. 認知症の定義

　認知症は、「介護保険法」では「アルツハイマー病その他の神経変性疾患、脳血管疾患その他の疾患により日常生活に支障が生じる程度にまで**認知機能**が低下した状態として政令で定める状態」と定義されています。

2. 認知症の症状

　認知症の症状は、必ず起こる**中核症状** Ⓐ と、周辺症状として現れる認知症の行動・心理症状（**BPSD**）に大別されます。

3. 認知症の中核症状

　中核症状は**認知機能障害**で、代表的なものは次のとおりです。

1）記憶障害

　最近の出来事に関する記憶ほど**不鮮明**になります。ただし過去のことは比較的よく保持されています。

2）見当識障害

　時間・場所・人物に対する認識（**見当識**）の障害です。認知症の進行に伴い、時間 Ⓑ、場所、人物へと障害が進みます。失見当ともいわれます。

3）遂行機能障害

　物事を総合的に考え、計画し、筋道を立てて遂行していくことが困難になります。

4）社会脳の障害

　脱抑制、**常同行動**、社会的に不適切な言動（人を罵倒するなど）などの症状が現れます。また、**共感脳**が障害されると、他者の気持ちや痛みが理解できず、人を思いやることができなくなります。

5）空間認知障害

　三次元空間の中で、自分の身体や周囲の物の位置を正確にとらえることができなくなり、車が上手く操作できないなどの症状がみられます。

6）視覚認知障害

　視覚にかかわる症状が現れます。実際には存在しないものが見えたり（**幻視**）、実際に存在するものを別のものに見間違えたり（**錯視**）します。

7）失語・失行・失認のような症状

　認知症の病変は脳全体に広がり、損傷は広範囲にわたるため、高次脳機能障害で現れる**失語・失行・失認**のような症状がみられます。

書いて覚えよう！

◆認知症の定義

● 認知症は、「介護保険法」では「アルツハイマー病その他の神経変性疾患、脳血管疾患その他の疾患により（　[1]　）に支障が生じる程度にまで（　[2]　）が低下した状態として政令で定める状態」と定義されている。

◆認知症の症状

● 認知症の症状は、必ず起こる（　[3]　）症状と、周辺症状として現れる認知症の行動・心理症状（　[4]　）に大別される。

◆認知症の中核症状

記憶障害	最近の出来事に関する記憶ほど（　[5]　）になる。過去のことは比較的よく（　[6]　）される
見当識障害	（　[7]　）・場所・人物に対する認識（見当識）の障害。認知症の進行に伴い、時間→場所→（　[8]　）へと障害が進む
社会脳の障害	脱抑制、（　[9]　）などの症状が現れる。また、（　[10]　）が障害されると、他者の気持ちや痛みが理解できず、人を思いやることができなくなる
視覚認知障害	視覚にかかわる症状が現れ、実際には存在しないものが見えたり（　[11]　）、実際に存在するものを別のものに見間違えたり（　[12]　）する

確認しよう！

★認知症の症状で必ず起こるものは何と呼ばれている？ ⇒ Ⓐ

★見当識障害で、認知症の進行に伴い最初に障害されるのは何？ ⇒ Ⓑ

用語

認知機能
記憶、思考、理解、計算、学習、言語、判断などの知的機能のことをいう。

共感脳
前頭葉の内側面を指す。他者に対して共感したり同情したりする認知機能と深くかかわっている。

NOTE

医学的側面からみた認知症の基礎②

1. 認知症の行動・心理症状（BPSD）

　認知症の行動・心理症状（BPSD）は、すべての場合に起こるとは限らず、周囲のかかわりや介護環境などに大きく影響を受けるものです。

1）行動症状

①**作話**（さくわ）…**記憶障害**のために相手の質問の答えを自分の記憶から引っ張り出せないことなどによって、その場限りの取り繕（つくろ）った内容を話す。

②**徘徊**（はいかい）…家の中や屋外を歩き回る。夕方に帰宅行動をとるものを**夕暮れ症候群**という。

③**異食**…**理解力**の低下により、ブローチやボタンをなめたり、紙や泥、観葉植物など食べ物でない物を口に入れてしまう。

④**弄便**（ろうべん）…便を粘土のように手で弄（もてあそ）んだり、壁に塗りつけたりする。

⑤**失禁**…尿意が感じられない、排泄（はいせつ）動作ができない、排泄をコントロールできない、などが原因で起こる。失禁行為を知られたくないために、汚れた下着を隠そうとする行為もみられる。

⑥**暴言・暴力・易怒性**（いどせい）…不安や恐怖、混乱から自分の身を守るため、介護職などに暴力を振るったり、暴言を吐いたりする。中核症状が**中等度以上**になると頻繁に現れる。

⑦**興奮**…人間関係や介護環境の変化などによる不安から生じる。

⑧**性的逸脱行為**…自制心や判断力の低下から衣服を脱いでしまったり、自分の性器をいじったり、介護職に抱きついたりする。

⑨**収集癖**…周囲からみると不必要なもの、汚れたものなどを身のまわりに集める行為。自分のものと他人のものの区別がつかない、目についたものを手当たり次第に集めているようにみえるが、本人にとっては意味があって収集している場合もある。

2）心理症状

①**不安・焦燥**…漠然とした**不安**や**焦燥感**をもちやすくなる。

②**自発性の低下（アパシー）**…自分からは何もしなくなり、生気がみられない状態をいう。認知症が重度化すると発話がなくなり、運動の活発さがみられなくなる。

③**抑鬱状態**（よくうつ）…「死にたい」などと訴えることがある。

④**心気症状**…物忘れの訴えや、「眠れない」「尿が出ない」などと身体の不調を訴える**身体的愁訴**（しゅうそ）がみられる。

⑤**幻覚・妄想**…配偶者や恋人が浮気をしているなどと訴える**嫉妬妄想**、自分が大事にしているものを誰かに盗（と）られてしまったと訴える**物盗られ妄想**がよくみられる。

⑥**睡眠障害**…夜間眠れない**不眠**、寝すぎてしまう**過眠**、睡眠が昼夜逆転する睡眠覚醒（かくせい）リズムの障害などがみられる。

書いて覚えよう！

◆認知症の行動・心理症状（BPSD）

行動症状	作話	（ ① _____ ） 障害のために相手の質問の答えを自分の記憶から引っ張り出せないことなどによって、その場限りの取り繕った内容を話す
	徘徊	家の中や屋外を歩き回る。夕方に帰宅行動をとるものを （ ② _____ ） という
	異食	（ ③ _____ ） 力の低下により、食べ物でない物を口に入れてしまう
	（ ④ ___ ）	便を粘土のように手で弄んだり、壁に塗りつけたりする
	失禁	（ ⑤ _____ ） が感じられない、排泄動作ができない、排泄をコントロールできない、などが原因で起こる
	収集癖	周囲からみると （ ⑥ _____ ） なもの、汚れたものなどを身のまわりに集める行為
心理症状	不安・焦燥	漠然とした不安や （ ⑦ _____ ） をもちやすくなる
	（ ⑧ ___ ）の低下（アパシー）	自分からは何もしなくなり、生気がみられない状態をいう
	抑鬱状態	「死にたい」などと訴えることがある
	心気症状	物忘れの訴えや身体の不調を訴える （ ⑨ _____ ） がみられる
	幻覚・妄想	（ ⑩ _____ ） 妄想や物盗られ妄想がよくみられる

用語

易怒性
ささいなことで、すぐに怒りをあらわにする性質。

抑鬱状態
憂鬱感や不快感によって、判断力や決断力が低下したり、生きているのが面倒になったりする。身体面では全身がだるくなったり、不眠、食欲不振などがみられたりする。

NOTE

レッスン47 医学的側面からみた認知症の基礎③

重要度 A
学習日 / / /

1. 認知症に間違えられやすい症状

1）単純な物忘れ

　単純な物忘れの場合は、何かを忘れたり、思い出せないことを自覚でき、一連の経験の中で一部を忘れているため、自分の記憶を手がかりに時間をかければ思い出せることがあります。一方、認知症による**記憶障害**の場合は、自分の行動を思い返すことが難しくなり、**経験自体が忘れ去られてしまいます。**

2）軽度認知障害（MCI）

　正常な加齢と認知症との境界領域にある状態をいいます。本人や家族から記憶力低下の訴えがあることが多いものの、ADLや全般的な認知機能は**正常**であり、日常生活への影響はほとんどありません。軽度認知障害と診断された人の約半数は、その後5年以内に**認知症**に移行します。このため、食生活の改善や適度な運動、良質な睡眠など**ライフスタイルを改善**し、早期に対策を行うことが重要です。

3）認知症と混同されやすい疾患と障害

　認知症の症状と混同されやすい精神症状はいくつか挙げられます。特に**統合失調症**における知的機能低下や**鬱病**における仮性認知症症状、意識障害（**せん妄**）などとの違いを理解しておく必要があります。

○統合失調症

　統合失調症の客観的症状には、生活リズムが崩れる、身だしなみに構わなくなる、自閉的になる、衝動的な行動を頻発する、徘徊がみられるなどがあり、これらの症状が認知症との混同を招く一因と考えられている。

○鬱病

　気分の落ち込みや意欲低下など認知症と類似した症状がみられたり、鬱病でも認知症の診断に用いられる**長谷川式認知症スケール**の得点が低下したりすることから、しばしばその鑑別が困難なことがある。大きな違いとして、鬱病は症状が**急速**に進行するが、改善すると、認知症に類似した症状は快復するという特徴がある。認知症と区別するために**仮性認知症**Aとよばれている。

○せん妄

　疾患などが原因で引き起こされる**意識障害**である。**意識混濁**や興奮、**幻覚・妄想**などの症状を示す。特に、夜間（**夜間せん妄**）に症状が悪化することが多くみられる。原因としては、**高熱**、脱水、栄養障害、アルコール、**薬の副作用**、脳血管障害、感染症などが挙げられる。認知症との類似点が多くみられるが、大きな違いとしてせん妄は**日内変動**があり、また、**急速**に症状が発現するという特徴をもっている。

書いて覚えよう！

NOTE

◆認知症に間違えられやすい症状

● 単純な物忘れは、何かを忘れたり、思い出せないことを

（①＿＿＿＿＿）でき、一連の経験の中で一部を忘れているため、

自分の記憶を手がかりに時間をかけると思い出すことができる。

しかし、認知症による記憶障害では、自分の行動を思い返すこと

が難しくなり、（②＿＿＿＿＿＿）が忘れ去られる。

● （③＿＿＿＿＿）認知障害（MCI）は、正常な加齢と認知症との

境界領域にある状態をいう。ADLや全般的な認知機能は

（④＿＿＿＿）であり、日常生活への影響はほとんどない。

■認知症と混同されやすい疾患と障害

統合失調症	（⑤＿＿＿＿＿＿＿＿）が崩れる、身だしなみに構わなくなる、自閉的になる、衝動的な行動を頻発する、（⑥＿＿＿＿＿）がみられるなどの症状があり、認知症と混同されやすい
鬱病	認知症と類似した症状がみられたり、（⑦＿＿＿＿＿＿＿＿）の得点が低下したりすることから、鑑別が困難なことがある。大きな違いとして、鬱病は症状が（⑧＿＿＿＿＿）に進行するが、改善すると、認知症に類似した症状は快復するという特徴がある
せん妄	疾患などが原因で引き起こされる意識障害をいう。（⑨＿＿＿＿＿＿）や興奮、幻覚・妄想などの症状を示す。夜間（夜間せん妄）に症状が悪化することが多くみられる。認知症と類似しているが、せん妄は（⑩＿＿＿＿＿）があり、急速に症状が発現するという特徴がある

確認しよう！

★鬱病で、気分の落ち込みや意欲低下など認知症と似た症状が出ることを、認知症と区別するために何とよぶ？ ⇒ Ⓐ

レッスン48 認知症の原因疾患の特徴①

1. 認知症の原因疾患

認知症の原因疾患はさまざまですが、中でも代表的なものが、**アルツハイマー型認知症**と**血管性認知症**です。

①**脳血管障害**…血管性認知症（脳出血、脳梗塞）など

②**脳変性疾患**…アルツハイマー型認知症、前頭側頭型認知症（ピック病）、レビー小体型認知症、クロイツフェルト・ヤコブ病など

③**外傷性疾患**…頭部外傷、慢性硬膜下血腫など

④**その他**…正常圧水頭症、てんかん、多発性硬化症など

2. 認知症の原因疾患の特徴

1）若年性認知症

一般に**65歳未満**で発病したものを**若年性認知症**といい、代表的な疾患として、早発性のアルツハイマー型認知症や血管性認知症、前頭側頭型認知症があります。

高齢での発症と比べて進行が比較的**速く**、女性よりも**男性**に比較的多くみられるのが特徴です。初期には、記憶障害よりも**実行機能障害**が引き起こす作業効率の低下などの症状や、不安や抑鬱、意欲低下などが目立つことが多く、職場の同僚や家族が異変に気づくことがほとんどです。

若年性認知症になり就業継続が困難になると、経済的な問題にもつながります。精神障害者保健福祉手帳の取得や障害年金の申請など、利用できる制度についての情報提供が大切です。

2）アルツハイマー型認知症

65歳以降に発病し、老人斑や神経原線維変化、脳全体の**萎縮**、脳室の拡大がみられます。男性よりも**女性**に多いのが特徴です。

症状の進行は**慢性的**で**緩慢**ですが、末期には重度の認知症となります。主症状となる記憶障害は**初期**から現れ、著しいのは**近時記憶**の障害です。病識に乏しく、見当識障害、注意障害、実行機能障害なども現れます。適切に対応しないと行動・心理症状（BPSD）を引き起こしやすく、進行すると身体機能が低下していきます。治療法として進行を遅らせるための薬物治療の効果は認められていますが、**根治的治療**は困難とされています。

3）血管性認知症

脳梗塞、脳出血などの**脳血管障害**で脳の神経細胞や組織が障害されたり、血液の循環が阻害されることによって起こります。発病は**60歳前後**に多く、加齢とともに発病率が**増加**します。また、女性よりも**男性**に多く現れます。

初期症状として、**めまい**、頭痛、物忘れなどを自覚するほか、**麻痺**（脳の障害部位の反対側に起こる片麻痺、感覚麻痺など）や**情動失禁**（感情失禁）などが現れます。

書いて覚えよう！

◆認知症の原因疾患

脳血管障害	（ ① _____ ）（脳出血、脳梗塞）など
脳変性疾患	（ ② _____ ）、前頭側頭型認知症（ピック病）、レビー小体型認知症、クロイツフェルト・ヤコブ病など
外傷性疾患	頭部外傷、（ ③ _____ ）など
その他	（ ④ _____ ）、てんかん、多発性硬化症など

◆認知症の原因疾患の特徴

原因疾患	疾患の概要	症状
若年性認知症	（ ⑤ ____ ）歳未満で発病	高齢での発症と比べて進行が比較的（ ⑥ ____ ）い
アルツハイマー型認知症	（ ⑦ ____ ）歳以降に発病。（ ⑧ ____ ）性に多くみられる	進行は慢性的で緩慢。記憶障害は初期から現れ、著しいのは（ ⑨ _____ ）記憶の障害
血管性認知症	（ ⑩ ____ ）歳前後に多く発病し、加齢とともに発病率が増加。（ ⑪ ____ ）性に多くみられる	初期症状として、（ ⑫ _____ ）、頭痛、物忘れなどを自覚するほか、麻痺や（ ⑬ _____ ）（感情失禁）などがみられる

用語

早発性のアルツハイマー型認知症
神経症状や認知機能障害を認めることが多い。

情動失禁（感情失禁）
感情のコントロールができず、ささいなことで泣いたり激昂したりする。

混合型認知症
異なる種類の認知症が合併している状態をいい、アルツハイマー型認知症と血管性認知症によるものが大半である。

NOTE

確認しよう！

★アルツハイマー型認知症の主症状となる記憶障害は、いつから現れる？　⇒ Ⓐ

レッスン48 認知症の原因疾患の特徴②

重要度 **A**
学習日 ／／／

1. 認知症の原因疾患の特徴

1）レビー小体型認知症

　初老期に発症する認知症のひとつです。脳内の神経細胞にレビー小体が異常蓄積して発症する疾患ですが、原因は不明です。症状としては、**パーキンソニズムや幻視**、自律神経症状などがみられます。幻視は、覚醒レベルが低下したときや部屋が薄暗くなったときに現れやすくなります。症状の改善には、部屋が薄暗い場合は明るくする、漢方薬の抑肝散を服用することが有効とされています。

> レビー小体型認知症の初発症状は、**レム睡眠行動障害**です。また、パーキンソニズムの筋固縮により**嚥下障害**が生じ、誤嚥性肺炎を合併することも少なくありません。

2）前頭側頭型認知症（ピック病）

　初老期に発症する認知症のひとつです。大脳の前頭葉と側頭葉に限定して**萎縮**する進行性の疾患ですが、原因は不明です。症状は、**人格の変化**が目立ち、**脱抑制**や**常同行動**などが特徴的です。無頓着、無関心、自発性欠如、失語、**相貌失認**（顔を見ても誰だかわからない）といった前頭葉や側頭葉の萎縮による症状もみられますが、記憶や計算能力は部分的に保たれています。また、次第に生活態度が単調になり、**滞続言語**という独特の症状が現れるようになります。現在のところ、有効な治療法は確立されていません。

3）クロイツフェルト・ヤコブ病

　プリオン病（伝達性海綿状脳症）のひとつです。家族性のもの、発症原因が不明なものもありますが、プリオンたんぱくが脳内に侵入することで発症すると考えられています。症状は、脳がスポンジ様になり、**急速に**進行する認知症の症状がみられます。初期症状から短期間の間に寝たきりとなり、1〜2年で死亡します。現在のところ有効な治療法は確立されていません。

　○**精神症状**…認知障害、意識障害、幻覚、妄想、人格変化など。
　○**運動失調**…筋固縮、運動麻痺、**ミオクローヌス**（不随意運動）など。

4）改善が可能な認知症

①**慢性硬膜下血腫**…転倒による**頭部外傷**などが原因で硬膜の下に徐々に血腫ができ、脳が圧迫されて起こる疾患。受傷後1か月ほど経ってから頭痛や意識障害、運動機能障害、記憶力や判断力の低下などが現れ、認知症と誤診されることがあるが、早期に適切な治療を行えば、症状は改善する。診断には**頭部CT検査**が用いられる。

②**正常圧水頭症**…頭蓋内に脳脊髄液が異常に溜まり、脳室は拡大するが頭蓋内圧は正常範囲にあるもの。**記憶障害、歩行障害、失禁**が三大症状である。早期発見、手術により症状が改善する。

書いて覚えよう！

◆認知症の原因疾患の特徴

原因疾患	疾患の概要	症状
レビー小体型認知症	(①＿＿＿) 期に発症する。脳内の神経細胞に (②＿＿＿＿＿) が異常蓄積して発症する	(③＿＿＿＿＿) や幻視、自律神経症状などがみられる
前頭側頭型認知症（ピック病）	(④＿＿＿) 期に発症する。大脳の前頭葉と側頭葉に限定して (⑤＿＿＿＿) する進行性の疾患である	(⑥＿＿＿＿) の変化が目立ち、(⑦＿＿＿＿) や常同行動などが特徴的である
クロイツフェルト・ヤコブ病	プリオン病のひとつ。(⑧＿＿＿＿＿) が脳内に侵入することで発症する	精神症状（認知障害、意識障害、幻覚など）や (⑨＿＿＿＿)（筋固縮、運動麻痺など）が現れる
慢性硬膜下血腫	転倒による (⑩＿＿＿＿) などが原因で硬膜の下に徐々に血腫ができ、脳が圧迫されて起こる	頭痛や意識障害、運動機能障害、記憶力や判断力の低下などが現れ、(⑪＿＿＿＿) と誤診されることがある
正常圧水頭症	頭蓋内に脳脊髄液が異常に溜まり、(⑫＿＿＿) は拡大するが頭蓋内圧は正常範囲にあるもの	記憶障害、(⑬＿＿＿＿)、失禁が三大症状である

用語

脱抑制
自分の欲望を抑えられなくなり、反社会的な行動、なげやりな態度、人をばかにした態度などをとること。

滞続言語
会話の中にそのときの話題と無関係な文節あるいは文章を繰り返し差し挟むもの。例えば、食事の話題なのに「東京駅で降りました」と何度も繰り返すような状態のこと。

ミオクローヌス
素早い筋の収縮による不随意運動のひとつ。自分の意思とは無関係に起こる顔面や四肢の素早い動きで、手先が不規則に勝手に動く、首を動かす、顔をしかめるなどがみられる。

NOTE

確認しよう！

★前頭側頭型認知症では、生活態度が単調になるとどのような症状が現れるようになる？　⇨

レッスン48 認知症の原因疾患の特徴③

重要度　A
学習日　／／／

1. 認知症の検査

1）知能検査により認知症の程度をみるもの

①長谷川式認知症スケール（HDS-R）…認知症の**スクリーニングテスト**として用いられる。記憶や見当識、計算などに関する**9つ**の質問で構成され、10分程度で行える簡易な検査方式。検査結果が30点満点のうち20点以下の場合、認知症が疑われる。

②ミニメンタルステート検査（MMSE）…口頭で答える簡単な質問と**図形**の模写などで構成され、10分程度で行える比較的簡単な内容である。検査結果が30点満点のうち23点もしくは24点以下の場合、認知症が疑われる。

2）器質的検査により脳内の変化を把握するもの

①MRI（核磁気共鳴画像法）…磁気と電磁波を用いて臓器や血管の断面を撮影する画像診断方法。脳の萎縮や腫瘍、出血などの有無や程度を確認できる。慢性硬膜下血腫や血管性認知症の鑑別に有効。

②CT（コンピュータ断層撮影法）…X線を用いて身体の断面を撮影する画像診断方法。脳内の梗塞や腫瘍、血腫の有無などを確認できる。**慢性硬膜下血腫**の鑑別に有効。

③SPECT（脳血流シンチ）…ラジオアイソトープ（RI）を用いて脳などの血流状態をみる画像診断方法。脳機能が衰えて血流が低下している部分を確認できる。

3）行動観察により認知症の重症度を評価するもの

①CDR…認知機能をはじめ社会活動や家庭生活、身のまわりのことなど6項目の内容について、**5段階**（なし・疑わしい・軽度・中等度・重度）で状態を評価する。

②**FAST**Ａ…**アルツハイマー型認知症**の重症度を行動観察により判定する評価尺度。アルツハイマー型認知症の進行を**7つ**に区分し、その臨床的特徴が示されている。

③「認知症高齢者の日常生活自立度」判定基準…厚生労働省が提案し、要介護認定の判定資料として利用されている。日常生活上の具体的動作の状況を評価の目安として示している。

④「障害高齢者の日常生活自立度（寝たきり度）」判定基準…1991（平成3）年に厚生省（現：厚生労働省）が公表した判定基準。障害のある高齢者の日常生活自立度を4ランクに分類して判定する。

2. 認知症の治療

　薬物療法で使われる抗認知症薬の種類には、錠剤や口腔内崩壊錠（OD錠）、粉薬、ゼリー、貼付剤などがあります。症状の進行に応じて、段階的に投与量を**増量**していきます。服用することでADLが**改善**する場合もありますが、開始時や増量時に、悪心や嘔吐、下痢、興奮などの**副作用**が現れることがあるので、注意が必要です。

書いて覚えよう！

◆認知症の検査

■知能検査により認知症の程度をみるもの

長谷川式認知症スケール（HDS-R）	認知症の（ ［1］ ）として用いられる。9つの質問で構成
ミニメンタルステート検査（MMSE）	（ ［2］ ）で答える簡単な質問と（ ［3］ ）の模写などで構成

■器質的検査により脳内の変化を把握するもの

MRI（核磁気共鳴画像法）	脳の（ ［4］ ）や腫瘍、出血などの有無や程度を確認できる
CT（コンピュータ断層撮影法）	脳内の梗塞や腫瘍、血腫の有無などを確認できる。（ ［5］ ）の鑑別に有効
SPECT（脳血流シンチ）	脳機能が衰えて（ ［6］ ）が低下している部分を画像で確認できる

● （ ［7］ ）は、認知機能をはじめ社会活動や家庭生活、身のまわりのことなど6項目の内容について、5段階で状態を評価する。

● 「認知症高齢者の日常生活自立度」判定基準は、（ ［8］ ）の判定資料として利用されている。

◆認知症の治療

● 抗認知症薬を服用することでADLが改善する場合もあるが、開始時や増量時に（ ［9］ ）が現れることがある。

確認しよう！

★アルツハイマー型認知症の重症度を行動観察によって判定する評価を何という？ ⇒ Ⓐ

レッスン48 認知症の原因疾患の特徴④

重要度 A
学習日 ／／／

1. 心理的なはたらきかけによる治療

認知症の治療には、薬物療法以外に心理的なはたらきかけによってQOLの向上を図るものがあります。

○**リアリティ・オリエンテーション**（RO）…**現実見当識訓練**ともいう。記憶や思考に混乱をきたしている高齢者に対して、曜日・時間・場所・氏名などを繰り返し説明して案内・指導する方法。正しい情報を繰り返し示すことで現実感覚を導き、失われた見当識を改善する。グループに対して行うものと、介護職と利用者との日常生活におけるコミュニケーションの中で対応する、24時間リアリティ・オリエンテーションがある。

○**回想法**…認知症高齢者がその人らしく生活していた頃の思い出を取り上げて会話をする。記憶を呼び起こす語りかけを行うことで、高齢者が積極的に話ができる場をつくる方法。過去の未解決の課題を再度とらえ直すことで、アイデンティティの確立や社会性を獲得するという役割ももつ。

○**バリデーション**…利用者の言葉や行動（たとえ支離滅裂に思えるものであっても）を意味あるものとして受け止めることにより、利用者の感情表出を促し、問題解決につなげていこうとする方法。

○**音楽療法**…音楽のもつ力を治療に用いる方法。一般社団法人日本音楽療法学会のホームページによると、音楽には「人の生理的、心理的、社会的、認知的な状態に作用する力」があり、意図的・計画的に活用することで**興奮**や**不安**に有効。

2. 認知症の予防

認知症を予防するには、危険因子を減らすことが重要です。

血管性認知症は、脳血管障害の後遺症として起こることが多いため、脳血管障害の発症を抑えることが不可欠となります。主な危険因子は、喫煙、運動不足、高血圧症、飲酒、心疾患、肥満、脂質異常症などといわれています。

アルツハイマー型認知症の危険因子には、遺伝的なものと環境的なものがあります。環境的な因子のほうがより深く認知症の発症に関与しているⒶと考えられています。主な危険因子は、運動不足、人種、加齢、家族因子、食習慣などといわれており、中でも食習慣の影響は顕著です。

> 魚や野菜などに含まれるビタミンやミネラル、青魚などに含まれる不飽和脂肪酸、赤ワインに含まれるポリフェノールなどの摂取を増やすことは、アルツハイマー型認知症の発症の危険度を下げることにつながると報告されています。

書いて覚えよう！

◆心理的なはたらきかけによる治療

リアリティ・オリエンテーション	○ （ ①_____ ） ともいう。曜日・時間・場所・氏名など、正しい情報を繰り返し示すことで現実感覚を導き、失われた（ ②_____ ） を改善する ○ （ ③_____ ） に対して行うものと、介護職と利用者との日常生活におけるコミュニケーションの中で対応する、（ ④_____ ） リアリティ・オリエンテーションがある
回想法	○認知症高齢者がその人らしく生活していた頃の （ ⑤_____ ） を取り上げて会話をする ○ （ ⑥_____ ） を呼び起こす語りかけを行うことで、高齢者が積極的に話ができる場をつくる
（ ⑦_____ ）	○音楽のもつ力を治療に用いる方法 ○意図的・計画的に活用することで興奮や（ ⑧_____ ） に有効

◆認知症の予防

● 血管性認知症は、（ ⑨_____ ） の発症を抑えることが不可欠となる。主な危険因子は、喫煙、（ ⑩_____ ） 不足、高血圧症、飲酒、心疾患、（ ⑪_____ ） 、脂質異常症などがある。

● アルツハイマー型認知症の主な危険因子は、運動不足、人種、（ ⑫_____ ） 、（ ⑬_____ ） 因子、食習慣などといわれており、中でも （ ⑭_____ ） の影響は顕著である。

確認しよう！

★アルツハイマー型認知症では、危険因子のうち、遺伝的なものと環境的なものは、どちらが深く発症に関与する？　⇨ Ⓐ

認知症に伴う生活への影響

重要度 **C**

学習日 ／／／

1. 人間と生活を理解する

1）人間を理解する

　専門的な立場から生活の援助を行う者には、人間と生活に対する**客観的**な理解が求められます。そのためには、まず人間を理解することが重要です。

○**生物学的視点**…人間の生物学的な特徴を基本に、心身機能や老化・疾病とのかかわりをみる。

○**心理学的視点**…人間は生物の中でも高度な知的活動が行え、認知・感情といった精神活動も活発であり、**個体差**がある。

○**社会学的視点**…人間は家庭や社会など、多様な関係性の中で生きており、そこにおけるコミュニケーション手段として**文字**や**言葉**などをもつ。

○**哲学的視点**…人間は自己の存在を意識し、自身の内外に対する多様な**価値観**を形成している。

2）生活を理解する

　高齢者の場合、「これから」より「これまで」の時間が長く、さらに残された時間も短いため、老年期をいかに過ごすかが重要な意味をもちます。介護者は、利用者の「これまで」の人生がどのようなものであっても、それが固有のものとして本人が**肯定的**に受け止められるよう、個人の歴史を尊重し、**共感的対応**を心がけるようにします。

2. 環境変化が認知症のある人に与える影響

　認知症がある人にとっては、環境の変化が大きな混乱の要素となります。ストレスを軽減し、心身ともに安定した生活を送るためには、できる限り**なじみの環境**を整える Ⓐ 配慮が大切になります。

　認知症のある人が安心して暮らせる環境づくりの、具体的な工夫は次のとおりです。

○**記憶・見当識障害に対する工夫**…見やすい場所にわかりやすい**目印**をつける、思い出せる手がかりを表示する、など。

○**残存機能を活用する工夫**…動きやすく安全な居室環境にする、収納は見やすく扱いやすい配置にする、使い慣れた個人の持ち物を活用する、など。

○**安全・安楽・安心への工夫**…**手すり**や滑り止めをつける、**段差**をなくす、人の目が届きやすい環境をつくる、など。

○**自己決定を促す工夫**…できるだけ多く**選択肢**を示し、意思を確認する、不適切な選択も全面的に否定せず、代替案を考える、など。

○**コミュニケーションの工夫**…少人数が安心して集える場をつくる、季節感や時代を反映するような会話の材料を提供する、情報をわかりやすいかたち（回覧やポスターなど）で開示する、など。

書いて覚えよう！

◆人間と生活を理解する

● 専門的な立場から生活の援助を行う者には、人間と生活に対する（ ①＿＿＿＿＿ ）な理解が求められる。

● 心理学的視点では、人間は生物の中でも高度な知的活動が行え、認知・感情といった精神活動も活発であり、（ ②＿＿＿＿＿ ）がある。

● 介護者は、利用者の「これまで」の人生がどのようなものであっても、それが固有のものとして本人が（ ③＿＿＿＿＿ ）に受け止められるよう、個人の歴史を尊重し、（ ④＿＿＿＿＿ ）対応を心がける。

◆環境変化が認知症のある人に与える影響

■環境づくりの具体的な工夫

記憶・見当識障害に対する工夫	見えやすい場所にわかりやすい（ ⑤＿＿＿＿＿ ）をつける、など
残存機能を活用する工夫	動きやすく安全な居室環境にする、収納は見やすく扱いやすい配置にする、など
安全・安楽・安心への工夫	（ ⑥＿＿＿＿＿ ）や滑り止めをつける、（ ⑦＿＿＿＿＿ ）をなくす、など
自己決定を促す工夫	できるだけ多く（ ⑧＿＿＿＿＿ ）を示し、意思を確認する、など
コミュニケーションの工夫	少人数が安心して集える場をつくる、季節感や（ ⑨＿＿＿＿＿ ）を反映するような会話の材料を提供する、など

確認しよう！

★認知症がある人のストレスを軽減し、心身ともに安定した生活を送るためには、どんな配慮が必要？　⇒ Ⓐ

レッスン50 認知症介護における連携と協働

重要度 **A**

学習日 ／／／

1. 地域におけるサポート体制

　認知症高齢者の日常生活全般を支援するためには、①早期診断・早期治療、②見守り、③相談、④介護サービス、の4つの専門的アプローチが必要です。これらが一体的に運用されることで認知症高齢者の生活がより安全かつ快適になるといえます。

1）認知症初期集中支援チーム

　地域包括支援センターや市町村、認知症疾患医療センターなどに配置されます。認知症が疑われる人や認知症のある人、その家族Ⓐを複数の専門職（医師や保健師、看護師、作業療法士、社会福祉士、介護福祉士など）が訪問し、アセスメント、家族支援などの初期の支援を包括的、集中的に行っています。

2）認知症地域支援推進員

　地域包括支援センターや市町村、認知症疾患医療センターなどに配置されます。①地域での医療・介護等の支援ネットワークの構築、②認知症対応力向上のための支援、③相談支援・支援体制構築を行っています。

3）認知症コールセンター

　各都道府県および指定都市単位で設置されており、認知症介護の専門家や経験者等が認知症のある人や家族の悩みを聴いたり、相談に応じるなどの支援を行っています。

4）認知症サポーター

　認知症に関する正しい知識と理解をもち、地域や職域などで認知症のある人やその家族を支援する応援者のことです。地方公共団体や全国規模の企業・団体などが実施する**認知症サポーター養成講座**を受講した人が認知症サポーターとなりますⒷ。講座の講師（キャラバン・メイト）は、キャラバン・メイト養成研修の修了者が務めます。

5）認知症カフェ

　認知症のある人とその家族、地域住民、医療や介護の専門職など、誰もが自由に参加でき、集う場です。認知症カフェで実施される内容は、お茶や軽食の提供、介護相談や交流を目的としたイベントなど多岐にわたります。

6）認知症疾患医療センター

　認知症の**鑑別診断**、行動・心理症状（BPSD）と身体合併症の**急性期治療**、専門医療相談等を実施する認知症への対応に特化した機関で、都道府県知事または指定都市市長が指定する病院に設置されます。認知症医療の専門医、臨床心理技術者、精神保健福祉士などの配置が義務づけられています。

　認知症疾患医療連携協議会を開催し、地域の医療機関や地域包括支援センター、市町村、保健所等の関係機関や家族介護者の会などとの連携を図るなど、地域の認知症医療の連携を強化するⒸ役割を担っています。

書いて覚えよう！

◆地域におけるサポート体制

認知症初期集中支援チーム	認知症が疑われる人や認知症のある人、その家族を複数の専門職が訪問し、（①＿＿＿＿＿＿＿＿＿）、家族支援などの初期の支援を包括的、集中的に行っている
認知症（②＿＿＿＿＿）	地域包括支援センターなどに配置され、①地域での医療・介護等の支援ネットワークの構築、②認知症対応力向上のための支援、③相談支援・支援体制構築を行っている
認知症コールセンター	各（③＿＿＿＿＿＿＿）および指定都市単位で設置される。認知症介護の専門家や経験者等が認知症のある人や家族の悩みを聴いたり、（④＿＿＿＿＿）に応じている
認知症サポーター	認知症に関する正しい（⑤＿＿＿＿＿）と理解をもち、地域や職域などで認知症のある人やその家族を支援する応援者
認知症カフェ	認知症のある人とその（⑥＿＿＿＿＿）、地域住民、医療や介護の専門職など、誰もが自由に参加でき、集う場。お茶や軽食の提供、介護相談や交流を目的としたイベントなどが実施される
認知症疾患医療センター	認知症の（⑦＿＿＿＿＿）、行動・心理症状（BPSD）と身体合併症の急性期治療、専門医療相談等を実施する認知症への対応に特化した機関。都道府県知事などが指定する（⑧＿＿＿＿＿）に設置される

用語

認知症サポーター
2004（平成16）年に厚生労働省が打ち出した「認知症を知り地域をつくる10ヵ年」の構想における「認知症サポーター100万人キャラバン」の取り組みの中で、当初は全国で100万人養成することを目標に推進されていた。目標は2009（平成21）年に達成され、現在は1,000万人を超えている。

認知症ケアパス
認知症のある人やその家族が、いつ、どこで、どのような医療・介護サービスを受けられるのかについて、その流れを標準的に示したもの。市町村が作成する。

NOTE

確認しよう！

★認知症初期集中支援チームが訪問する対象者は？ ⇒ **A**
★何という講座を受けると認知症サポーターになれる？ ⇒ **B**
★認知症疾患医療連携協議会の役割は何？ ⇒ **C**

レッスン 51　家族への支援

重要度　B

学習日　／／／

1. 家族の認知症の受容過程と援助

　家族の受容過程は、**ショック・混乱→怒り・否認・抑鬱→依存・回復への期待→再適応の努力→受容・再適応**と進みます。介護職は、受容過程に沿った援助を行います。

2. レスパイトケア

　レスパイトとは、本来「休息」を意味する言葉 Ⓐ です。障害者、高齢者の介護を担っている家族に一時的な負担軽減・休息の機会を提供することを**レスパイトケア**といい、介護からの一時的解放を目的とするサービスを**レスパイトサービス**とよびます。認知症のある人を介護する家族のためのレスパイトサービスには次のようなものがあります。

　　○訪問介護（ホームヘルプサービス）の利用
　　○認知症対応型通所介護（**デイサービス**）の利用
　　○家事代行サービスの利用
　　○**家族会**への参加
　　○**認知症カフェ**への参加
　　○短期入所生活介護（**ショートステイ**）の利用
　　○認知症対応型共同生活介護（**グループホーム**）の利用
　　○施設への入所
　　○入院（認知症以外の疾病や障害から介護負担の原因となる症状が起こっている場合
　　　は、治療によりその後の生活の安定につながる）

3. 家族会・介護教室

　家族会は、同じような介護経験をもつ家族がお互いの介護の苦労や悩みなどを話し合う場です。話し合うことによって自分を客観的に見つめ直したりしながら、お互いに成長していくことを目的としています。交流会のほか、電話相談なども行っており、介護で困ったときの相談場所として重要な役割を担っています。さらに、他の家族の話を聞くことで、認知症を発症した家族の変化に気づく機会にもなっています。

　介護教室は、認知症の正しい理解や適切な介護方法を学ぶ場として市町村や地域包括支援センター、民間事業者などが開催しています。家族が介護負担を軽減する技術を身につけることで、在宅で生活できる利用者が増えることにつながるとともに、家族会と同様に参加家族の交流の場となることも期待できます。

書いて覚えよう！

◆家族の認知症の受容過程と援助

■家族の認知症の受容の過程

ショック・（ 1 ） ⇒ 怒り・否認・抑鬱 ⇒

依存・（ 2 ）への期待 ⇒ 再適応の努力 ⇒ 受容・再適応

◆レスパイトケア

● 障害者、高齢者の介護を担っている家族に一時的な負担軽減・休息の機会を提供することを（ 3 ）という。

● 介護からの（ 4 ）を目的とするサービスをレスパイトサービスとよぶ。

● レスパイトサービスには、訪問介護（ホームヘルプサービス）や認知症対応型通所介護（デイサービス）、家事代行サービスの利用、家族会や（ 5 ）への参加、短期入所生活介護（ショートステイ）や（ 6 ）（グループホーム）の利用、施設への入所、入院などがある。

◆家族会・介護教室

■家族会と介護教室

家族会	同じような介護経験をもつ（ 7 ）がお互いの介護の苦労や悩みなどを話し合う場
介護教室	認知症の正しい理解や適切な（ 8 ）を学ぶ場。市町村や（ 9 ）、民間事業者などが開催している

確認しよう！

★レスパイトとは、本来どんな意味？　⇒ Ⓐ

用語

介護教室
介護保険制度の中の地域支援事業における家族介護支援事業として実施されている。

NOTE

レッスン 52 障害の基礎的理解①

重要度 A
学習日 ／／／

1. 障害の概念－障害者と障害の定義

1）障害者の定義

「**障害者基本法**」は、日本の障害者施策の基本を定めた法律です。「障害者基本法」による「障害者」の定義は、「**身体障害、知的障害、精神障害（発達障害を含む。）** その他の心身の機能の障害（以下「障害」と総称する。）がある者であつて、障害及び**社会的障壁**により継続的に日常生活又は社会生活に相当な制限を受ける状態にあるもの」とされています。

「障害者の日常生活及び社会生活を総合的に支援するための法律（**障害者総合支援法**）」では、制度の谷間のない支援を提供する観点から、障害者の定義に**難病等**が追加 A されています。「障害者総合支援法」による「障害者」の定義は、身体障害者、知的障害者、発達障害を含む精神障害者、難病等が「身体障害者福祉法」その他の個別法を引用するかたちで規定されています。

2）それぞれの障害などの定義

それぞれの障害の具体的な範囲や定義については、関係する法律などによって定められています。

「身体障害者福祉法」による「**身体障害者**」の定義は、「別表に掲げる身体上の障害がある**十八歳以上の者**であつて、都道府県知事から**身体障害者手帳の交付を受けたもの**」とされています。

「知的障害児（者）基礎調査」（厚生労働省）による「**知的障害**」の定義は、「知的機能の障害が**発達期**（おおむね18歳まで）にあらわれ、日常生活に支障が生じているため、何らかの特別の援助を必要とする状態にあるもの」とされています。

「精神保健福祉法」による「**精神障害者**」の定義は、「統合失調症、精神作用物質による急性中毒又はその依存症、知的障害その他の精神疾患（しっかん）を有する者」とされています。

「発達障害者支援法」による「**発達障害**」の定義は、「自閉症、アスペルガー症候群その他の広汎性発達障害（こうはんせい）、学習障害、注意欠陥多動性障害（ちゅういけっかん）その他これに類する**脳機能**の障害であってその症状が通常**低年齢**において発現するものとして政令で定めるもの」とされています。また、「**発達障害者**」とは、「発達障害がある者であって発達障害及び社会的障壁により日常生活又は社会生活に制限を受けるもの」、「**発達障害児**」とは、「発達障害者のうち**十八歳未満のもの**」と定義されています。

書いて覚えよう！

◆障害の概念－障害者と障害の定義

● 「（①＿＿＿＿＿＿＿＿＿＿）法」は、日本の障害者施策の基本を定めた法律である。

■障害者などの定義

障害者 「障害者 基本法」	「身体障害、（②＿＿＿＿＿）、精神障害（発達障害を含む。）その他の心身の機能の障害がある者であつて、障害及び（③＿＿＿＿＿＿）により継続的に日常生活又は社会生活に相当な制限を受ける状態にあるもの」
身体障害者 「身体障害者 福祉法」	「別表に掲げる身体上の障害がある（④＿）歳以上の者であつて、都道府県知事から（⑤＿＿＿＿）手帳の交付を受けたもの」
知的障害 「知的障害児 (者)基礎調査」	「（⑥＿＿＿＿）の障害が発達期（おおむね18歳まで）にあらわれ、日常生活に支障が生じているため、何らかの特別の援助を必要とする状態にあるもの」
精神障害者 「精神保健 福祉法」	「（⑦＿＿＿＿）、精神作用物質による急性中毒又はその依存症、（⑧＿＿＿＿）その他の精神疾患を有する者」
発達障害者 (児) 「発達障害者 支援法」	「発達障害者」とは、「発達障害がある者であつて発達障害及び社会的障壁により日常生活又は社会生活に（⑨＿＿＿）を受けるもの」、「発達障害児」とは、「発達障害者のうち（⑩＿＿）歳未満のもの」

社会的障壁
障害者にとって、日常生活または社会生活を営むうえで障壁となるような社会における事物、制度、慣行、観念その他一切のものを指す。2011(平成23)年の法改正で盛り込まれた。
広汎性発達障害
広汎性発達障害は自閉症やアスペルガー症候群も含むが、「精神疾患の分類と診断の手引き（第5版）」(DSM-5)において、自閉症スペクトラム障害に統合された。

NOTE

確認しよう！

★障害者総合支援法による障害者の定義には難病等が含まれる？⇒

201

レッスン52 障害の基礎的理解②

重要度 **A**
学習日 ／　／　／

1. 障害の概念－手帳制度など

1）手帳制度

該当の障害に対する福祉の充実を図るため、手帳を交付する制度があります。

①身体障害者手帳

身体障害者手帳は、身体障害者障害程度等級表に示す障害程度（1級から7級まで）のうち、**1級から6級までに該当する**と認定された場合に、**都道府県知事、指定都市市長、中核市市長**から交付される。

7級の障害は単独では交付対象とならないが、7級の障害が2つ以上重複する場合または7級の障害が6級以上の障害と重複する場合は、対象となる。

②療育手帳

療育手帳は、児童相談所または知的障害者更生相談所において知的障害と判定された人に対し、**都道府県知事、指定都市市長**から交付される。

判定結果に基づき、重度の場合は「**A**」、その他の場合は「**B**」に区分される。都道府県（指定都市）によっては、手帳の名称や区分が異なる場合がある。

③精神障害者保健福祉手帳

精神障害者保健福祉手帳は、「精神保健福祉法」に定める精神障害の状態にあると認められた精神障害者（知的障害者を除く）に対し、**都道府県知事、指定都市市長**から交付される。

手帳の障害等級は**1級から3級まで**に区分され、**2年ごと**に精神障害の状態にあることについて認定を受けなければならないとされている。

> 若年性認知症や高次脳機能障害と診断された場合、精神障害者保健福祉手帳を取得できます。

2. 障害者の権利を守る制度－障害者差別解消法

「障害を理由とする差別の解消の推進に関する法律（**障害者差別解消法**）」が2013（平成25）年6月に成立し、2016（平成28）年4月から施行されました。政府には、障害を理由とする差別の解消を推進するための基本方針の決定を義務づけ、行政機関等や民間事業者には、必要な施策の策定義務を課しています。

また、**合理的配慮**（障害者から何らかの配慮を求める意思の表明があった場合、実施に伴う行政機関等や民間事業者の負担が過重とならない限り、障害者の性別、年齢および障害の状態に応じて社会的障壁を取り除くこと）を行うことを、行政機関等および民間事業者には**義務**として定めています。

書いて覚えよう！

◆障害の概念－手帳制度など

■ 各障害手帳制度の概要

身体障害者手帳	○身体障害者障害程度等級表に示す障害程度（1級から7級まで）のうち、1級から（①＿＿＿）級までに該当すると認定された場合に、（②＿＿＿＿＿＿＿）、指定都市市長、中核市市長から交付される ○7級の障害が2つ以上重複する場合または7級の障害が6級以上の障害と重複する場合は対象となる
療育手帳	○（③＿＿＿＿＿＿）または知的障害者更生相談所において知的障害と判定された人に対し、都道府県知事、指定都市市長から交付される ○判定結果に基づき、（④＿＿＿）の場合は「A」、その他の場合は「B」に区分される
精神障害者保健福祉手帳	○「精神保健福祉法」に定める精神障害の状態にあると認められた精神障害者（⑤＿＿＿＿＿＿を除く）に対し、都道府県知事、指定都市市長から交付される ○手帳の障害等級は（⑥＿＿）級から（⑦＿＿）級までに区分され、（⑧＿＿）年ごとに精神障害の状態にあることについて認定を受けなければならない

◆障害者の権利を守る制度－障害者差別解消法

● 「障害者差別解消法」では、政府には、障害を理由とする差別の解消を推進するための（⑨＿＿＿＿＿＿＿）の決定を義務づけ、行政機関等や民間事業者には、必要な施策の策定義務を課している。

● 合理的配慮を行うことを、行政機関等および民間事業者には（⑩＿＿＿＿）として定めている。

用語

合理的配慮
「障害者の権利に関する条約（障害者権利条約）」において、国際条約上初めて取り上げられた概念。具体的には、補助器具やサービスを提供すること、時間やルールなどの変更、設備や施設などに配慮することなどがある。

NOTE

レッスン 52 障害の基礎的理解③

重要度 **A**

学習日 ／／／

1. 障害者福祉の基本理念

1）ノーマライゼーション

「障害がある人もない人も、住み慣れた地域で同じようにともに生き、普通に生活をする」という基本理念を**ノーマライゼーション**といいます。

ノーマライゼーションは、1950年代、デンマークの**バンク＝ミケルセン**が初めて提唱しました。その後、スウェーデンの**ニィリエ**がバンク＝ミケルセンの考えをさらに深め、**ヴォルフェンスベルガー**(A)によりアメリカにも広められ、発展しました。

2）国際障害者年とノーマライゼーション

1975（昭和50）年「**障害者の権利宣言**」が国際連合（国連）で採択されましたが、国際理解や環境改善は必ずしも進んだとはいえませんでした。そこで国連は1981（昭和56）年を「**国際障害者年**」と定め、「**完全参加と平等**」というテーマの下に世界的な規模で啓発活動を行いました。このことがきっかけとなり、日本においてもノーマライゼーションや地域福祉への取り組みなどが盛り上がりをみせ、障害者福祉の一層の推進が図られることとなりました。

さらに、1982（昭和57）年に「障害者に関する世界行動計画」を採択し、その翌年から1992（平成4）年までの10年を「**国連・障害者の十年**」と定め、障害者問題に積極的に取り組むことを加盟国に要請しました。この流れを受け、日本でも1982年策定の「障害者対策に関する長期計画」に則った障害者施策が1983（昭和58）年から推進され、1993（平成5）年の「**障害者基本法**」の成立へとつながっていきました。

3）インテグレーション

インテグレーション（**統合教育**）とは、福祉サービスの利用者が差別なく、地域社会と密着して生活できるよう、地域住民や関連機関などが援助などを行うことをいいます。

4）インクルージョン

インクルージョン（**包括教育**）は、教育において、障害があってもなくてもすべての子どもを包み込み、必要な援助を行いながらともに学んでいくことを目指す考え方です。

5）ソーシャル・インクルージョン

2000（平成12）年、厚生省（現：厚生労働省）が示した理念で、社会連帯、つまり、共に生き、共に支え合う**共生社会の実現**を意図した理念であるといえます。

2. 障害者の権利に関する条約（障害者権利条約）

国連は2006（平成18）年に「障害者の権利に関する条約（**障害者権利条約**）」を採択し、日本は2007（平成19）年にこの条約に署名しました（条約の批准は2014〔平成26〕年1月）。条約を締結した国は、障害に基づくあらゆる**差別の禁止**や、障害者の**社会参加**の促進に向けての取り組みを進める義務が生じます。

書いて覚えよう！

◆障害者福祉の基本理念

● 「（①＿＿＿＿＿）がある人もない人も、住み慣れた地域で同じようにともに生き、普通に生活をする」という基本理念を（②＿＿＿＿＿＿＿＿＿）という。

● 1950年代、デンマークの（③＿＿＿＿＿＿＿＿＿＿＿）がノーマライゼーションを初めて提唱した。

● スウェーデンの（④＿＿＿＿＿＿＿＿）は、ノーマライゼーションの考えをさらに深めた。

■国連におけるノーマライゼーション

1975 （昭和50）年	国連で「（⑤＿＿＿＿＿＿＿＿＿）」が採択される
1981 （昭和56）年	国連が「（⑥＿＿＿＿＿＿＿＿＿）」と定め、「完全参加と（⑦＿＿＿＿＿）」というテーマの下に世界的な規模で啓発活動を行った
1982 （昭和57）年	国連が「障害者に関する（⑧＿＿＿＿＿＿＿＿）」を採択
1983 （昭和58）年～ 1992 （平成4）年	この10年間を、国連は「（⑨＿＿＿＿＿＿＿）の十年」と定め、障害者問題に積極的に取り組むことを加盟国に要請した

◆障害者の権利に関する条約（障害者権利条約）

● 国連は2006（平成18）年に「障害者権利条約」を採択し、日本は翌年にこの条約に（⑩＿＿＿＿＿）した。条約を締結した国は、障害に基づくあらゆる差別の禁止や、障害者の（⑪＿＿＿＿＿）の促進に向けての取り組みを進める義務が生じる。

用語

ノーマライゼーションの8つの原理

ニィリエは、ノーマル（普通）な生活の条件として、8つの原理にまとめた。

①1日のノーマルなリズム
②1週間のノーマルなリズム
③1年間のノーマルなリズム
④一生涯（ライフサイクル）でのノーマルな発達的経験
⑤ノーマルな要求の尊重
⑥ノーマルな異性との関係
⑦一般の市民と同様な経済条件
⑧ノーマルな住宅環境の提供

ヴォルフェンスベルガー

ノーマライゼーションに代わる「価値のある社会的役割の獲得」を目指すソーシャルロール・バロリゼーション（SRV）を提唱した。

NOTE

確認しよう！

★アメリカにノーマライゼーションを広めたのは誰？　⇒

レッスン53 視覚、聴覚、言語障害者の生活①

重要度 **A**

学習日 ／／／

1. 視覚障害の医学的・心理的理解

1）視覚障害の医学的理解

　視覚障害は、網膜から視覚中枢までの伝達路のどこかに病変がある場合や損傷を受けた状態をいいます。

> 脳の高次中枢の情報処理に問題がある場合を認知障害（失認）といい、視覚障害と区別しています。

　視覚障害の原因となる主な疾患としては、**糖尿病性網膜症**、白内障（はくないしょう）、**緑内障**（りょくないしょう）、網膜色素変性症、加齢黄斑変性症（かれいおうはんへんせいしょう）、ベーチェット病などがあります。

2）視覚障害者の心理的特性

①**先天性視覚障害者**…物を見た経験がないため、言葉を習得してもそれが実際にはどのようなものなのかがわからない状態（**バーバリズム**）になりやすい、身振りや手振り、しぐさ、表情などによる表現を**模倣**（もほう）によって獲得することが難しい、自己を刺激するような習慣的行動を繰り返す**ブラインディズム**がみられるなどの特徴がある。成長に伴い視覚がないことに気づき、周囲に反抗する場合などがある。

②**中途視覚障害者**…それまで見えていた世界が突然あるいは徐々に見えなくなるという**恐怖感**がある。

③**弱視者**…細かい部分がよくわからない、境界がはっきりしない、全体と部分を同時に把握するのが難しい、知覚の速度が遅い、「見えているのに視覚障害者」という状態に葛藤（かっとう）を抱く場合が少なくないなどの特徴がある。

2. 視覚障害者への支援

　介護職は、視覚障害者に対して**受容**と共感の気持ちで接し、何を援助するのか尋ねてから援助します。全面介助ではなくできない部分だけ援助し、弱視者に対しては本人がもつ視覚情報のうち不足している部分を補うように情報を提供します。

　外出の際には、安全確保のため**白杖**（はくじょう）を使用する必要があります。白杖は、段差などの危険回避のほか、周囲に視覚障害であることを知らせる役目も果たします。

　近視や遠視などの屈折異常では、眼鏡やコンタクトレンズを用いて屈折矯正（きょうせい）を適切に行う必要があります。新聞などを読む場合には、**弱視眼鏡**や**視覚障害者用拡大読書器**の利用で補います。また、まぶしさを訴える場合には、サングラスや遮光レンズなどを用います。

書いて覚えよう！

◆視覚障害の医学的・心理的理解

● 視覚障害は、網膜から （ ① _____ ） までの伝達路

のどこかに病変がある場合や損傷を受けた場合に起こる。

■視覚障害者の心理的特性

先天性視覚障害者	○言葉を習得してもそれが実際にはどのようなものなのかがわからない （② _____ ） の状態になりやすい ○身振りや手振りなどによる表現を （③ _____ ） によって獲得することが難しい ○自己を刺激するような習慣的行動を繰り返す （④ _____ ） がみられる
中途視覚障害者	○それまで見えていた世界が突然あるいは徐々に見えなくなるという （⑤ _____ ） がある
弱視者	○細かい部分がよくわからない ○ （⑥ _____ ） がはっきりしない ○「見えているのに視覚障害者」という状態に （⑦ _____ ） を抱く場合が少なくない

◆視覚障害者への支援

● 弱視者に対しては本人がもつ視覚情報のうち （⑧ _____ ）

している部分を補うように情報を提供する。

● 外出の際には、安全確保のため （⑨ _____ ） を使用する必

要がある。白杖には、段差などの （⑩ _____ ） のほ

か、 （⑪ _____ ） に視覚障害であることを知らせる役目もあ

る。

確認しよう！

★視覚障害者が、自己を刺激するような習慣的行動を繰り返すこ
とを何という？ ⇒ Ⓐ

レッスン 53 視覚、聴覚、言語障害者の生活②

重要度　**A**
学習日　／　／　／

1. 聴覚障害の医学的・心理的理解

1）聴覚障害の医学的理解

　聴覚障害とは、外耳から入った音を大脳で音として感じるまでの聴覚経路に何らかの障害があり、聞こえ方に異常をきたしている状態をいいます。一般に、ある程度の音声の識別ができる状態を**難聴**Ⓐ、ほとんど聴力のない状態を**聾**Ⓑといいます。

　難聴の場合、聴覚経路のどの場所に障害を受けているかにより、音や声の聞こえ方の障害が異なってきます。

　伝音性難聴（外耳から中耳の障害）では、小さな音が聞き取りにくくなります。**補聴器**などで改善が可能です。中耳炎などが原因で起こります。感音性難聴（内耳より奥の障害）では、大きな音でも聞き取りにくくなります。補聴器の適合が困難です。**老人性難聴**、メニエール病、突発性難聴などの内耳の病気によって起こります。混合性難聴は、伝音性難聴と感音性難聴が混在しているものです。

2）聴覚障害者の心理的特性

①**先天性聴覚障害者**…自発的な言語発達に遅れが生じる。言葉という音で相手に何かを伝える手段であるという行為を理解することが困難である。抽象的思考が十分に発達しない恐れがある。

②**中途失聴者**…聴覚の障害を負ったことで自分の価値が下がったと感じてしまう。障害を周囲に知られることに抵抗を感じる。なかなか意思が伝わらないことに対してイライラしたり、逆に相手に対して申し訳ない気持ちになる。高齢者の場合、本人も周囲も加齢によるものと諦（あきら）める傾向がある。

③**難聴者**…合図や警報が聞こえないため、危険な目に遭（あ）いやすい。他人の話すことが音として聞こえても言葉として理解できないような場合には、コミュニケーションがとりにくくなる。また、生まれつき重度の難聴者の場合には、話し言葉の習得が遅れがちになる。発語の歪（ゆが）みや特定音の省略、他の音との置き換えなどが起きやすい。

2. 聴覚障害者への支援

　聴覚障害者のコミュニケーション方法には、**手話**、指文字、**筆談**、読話（どくわ）などがあります。**補聴器**等の機器を勧める場合は、使い方の説明や練習に時間をかけ、一人でも使用可能かどうか確認します。

書いて覚えよう！

◆聴覚障害の医学的・心理的理解

■難聴の種類と特徴

伝音性難聴	感音性難聴
（ 1 ） が聞き取りにくい	大きな音でも聞き取りにくい
補聴器などで （ 2 ） が可能	補聴器の適合が （ 3 ）
（ 4 ） などが原因で起こる	（ 5 ） 、メニエール病、突発性難聴などの内耳の病気によって起こる

● 先天性聴覚障害者には、自発的な （ 6 ） に遅れが生じる。

● 中途失聴者は、障害を周囲に知られることに （ 7 ） を感じる。高齢者の場合、本人も周囲も （ 8 ） によるものと諦める傾向がある。

● 難聴者は、他人の話すことが （ 9 ） として聞こえても （ 10 ） として理解できないような場合には、コミュニケーションがとりにくくなる。

◆聴覚障害者への支援

● 聴覚障害者のコミュニケーション方法には、 （ 11 ） 、指文字、 （ 12 ） 、読話などがある。

● 補聴器等の機器を勧める場合は、 （ 13 ） の説明や （ 14 ） に時間をかけ、一人でも使用可能かどうか確認する。

確認しよう！

★ある程度の音声の識別ができる聴覚障害を何という？ ⇒ A

★聴覚障害のうち、ほとんど聴力のない状態を何という？ ⇒ B

用語

読話
話す人の口の動きや表情を手がかりに内容を読み取る方法。

NOTE

レッスン53　視覚、聴覚、言語障害者の生活③

重要度　A

学習日　／／／

1. 言語障害の医学的・心理的理解

1）言語障害の医学的理解

言語障害とは、音声器官が十分に機能しなかったり、大脳の言語中枢が損傷を受けたりすることにより、言語を書く、伝える、受け取る、解読する、のいずれかの機能に不具合が生じている状態をいいます。代表的なものに、**構音（こうおん）障害**や**失語症**があります。

聞こえ方の特徴による分類では、①構音（調音）の異常や語音の発音の異常などにより、一定の語音を正しく発せられない**構音障害**、②声の高さや強さ、音質・持続性に異常が起こった状態の**話し声の異常・音声障害**、③吃音（きつおん）、早口症などの**話し言葉のリズムの障害**に分けることができます。

言葉の発達の観点による分類では、言語発達遅滞を挙げることができます。

病因による分類では、①口蓋裂（こうがいれつ）によるもの、②脳の言語中枢障害によるもの（**失語症**など）、③情緒的要因によるもの（**緘黙症（かんもくしょう）、吃音など）、④聴覚障害を伴うもの（**聾唖（ろうあ）、先天性難聴（まひ）など）、⑤脳性麻痺によるものに分けることができます。

失語症の種類には、**ウェルニッケ失語**（感覚性失語）と**ブローカ失語**（運動性失語）があります。ウェルニッケ失語は、自発的で流暢（りゅうちょう）に話すものの、意味のわからない言葉でまとまりを欠いている、他人の言語を理解することが困難となるという特徴があります。ブローカ失語には、簡単な言葉を除き、通常の言語表出が困難となる、他人の言語を理解することはできるという特徴があります。

2）言語障害者の心理的特性

言語障害者は、自分の考えや感情を相手に伝えることが困難になり、欲求不満になりがちです。また、どうしても失敗や困難を予期して、これを回避したり防衛したりする行動をとりがちです。

吃音のある人は、聞き手の反応に過敏になり、否定的な反応をされると、さらに吃音が進展しやすくなるという特徴があります。また、脳性麻痺の言語障害の場合は、言語理解が正常にもかかわらず、表現言語面に重度の障害があるため、発語にあたって欲求不満が大きくなるという特徴がみられます。失語症のある人は、言語障害の受容が困難となる場合、対人的適応力を弱体化させる結果になりやすいという特徴があります。

2. 言語障害者への支援

言語障害者は、重度でも表情や身振り、声の調子などでコミュニケーションをとれることが多く、その人に合ったコミュニケーション手段を見つけることが大切です。**筆談**のほか、**パソコン**や携帯電話、**コミュニケーションエイド**などの機器を活用します。

書いて覚えよう！

用語

緘黙症
言語を習得しているのに、心理的な原因で何もしゃべれなくなる病気。幼児期・学童期に多くみられる。

◆言語障害の医学的・心理的理解

● 言語障害は、聞こえ方の特徴による分類では、

① (［1］_____)、②話し声の異常・音声障害、③話し言葉

のリズムの障害に分けられる。言葉の発達の観点による分類では、

(［2］_____) がある。病因による分類では、①口蓋裂

によるもの、②脳の言語中枢障害によるもの (［3］_____)

など)、③情緒的要因によるもの (緘黙症、吃音など)、④聴覚障

害を伴うもの (聾唖、先天性難聴など)、⑤脳性麻痺によるもの

に分けられる。

■ 失語症の種類

ウェルニッケ失語 (感覚性失語)	(［4］_____) で流暢に話すものの、意味のわからない言葉でまとまりを欠いている。また、他人の (［5］____) を理解することが困難となる
ブローカ失語 (運動性失語)	簡単な言葉を除き、通常の (［6］_____) が困難となる。他人の言語を (［7］____) することはできる

● 吃音のある人は、聞き手の (［8］_____) に過敏になり、

(［9］_____) な反応をされると、さらに吃音が進展しやす

くなる。

● 失語症のある人は、言語障害の (［10］_____) が困難となる

場合、対人的適応力を弱体化させる結果になりやすい。

◆言語障害者への支援

● 言語障害者は、重度でも (［11］_____) や身振り、

(［12］_____) などでコミュニケーションをとれること

が多く、その人に合ったコミュニケーション手段を見つけること

が大切である。

NOTE

レッスン54 肢体不自由者の生活

1. 肢体不自由の医学的・心理的理解

1）肢体不自由の医学的理解

　肢体不自由とは、先天的または後天的要因によって、**四肢**および**体幹**に何らかの障害があり、その状態が相当期間または永続的に続くことをいいます。<u>運動機能障害</u>とよばれることもありますA。

　肢体不自由は、脳に損傷を受けたことが原因か、そうでないかによって大きく分けられます。脳損傷に起因する障害の場合は、主症状である肢体不自由に加えて知的障害、言語障害、てんかん発作などの随伴障害を引き起こすことが多い傾向がみられます。原因疾患として**脳性麻痺**、脳炎後遺症、脳血管障害、頭部外傷などが挙げられます。脳損傷に起因しない障害の場合は、随伴障害を引き起こすことはまれであるといわれています。原因疾患として、**関節リウマチ**、**脊髄損傷**、急性灰白髄炎（ポリオ）、筋ジストロフィー、重症筋無力症、後天性切断などが挙げられます。

- ○**脳性麻痺**…妊娠中の母体の疾患や分娩障害、出生後の脳炎など、受胎から新生児期までの間に生じた脳への損傷によって起こる運動機能の異常。痙直型、アテトーゼ型などの種類があり、**痙直型**では筋肉が緊張し手足が突っ張る、**アテトーゼ型**では自分の意思とは無関係に手足が動く（**不随意運動**）などの症状がみられる。

- ○**脊髄損傷**…事故による脊椎骨折、腫瘍などの疾患が原因で脊髄が損傷し、感覚麻痺、運動麻痺、排尿・排便障害などが起こる。損傷の位置が上部にあるほど、機能障害が重くなる。頸髄損傷（**C1～C3**）の場合は、**呼吸障害**、**四肢麻痺**などが生じる。

2）肢体不自由者の心理的特性

　肢体不自由者は、外見から障害を判断されやすく他人の注意を引くことから、外見上の障害が強調された**身体像**（自分の容姿や能力についてのイメージ）を抱きがちになります。ときには実際とはかけ離れた、より劣った身体像を抱くこともあり、外見上の問題が強い劣等感につながることも多くなります。

　中途障害者の場合、障害の発生により身体像の修正を迫られるため、心理的に混乱することが少なくありません。障害が生じる前の身体像を維持しようとして服装や行動に過剰に気を遣ったり、新たな身体像を受け入れられずに対人不安に陥るなどといった問題が生じることがあります。

2. 肢体不自由者への支援

　介護職は、肢体不自由者が利用可能な障害福祉サービス（**重度訪問介護**や**補装具**など）に関する情報を提供し、サービスを上手く活用することで、利用者が自分らしい生活の実現を図っていけるよう援助していくことが重要です。

書いて覚えよう！

◆肢体不自由の医学的・心理的理解

● 肢体不自由とは、先天的または後天的要因によって、

（ ① _____ ） および （ ② _____ ） に何らかの障害があり、

その状態が相当期間または永続的に続くことをいう。

■肢体不自由の分類

脳損傷に起因する障害	肢体不自由に加えて知的障害、言語障害、てんかん発作などの（ ③ _____ ）を引き起こすことが多い	原因疾患は、（ ④ _____ ）、脳炎後遺症、脳血管障害、頭部外傷など
脳損傷に起因しない障害	随伴障害を引き起こすことは（ ⑤ ___ ）であるといわれている	原因疾患は、関節リウマチ、（ ⑥ _____ ）、急性灰白髄炎（ポリオ）、筋ジストロフィー、重症筋無力症、後天性切断など

● 脳性麻痺の痙直型では （ ⑦ _____ ） が緊張し手足が突っ張

る、アテトーゼ型では自分の意思とは無関係に手足が動く

（（ ⑧ _____ ）） 症状がみられる。

● 脊髄損傷は、損傷の位置が上部にあるほど、機能障害が

（ ⑨ _____ ） なる。頸髄損傷（C1〜C3）の場合は、呼吸障害、

（ ⑩ _____ ） などが生じる。

● 肢体不自由者は、外見上の障害が強調された

（ ⑪ _____ ） （自分の容姿や能力についてのイメージ）を

抱きがちになる。外見上の問題が強い （ ⑫ _____ ） につ

ながることも多い。

確認しよう！

★肢体不自由は、何とよばれることがある？　⇒ Ⓐ

用語

随伴障害

原因となる疾患や主となる障害に伴って起こる障害のこと。

筋ジストロフィー

遺伝性の疾患で、筋線維の変性・壊死に伴い身体機能が低下する障害。デュシェンヌ型、ベッカー型などがあり、動揺性歩行、腓腹筋（ひふく）の肥大などの症状がみられる。最も発生頻度が高いデュシェンヌ型は3〜5歳頃に発病し、ほぼ男児に起こる。進行が速く、10歳前後で歩行不能となり、30歳代までに死亡することが多い。

NOTE

レッスン 55 内部障害者の生活①

重要度 | A
学習日 | / / /

1. 心臓機能障害

1）医学的・心理的理解

　心臓機能障害とは、さまざまな疾患（しっかん）などにより心臓の機能が低下し、日常生活に支障をきたすものをいいます。原因となる主な疾患には、虚血性心疾患（**狭心症、心筋梗塞**（しんきんこうそく）など）や心臓・血管系の変化（**高血圧**、動脈硬化、**不整脈**（ふせいみゃく）など）が挙げられます。

　心臓機能障害者は心臓に疾患があることによる不安やストレスを抱えながら生活しており、鬱病（うつびょう）を発症している場合も少なくありません。

2）心臓機能障害者への支援

　心臓機能障害では、風邪（かぜ）などの**呼吸器感染**に十分に注意しなければなりません。薬物療法の場合は、薬の用法・用量を守ることが大切です。日頃から血圧測定 Ⓐ を行って数値を記録しておき、異常があれば医師などに相談します。

　また、食事だけでなく生活全体を見直し、刺激や**ストレス**を避けるようにします。

2. 腎臓機能障害（じんぞう）

1）医学的・心理的理解

　腎臓機能障害とは、腎機能の低下によって、老廃物や水分を排出することができなくなり、有害な物質が身体に蓄積してしまった状態をいいます。腎機能が正常の50％程度になると、自覚はないが腎臓の予備力が低下している状態、10～30％で**腎不全**、10％以下では**尿毒症** Ⓑ と判断され、**人工透析**や**腎移植**の対象とされます。

①**血液透析**…週に2～3回、血液を体外に導き出すための**シャント**に針を刺し、体内の血液を透析膜（ダイアライザー）に通して老廃物などを除去し、きれいになった血液を体内に戻す方法。透析後、頭痛、嘔吐（おうと）などの**不均衡症候群**の症状がみられることがあるため、利用者の状態をよく観察する必要がある。また、シャントがある側の腕をぶつけたり、けがをしたりしないよう十分注意する。

②**腹膜透析**…腹膜を透析膜にして透析を行う方法。腹腔内にカテーテルを留置して透析液を注入し、一定時間後、腹膜の血管から透析液ににじみ出てきた老廃物などを体外に排出する。

慢性（まんせい）腎不全の治療においては、食事の内容や水分摂取量の制限、感染予防、血圧のコントロールなど、生活の中でさまざまなことに気を遣わなければならないため、精神的な**ストレス**が大きくなります。

2）腎臓機能障害者への支援

　腎臓機能障害は、軽く身体を動かすことは問題ないとされていますが、疲労を残さないことが大切です。毎日、血圧や体重、尿量を測定する習慣をつけ、異常があれば医師などに報告します。

書いて覚えよう！

◆心臓機能障害

● 心臓機能障害とは、さまざまな疾患によって（ 1＿＿＿＿＿ ）が低下し、日常生活に支障をきたす状態をいう。

● 心臓機能障害では、風邪などの（ 2＿＿＿＿＿ ）に十分に注意する。（ 3＿＿＿＿＿ ）の場合は、薬の用法・用量を守ることが大切である。

◆腎臓機能障害

● 腎臓機能障害とは、（ 4＿＿＿＿＿ ）の低下によって、（ 5＿＿＿＿＿ ）や水分を排出できなくなり、有害な物質が身体に蓄積してしまう状態をいう。

■腎臓機能障害の進行と症状

> ○腎機能が正常の（ 6＿＿ ）％程度…自覚症状はない
>
> ○腎機能が正常の 10 〜 30％…（ 7＿＿＿＿ ）
>
> ○腎機能が正常の 10％以下…尿毒症 ⇒人工透析や（ 8＿＿＿＿ ）の対象となる

● 血液透析では、（ 9＿＿＿＿＿ ）に針を刺して体内の血液を透析膜（ダイアライザー）に通して老廃物などを除去する。透析後、頭痛、嘔吐などの（ 10＿＿＿＿＿ ）の症状がみられることがあるため、利用者の状態をよく観察する必要がある。

● 腹膜透析では、（ 11＿＿＿＿ ）を透析膜として利用する。

● 慢性腎不全の治療においては、食事の内容や水分摂取量の制限、（ 12＿＿＿＿ ）予防、（ 13＿＿＿＿ ）のコントロールなどがあるため、精神的な（ 14＿＿＿＿＿ ）が大きくなる。

確認しよう！

★心臓機能障害者は、日頃から何の測定を行って数値を記録しておく？ ⇒ A

★腎臓の機能が正常の10％以下になった状態は何と診断される？ ⇒ B

用語

不均衡症候群
透析によって、老廃物とともに除去された電解質（ナトリウムやカリウムなど）などのバランスが崩れることによって生じる頭痛や嘔吐、悪心、筋痙攣、倦怠感などの症状の総称。血液透析を行っている人に起こりやすい。

NOTE

215

レッスン 55 内部障害者の生活②

重要度 **A**
学習日 ／／／

1. 呼吸器機能障害

1）医学的・心理的理解

呼吸器機能障害とは、さまざまな病気により、呼吸器の機能が低下して酸素と二酸化炭素の交換が妨げられ、酸素が不足する状態をいいます。しばしば**息苦しさ**を感じ、ストレスを抱えていることが少なくありません。

2）呼吸器機能障害者への支援

呼吸器機能障害のある利用者は、**息苦しさ**が起こらないように、ゆっくりとしたペースで活動を行うように心がけていることも多いため、介護職は利用者のペースを理解したうえで援助を行うことが大切です。

2. 膀胱・直腸機能障害

1）医学的・心理的理解

膀胱・直腸機能障害とは、膀胱や直腸の機能が疾患などのために低下して、正常な排泄ができなくなった状態をいいます。膀胱・直腸機能障害者は、通常機能での排泄ができず、**ストーマ**の造設によって精神的ショックを受けることになります。また、**オストメイト**は、悪性腫瘍（がん）が原因の場合には再発の恐怖とも闘っています。

2）膀胱・直腸機能障害者への支援

ストーマとは、通常の排泄経路以外に人工的に設けた排泄口のことをいい、尿を排泄するための**尿路ストーマ**と便を排泄するための**消化管（器）ストーマ**に大別されます。

消化管（器）ストーマには、小腸の回腸部分に造設する**回腸ストーマ**と大腸の結腸部分に造設する**結腸ストーマ**があります。

膀胱機能障害者には、**膀胱留置カテーテル**や**自己導尿**などの処置があります。

3. HIV による免疫機能障害

1）医学的・心理的理解

HIV（ヒト免疫不全ウイルス）に感染すると免疫機能が低下し、健康であれば通常は感染することのないような弱い病原菌にも感染（**日和見感染**）して、さまざまな病気を発症します。このような状態になると**AIDS**（後天性免疫不全症候群）と診断されます。

2）HIVによる免疫機能障害者への支援

介護職は、利用者が今後はどのような生活を送りたいのかを確認し、必要な援助を考えていきます。実際に援助を行うにあたっては、介護職は正しい認識の下に感染を予防することが大切です。ただし、必要以上に感染を警戒するのではなく、**標準予防策（スタンダード・プリコーション）**を採用し、感染を防ぎます。

書いて覚えよう！

◆呼吸器機能障害

● 呼吸器機能障害とは、さまざまな病気により、
（① _____ ）の機能が低下して酸素と二酸化炭素の交換が
妨げられ、（② _____ ）が不足する状態をいう。

● 呼吸器機能障害のある利用者は、（③ _____ ）が起
こらないように、ゆっくりと活動を行うよう心がけていることも
多いため、介護職は利用者の（④ _____ ）を理解したう
えで援助を行う必要がある。

◆膀胱・直腸機能障害

● 膀胱・直腸機能障害とは、膀胱や直腸の機能が（⑤ _____ ）
などのために低下して、正常な（⑥ _____ ）ができなくなっ
た状態をいう。

■ストーマの種類

（⑦ _____ ）ストーマ			（⑧ _____ ）ストーマ	
消化管（器）ストーマ			結腸ストーマ	

◆HIV による免疫機能障害

● HIVに感染すると（⑨ _____ ）機能が低下する。日和見感
染を起こしてさまざまな病気を発症した状態になると
（⑩ _____ ）（後天性免疫不全症候群）と診断される。

● 介護の際は、介護職は正しい認識の下に感染を
（⑪ _____ ）することが大切である。必要以上に感染を警戒す
るのではなく、（⑫ _____ ）（スタンダード・
プリコーション）を採用し、感染を防ぐ。

用語

標準予防策（スタンダード・プリコーション）

感染しているかどうかにかかわらず、すべての利用者の血液や体液、汗を除く分泌液（痰、唾液など）、排泄物（尿、便、吐物など）、傷などがある皮膚、粘膜などは、感染の恐れのあるものとして接触を最小限に留め、感染を予防する方法のこと。

NOTE

確認しよう！

★便を排泄するために人工的に設けた排泄口は何という？　⇒ Ⓐ

レッスン **56** 精神障害者、高次脳機能障害者の生活①

1. 内因性精神障害

1）統合失調症

基本症状は、幻覚、妄想などの異常体験を訴えるものです。慢性に経過し、放置しておくとやがて荒廃状態に至るとされています。主な症状は次のとおりです。

○**陽性症状**…**幻聴**、**幻視**、**妄想**（関係妄想、**被害妄想**など）、**させられ体験**（自分の考えや行動が誰かにあやつられていると感じる）、**滅裂思考**（脈絡がなく、考えがまとまらない）など。

○**陰性症状**…感情の動きが乏しくなる**感情鈍麻**、無関心、意欲欠如など。

○**その他**…抑鬱、不安など。自殺しようと考える希死念慮を抱く場合もある。

治療は、主に**抗精神病薬**による薬物療法を行い、症状の軽減を図ります。抗精神病薬の中断・変更は再発を誘発するため、医師の管理下で継続的に投薬を行うことが必要です。また、対人関係や日常生活能力の向上を図るために作業療法、デイケア、**社会生活技能訓練**（SST）など、回復へ向けてのリハビリテーションが行われます。

2）気分障害

気分障害は、抑鬱あるいは爽快といった感情の障害を主症状とし、**躁病や鬱病**などが含まれます。躁病と鬱病のどちらか一方を周期的に繰り返す単極型と、躁病と鬱病両方の状態を波型に繰り返す双極型（躁鬱病）とがあります。

○**躁病** A …気分は爽快で気力が充実し、自信と希望に溢れ、健康感に満ちており、傲慢で尊大となる。周囲から遮られると興奮する場合がある。身体症状としては不眠、食欲や性欲の亢進などがみられる。**誇大妄想**（願望や空想がそのまま妄想的に確信されてしまう。「魔法が使える」「億万長者である」などを信じて疑わないなど）、**観念奔逸**（話の筋や注意の集中が次々に移り、ときにはめちゃくちゃになる傾向を示す。この傾向は、誇大妄想と結びつき、空想的となり、自分は何でもできるという万能感をもちやすいとされる）、**行為心拍**（絶えず何かを企画し、不眠不休で次々と行動に移すものの、いずれも未完に終わる）などの症状がある。

○**鬱病**…不安・焦燥感を訴えることが症状の中心。憂鬱となり、悲哀感に満ち、気分が滅入って寂しさを訴え、**日内変動**がある。身体症状としては食欲不振、便秘、体重減少、不眠など。**思考制止**（思考が途絶え、口数が減り、簡単な仕事でもできなくなる）、微小妄想（誇大妄想の反対。自分の能力や健康、経済力などを過小評価し、価値のない人間であると考えてしまう）、**罪業妄想**（自分は大変な過ちを犯した、皆に迷惑をかけて取り返しがつかないと確信してしまう妄想）、**心気妄想**（重い病気や不治の病にかかったと確信してしまう）などの症状がある。

書いて覚えよう！

◆内因性精神障害

■統合失調症の主な症状

統合失調症	陽性症状	幻聴、（ ① ）、（ ② ） 妄想、被害妄想、させられ体験、滅裂思考など
	陰性症状	感情鈍麻、無関心、（ ③ ） 欠如など

● 統合失調症の治療は、主に（ ④ ）による薬物療法を行い、症状の軽減を図る。薬の中断・変更は（ ⑤ ）を誘発するため、医師の管理下で継続的に投薬を行うことが必要である。

● 気分障害には、躁病と鬱病のどちらか一方を周期的に繰り返す（ ⑥ ）型と、躁病と鬱病両方の状態を波型に繰り返す（ ⑦ ）型（躁鬱病）とがある。

■気分障害の主な症状

気分障害	躁病	気分は（ ⑧ ）で気力が充実し、自信と希望に溢れ、健康感に満ちており、傲慢で尊大となる。身体症状としては（ ⑨ ）、食欲や性欲の亢進など。また、誇大妄想、（ ⑩ ）、行為心拍がみられる
	鬱病	不安・（ ⑪ ）を訴えることが症状の中心。憂鬱となり、悲哀感に満ち、気分が滅入って寂しさを訴え、日内変動がある。身体症状としては食欲不振、便秘、体重減少、（ ⑫ ）など。思考制止、微小妄想、（ ⑬ ）妄想、心気妄想がみられる

確認しよう！

★誇大妄想がみられるのは躁病？　鬱病？　⇒ Ⓐ

荒廃状態
あらゆることに無関心で、何の意欲も示さない状態。

NOTE

レッスン56 精神障害者、高次脳機能障害者の生活②

重要度 **A**

学習日 ／／／

1. 外因性精神障害

1）器質性精神障害

頭部外傷、脳血管障害、ウイルスによる脳炎などを原因とするもので、脳の器質的病変によって発症するアルツハイマー型認知症などの認知症も含まれます。

2）症状性精神障害

感染症や内臓疾患、血液疾患など脳以外の身体疾患の際に現れる精神障害です。身体疾患に伴って起こるため、脳自体の障害は少ないとされています。

3）中毒性精神障害

化学物質の摂取により起こる精神障害です。一酸化炭素・有機水銀などの産業化合物、アルコール・ニコチンなどの嗜好品、麻薬・覚せい剤・睡眠薬などの医薬品などが原因となります。代表的なものに**アルコール精神障害**があります。

アルコール精神障害の主な症状としては、**振戦せん妄**（意識混濁、幻覚などが出現する。アルコール血中濃度降下時の**離脱症状**として起こることが多い）、**コルサコフ症候群**（慢性アルコール中毒による健忘症状で、健忘、記銘力障害、**見当識障害**、作話などがみられる）、**アルコール幻覚症**（**幻視**が主であり、小動物幻視、小人幻視などが多く、虫が皮膚の上を這うという幻触も起こる）、**アルコール妄想症**（嫉妬妄想が起こる）**B**があります。

2. 心因性精神障害

1）神経症

性格や心理的要因によって起こる不適応状態を**神経症**といいます。パニック障害、全般性不安障害、心気症、抑鬱気分、**PTSD（心的外傷後ストレス障害）**などがあります。

PTSD**C**とは災害や事故、虐待など、生命や身体に脅威を及ぼす体験により精神的外傷を負ったことで起こるストレス障害を指します。外傷的出来事についての記憶が突然蘇ったり（**フラッシュバック**）、悪夢として反復されて睡眠障害が生じたりするなどの症状が現れます。

2）心身症

身体症状を主としますが、その原因が**心理的要因**によるものを**心身症**Dといいます。**過呼吸症候群**（過換気症候群）や人前で字を書くときだけ手の震えがみられる書痙、心因によって首が曲がり、頭が傾いて固定しまう心因性斜頸なども含まれます。

書いて覚えよう！

用語

過呼吸症候群
ストレスが原因で突然呼吸が激しくなり、呼吸困難、動悸、めまい、手足のしびれなどの症状を示す病気。

◆外因性精神障害

■ 外因性精神障害の種類

器質性 精神障害	頭部外傷、脳血管障害、ウイルスによる（① _____ ）などを原因とするもの。脳の器質的病変によって発症する（② _____ ）なども含まれる
症状性 精神障害	感染症や内臓疾患、血液疾患など、脳以外の（③ _____ ）の際に現れる精神障害
中毒性 精神障害	（④ _____ ）の摂取により起こる精神障害。代表的なものに（⑤ _____ ）がある

◆心因性精神障害

■ 心因性精神障害の種類

神経症	性格や心理的要因によって起こる不適応状態をいう。（⑥ _____ ）、全般性不安障害、心気症、抑鬱気分、（⑦ _____ ）（心的外傷後ストレス障害）などがある
心身症	身体症状を主とする。その原因が心理的要因によるものをいう。（⑧ _____ ）（過換気症候群）、書痙、心因性斜頸なども含まれる

確認しよう！

★アルコール精神障害で、意識混濁や幻覚などが出現する症状を何という？　⇨ Ⓐ

★アルコール精神障害では、どんな妄想が起こる？　⇨ Ⓑ

★災害や事故、虐待など、生命や身体に脅威を及ぼす体験により精神的外傷を負ったことで起こるストレス障害を何という？　⇨ Ⓒ

★身体症状を主とするが、その原因が心理的要因によるものを何という？　⇨ Ⓓ

NOTE

レッスン56 精神障害者、高次脳機能障害者の生活③

重要度 B
学習日 ／／／

1. 精神障害者の生活理解と支援

1）「精神保健福祉法」に規定される入院形態

精神障害者は、精神科病院への入退院を繰り返すことがあります。精神科病院への入院は、「精神保健及び精神障害者福祉に関する法律（**精神保健福祉法**）」で規定されており、次のような形態があります。

①**任意入院**…精神障害者**本人の同意**に基づく入院。退院は本人の意思によるが、精神科病院の管理者は指定医の診察の結果により、**72時間**を限度に退院制限を行うことができる（緊急その他やむを得ない理由があるときは、指定医以外の一定の要件を満たす医師〔以下、特定医師〕の診察の結果により、**12時間**までの退院制限が可能）。

②**措置入院**…都道府県知事または指定都市の市長は、**2人以上**の**指定医**の診察を経て、**自傷他害行為**の恐れがあると認められた精神障害者を入院させることができる。本人や家族の同意は**不要**。

③**緊急措置入院**…都道府県知事または指定都市の市長は、**措置入院**の要件に該当するが急速を要するため必要な診察手続きがとれない場合に、**1人**の指定医の診察の結果により、**72時間**を限度に入院させることができる。

④**医療保護入院**…精神科病院の管理者は、入院が必要な精神障害者であるが任意入院が行われる状態にない場合で**家族等の同意がある**ときは、指定医の診察の結果により、**72時間**（特定医師による診察の場合は**12時間**）を限度に入院させることができる。

⑤**応急入院**…精神科病院の管理者は、急速に入院が必要な精神障害者であるが任意入院が行われる状態でなく、かつ家族等の同意を得ることができない場合は、指定医の診察の結果により、**72時間**（特定医師による診察の場合は**12時間**）を限度に入院させることができる。

2）退院支援と退院後の支援

精神科病院の管理者は、措置入院または医療保護入院した精神障害者（以下、入院者）に**地域援助事業者**を紹介することが「精神保健福祉法」で**義務**づけられています。また、入院者が可能な限り早期退院できるよう、**退院後生活環境相談員**の選任も**義務**づけられています。

3）ACT（包括型地域生活支援プログラム）

ACT（包括型地域生活支援プログラム）とは、重度の精神障害者が地域で安心して生活できるよう、医療・保健・福祉の専門職から構成されるチームが**24時間365日体制**で包括的な支援を提供するプログラムです。援助者が利用者の生活の場に出向いて、生活訓練や就労支援など幅広い援助を行います。

書いて覚えよう！

NOTE

◆精神障害者の生活理解と支援

■「精神保健福祉法」に規定される入院形態

任意入院	精神障害者本人の（ ① ）に基づく入院。退院は本人の意思によるが、精神科病院の管理者は指定医の診察の結果により、（ ② ）時間を限度に退院制限を行うことができる
措置入院	都道府県知事または指定都市の市長は、（ ③ ）人以上の指定医の診察を経て、（ ④ ）の恐れがあると認められた精神障害者を入院させることができる。本人や家族の同意は（ ⑤ ）
緊急措置入院	都道府県知事または指定都市の市長は、（ ⑥ ）の要件に該当するが急速を要するため必要な診察手続きがとれない場合に、（ ⑦ ）人の指定医の診察の結果により、（ ⑧ ）時間を限度に入院させることができる
医療保護入院	精神科病院の管理者は、入院が必要な精神障害者であるが（ ⑨ ）が行われる状態にない場合で（ ⑩ ）等の同意があるときは、指定医の診察の結果により、72時間（（ ⑪ ）による診察の場合は12時間）を限度に入院させることができる
応急入院	精神科病院の管理者は、急速に入院が必要な精神障害者であるが任意入院が行われる状態でなく、かつ家族等の同意を得ることができない場合は、（ ⑫ ）の診察の結果により、72時間（特定医師による診察の場合は（ ⑬ ）時間）を限度に入院させることができる

精神障害者、高次脳機能障害者の生活④

重要度　**A**
学習日　／／／

1. 高次脳機能障害の医学的理解

　高次脳機能障害とは、交通事故などによるけがや脳血管障害などの疾患_{しっかん}によって脳に損傷を受けたことにより、記憶・注意・思考・学習・行為・言語などの知的な機能に障害が起こり、日常生活に支障をきたす状態のことです。

　高次脳機能障害にみられる主な症状は、対象への注意を持続させたり、多数の中から必要な対象を選択したりすることなどが難しくなる**注意障害**、比較的古い記憶は保たれているのに、新しいことを覚えるのが難しくなる**記憶障害**、生活するうえで物事を段取りよく進めるための一連の作業（目標の設定→計画→実行→結果の確認）が難しくなる**遂行機能障害**_{すいこう}、地理や場所についての障害である**地誌的障害**、感情を適切にコントロールすることができなくなり、不適切な行動をとってしまう状態になる**社会的行動障害**、自分が意識して見ている空間の片側を見落とす障害である**半側空間無視**_{はんそく}（左側を見落とすケースが多い_A）、話す・聞く・読む・書くなどの障害である**失語**、感覚機能は損なわれていないのに、視覚や聴覚などから得られる情報を正しく認識できない状態になる**失認**、手足の運動機能は損なわれていないのに、意図した動作や指示された動作ができない状態になる**失行**などがあります。

2. 高次脳機能障害者の心理的理解と支援

　高次脳機能障害の場合、障害を受け入れるまでにはさまざまな心理的葛藤_{かっとう}があります。リハビリテーションにおいては障害をどの程度受け入れているかが重要になるため、介護職は、利用者が障害を受け入れられるよう、利用者の不安な気持ちに寄り添いながら援助を行います。

　高次脳機能障害者への支援としては、次のようなものがあります。

　高次脳機能障害と診断されれば、器質性精神障害として**精神障害者保健福祉手帳**の申請対象となり、手帳に基づく福祉サービスを受けられます。また、**職場適応援助者（ジョブコーチ）**による就労支援サービスが受けられます。このサービスでは、障害者が職場に適応するために、職場適応援助者がさまざまな援助や指導を行います。利用者本人への援助だけでなく雇用主に対しても助言を行い、利用者が働きやすい職場環境を整えるよう提案します。

> 「障害者総合支援法」に基づく障害福祉サービスなども行われています。

書いて覚えよう！

用語

失行の種類
失行には、衣服の着脱が上手くできない着衣失行、図形を描けない構成失行、歯ブラシを使うなどの複雑な動作ができない観念失行、反射的・無意識的にはできる顔の動作が意図的には行えない顔面失行などがある。

◆高次脳機能障害の医学的理解

■高次脳機能障害の症状

注意障害	対象への注意を（　①　）させたり、多数の中から必要な対象を（　②　）したりすることなどが難しくなる
記憶障害	比較的古い記憶は保たれているのに、（　③　）を覚えるのが難しくなる
遂行機能障害	生活するうえで物事を段取りよく進めるための（　④　）が難しくなる
地誌的障害	地理や（　⑤　）についての障害
社会的行動障害	（　⑥　）を適切にコントロールすることができなくなり、不適切な行動をとってしまう状態になる
半側空間無視	自分が意識して見ている空間の（　⑦　）を見落とす
失語	話す・（　⑧　）・読む・書くなどの障害

◆高次脳機能障害者の心理的理解と支援

● 高次脳機能障害と診断されれば、器質性精神障害として（　⑨　）の申請対象となり、手帳に基づく福祉サービスを受けられる。また、職場適応援助者（ジョブコーチ）による（　⑩　）サービスが受けられる。

確認しよう！

★半側空間無視では、左側と右側のどちらを見落とすことが多い？　⇒ Ⓐ

レッスン57 知的障害者、発達障害者の生活

重要度　A
学習日　／／／

1. 知的障害

1）医学的理解

　脳に障害を受け、知能の発達が持続的に遅滞した状態を**知的障害**といいます。主な症状は知能の発達障害ですが、社会生活や性格面にも障害が及びます。

　知的障害の発生原因のうち先天的なものには、次のようなものがあります。

①**遺伝的原因**…先天性代謝異常（フェニルケトン尿症など）や先天性甲状腺機能低下症など。早期発見・早期治療 A を行うことで予防が可能。

②**染色体異常**…代表的な病気は**ダウン症候群**。先天的心疾患や肺高血圧症、消化管奇形、屈折異常、**難聴**などの合併症を伴うことが多い。

③**胎生期障害**…風しんや先天梅毒などによる感染、薬物などの中毒、放射線など。

④**出産時障害**…出産時の鉗子などによる脳損傷、仮死出産による脳の酸欠など。

2）心理的理解

　知的障害では、感情を表現することが難しく、言語面やコミュニケーション面で困難が現れます。また、刺激に興奮しやすい人の場合は、適応が十分にできないと暴力を振るったり物を壊すといった粗暴行為につながることもあります。

3）知的障害者への支援

　「障害者総合支援法」の障害福祉サービスである**行動援護**を利用することができます。

　介護職には、知的障害者の個性や人格を最大限に尊重する姿勢が求められます。

2. 発達障害

　発達障害は、**脳機能の障害**が原因で起こります。

1）医学的理解

①**自閉症スペクトラム障害（ASD）**…**対人関係の障害**、**コミュニケーション**の障害、**パターン化**した興味や活動、の３つの特徴の全部あるいはいずれかを示す障害。

②**学習障害（LD）**…全般的な知的発達に遅れはないが、聞く、話す、読む、書く、計算するなどの能力に著しい遅れがあるもの。

③**注意欠陥多動性障害（ADHD）**…通常、12歳以前に症状が現れ、**継続**する。年齢あるいは発達に不釣り合いな**不注意・多動性・衝動性**を示すなどの特徴がある。

2）心理的理解

　障害そのもの（一次的障害）よりも、障害によって生じる言動を注意や叱責される場面が続くことで自信を失い、気力が低下したり、不満が募って暴力を振るったりといった二次的障害を引き起こしてしまうことがあります。

3）発達障害者への支援

　援助においては、本人の行動を否定的にとらえず、肯定的にとらえるよう心がけます。

書いて覚えよう！

◆知的障害

● 知的障害とは、（①＿＿＿＿）に障害を受け、（②＿＿＿＿＿）の発達が持続的に遅滞した状態をいう。

● 染色体異常の代表的な病気は（③＿＿＿＿＿＿＿）で、先天的心疾患などの（④＿＿＿＿）を伴うことが多い。

◆発達障害

■主な発達障害の特徴

自閉症スペクトラム障害（ASD）	（⑤＿＿＿＿＿＿＿）の障害、コミュニケーションの障害、パターン化した（⑥＿＿＿＿）や活動、の３つの特徴の全部あるいはいずれかを示す障害
学習障害（LD）	全般的な（⑦＿＿＿＿＿＿）に遅れはないが、聞く、話す、読む、書く、（⑧＿＿＿＿）するなどの能力に著しい遅れがあるもの
注意欠陥多動性障害（ADHD）	通常、（⑨＿＿）歳以前に症状が現れ、継続する。年齢あるいは発達に不釣り合いな（⑩＿＿＿＿＿）・多動性・衝動性を示すなどの特徴がある

● 発達障害がある場合、障害によって生じる言動を注意や叱責されて自信を失い、（⑪＿＿＿＿）が低下したり、暴力を振るうなどの（⑫＿＿＿＿＿＿）障害を引き起こすことがある。

● 発達障害の援助においては、本人の行動を否定的にとらえず、（⑬＿＿＿＿＿）にとらえるよう心がける。

確認しよう！

★先天性代謝異常は、何を行うことで知的障害の予防が可能になる？ ⇒ Ⓐ

用語

行動援護
知的障害または精神障害によって行動上著しい困難があり、常時介護を必要とする者に対して、行動する際に生じる危険を回避するために必要な援護や、外出時の移動中の介護などを提供する。

学習障害
例えば「書く」では、文字の大きさが不揃いになる、漢字のへんとつくりが左右逆になるなどの症状がみられる。

NOTE

レッスン 58 難病のある人の生活

重要度　C
学習日

1. 医学的理解

　難病は、「難病対策要綱」では、①原因不明、治療方法未確立であり、かつ、後遺症を残す恐れが少なくない疾病、②経過が慢性にわたり、単に経済的な問題のみならず介護等に著しく人手を要するために家庭の負担が重く、また精神的にも負担の大きい疾病、と定義しています。

　「難病の患者に対する医療等に関する法律（難病法）」による難病の定義では、発病の機構が明らかでなく、かつ、治療方法が確立していない希少な疾病であって、当該疾病にかかることにより長期にわたり療養を必要とすることとなるものをいうとしています。

2. 心理的理解

　難病のある人は、病気が進行していくにつれ、抑鬱状態になることもありますが、少しずつ現実を受け止め、前向きに生活していくことを考えるようになります。

　人生の最終段階を迎えると死を目の前にして動揺し、死への不安を抱くようになります。症状が悪化し、寝たきりの状態となってしまうことも多いのですが、介護職は医師や看護師などの医療職や家族と協力しながら、残された時間をその人らしく過ごすことができるよう援助していきます。

3. 難病のある人への支援

　援助にあたっては利用者の年齢を考慮しながら、それぞれのライフステージに応じた方法で行う必要があります。そのためには介護職だけでなく、医療や保健、福祉、学校や職場、地域の援助者とも連携しながらチームによる総合的な支援を行うことが大切です。

　難病のある人が経済的な問題を抱えている場合には、障害年金や生活保護などの受給申請が可能であることを説明します。また、悩みの軽減を図るために**難病相談・支援センター**の利用や、同じ病気を抱える人たちの団体（自助グループ）などへの参加を勧めることなども大切です。また、各法において難病対策が行われています。

　「難病法」では、難病医療にかかる医療費助成制度の確立、調査および研究の推進、療養生活環境整備事業の実施などのほか、医療費助成の対象となる**指定難病**が定められています。また、「障害者総合支援法」　A　では、障害者手帳（身体障害者手帳・療育手帳・精神障害者保健福祉手帳）の取得ができなくても、対象の疾患であれば障害福祉サービス等を受けられるよう定められています。

書いて覚えよう！

用語

難病相談・支援センター

難病のある人が治療を続けながら地域の中で安心して生活できるよう、難病に関する総合的な相談支援を行う窓口。各都道府県にある。

◆医学的理解

■「難病対策要綱」による難病の定義

①原因不明、治療方法未確立であり、かつ、（ ① ＿＿＿＿ ）を残す恐れが少なくない疾病

②経過が（ ② ＿＿＿ ）にわたり、単に（ ③ ＿＿＿ ）な問題のみならず介護等に著しく人手を要するために家庭の負担が重く、また（ ④ ＿＿＿＿ ）にも負担の大きい疾病

■「難病法」による難病の定義

発病の機構が明らかでなく、かつ、（ ⑤ ＿＿＿＿ ）が確立していない希少な疾病であって、当該疾病にかかることにより長期にわたり（ ⑥ ＿＿＿ ）を必要とすることとなるものをいう

◆心理的理解

● 難病のある人の人生の最終段階においては、介護職は医師や看護師などの（ ⑦ ＿＿＿＿＿ ）や（ ⑧ ＿＿＿ ）と協力しながら、残された時間をその人らしく過ごすことができるよう援助する。

◆難病のある人への支援

● 難病のある人が経済的な問題を抱えている場合には、（ ⑨ ＿＿＿＿＿ ）や（ ⑩ ＿＿＿＿＿ ）などの受給申請が可能であることを説明する。

● 悩みの軽減を図るために（ ⑪ ＿＿＿＿＿＿＿＿＿ ）の利用や、同じ病気を抱える人たちの団体（自助グループ）などへの参加を勧める。

確認しよう！

★障害者手帳がなくても対象の疾患なら障害福祉サービスが受けられることを規定している法律は何？ ⇒ Ⓐ

連携と協働

1. 地域におけるサポート体制

1）行政・関係機関との連携

　障害者の生活を支援するには、公的サービスと制度以外の部分の支援を総合的に行うため、関係諸機関が役割分担をしながら協力して支援を進めていくことが大切です。また、**精神保健福祉センターや発達障害者支援センター**など、障害に応じた支援を行うために専門機関が設置されています。

2）協議会との連携

　協議会は、「障害者総合支援法」において、**相談支援事業**をはじめとする障害者等への支援体制の整備を図るため、地方公共団体が努力義務で設置する機関です。関係機関や団体、障害者等およびその家族、障害者等の福祉、医療、教育、雇用に関連する従事者等によって構成されています。5段階を経て行うシステムとなっています。

　①**個別支援会議**では、個別支援を行う際の課題を確認します。→②**運営会議**では、解決が困難な個別ニーズを把握し、地域ニーズの課題として取り上げるなど、個別支援会議での課題を協議・調整します。→③**定例会**では、運営会議で整理された課題を関係者で共有し、今後の施策やサービスに反映させます。→④**専門部会・検討会**では、課題ごとに地域において必要な施策やサービスを議論・検討します。→⑤**全体会**では、これまで積み上げられた議論の結果を地域全体で確認し、施策の提言を行います。

2. チームアプローチ

1）福祉職との連携

　相談支援専門員は障害分野における相談支援事業者であり、行政に代わって生活実態の把握や出向型の**相談**を行います。都道府県知事または市町村長の指定を受けた相談支援事業所などに配置され、障害者等の相談に応じて助言や連絡調整等の必要な支援を行うほか、**サービス等利用計画**の作成、**サービス担当者会議**の招集を行います。

　サービス管理責任者は、障害福祉サービス事業所に配置され、**個別支援計画**の作成および変更、サービス提供内容およびプロセスの管理、支援内容に関連する関係機関との連絡調整などを行います。

2）保健医療職との連携

　障害者にかかわる保健医療職種としては、医師、看護師などのほか、理学療法士（PT）・作業療法士（OT）・言語聴覚士（ST）・義肢装具士・視能訓練士などのリハビリテーション専門職、臨床心理士（CP）などがあります。

書いて覚えよう！

◆地域におけるサポート体制

■協議会のシステム

①個別支援会議	個別支援を行う際の（ ① ） を確認する
②運営会議	解決が困難な（ ② ） を把握し、地域ニーズの課題として取り上げるなど、個別支援会議での課題を協議・（ ③ ） する
③定例会	運営会議で整理された課題を関係者で（ ④ ） し、今後の施策や（ ⑤ ） に反映させる
④専門部会・検討会	（ ⑥ ） ごとに地域において必要な施策やサービスを議論・検討する
⑤全体会	これまで積み上げられた議論の結果を地域全体で確認し、（ ⑦ ） の提言を行う

◆チームアプローチ

● 相談支援専門員は、都道府県知事または市町村長の指定を受けた（ ⑧ ） などに配置される。障害者等の（ ⑨ ） に応じて助言や連絡調整等、サービス等利用計画の作成、サービス担当者会議の招集などを行う。

● サービス管理責任者は、（ ⑩ ） に配置されて、（ ⑪ ） の作成・変更、サービス提供内容・プロセスの管理、支援内容に関連する関係機関との連絡調整などを行う。

■障害者にかかわる保健医療職種

○医師　○看護師　○理学療法士（PT）　○作業療法士（OT）
○言語聴覚士（ST）　○（ ⑫ ）　○視能訓練士
○（ ⑬ ）（CP）　など

レッスン60 障害のある人の心理／家族への支援

1. 中途障害者の障害受容の過程

①**ショック期**…受傷直後の時期で、身体的な苦痛がある。障害が残るということがまだわからない段階であり、心理的には比較的落ち着いている段階。

②**否認期**…治療などが一段落して自身の身体の状態がわかり始める時期。障害が残るということに気がつき始めるが、その事実を認めたくない気持ちが強い状態。

③**混乱期**…障害が残るということが決定的になり、その現実に直面し、心理的に混乱する時期。**抑鬱状態**になったり、ひどい場合には自殺を図ったりすることもある。

④**努力期**…障害が残るという混乱から立ち直るためには自らの努力が必要であると気づく時期。本人がもつ力や可能性に目を向け、現実的展望をもてるような支援が重要となる。

⑤**受容期**…障害のある現実を受け止め、受容していく時期。リハビリテーションなどを通じて、自身の残された可能性に目が向けられ（価値観の転換）、積極的な生活態度になる。

2. 家族の障害の受容とその援助

1）家族の障害の受容

障害者だけでなくその家族もまた障害を受容する必要があり、家族に障害の受容を促すことは、介護職の行う家族支援として重要であるといえます。家族が障害を受容するための支援として、**家族心理教育プログラム**などがあります。

2）家族支援

介護職は、障害者の家族の思いや考え、介護負担、経済的負担をよく把握し、そうした負担が軽減するように支援していくことが重要になります。必要とされる家族支援には、物理的（肉体的・時間的）支援、心理的支援、経済的支援があります。

3）自助グループ（セルフヘルプグループ）

自助グループ（セルフヘルプグループ）は、同じ障害や疾患、依存等を抱える人や家族が援助し合い、情報交換をしながら、障害などをさまざまなかたちで克服していくための協力組織をいいます。患者会や家族会、**断酒会**など、さまざまな組織があります。

3. 家族のレスパイト

障害者、高齢者の介護を担っている家族に一時的な負担軽減・休息の機会を提供することを**レスパイトケア** Ⓐ といい、介護からの一時的解放を目的とするサービスを**レスパイトサービス**とよびます。「障害者総合支援法」における**地域生活支援事業**には、相談支援事業、移動支援事業、日中一時支援などがあり、組み合わせ方によってレスパイトサービスと似たかたちのサービスを形成することができます。

書いて覚えよう！

◆中途障害者の障害受容の過程

● 障害受容の過程には、①ショック期、②（　[1]　）期、③混乱期、④努力期、⑤（　[2]　）期、がある。

● 混乱期は、障害が残るということが決定的になり、その現実に直面し、心理的に混乱する時期。（　[3]　）状態になったり、ひどい場合には自殺を図ったりすることもある。

● （　[4]　）期は、障害が残るという混乱から立ち直るためには自らの努力が必要であると気づく時期。

◆家族の障害の受容とその援助

● 障害者だけでなくその家族もまた障害を（　[5]　）する必要があり、家族に障害の受容を促すことは、介護職の行う（　[6]　）として重要である。

● 介護職は、障害者の家族の思いや考え、介護負担、（　[7]　）的負担をよく把握し、そうした負担が（　[8]　）するように支援していくことが重要である。

● （　[9]　）（セルフヘルプグループ）は、同じ障害や疾患、依存等を抱える人や家族が援助し合い、（　[10]　）をしながら、障害などをさまざまなかたちで克服していくための協力組織である。

◆家族のレスパイト

● 「障害者総合支援法」における（　[11]　）には、相談支援事業、（　[12]　）、日中一時支援などがあり、組み合わせ方によってレスパイトサービスと似たかたちのサービスを形成することができる。

確認しよう！

★障害者、高齢者の介護を担っている家族に一時的な負担軽減・休息の機会を提供することを何という？　⇒ Ⓐ

用語

心理教育
患者や障害者自身が病気や治療について正しい知識や情報をもち、主体的な療養生活を営めるよう援助する技法。

家族心理教育プログラム
主に統合失調症のある人の家族が病気や治療への理解を深め、問題への対処方法や利用できる支援制度などについて学ぶもの。

自助グループ
自助グループと同じような意味をもつ言葉に、ピアサポートやピア・カウンセリングがある。ピアとは「仲間」という意味である。

NOTE

認知症の重症度評価

■「認知症高齢者の日常生活自立度」判定基準

ランク	判断基準	見られる症状・行動の例
Ⅰ	何らかの認知症を有するが、日常生活は家庭内及び社会的にほぼ自立している。	
Ⅱ	日常生活に支障を来たすような症状・行動や意思疎通の困難さが多少見られても、誰かが注意していれば自立できる。	
Ⅱ a	家庭外で上記Ⅱの状態が見られる。	たびたび道に迷うとか、買物や事務、金銭管理などそれまでできたことにミスが目立つ等
Ⅱ b	家庭内でも上記Ⅱの状態が見られる。	服薬管理ができない、電話の応対や訪問者との対応など一人で留守番ができない等
Ⅲ	日常生活に支障を来たすような症状・行動や意思疎通の困難さが見られ、介護を必要とする。	
Ⅲ a	日中を中心として上記Ⅲの状態が見られる。	着替え、食事、排便、排尿が上手にできない、時間がかかる。 やたらに物を口に入れる、物を拾い集める、徘徊、失禁、大声・奇声をあげる、火の不始末、不潔行為、性的異常行為等
Ⅲ b	夜間を中心として上記Ⅲの状態が見られる。	ランクⅢaに同じ
Ⅳ	日常生活に支障を来たすような症状・行動や意思疎通の困難さが頻繁に見られ、常に介護を必要とする。	ランクⅢに同じ
M	著しい精神症状や問題行動あるいは重篤な身体疾患が見られ、専門医療を必要とする。	せん妄、妄想、興奮、自傷・他害等の精神症状や精神症状に起因する問題行動が継続する状態等

資料：厚生労働省「要介護認定　認定調査員テキスト2009改訂版」2018年4月

■「障害高齢者の日常生活自立度（寝たきり度）」判定基準

生活自立	ランクJ	何らかの障害等を有するが、日常生活はほぼ自立しており独力で外出する
		1. 交通機関等を利用して外出する 2. 隣近所へなら外出する
準寝たきり	ランクA	屋内での生活はおおむね自立しているが、介助なしには外出しない
		1. 介助により外出し、日中はほとんどベッドから離れて生活する 2. 外出の頻度が少なく、日中も寝たり起きたりの生活をしている
寝たきり	ランクB	屋内での生活は何らかの介助を要し、日中もベッド上での生活が主体であるが、座位を保つ
		1. 車いすに移乗し、食事、排泄はベッドから離れて行う 2. 介助により車いすに移乗する
	ランクC	1日中ベッド上で過ごし、排泄、食事、着替えにおいて介助を要する
		1. 自力で寝返りをうつ 2. 自力では寝返りもうたない

資料：厚生労働省「要介護認定　認定調査員テキスト2009改訂版」2018年4月

脳の構造

■大脳皮質の4つの部位（右大脳半球の側面図）

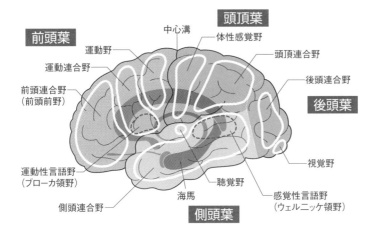

前頭葉
頭頂葉
後頭葉
側頭葉

中心溝
体性感覚野
運動野
頭頂連合野
運動連合野
後頭連合野
前頭連合野
（前頭前野）
視覚野
運動性言語野
（ブローカ領野）
聴覚野
側頭連合野
海馬
感覚性言語野
（ウェルニッケ領野）

■各部位のはたらき

部位	機能
前頭葉	精神活動
	運動性言語中枢
	運動中枢
側頭葉	聴覚中枢
頭頂葉	感覚認知中枢
後頭葉	視覚中枢
	眼球運動

心臓の構造と冠状動脈

■心臓の構造（断面）

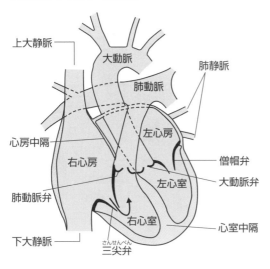

上大静脈
大動脈
肺静脈
肺動脈
心房中隔
左心房
右心房
僧帽弁
左心室
大動脈弁
肺動脈弁
右心室
心室中隔
下大静脈
三尖弁

■心臓の冠状動脈

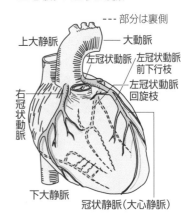

--- 部分は裏側
上大静脈
大動脈
左冠状動脈
左冠状動脈
前下枝
左冠状動脈
回旋枝
右冠状動脈
下大静脈
冠状静脈（大心静脈）

耳の構造

■耳の構造

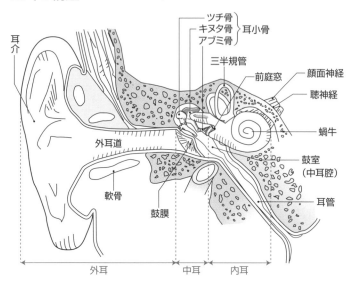

■各部位のはたらき

部位	機能
外耳	外界の音波を集める
中耳	集められた音波を骨振動に変え、伝える
内耳	骨振動を脳に伝える 平衡感覚を感受する

口腔・咽頭と腸の構造

■口腔・咽頭の構造

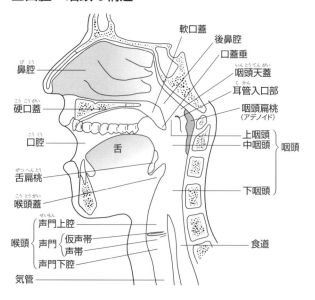

■腸の構造

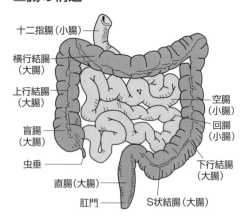

骨の全体図

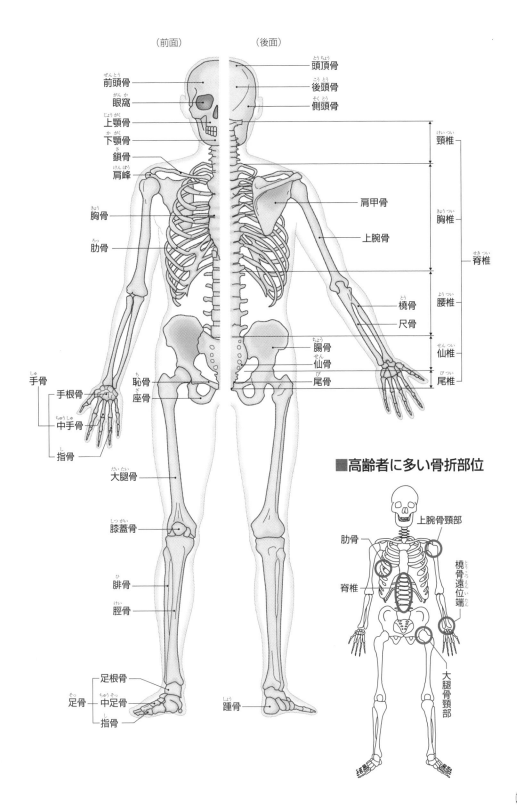

（前面）　（後面）

頭頂骨
前頭骨
後頭骨
眼窩
側頭骨
上顎骨
下顎骨
鎖骨
肩峰
頸椎
肩甲骨
胸骨
胸椎
上腕骨
肋骨
脊椎
橈骨
尺骨
腰椎
腸骨
仙骨
仙椎
尾骨
尾椎
手骨
恥骨
座骨
手根骨
中手骨
指骨
大腿骨

■高齢者に多い骨折部位

上腕骨頸部
肋骨
脊椎
橈骨遠位端
大腿骨頸部

膝蓋骨
腓骨
脛骨
足根骨
足骨　中足骨
指骨
踵骨

摂食・嚥下の5分類

■摂食・嚥下の5分類

先行期	食べる速さ／かむ力／量／硬さ／温度／匂い／味	視覚や嗅覚などで食物を認知し、食べるための準備を整え、口まで運ぶ。また、条件反射的に唾液の分泌量が増加する
準備期	前歯／硬口蓋（こうこうがい）／食塊（しょっかい）／軟口蓋（なんこうがい）／喉頭蓋（こうとうがい）／舌／舌骨（ぜっこつ）	食物を口腔内に取り込み、歯でかみ切ったりすり潰したり（咀しゃく）して唾液と混ぜ、飲み込みやすい状態の塊（食塊）をつくる
口腔期	食塊／軟口蓋上面／咽頭後壁／食道／気管	口唇を閉じて上下顎を合わせ、舌の先を口蓋につけて舌中央・後方を盛り上げることで、食塊を口腔から咽頭に送る
咽頭期	舌骨が挙上する／食塊／喉頭蓋／舌根部は下に下がる（ぜっこんぶ）／喉頭蓋が下がる	喉頭蓋が下がり、食道が開くとともに気管が閉じられ、食塊が咽頭から食道に送られる
食道期	食道と咽頭の境界／食塊	食塊を食道のぜん動運動と重力により胃に送る

医療的ケア

レッスン 61　医療的ケアの基礎知識

重要度　**A**
学習日　／　／　／

1. 医療的ケアとは

　2011（平成23）年の「**社会福祉士及び介護福祉士法**」の改正により、介護福祉士の定義において**喀痰吸引等**が介護福祉士の行う業務として位置づけられました。介護福祉士等が医師の指示の下に行う喀痰吸引等とは、①**口腔内**の喀痰吸引、②**鼻腔内**の喀痰吸引、③**気管カニューレ内部**の喀痰吸引、④**胃瘻**または**腸瘻**による経管栄養、⑤**経鼻**経管栄養を指します。

2. 医行為

　医行為は、「医師の医学的判断および技術をもってするのでなければ人体に危害を及ぼし、または危害を及ぼすおそれのある行為」などと解釈されています。医療的ケアとして行われる喀痰吸引と経管栄養は、医行為にあたります。これらを行う介護福祉士等も医療関係職が心がけるべき**医療の倫理**を身につけなければいけません。

3. 消毒・滅菌

　消毒、滅菌は**病原体を除去**する目的で行います。滅菌済みの物を使用する前には、①滅菌済みの**表示**、②**有効期限**、③**未開封**であることを必ず確認します。

　○**消毒**…病原体を害のない程度まで**死滅**させる方法。
　○**滅菌**…病原体、非病原体にかかわらず、**すべての微生物**を死滅させる方法。

4. バイタルサイン

　血圧、脈拍、呼吸、体温などの情報を、**バイタルサイン**とよびます。
①**血圧**…血圧は、心臓の収縮力、血液量、血液の粘性、末梢血管の抵抗に影響される。また、環境の変化、日常生活習慣、年齢も関連し、個人差や１日の中でも変動がある（**日内変動**）ため、その人の正常値を把握しておくことが重要である。
②**脈拍**…脈拍測定は、一般的に手首の付け根内側（**橈骨動脈**）を指で触れる方法で測定する。麻痺がある場合は**健側**で測定する**A**。
③**呼吸**…安静時の正常呼吸は、成人の場合１分間に**12〜18回**程度。測定時は**安静**を保つ。
④**体温**…正常体温は、成人の平均で**36.0〜37.0℃**である。外気温の影響（早朝は低く、午後は高め）や基礎代謝の影響（高齢者は低く、小児は高め）を受けるほか、食事や精神的興奮で上昇する傾向がある。体温は、一般的に**腋窩**（腋の下）で測定する。腋窩で測定する場合、体温計は前下方から後上方に向かって差し込む。

書いて覚えよう！

◆医療的ケアとは

● 2011年の「社会福祉士及び介護福祉士法」の改正により、介護福祉士の定義において（①＿＿＿＿＿＿＿＿＿＿）が介護福祉士の行う業務として位置づけられた。

■介護福祉士等が行う「喀痰吸引等」

①口腔内の喀痰吸引
②鼻腔内の喀痰吸引
③（②＿＿＿＿＿＿＿＿＿）内部の喀痰吸引
④（③＿＿＿＿＿）または腸瘻による経管栄養
⑤経鼻経管栄養

◆医行為

● 医療的ケアとして行われる喀痰吸引と経管栄養は、（④＿＿＿＿＿＿＿）にあたる。これらを行う介護福祉士等も、医療関係職が心がけるべき（⑤＿＿＿＿＿＿＿）を身につけなければならない。

◆消毒・滅菌

● 消毒、滅菌は（⑥＿＿＿＿＿＿＿）を除去する目的で行う。滅菌済みの物を使用する前には、①滅菌済みの表示、②（⑦＿＿＿＿＿＿＿）、③未開封であることを必ず確認する。

◆バイタルサイン

■バイタルサインの種類

| 血圧 | （⑧　　　　） | 呼吸 | （⑨　　　　） |

● 安静時の正常呼吸は、成人の場合1分間に（⑩＿＿＿＿＿＿＿）回程度である。

確認しよう！

★脈拍は、麻痺があるときは患側と健側のどちらで測定する？ ⇒ A

喀痰吸引等

介護福祉士等が喀痰吸引等を行うには、実地研修を修了する必要がある。なお、研修の講師は医師、看護師などの医療職が行う。

NOTE

レッスン **62** 喀痰吸引①

1. 喀痰吸引についての理解

1）痰の貯留がもたらす影響

気管の表面で、異物をとらえた分泌物を痰といいます。嚥下障害などで痰が貯留して気管が狭まると窒息や呼吸困難が生じます。**体位ドレナージ**など、痰を出しやすくするためのケアを行っても呼吸が楽にならない場合は、**喀痰吸引**を行います。

喀痰吸引は、定期的に行うものではなく、利用者の状況に応じて必要なときに（食事や入浴の前後、就寝中などにも）行います。

2）喀痰吸引の種類

喀痰吸引では、吸引器につないだ管（吸引カテーテル）を口や鼻から挿入して、痰を吸い出します。口から挿入する場合を**口腔内吸引**、鼻の穴から挿入する場合を**鼻腔内吸引**といいます。この他、気管切開をしている人の気管カニューレに吸引カテーテルを挿入して行う**気管カニューレ内吸引**があります。

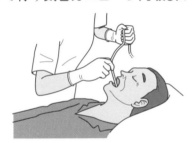
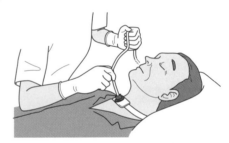

口腔内吸引　　　　　　　　　　　　気管カニューレ内吸引

3）人工呼吸器の仕組みと種類

さまざまな換気障害や肺自体の病変などにより、自発呼吸だけでは酸素量が不十分な状態となってしまった場合には、人工的に換気を補助するために**人工呼吸器**を使用します。この機器を装着して呼吸の維持・改善をする治療を**人工呼吸療法**といいます。人工呼吸療法には、**侵襲的人工呼吸療法**（TPPV）と**非侵襲的人工呼吸療法**（NPPV）があります。侵襲的人工呼吸療法では、気管切開を行って気管カニューレを挿入し、そこから酸素を送り込みます。非侵襲的人工呼吸療法Ⓐでは、口鼻マスクや鼻マスクなどから酸素を取り込みます。

口腔内・鼻腔内吸引の際は、利用者はマスクを取り外している間、必要な酸素が十分送り込まれない状態になります。そのため、確実で速やかな操作が必要です。

気管カニューレ内部の吸引をする際は、一度、気管カニューレと人工呼吸器回路をつなぐコネクターを外しますので、吸引後、速やかに確実に人工呼吸器回路を接続することが非常に重要です。

書いて覚えよう！

◆喀痰吸引についての理解

● 気管の表面で、異物をとらえた分泌物を （ ① ＿＿＿ ） という。

（ ② ＿＿＿＿＿＿＿＿＿＿＿＿＿＿ ） など、痰を出しやすくするケアを

行っても呼吸が楽にならない場合は、 （ ③ ＿＿＿＿＿＿＿＿＿＿ ）

を行う。

■喀痰吸引の種類

○口腔内吸引…吸引カテーテルを口から挿入する

○ （ ④ ＿＿＿＿ ） 内吸引…吸引カテーテルを鼻の穴から挿入する

○気管カニューレ内吸引…吸引カテーテルを

（ ⑤ ＿＿＿＿＿＿＿＿＿＿ ） に挿入する

● 人工的に換気を補助するために人工呼吸器を装着して呼吸の維

持・改善をする治療を （ ⑥ ＿＿＿＿＿＿＿＿＿＿＿＿ ） という。

人工呼吸療法には、 （ ⑦ ＿＿＿＿＿ ） 的人工呼吸療法 （TPPV）

と非侵襲的人工呼吸療法 （NPPV） がある。

● 口腔内・鼻腔内吸引の際は、利用者はマスクを取り外している

間、必要な （ ⑧ ＿＿＿＿＿ ） が十分送り込まれない状態になる。

そのため、確実で （ ⑨ ＿＿＿＿＿ ） な操作が必要である。

● 気管カニューレ内部の吸引の際は、気管カニューレと人工呼吸

器回路をつなぐ （ ⑩ ＿＿＿＿＿＿＿ ） を外すので、吸引後は、

速やかに確実に人工呼吸器回路を （ ⑪ ＿＿＿＿＿ ） することが重

要である。

確認しよう！

★口鼻マスクや鼻マスクなどから酸素を取り込む人工呼吸療法を

何という？ ⇒ Ⓐ

用 語

体位ドレナージ
痰の溜まっている部位
を上にした体位にし、
重力を利用して痰を排
出しやすい位置に移動
させるケアのこと。

気管切開
口腔や鼻腔を経ること
なく、頸部の皮膚から
直接気管に至る道をつ
くることによって気道
を確保する方法。

NOTE

レッスン62 喀痰吸引②

1. 喀痰吸引の実施

1）実施準備

　喀痰吸引の前には、吸引の実施に関する**説明と同意**が必要になります。利用者の自己決定に必要な情報をわかりやすく提供します。

　利用者が安楽な体位をとれるよう、上半身を**10〜30度**挙上した姿勢にします。実施する喀痰吸引の種類に応じて、口腔内（義歯など）や鼻腔内（出血や損傷の有無）の状態、気管カニューレ周囲や固定の状態を確認します。

2）ケアの実施

　喀痰吸引を実施する際は、吸引圧が**医師**の介護職員等喀痰吸引等指示書どおりかを確認します。吸引カテーテルの挿入の範囲は、口腔・鼻腔内は**咽頭の手前まで**、気管カニューレ内吸引では**気管カニューレの内部まで**とします。吸引圧が1か所にかからないよう、吸引カテーテルを静かに回しながら吸引します。1回の吸引で痰を十分取りきれない場合は、無理をせずいったん休み、利用者の呼吸を整えてから再度行います。

3）実施時の留意点

　吸引実施中から直後にかけては、常に利用者の呼吸状態、吸引による体調の変化、痰や唾液の残留の有無など、利用者の状態を観察します。

　喀痰吸引で起こりうる**緊急を要する状態**とは、呼吸の停止、呼吸状態の悪化、多量の出血、嘔吐による気道の閉塞などです。さらに、人工呼吸器の作動のトラブルが起こる場合もあります。

　パルスオキシメーターで酸素飽和度が**90％以上**にならない、吸引後に人工呼吸器回路をつけたとき、普段より気道内圧が高い状態が続く、吸引を続けても利用者が苦しそうな様子である、意識障害がある、**チアノーゼ**がみられるなどの場合は、直ちに医療職に連絡が必要です。

4）実施後

　人工呼吸器装着者の場合は、終了後速やかに口鼻・鼻マスクを再装着または人工呼吸器回路を接続し、点検確認します。一連の吸引が終了したら、使用した物品を洗浄、消毒し、片付けを行います。吸引瓶の排液量が**70〜80％**になる前に排液を捨てます Ⓐ。

　吸引物と利用者の状態（痰の量・性状、利用者の顔色・呼吸の状態、全身状態、鼻腔からの出血など）を観察します。吸引中・吸引後の利用者の状態、吸引物の量・性状等を、異常の有無にかかわらず、看護職に報告します Ⓑ。ヒヤリハット・事故があれば、その旨も報告します。決まった様式の書類に記録し、ヒヤリハット・事故があればその内容を詳細に記録します。

書いて覚えよう！

◆喀痰吸引の実施

● 喀痰吸引の前には、吸引の実施に関する （ 1＿＿＿＿ ） と （ 2＿＿＿＿ ） が必要になる。利用者の （ 3＿＿＿＿＿＿ ） に必要な情報をわかりやすく提供する。

● 利用者が安楽な体位をとれるよう、上半身を （ 4＿＿＿＿ ） ～ （ 5＿＿＿＿ ） 度挙上した姿勢にする。

■ ケアの実施

○吸引圧が医師の介護職員等喀痰吸引等指示書どおりかを確認する

○吸引カテーテルの挿入の範囲は、口腔・鼻腔内は （ 6＿＿ ） の手前まで、気管カニューレ内吸引では気管カニューレの （ 7＿＿ ） までとする

○吸引圧が1か所にかからないよう、吸引カテーテルを静かに （ 8＿＿ ） ながら吸引する

○1回の吸引で痰を十分取りきれない場合は、無理をせずいったん （ 9＿＿ ） 、利用者の呼吸を整えてから再度行う

● 喀痰吸引で起こりうる緊急を要する状態とは、 （ 10＿＿＿＿ ） の停止、呼吸状態の悪化、多量の （ 11＿＿＿＿ ） 、 （ 12＿＿＿＿ ） による気道の閉塞などである。

● パルスオキシメーターで酸素飽和度が （ 13＿＿＿ ） ％以上にならない、吸引後に人工呼吸器回路をつけたとき、普段より気道内圧が （ 14＿＿＿ ） 状態が続く、 （ 15＿＿＿ ） 障害がある、 （ 16＿＿＿＿＿ ） がみられるなどの場合は、直ちに医療職に連絡する。

確認しよう！

★吸引瓶の排液は、どれくらいになる前に捨てる？　⇒ Ⓐ

★吸引中・吸引後の利用者の状態、吸引物の量・性状等は、異常がみられなければ看護職に報告する必要はない？　⇒ Ⓑ

用語

パルスオキシメーター
指などにプローブとよばれる器具をつけ、採血することなく動脈血酸素飽和度と心拍数を測定し、身体に酸素が十分に供給されているかどうかを確認する医療機器。

NOTE

レッスン63 経管栄養①

重要度 **A**
学習日 ／／／

1. 経管栄養についての理解

1）経管栄養が必要となる場合

経管栄養とは、栄養チューブを直接消化管まで挿入して栄養剤を注入し、栄養状態の維持・改善を行う方法をいいます。経管栄養が必要になる病態としては、嚥下障害や摂食障害、認知症等で自発的に嚥下ができない状態になった場合や頭部や顔面の外傷が原因で嚥下・摂食が困難な場合などがあります。

2）経管栄養の種類と特徴

経管栄養には、主に**胃瘻経管栄養**、**腸瘻経管栄養**、**経鼻経管栄養**（NG法）の3つの種類があります。

①胃瘻経管栄養と腸瘻経管栄養

胃瘻経管栄養は、腹部から胃に瘻孔をつくり、栄養チューブを留置して栄養剤を注入する方法である。胃瘻の栄養チューブには、主にボタン型バルーン、ボタン型バンパー、チューブ型バルーン、チューブ型バンパーの4つのタイプがある。

腸瘻経管栄養は、腹部から空腸に瘻孔をつくり、栄養チューブを留置して栄養剤を注入する方法である。胃瘻・腸瘻の造設時に手術が必要で利用者の身体に負担がかかるが、外見がすっきりして見え、栄養チューブが抜けにくいという長所がある。

②経鼻経管栄養

鼻腔から胃まで栄養チューブを挿入して栄養剤や水分を注入する方法である。手術を行わずに経管栄養を開始することができるが、栄養剤が詰まりやすい、**胃食道逆流**が起こりやすい、栄養チューブが**抜けやすい**などの短所がある。

3）栄養剤の種類

経管栄養に用いられる栄養剤は、液体の状態の**液体栄養剤**とゼリー状の**半固形栄養剤**に大別することができます。

液体栄養剤は、液体のため栄養剤が胃から食道へ逆流しやすく、**誤嚥性肺炎**の原因となります。また、注入に時間がかかるため、消化腺の分泌や腸のぜん動運動の反応が弱くなり、**下痢**をしやすくなります。

一方、半固形栄養剤は注入時間が短く、内容物の粘度が高いため胃から食道への逆流が起こりにくくなります。さらに、正常な消化管運動が起こり、**有形便**が形成されます。

4）栄養剤使用時の留意点

栄養剤の種類や量、注入方法は**医師**が決定します。介護職は、医師の介護職員等喀痰吸引等指示書に従って、栄養剤を使用します。栄養剤は**常温**で保管しますが、冬季など栄養剤の温度が低い場合は、人肌程度に温めて使用します。

書いて覚えよう！

◆経管栄養についての理解

● 経管栄養とは、栄養チューブを直接（ ① ）まで挿入して栄養剤を注入し、（ ② ）の維持・改善を行う方法をいう。

■ 経管栄養の種類と特徴

胃瘻経管栄養・腸瘻経管栄養	腹部から胃や空腸に瘻孔をつくり、栄養チューブを留置して栄養剤を注入する方法。胃瘻・腸瘻の造設時に（ ③ ）が必要で身体に負担がかかるが、外見がすっきりして見え、栄養チューブが（ ④ ）にくい
経鼻経管栄養	鼻腔から（ ⑤ ）まで栄養チューブを挿入して栄養剤や水分を注入する方法。手術を行わないが、（ ⑥ ）が詰まりやすい、（ ⑦ ）が起こりやすい、栄養チューブが抜けやすいなどの短所がある

■ 栄養剤の種類と特徴

液体栄養剤	栄養剤が胃から食道へ逆流しやすく、（ ⑧ ）の原因となる。また、注入に時間がかかるため、消化腺の分泌や腸の（ ⑨ ）の反応が弱くなり、（ ⑩ ）をしやすくなる
半固形栄養剤	注入時間が（ ⑪ ）、内容物の粘度が高いため胃から食道への逆流が起こりにくくなる。正常な消化管運動が起こり、（ ⑫ ）便が形成される

● 栄養剤の種類や量、注入方法は（ ⑬ ）が決定する。

● 栄養剤は（ ⑭ ）で保管するが、冬季など栄養剤の温度が低い場合は、（ ⑮ ）程度に温めて使用する。

用語

胃食道逆流
胃の内容物が食道に逆流すること。食道下部にある括約筋（かつやくきん）の機能が低下することなどで起こる。

胃瘻の栄養チューブ
ボタン型は、身体の外に出ている部分が小さいので、自己抜去しにくくなっている。

ボタン型バルーン

チューブ型バンパー

NOTE

レッスン63 経管栄養②

重要度 **A**
学習日 ／／／

1. 経管栄養の実施

1）実施準備

　医師の介護職員等喀痰吸引等指示書（以下、指示書）、看護職からの引き継ぎ事項、実施の留意点（栄養剤の内容と量、注入開始時間、注入時間等）を確認します。石鹸と流水による手洗い、または手指消毒を行います。必要物品を準備し、物品の状況を確認します。利用者の名前、栄養剤の内容と量、有効期限、適切な温度、注入開始時間、注入時間を確認します。

2）ケアの実施

　利用者の名前、使用する栄養剤が利用者本人のものか確認します。利用者に体調を聞き、経管栄養について説明をします。栄養剤の逆流を防ぐため、利用者の体位を**半座位**にします。イルリガートル内の栄養剤の液面は、腹部から**50cm**程度上にあるように点滴スタンドの位置を調整します。経鼻経管栄養チューブの挿入確認は**看護職**が行います。

3）実施時の留意点

　注入開始直後は、利用者の状況や表情を観察します。注入中も、定期的に利用者の表情や状態を観察し、呼吸や顔色の異常、出血、腹痛、嘔気・嘔吐などの症状がみられないか確認します。実施中は、次のようなトラブルや症状が起こりやすいので注意が必要です。

○しゃっくり…注入開始後にみられた場合は、直ちに注入を**中止**して口腔内を観察し、看護職に連絡する。

○嘔吐…直ちに注入を**中止**して顔を横に向け **A**（誤嚥予防）、看護職に連絡する。

○出血、呼吸・顔色の異常…直ちに注入を**中止**し、看護職に連絡する。

○下痢…栄養剤の**濃度**、**温度**、**注入速度**が原因。指示書に書かれている濃度や温度、注入速度を**遵守**する。

○誤嚥性肺炎…**加齢**、**注入速度**などが原因。注入速度を遵守し、**口腔ケア**を丁寧に行う。

○**栄養チューブの事故抜去**…**注入せずに**看護職に連絡する **B**。

○**栄養チューブによるスキントラブル**…栄養チューブのサイズ、材質などを考慮して選択する。

4）実施後

　注入終了後、しばらく利用者を**座位**または**半座位**の状態 **C** に保ち、利用者の状態を観察します。利用者の状態や異常の有無を看護職に報告します。ヒヤリハット・事故があれば、その旨も報告します。使用物品を洗浄、消毒し、乾燥させておきます。決まった様式の書類に記録し、ヒヤリハット・事故があればその内容を詳細に記録します。

書いて覚えよう！

◆経管栄養の実施

● 経管栄養の実施前には、利用者の （①＿＿＿＿）、栄養剤の内容と （②＿＿）、有効期限、適切な （③＿＿＿＿）、注入開始時間、注入時間を確認する。

● 栄養剤の逆流を防ぐため、利用者の体位を （④＿＿＿＿） にする。経鼻経管栄養チューブの挿入確認は （⑤＿＿＿＿） が行う。

● 注入開始直後や注入中は、定期的に利用者の表情や状態を観察する。注入中にしゃっくりや嘔吐、出血、呼吸・顔色の異常がみられた場合は、直ちに注入を （⑥＿＿＿＿） し、看護職に連絡する。

● 下痢は栄養剤の （⑦＿＿＿＿）、 （⑧＿＿＿＿）、注入速度が、誤嚥性肺炎は加齢、 （⑨＿＿＿＿） などが原因で起こる。医師の介護職員等喀痰吸引等指示書を遵守する。

● 栄養チューブが抜けていたら、 （⑩＿＿＿＿） せずに看護職に連絡する。また、栄養チューブによるスキントラブルの場合は、栄養チューブのサイズ、 （⑪＿＿＿＿） などを考慮して選択する。

● 注入終了後、しばらく利用者を座位または半座位の状態に保ち、利用者の状態を観察する。利用者の状態や異常の有無のほか、 （⑫＿＿＿＿＿＿）・事故があれば、その旨も看護職に報告し、内容を詳細に （⑬＿＿） する。

確認しよう！

★経管栄養実施中に嘔吐がみられた場合、誤嚥予防のためにどのような対応が必要？ ⇒ Ⓐ

★栄養チューブが抜けていた場合はどうする？ ⇒ Ⓑ

★栄養剤の注入終了後、しばらく利用者をどのような状態で保つ？ ⇒ Ⓒ

用語

イルリガートル
ボトルタイプのものとバッグタイプのものとがある。イリゲーターともよばれる。

事故抜去
栄養チューブが身体や衣服に引っかかって抜ける場合や、利用者が自分で引っぱって抜いてしまう自己抜去がある。

NOTE

64 急変時の対応

1. 誤嚥時の対応

日常生活で起こりやすい急変時の対応として、食べ物などが誤って**気管**に入り、呼吸ができなくなる**誤嚥**があります。誤嚥は**窒息**や**誤嚥性肺炎**の原因ともなるため、利用者の食事中の誤嚥や窒息事故を事前に防止するとともに、万が一の場合には慌てず、かつ的確に対応する ことが必要です。

（1）誤嚥時にみられる症状

誤嚥時には、次のような症状が現れます。

○喘鳴や咳込み、吐き気、**チアノーゼ**など
○手で喉をギューッとつかむ（**チョークサイン**）、胸を叩く

（2）意識がある場合の応急手当

利用者に強く**咳**をさせます。意識があっても咳ができない場合は、**背部叩打法**や**腹部突き上げ法（ハイムリック法）**を行います。

■誤嚥時の応急手当（意識があっても咳ができない場合）

背部叩打法	立位	利用者の胸を一方の手で支えて頭部を胸より低くし、他方の手で肩甲骨の間を強く、素早く叩く（図①）
	臥位	側臥位にした利用者の肩を一方の手で支え、他方の手で肩甲骨の間を強く、素早く叩く
腹部突き上げ法（ハイムリック法）		利用者を立位または座位にし、後ろから抱くようなかたちで上腹部の前で腕を組み合わせ、内上方に向かって圧迫するように押し上げる（図②）。仰臥位にして行う場合もある（図③）

図①背部叩打法　　図②腹部突き上げ法（座位）　　図③腹部突き上げ法（仰臥位）

腹部突き上げ法（ハイムリック法）は内臓損傷の危険があるため、妊婦や乳児には行えません。

書いて覚えよう！

◆誤嚥時の対応

● 日常生活で起こりやすい急変時の対応として、食べ物などが
誤って （①_____） に入り、呼吸ができなくなる
（②_____） がある。

● 誤嚥は窒息や （③_____） の原因ともなるため、
利用者の食事中の誤嚥や窒息事故を事前に防止するとともに、万
が一の場合には慌てず、かつ的確に対応することが必要。

■誤嚥時にみられる症状

○喘鳴や咳込み、吐き気、（④_____） など
○手で喉をギューッとつかむ（（⑤_____））、
　胸を叩く

● 誤嚥時は、利用者に強く （⑥_____） をさせる。意識があっ
ても咳ができない場合は、 （⑦_____） 法や腹部突き
上げ法 （ （⑧_____） 法）を行う。

● 背部叩打法（立位）では、利用者の胸を一方の手で支えて頭部
を （⑨_____） より低くし、他方の手で （⑩_____） の
間を強く、素早く叩く。

● 腹部突き上げ法（ハイムリック法）では、利用者を立位または
（⑪_____） にし、後ろから抱くようなかたちで上腹部の前
で腕を組み合わせ、 （⑫_____） に向かって圧迫するよう
に押し上げる。

確認しよう！

★利用者の食事中に誤嚥や窒息事故が発生した場合、介護職はど
のように対応する？　　　　　　　　　　　　　　　⇒ Ⓐ

原則として医行為に含まれない行為

- 水銀体温計・電子体温計による腋窩（えきか）での体温計測、および耳式電子体温計による外耳道（がいじどう）での体温測定 注1
- 自動血圧測定器または半自動血圧測定器（ポンプ式を含む）を用いた血圧測定 注1
- 血糖値の確認（血糖値や食事摂取量等が不安定でない患者への持続血糖測定器のセンサーの貼付や測定器の測定値の読み取り等）注1
- 入院治療の不要な者（新生児を除く）に対してパルスオキシメーターを装着し、動脈血酸素飽和度を確認 注1
- 軽微な切り傷、擦り傷、やけど等で、専門的な判断や技術を必要としない処置（汚れたガーゼの交換を含む）
- 爪切り、爪ヤスリ（爪に異常や爪周辺の皮膚に化膿や炎症がなく、糖尿病等の疾患に伴う専門的な管理が必要でない場合）
- 水虫や爪白癬に罹患した爪への軟膏（なんこう）または外用液の塗布（褥瘡（じょくそう）の処置を除く）注2
- 皮膚への軟膏の塗布（褥瘡の処置を除く）注2
- 皮膚への湿布の貼付 注2
- 点眼薬の点眼 注2
- 鼻腔（びくう）粘膜への薬剤噴霧 注2
- 一包化された内用薬の内服（舌下錠の使用も含む）、吸入薬の吸入、分包された液剤の内服の介助 注2
- 肛門（こうもん）からの坐薬（ざやく）挿入 注2
- 口腔内（こうくう）の刷掃、歯ブラシや綿棒または巻き綿子などによる、歯、口腔粘膜、舌の汚れの除去（重度の歯周病等がない場合）
- 耳垢（じこう）の除去（耳垢塞栓（そくせん）を除く）
- ストーマ装具の交換（ストーマやその周辺の状態が安定している場合等）
- 自己導尿カテーテルの準備、体位の保持など
- 市販のディスポーザブルグリセリン浣腸器（かんちょうき）を用いた浣腸（挿入部の長さが5〜6cm程度以内、グリセリン濃度50%、成人用の場合で40g程度以下の場合）
- 吸引器に溜まった汚水の廃棄や吸引器に入れる水の補充、吸引チューブ内を洗浄する目的で使用する水の補充
- 食事（とろみ食を含む）の介助
- 有床義歯（入れ歯）の着脱および洗浄　　　など

注1）測定された数値を基に投薬の要否など医学的な判断を行うことは医行為
注2）次の①〜③を医療職が確認し、医師等でなくてもできる行為であることを本人または家族等に伝え、事前に本人または家族等から依頼があった場合に行える
　　　①利用者の容態が安定していること
　　　②副作用や投薬量の調整等のための経過観察が不要なこと
　　　③当該医薬品の使用方法そのものに専門的な配慮が必要でないこと

出典：厚生労働省「医師法第17条、歯科医師法第17条及び保健師助産師看護師法第31条の解釈について」「医師法第17条、歯科医師法第17条及び保健師助産師看護師法第31条の解釈について（その2）」などを基に作成

喀痰吸引の範囲と経管栄養の種類

■吸引の範囲（悪い例）

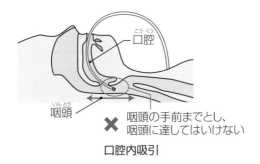

口腔（こうくう）

咽頭（いんとう）

✕ 咽頭の手前までとし、咽頭に達してはいけない

口腔内吸引

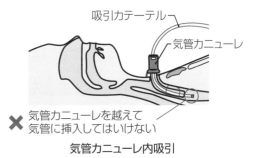

吸引カテーテル

気管カニューレ

✕ 気管カニューレを越えて気管に挿入してはいけない

気管カニューレ内吸引

■経管栄養の種類と胃瘻の仕組み

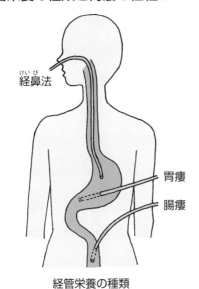

経鼻法（けいび）

胃瘻

腸瘻

経管栄養の種類

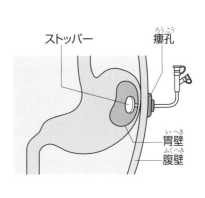

ストッパー

瘻孔（ろうこう）

胃壁（いへき）

腹壁（ふくへき）

胃瘻の仕組み

半座位の姿勢

ファーラー位

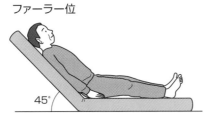

45°

上半身を45°起こした姿勢

セミファーラー位

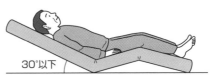

30°以下

上半身を15～30°起こした姿勢

一次救命処置（BLS）の手順（一般の場合）

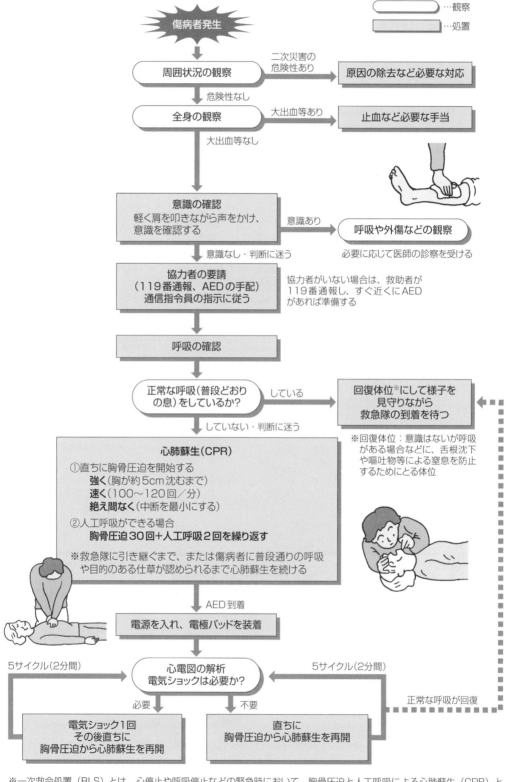

…観察

…処置

傷病者発生

周囲状況の観察 → 二次災害の危険性あり → 原因の除去など必要な対応

危険性なし

全身の観察 → 大出血等あり → 止血など必要な手当

大出血等なし

意識の確認
軽く肩を叩きながら声をかけ、意識を確認する → 意識あり → 呼吸や外傷などの観察
必要に応じて医師の診察を受ける

意識なし・判断に迷う

協力者の要請
（119番通報、AEDの手配）
通信指令員の指示に従う
協力者がいない場合は、救助者が119番通報し、すぐ近くにAEDがあれば準備する

呼吸の確認

正常な呼吸（普段どおりの息）をしているか？ → している → 回復体位※にして様子を見守りながら救急隊の到着を待つ

していない・判断に迷う

※回復体位：意識はないが呼吸がある場合などに、舌根沈下や嘔吐物等による窒息を防止するためにとる体位

心肺蘇生（CPR）
①直ちに胸骨圧迫を開始する
強く（胸が約5cm沈むまで）
速く（100～120回／分）
絶え間なく（中断を最小にする）
②人工呼吸ができる場合
胸骨圧迫30回＋人工呼吸2回を繰り返す

※救急隊に引き継ぐまで、または傷病者に普段通りの呼吸や目的のある仕草が認められるまで心肺蘇生を続ける

AED到着

電源を入れ、電極パッドを装着

5サイクル（2分間）

心電図の解析
電気ショックは必要か？

5サイクル（2分間）

正常な呼吸が回復

必要 → 電気ショック1回
その後直ちに胸骨圧迫から心肺蘇生を再開

不要 → 直ちに胸骨圧迫から心肺蘇生を再開

※一次救命処置（BLS）とは、心停止や呼吸停止などの緊急時において、胸骨圧迫と人工呼吸による心肺蘇生（CPR）とAED（自動体外式除細動器）を使用して行う、初期の救命処置のこと

介　護

介護福祉士を取り巻く状況

重要度　**B**

学習日　／　／　／

1. 介護福祉士制度の制定

　1963（昭和38）年に成立した「老人福祉法」により、常時介護を要する高齢者の収容施設として**特別養護老人ホーム**が創設されましたが、当初は救貧施策としての色彩が強い選別的な制度でした。また、在宅介護への援助として**老人家庭奉仕員**が派遣されましたが、対象者は低所得者が優先であったため、介護は家族などが担うことが一般的でした。これらにより、特別養護老人ホームでは寮母（現：介護職員）が、在宅介護では老人家庭奉仕員が介護を担うようになりましたが、いずれも特別な資格は必要とされなかったため、介護は誰でも行える仕事として扱われました。

　1970年代に入って高齢化が急速に進む中で、女性の社会進出や**核家族化**などに伴い、家族による介護機能は失われました。また、高度医療の発展などによって死亡率は減少しましたが、その分、要介護状態の**重度化・長期化**という傾向も目立つようになってきました。こうした社会変化の中で、高齢者の介護は国の重要な課題となり、介護福祉分野での専門的な人材が求められるようになってきました。その結果、1987（昭和62）年に「**社会福祉士及び介護福祉士法**」が制定され、福祉の世界に新しく国家資格をもった専門職となる**介護福祉士**が誕生しました。

2. 求められる介護福祉士の姿

　2017（平成29）年10月にとりまとめられた、厚生労働省社会保障審議会福祉部会福祉人材確保専門委員会の報告書「介護人材に求められる機能の明確化とキャリアパスの実現に向けて」において、「介護福祉の専門職として、介護職のグループの中で中核的な役割を果たし、認知症高齢者や高齢単身世帯等の増加等に伴う介護ニーズの複雑化・多様化・高度化に対応できる介護福祉士を養成する必要がある」ことから、介護福祉士養成課程におけるカリキュラムの見直しが行われました。

　報告書で示された「求められる介護福祉士像」として、①**尊厳と自立を支えるケア**を実践する、②専門職として**自律的**に介護過程の展開ができる、③身体的な支援だけでなく、心理的・社会的支援も展開できる、④介護ニーズの複雑化・多様化・高度化に対応し、本人や家族等の**エンパワメント**を重視した支援ができる、⑤QOL（生活の質）の維持・向上の視点を持って、**介護予防**から**リハビリテーション**、**看取り**まで、対象者の状態の変化に対応できる、⑥地域の中で、施設・在宅にかかわらず、本人が望む生活を支えることができる、⑦関連領域の基本的なことを理解し、**多職種協働**によるチームケアを実践する、⑧本人や家族、チームに対する**コミュニケーション**や、的確な記録・記述ができる、⑨制度を理解しつつ、地域や社会の**ニーズ**に対応できる、⑩介護職の中で**中核的な役割**を担う、の10項目に加え、さらに**高い倫理性の保持**が挙げられています。

書いて覚えよう！

◆介護福祉士制度の制定

● 1963（昭和38）年に成立した「老人福祉法」に基づき、高齢者施設として （［1］　　　　　　　　　　　　） が創設され、在宅介護への援助として （［2］　　　　　　　　　　　　） が派遣されたが、対象者は （［3］　　　　　　　） が優先された。

● 高齢者の介護が国の重要な課題となり、介護福祉分野での（［4］　　　　） 的な人材が必要となってきたため、1987（昭和62）年に「 （［5］　　　　　　　　　　　　　　） 」が制定され、国家資格をもった専門職として（［6］　　　　　　　　） が誕生した。

◆求められる介護福祉士の姿

1. 尊厳と （［7］　　　　） を支えるケアを実践する
2. 専門職として自律的に介護過程の展開ができる
3. 身体的な支援だけでなく、心理的・社会的支援も展開できる
4. 介護ニーズの複雑化・多様化・高度化に対応し、本人や家族等の （［8］　　　　　　） を重視した支援ができる
5. QOL（生活の質）の維持・向上の視点を持って、介護予防からリハビリテーション、 （［9］　　　　　） まで、対象者の状態の変化に対応できる
6. 地域の中で、施設・在宅にかかわらず、本人が望む生活を支えることができる
7. 関連領域の基本的なことを理解し、 （［10］　　　　　　） によるチームケアを実践する
8. 本人や家族、チームに対するコミュニケーションや、的確な記録・記述ができる
9. 制度を理解しつつ、地域や社会の （［11］　　　　　） に対応できる
10. 介護職の中で （［12］　　　　　） な役割を担う

＋

高い （［13］　　　　） の保持

用語

外国人介護福祉士候補者の受入れ
経済連携協定（EPA）に基づき2008（平成20）年度から、インドネシア、フィリピン、ベトナムからの介護福祉士候補者の受入れが始まった（在留期間は1年、更新すれば4年まで可）。資格取得後は、介護福祉士として業務に従事する限り、日本に在留できる。

NOTE

レッスン66 社会福祉士及び介護福祉士法

重要度 **A**

学習日

1. 社会福祉士及び介護福祉士法

1）介護福祉士の定義

介護福祉士の定義は、「社会福祉士及び介護福祉士法」の第2条第2項（定義）に「この法律において『**介護福祉士**』とは、第42条第1項の登録を受け、介護福祉士の名称を用いて、専門的知識及び技術をもつて、身体上又は精神上の障害があることにより日常生活を営むのに支障がある者につき**心身の状況に応じた介護**（喀痰吸引その他のその者が日常生活を営むのに必要な行為であつて、医師の指示の下に行われるもの（厚生労働省令で定めるものに限る。以下「**喀痰吸引等**」という。）を含む。）を行い、並びにその者及びその介護者に対して介護に関する指導を行うこと（以下「**介護等**」という。）を業とする者をいう」と規定されています。

従来、介護福祉士の業務は「入浴、排せつ、食事その他の介護等」と規定されていましたが、2007（平成19）年の改正で、「心身の状況に応じた介護Ⓐ」と改められました。

2）介護福祉士の義務

介護福祉士の義務については、「社会福祉士及び介護福祉士法」において、第44条の2に**誠実義務**、第45条に**信用失墜行為の禁止**、第46条に**秘密保持義務**、第47条第2項に**連携**、第47条の2に**資質向上の責務**が規定されています。

2007年の改正では、「誠実義務」「資質向上の責務」の規定の追加、「連携」の範囲の拡大などが行われました。

3）名称独占資格

第48条第2項（**名称の使用制限**）では、「介護福祉士」という名称は**国家資格**を有する者だけが名乗れるものであり、何らかの介護を行っていても資格のない者はその名称を使用することが法令で禁止されています。このような資格を**名称独占資格**といいます。

4）厚生労働大臣による命令と罰則規定

厚生労働大臣は、介護福祉士が秘密保持義務の規定に違反したり、信用失墜行為を行ったりした場合は、**登録の取り消し**、または一定期間**名称の使用停止**を命ずることができます。また、秘密保持義務の規定に違反した場合は、**1年以下の懲役または30万円以下の罰金Ⓑ**、喀痰吸引等業務などの規定に違反した場合は、30万円以下の罰金という罰則規定も設けられています。

5）申請と登録

介護福祉士国家試験に合格した者は、**厚生労働大臣**の定めた指定登録機関に申請し、**登録**を受けます。登録が完了し、厚生労働大臣から「介護福祉士登録証」を交付されて初めて「介護福祉士」と名乗ることができます。

書いて覚えよう！

◆社会福祉士及び介護福祉士法

● 介護福祉士の定義は、「社会福祉士及び介護福祉士法」の第（①＿＿＿）条第2項（定義）に「…専門的知識及び技術をもつて、（②＿＿＿）上又は精神上の（③＿＿＿）があることにより日常生活を営むのに支障がある者につき心身の状況に応じた介護…（略）」と規定されている。

■介護福祉士の義務

第44条の2	…… （④＿＿＿）義務
第45条	…… （⑤＿＿＿＿＿＿＿）の禁止
第46条	……秘密保持義務
第47条第2項	……連携
第47条の2	…… （⑥＿＿＿＿＿）の責務

● 厚生労働大臣は、介護福祉士が秘密保持義務の規定に違反したり、信用失墜行為を行ったりした場合は、登録の（⑦＿＿＿＿＿）、または一定期間名称の（⑧＿＿＿＿＿）を命ずることができる。

■介護福祉士の申請と登録の流れ

介護福祉士国家試験に合格する

⬇

厚生労働大臣の定めた指定登録機関に（⑨＿＿＿＿）し、登録を受ける

⬇

（⑩＿＿＿＿＿＿＿）から「介護福祉士登録証」を交付される

⬇

「介護福祉士」を名乗ることができる

確認しよう！

★以前は介護福祉士の業務は「入浴、排せつ、食事その他の介護等」となっていたのが、2007年の法改正でどのように変わった？ ⇒ Ⓐ

★介護福祉士が秘密保持義務の規定に違反した場合の罰則は？ ⇒ Ⓑ

レッスン67 ICF（国際生活機能分類）

重要度　A

学習日　／　／　／

1. ICFの考え方

1）ICFの特徴

　ICIDH（国際障害分類）がマイナス面（障害）に着目した分類だとすると、**ICF（国際生活機能分類）**はプラス面（**生活機能**）に着目した分類といえます。ICFの考え方を表すものを**ICFモデル**といい、介護、保健、医療、福祉などの専門家と当事者などとの間の共通言語（相互理解のツール）となるものです。またICFは、各構成要素の相互関係を重要視し、人間として生きるということを総合的にとらえる**統合モデル**であるという点も大きな特徴です。

■ICFの特徴

①障害の原因を疾病だけに限定しない。

②ICIDH1980年版のそれぞれの階層（レベル）の名称が、**中立的・肯定的**な表現に置き換えられている。

③各要素の関係性を示す矢印が**双方向**（相互関係）になっている。

④背景因子（**環境因子、個人因子**）の重要性が示されている。

2）ICFの構造

　生活機能は、**心身機能・身体構造**Ⓐ、**活動**、**参加**の3つの階層（レベル）に分類されます。それらに対応する障害として、「心身機能・身体構造」に問題が生じた状態を**機能障害**（構造障害を含む）、「活動」に問題が生じた状態を**活動制限**、「参加」に問題が生じた状態を**参加制約**とよびます。また、生活機能の低下に影響を及ぼす**環境因子、個人因子**の2つの背景因子Ⓑを加えた構造になっています。

3）ICFモデルの構成要素の定義

①**心身機能・身体構造**…身体の生理的機能、心理的機能、器官・肢体とその構成部分などの、身体の解剖学的部分。

②**活動**…課題や行為の個人による遂行（日常生活や家事、趣味活動、人との交際も含むさまざまな行為）。

③**参加**…生活場面・人生場面へのかかわり（親、主婦といった社会的な役割を果たすことや、社会への参加）。

④**環境因子**…人々が生活し、人生を送っている環境を構成する因子。**物的環境**（福祉用具や住宅など）、**人的環境**（家族や介護職など）、**制度的環境**（法制度や医療・福祉サービスなど）といった幅広いもの。

⑤**個人因子**…性別、年齢、ライフスタイル、習慣、生育歴、職業など。

書いて覚えよう！

◆ICFの考え方

● ICF（国際生活機能分類）はプラス面

（（ ① ））に着目した分類である。

● ICFの考え方を表すものを （ ② ） とい

い、介護、保健、医療、福祉などの専門家と当事者などとの間の

（ ③ ） （相互理解のツール）となるものである。

● ICIDH1980年版のそれぞれの階層（レベル）の名称が、中立的・

（ ④ ） な表現に置き換えられている。

● 各要素の関係性を示す矢印が （ ⑤ ） （相互関係）

になっている。

■ICFモデル

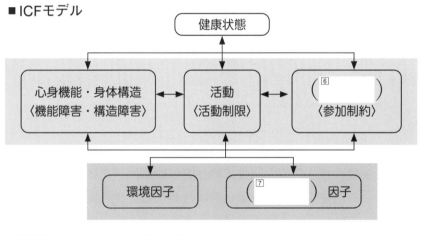

〈　〉…生活機能　〈　〉…背景因子

● ICFの環境因子とは、人々が生活し、人生を送っている

（ ⑧ ） を構成する因子をいう。物的環境、

（ ⑨ ） 、制度的環境が含まれる。

確認しよう！

★生活機能を３つのレベルに分類すると、「活動」「参加」と何に
分類される？　⇒ Ⓐ

★生活機能の低下に影響を及ぼす「環境因子」「個人因子」は何
とよばれる？　⇒ Ⓑ

用語

ICIDH（国際障害分類）
1980（昭和55）年に
初めてWHO（世界保
健機関）において制定
された障害の分類。

統合モデル
医学モデル（心身機能
の低下を重視し、心身
機能の改善を目指す）
と社会モデル（参加に
対する環境因子の影響
を特に重視し、その改
善に主眼をおく）を統
合したもの。

ストレングス
利用者一人ひとりがも
つ意欲、積極性、治癒
力、回復力、嗜好、願
望などのことで、内的
資源ともいう。

NOTE

レッスン 68 リハビリテーション①

重要度 **A**
学習日 ／／／

1. リハビリテーションの考え方

1）リハビリテーションの語源

　リハビリテーションという言葉は、「re＝再び」と「habilitate＝社会に適応できるようにする」から構成されており、「社会に再び適応する」ことを意味しています。近年に至るまで、リハビリテーションという言葉は「権利・資格・名誉の回復を図る」という**人格の尊厳**にかかわる意味合いをもっていました。

　しかし現在では、心身の機能回復や社会復帰を通して、障害者や高齢者の「**人間らしく生きる権利の回復を図ること**」を目指した援助の過程までを示すようになっています。

2）リハビリテーションの目的

　従来、リハビリテーションの目的は「機能回復訓練」という障害の軽減を図ることに限定されていましたが、今日では、残存能力を最大限に活かして、QOL（生活の質）の向上を目指していくことがその目的であると考えられています。

　また、これを実現するためには、ADLをどの程度行えるかによって援助方法を決めるのではなく、障害者等の主体性を尊重するという観点から、<u>社会生活力</u>（SFA）🅐の獲得に重点を置いた援助が必要であるという考えが広まっています。

3）基本的な理念

①全人間的復権を目指す

　　リハビリテーションは、身体機能の回復訓練（医学的側面）だけではなく、身体的、精神的、社会的なあらゆる側面から総合的に行われる。全人間的な権利の回復を目指すものであり、これを「**全人間的復権**」とよぶ。

　　そのために、あらゆる専門家が集まり、知識や経験を結集させて行っていく。

②リハビリテーションを受ける人が主体

　　リハビリテーションは、障害者等が各専門職の指示に従うというかたちではない。障害者等の要求に対して専門職がその要求実現のために必要な援助を行うかたちが基本的な関係である。

③時間を限定したプロセス（過程）

　　リハビリテーションは永遠に続くものではない。目標を立て、それを実現するための計画に従って実行するという、時間を限定したプロセス（過程）である。期間内に目標を一つひとつ実現していくことが重要である。

書いて覚えよう！

◆リハビリテーションの考え方

● リハビリテーションという言葉は、現在では心身の

（① ＿＿＿＿＿＿＿＿）や（② ＿＿＿＿＿＿＿＿）を通して、

障害者や高齢者の「人間らしく生きる権利の回復を図ること」を

目指した援助の過程までを示すようになっている。

● リハビリテーションの目的は、今日では、（③ ＿＿＿＿

＿＿）を最大限に活かして、（④ ＿＿＿＿＿）（生活の質）の

向上を目指していくことにあると考えられている。

● リハビリテーションの目的を実現するためには、障害者等の

（⑤ ＿＿＿＿＿＿）を尊重するという観点から、

（⑥ ＿＿＿＿＿＿）（SFA）の獲得に重点を置いた援助が必

要であるという考えが広まっている。

■リハビリテーションの基本理念

①全人間的復権を目指す	リハビリテーションは、全人間的な権利の回復を目指すものであり、これを「（⑦ ＿＿＿＿＿＿＿＿）」とよぶ。このためにあらゆる専門家が集まり、知識や経験を結集させて行っていく
②リハビリテーションを受ける人が主体	リハビリテーションは障害者等の要求に対して（⑧ ＿＿＿＿＿＿）がその要求実現のために必要な援助を行うかたちが基本的な関係である
③時間を限定したプロセス（過程）	リハビリテーションは（⑨ ＿＿＿＿）を立て、それを実現するための計画に従って実行するという、（⑩ ＿＿＿＿）を限定したプロセスである

確認しよう！

★リハビリテーションでは、何を獲得することに重点が置かれる？ ⇒ Ⓐ

用語

社会生活力（SFA）
さまざまな社会状況の中で、自分のニーズを満たし、一人ひとりにとって可能な最も豊かな社会参加を実現する権利を行使する力。

自立生活運動
1960年代後半からアメリカで展開された自立生活運動は、障害者自らがリハビリテーションを進めていく考え方をいい、障害者自身の選択による自己決定の尊重を主張し、自己決定を自立の中心的な価値として位置づけた。

NOTE

レッスン 68 リハビリテーション②

重要度 **A**
学習日 ／／／

1. リハビリテーションの4領域

　リハビリテーションには、①医学的リハビリテーション、②教育的リハビリテーション、③職業的リハビリテーション、④社会的リハビリテーションの4つの領域があり、これらによる援助が、個別にではなく総合的に行われる必要があります。

①**医学的リハビリテーション**…医学的方法によって障害の除去・軽減を図るために、障害の原因である疾病の治療と管理を行うこと。またこの中で、二次的障害の発生予防や機能維持、健康管理も行われる。

②**教育的リハビリテーション**…障害児に対して、医学的リハビリテーションと並行して行われる教育的支援をいう。**特別支援学校**や特別支援学級、統合教育（**インテグレーション**）などで実施されている。

③**職業的リハビリテーション**…就職を希望する障害者が、障害者職業能力開発校、障害者支援施設などで職業訓練を受け、職業相談など就労やそれに向けた取り組みを行うこと。職業的リハビリテーションを行う際は、各自の職業的能力を正確に把握すること（**職業評価**）が必要である。

> 職業評価とは障害者の職業的能力、適性等を評価し、必要なリハビリテーションの措置を判定することをいいます。

④**社会的リハビリテーション**…訓練プログラムとして展開されるものではなく、障害者等の生活が円滑に営まれるようにするための援助体系をいう。社会的リハビリテーションを効果的に行うには、地域が提供するリハビリテーションサービスを連携させ、有効に活用していくことが重要である。

2. リハビリテーションと介護の関係

　リハビリテーションも介護も、障害者等の**自立生活**を目標としています。障害者等が自らの力だけでは自立生活が送れない場合、どのような介助が必要かを明確にし、障害者等にその援助を実際に行いながら動作訓練を実施するところまでがリハビリテーションの役割です。リハビリテーションが終了した後、介護がこの介助サービスを引き継いで行っていきます。介護は、期間に限定されることなく続けられ、リハビリテーション後の障害者等を支えるという大きな役割を担っています。

書いて覚えよう！

◆リハビリテーションの4領域

医学的リハビリテーション	(①_____) によって障害の除去・軽減を図るために、障害の原因である疾病の治療と管理を行うこと。またこの中で、二次的障害の発生予防や機能維持、健康管理も行われる
(②_____) リハビリテーション	障害児に対して、医学的リハビリテーションと並行して行われる (③_____) をいう。(④_____) や特別支援学級、統合教育（インテグレーション）などで実施されている
職業的リハビリテーション	就職を希望する障害者が、障害者職業能力開発校、障害者支援施設などで職業訓練を受け、職業相談など就労やそれに向けた取り組みを行うこと。職業的リハビリテーションを行う際は、各自の職業的能力を正確に把握すること（(⑤_____)）が必要である
(⑥_____) リハビリテーション	訓練プログラムとして展開されるものではなく、障害者等の生活が円滑に営まれるようにするための援助体系をいう。(⑦_____) を効果的に行うには、地域が提供するリハビリテーションサービスを連携させ、有効に活用していくことが重要である

◆リハビリテーションと介護の関係

● リハビリテーションも介護も、障害者等の (⑧_____) を目標としている。障害者等が自らの力だけでは自立生活が送れない場合、どのような介助が必要かを明確にし、障害者等にその援助を実際に行いながら (⑨_____) を実施するところまでがリハビリテーションの役割である。リハビリテーションが終了した後、(⑩_____) がこの介助サービスを引き継いで行っていく。

用 語

二次的障害
脳血管障害で寝たきりになったため生活不活発病になるなど、最初に起こった障害が元になって起きる派生的な障害をいう。

NOTE

68 リハビリテーション③

重要度　A
学習日　／／／

1. 介護予防とリハビリテーション

　介護保険制度は、**予防重視型システム**へと転換しています。その中でも特に重視されているのが、**生活不活発病**（廃用症候群）への対策です。生活不活発病は寝たきりや**認知症**の原因となることが多いため、これを予防し、生活機能を向上させることが目的です。

　生活不活発病の主な症状には、次のようなものがあります。

①**身体の一部に起こるもの**
　関節拘縮、廃用性筋萎縮・筋力低下・筋持久性低下、骨萎縮・皮膚萎縮・**褥瘡**、**深部静脈血栓症**

②**全身に影響するもの**
　心肺機能低下（肺炎など）、**起立性低血圧**、消化器機能低下（食欲不振、便秘）、尿量の増加→血液量の減少など

③**精神や神経のはたらきに現れるもの**
　鬱状態、知的活動低下、周囲への無関心、自律神経不安定、姿勢・運動調節機能低下など

2. リハビリテーション専門職

■**主なリハビリテーション専門職とその業務**

①**理学療法士（PT）**…身体に障害のある者に対して**基本的動作能力**の回復を図るため、医師の指示の下に、治療、体操、その他の運動を行わせるとともに、電気刺激、マッサージ、温熱その他の物理的手段を加える。

②**作業療法士（OT）**…身体または精神に障害のある者に対して**応用的動作能力**または**社会的適応能力**の回復を図るため、医師の指示の下に、手芸、工作その他の作業を行わせる。

③**言語聴覚士（ST）**…音声機能、言語機能または聴覚に障害のある者に対してその機能の維持向上を図るため、医師または歯科医師の指示の下に、言語訓練や嚥下訓練その他の訓練、これに必要な検査および助言、指導その他の援助を行う。

④**義肢装具士**…医師の指示の下に、義肢・装具の装着部位の採型および製作、身体への適合を行う。

⑤**視能訓練士**…医師の指示の下に、両眼視機能に障害のある人に対するその機能回復のための矯正訓練と、これに必要な検査を行う。

書いて覚えよう！

◆介護予防とリハビリテーション

● 介護保険制度は、予防重視型システムへと転換している。その中でも特に重視されているのが、（ ① _____ ）（廃用症候群）への対策である。

◆リハビリテーション専門職

■主なリハビリテーション専門職とその業務

理学療法士（PT）	身体に障害のある者に対して基本的（ ② _____ ）の回復を図るため、医師の指示の下に、治療、体操、その他の運動を行わせるとともに、電気刺激、マッサージ、温熱その他の（ ③ _____ ）的手段を加える
作業療法士（OT）	身体または精神に障害のある者に対して（ ④ _____ ）能力または社会的適応能力の回復を図るため、医師の指示の下に、手芸、工作その他の作業を行わせる
言語聴覚士（ST）	音声機能、言語機能または（ ⑤ _____ ）に障害のある者に対してその機能の維持向上を図るため、医師または歯科医師の指示の下に、（ ⑥ _____ ）や嚥下訓練その他の訓練、これに必要な検査および助言、指導その他の援助を行う
義肢装具士	医師の指示の下に、義肢・装具の装着部位の採型および（ ⑦ _____ ）、身体への（ ⑧ _____ ）を行う
視能訓練士	医師の指示の下に、両眼視機能に障害のある人に対するその機能回復のための矯正訓練と、これに必要な（ ⑨ _____ ）を行う

確認しよう！

★生活不活発病は、認知症や何の原因となる？　⇒ Ⓐ

用語

生活不活発病
心身の機能を十分使わないために、身体的・精神的な機能が全般的に低下した状態。安静臥床を続けると、筋力は1週間で10～15%低下する。

静脈血栓症
下肢の静脈（特に深部静脈）の血管障害、血液凝固能の亢進（血液が固まりやすい状態）、血流の停滞などによって、血栓（血液の固まり）ができること。外科手術後や長期臥床、飛行機での長時間の座位（エコノミークラス症候群）などが発症の原因となる。

NOTE

介護を必要とする人の理解

重要度　**B**

学習日　／　／　／

1. 人間の多様性・複雑性の理解

1）個別性の理解

介護職が個別性を理解するための3つの視点は次のとおりです。

①**主体性**…他と同化しえない人間としての存在。自覚や意志をもち、その人の動作や作用が他者に影響を及ぼす存在であること。

②**独自性**…他者の介入を許さない、個人特有のものをいう。他者と異なり、その人だけにみられる特徴のこと。

③**創造性**（A）…それまでにないものをつくり出すこと。主体である「私」を「私らしく」活かしていく原動力。

2）人間の多様性・複雑性を理解する

介護職は「**個別性を深く理解する**」という姿勢をもつことが大切です。

個別性は不変のものとして存在するのではなく、人と人との関係性や環境によって大きく変化することがあるため、生活歴やその時代の価値観だけを根拠に利用者のことを安易に決めつけてしまうと、現在のその人の姿を見誤ることにつながります。利用者の**ありのままの姿を受け止める**ことが大切です。

また、利用者とその家族を中心に置き、利用者や家族を取り巻く関係者、機関を含むさまざまな社会資源とのつながり、相関関係などを図式化した**エコマップ**や、利用者を中心とした家族の関係性を図式化した**ジェノグラム**を活用することにより、全体の関係性を簡潔に把握することができ、各機関の役割を検討するうえでも有効です。

2. 生活障害と生活ニーズ

1）生活障害とは

病気や障害、加齢によって、ADLに困難が伴うようになってくると、起居の障害、歩行の障害、手・腕の機能障害、視力・聴力の障害、精神・神経の障害などの**生活障害**（B）が引き起こされます。利用者の生活を考えるうえでは、心身機能の問題を単に「身体の障害」としてとらえるのではなく、生活動作への支障という視点から考える必要があります。

2）生活ニーズ

介護職が利用者にとって意味のある介護を行うためには、利用者の**生活ニーズ**をよく把握し、利用者の**自立**を目指すという視点に立ったうえで生活上の問題の軽減を図っていきます。

書いて覚えよう！

◆人間の多様性・複雑性の理解

■個別性を理解するための3つの視点

(①＿＿＿)性	(②＿＿＿)性	創造性
自覚や意志をもち、その人の動作や作用が他者に影響を及ぼす	他者とは異なり、その人だけにみられる特徴をもっている	それまでにないものをつくり出すことができる

● 生活歴やその時代の価値観だけを根拠に利用者のことを安易に決めつけてしまうと、現在のその人の姿を見誤ることにつながる。介護職は、利用者の (③＿＿＿＿＿＿＿) の姿を受け止めるよう心がける必要がある。

● 利用者や家族を取り巻く関係者、機関を含むさまざまな社会資源とのつながり、相関関係などを図式化した (④＿＿＿＿＿＿) や、利用者を中心とした家族の関係性を図式化した (⑤＿＿＿＿＿＿) を活用することにより、全体の関係性を簡潔に把握することができる。

◆生活障害と生活ニーズ

● 病気や障害、 (⑥＿＿＿) によって、 (⑦＿＿＿＿＿) に困難が伴うようになってくると、さまざまな生活障害が引き起こされる。

● 介護職が利用者にとって意味のある介護を行うためには、利用者の (⑧＿＿＿＿＿) をよく把握し、利用者の自立を目指すという視点に立ったうえで生活上の問題の軽減を図っていく。

確認しよう！

★「個別性」を理解するために必要な視点は、主体性、独自性ともうひとつは何？ ⇒ A

★病気や障害、加齢によって、ADLに困難が伴うようになってくると、何が引き起こされる？ ⇒ B

用語

エコマップ
エコマップは、アメリカのハートマンが考案したもので、生態地図、家族関係地図と訳される。

ジェノグラムの例

利用者本人
74 — 76
42 ┬ 44 ⊗
18

表記記号例

年齢…男　年齢…女

⊗…死亡

…両親と子ども（女）

NOTE

ケアマネジメント

重要度 **A**
学習日 ／／／

1. ケアマネジメントとは

　現在の日本において、**ケアマネジメント**とは「**要援護者**（高齢者、障害者など何らかの社会的サービスを必要としている人）**やその家族がもつ複数のニーズと社会資源を結びつけること**」を指し、その仕組みは要援護者の生活を行政や民間の関係機関、ボランティアなどの住民参加による**公私協働**によって支援していくことを意味しています。

2. 介護保険制度におけるケアマネジメントの過程

　介護保険制度においては、①インテーク、②アセスメント、③ケアプラン原案の作成、④サービス担当者会議、⑤ケアプランの確定、⑥支援の実施、⑦モニタリング、⑧評価、⑨終結の順に進みます。実際には①〜⑧まで行われた後、②〜⑧が繰り返されます。

①**インテーク**…利用者や家族等が問題を解決しようと初めて援助機関などを訪れたときに、介護支援専門員によって行われる1回もしくは複数回の**面接**のこと。

②**アセスメント**…援助の初期段階で行われる評価（**事前評価**）のこと。利用者を社会生活から見た全体的な観点でとらえ、利用者の**生活課題**（ニーズ）を把握・評価する。原則として利用者の**居宅**を訪問し、利用者および家族に**面接**して行う。

③**ケアプラン原案の作成**…介護支援専門員は、利用者の希望とアセスメントの結果に基づき、利用者の家族の希望や地域におけるサービス提供体制を勘案したうえで、**ケアプラン**の原案を作成する。原案の作成過程には、利用者やその家族も参加する。

④**サービス担当者会議**…**介護支援専門員**は、利用者やその家族、サービス担当者や主治医などから構成されるサービス担当者会議を開催する。利用者の状況などに関する情報を共有し、ケアプラン原案の内容について、専門的見地からの意見を求める。

⑤**ケアプランの確定**…サービス担当者会議を経て修正したケアプランについて、利用者やその家族に**説明**し、文書による**同意**を得る。

⑥**支援の実施**…ケアプランの内容に沿ってサービス提供事業者が個別援助計画を立案し、支援を開始する。支援の実施にあたっては、利用者に適切かつ円滑に介護サービスが提供されるよう配慮する。

⑦**モニタリング**…利用者に提供された介護サービスが利用者のニーズと合致しているかどうか、各種介護サービスの**点検・確認**を行う。<u>少なくとも**1か月に1回**</u>Ⓐは利用者の居宅を訪問して面接し、モニタリングの結果を記録する。

⑧**評価**…モニタリングを通して、ケアマネジメントが適切に実施されているかの評価を行う。利用者のニーズに変化がみられたり、新たな生活課題が見つかったりするなどケアプランの修正が必要な場合には、**再アセスメント**を実施する。

⑨**終結**…居宅介護支援や介護予防支援は、利用者が在宅から施設に入所した段階や、在宅で死を迎えた段階で終結する。

書いて覚えよう！

用語

生活課題（ニーズ）
ケアマネジメントにおいてニーズと生活課題は同義だが、厳密には、ニーズは利用者やその家族の意思が強く反映されている要望や必要と感じているものを指し、生活課題は専門的な分析として支援すべき利用者の生活上の問題点を指す。

◆ケアマネジメントとは

● 現在の日本において、ケアマネジメントとは「（ ①＿＿＿＿＿＿＿ ）（高齢者、障害者など何らかの社会的サービスを必要としている人）やその家族がもつ複数の（ ②＿＿＿＿＿＿＿ ）と（ ③＿＿＿＿＿＿＿ ）を結びつけること」を指す。

◆介護保険制度におけるケアマネジメントの過程

①インテーク

▼

②アセスメント
援助の初期段階で行われる評価（（ ④＿＿＿＿＿ ））のこと

▼

③ケアプラン原案の作成

▼

④サービス担当者会議
（ ⑤＿＿＿＿＿＿＿ ）は、利用者やその家族、サービス担当者や主治医などから構成されるサービス担当者会議を開催する

▼

⑤ケアプランの確定

▼

⑥支援の実施

▼

⑦モニタリング
各種介護サービスの（ ⑥＿＿＿＿＿ ）・確認

▼

⑧評価
利用者のニーズに変化がみられたり、新たな生活課題が見つかったりするなどケアプランの修正が必要な場合には、
（ ⑦＿＿＿＿＿＿＿ ）を実施する

▼

⑨終結

 確認しよう！

★介護保険制度では、モニタリングはどれくらいの頻度で行うこととされている？ ⇒

NOTE

レッスン 71 多職種連携①

重要度 **A**
学習日 ／／／

1. 多職種連携の意義

　質の高い介護サービスを提供するためには、**多職種連携（チームアプローチ）**が不可欠です。チームアプローチとは、利用者を中心とし、多職種がそれぞれの専門性を発揮して情報収集やアセスメントを行い、援助していくことを指します。

2. 社会福祉のマンパワー（相談・援助）

　個別の相談に応じ、専門的な知識と技術をもって助言や指導などの援助を行う社会福祉の専門職を**ソーシャルワーカー**といいます。

■主なソーシャルワーカー

○**社会福祉士**…福祉事務所、社会福祉施設などで高齢者や障害者等の福祉に関する相談に応じ、助言・指導、福祉サービス関係者等との連絡調整その他の援助を行う。

○**精神保健福祉士**…精神科病院その他の医療施設などにおいて、精神科医や臨床心理士などと連携を保ち、医師の指導の下に精神障害者の相談に応じ、助言・指導などの援助を行う。

○**社会福祉主事**…「社会福祉法」に規定されている**任用資格**。**福祉事務所**で来所者の面接や家庭訪問を行い、必要な措置や援助を行う。

○**身体障害者福祉司**…「身体障害者福祉法」に規定されている**任用資格**。身体障害者更生相談所などで身体障害者に関する専門的な相談に応じる。

○**知的障害者福祉司**…「知的障害者福祉法」に規定されている**任用資格**。知的障害者更生相談所などで知的障害者に関する専門的な相談に応じる。

○**相談支援専門員**…都道府県知事や市町村長の指定を受けた相談支援事業所などに配置され、**障害者**等の相談に応じて助言や連絡調整等の必要な支援を行うほか、**サービス等利用計画**の作成、**サービス担当者会議**の招集を行う。

○**サービス管理責任者**…障害福祉サービス事業所に配置され、**個別支援計画**の作成および変更、サービス提供内容およびプロセスの管理、支援内容に関連する関係機関との連絡調整などを行う。

○**医療ソーシャルワーカー**…医療機関などで保健や医療に関する相談に応じる。

○**精神科ソーシャルワーカー** A …精神科病院や精神保健福祉センターなどで精神障害者の相談に応じる。

書いて覚えよう！

◆多職種連携の意義

● 質の高い介護サービスを提供するためには、（①_____）（チームアプローチ）が不可欠である。

● チームアプローチとは、利用者を中心とし、多職種がそれぞれの（②_____）を発揮して情報収集や（③_____）を行い、援助していくことを指す。

◆社会福祉のマンパワー（相談・援助）

● 社会福祉士…（④_____）、社会福祉施設などで高齢者や障害者等の福祉に関する相談に応じ、助言・指導、福祉サービス関係者等との連絡調整その他の援助を行う。

● （⑤_____）…精神科病院その他の医療施設などにおいて、精神科医や臨床心理士などと連携を保ち、医師の指導の下に精神障害者の相談に応じ、助言・指導などの援助を行う。

● 社会福祉主事…「社会福祉法」に規定されている（⑥_____）資格。福祉事務所で来所者の面接や家庭訪問を行い、必要な措置や援助を行う。

● （⑦_____）……都道府県知事や市町村長の指定を受けた相談支援事業所などに配置され、障害者等の相談に応じて助言や連絡調整等の必要な支援を行うほか、（⑧_____）の作成、サービス担当者会議の招集を行う。

● サービス管理責任者…障害福祉サービス事業所に配置され、（⑨_____）の作成および変更、サービス提供内容およびプロセスの管理、支援内容に関連する関係機関との連絡調整などを行う。

用語

任用資格
ある特定の職に任用されるための資格。
PDCAサイクル
Plan（計画）、Do（実施）、Check（評価）、Action（改善）の頭文字を組み合わせたもの。計画から改善までのプロセスを再び計画につなげて改善を図っていくことで、利用者へのサービス提供を効果的に行うことができる。

NOTE

確認しよう！

★精神科病院等で精神障害者の相談に応じる専門職を何という？ ⇒ Ⓐ

レッスン71　多職種連携②

1. 社会福祉のマンパワー（介護・保育）

　障害者や高齢者などの要援護者を対象として、日常生活動作上の援助を行う専門職を**ケアワーカー**(A)といいます。

■**主なケアワーカー**

○**訪問介護員**…各社会福祉関連制度により規定されている訪問介護サービスを行う。高齢者や障害者の居宅を訪問し、**身体介護**や**生活援助**のほか、生活上の相談・助言などを行う。ホームヘルパーともよばれる。

○**サービス提供責任者**…**訪問介護計画**の作成や**指定居宅介護支援事業者**との連携、利用申込みの調整、訪問介護員等に対する指示、業務管理、技術指導などを行う。

○**保育士**…保育所、児童養護施設、障害児施設などの児童福祉施設において、児童指導員らとともに児童の生活上のケアや障害児の療育などにあたる。

2. 保健医療その他のマンパワー

1）保健・医療の専門職

　社会福祉従事者が連携を図る保健・医療の専門職には、次のようなものがあります。

○**医師**…診察や処置、薬の投与、手術、指導などを行う。

○**歯科医師**…歯の治療、保健指導、健康管理などを行う。

○**保健師**…**保健所**などに勤務し、地域住民の健康管理や保健指導を行う。

○**助産師**…病院、診療所、保健所などにおいて、助産および妊婦や新生児の保健指導を行う。

○**看護師**…病院、診療所において患者に対する療養上の世話または**診療の補助**や、保健所等において地域の人の健康保持増進、企業で働く人の健康管理などを行う。

2）その他の専門職

■**介護において協働する専門職**

○**管理栄養士**…高度な専門知識を要する栄養指導や、特定多数人に食事を供給する施設での給食管理、栄養改善指導などを行う。

○**栄養士**…病院、保健所、学校などで栄養指導、メニュー作成などを行う。

○**公認心理師**…心理に関する支援を要する者の心理状態の観察と結果の分析、心理に関する相談および助言、指導その他の援助などを行う。

○**福祉用具専門相談員**…福祉用具の利用を希望している要介護者等の選定相談、福祉用具サービス計画の作成、適合・取扱説明、その他必要な情報の提供等を行う。

○**福祉住環境コーディネーター**…医療、福祉、建築などに関する知識を用いて、高齢者や障害者の住宅や福祉用具に関する問題点を改善するため、他の専門職と連携しながら調整を図る。

書いて覚えよう！

◆社会福祉のマンパワー（介護・保育）

● **訪問介護員**…各社会福祉関連制度により規定されている訪問介護サービスを行う。高齢者や障害者の（ ① ＿＿＿＿ ）を訪問し、（ ② ＿＿＿＿＿＿＿＿ ）や生活援助のほか、生活上の相談・助言などを行う。

● **サービス提供責任者**…（ ③ ＿＿＿＿＿＿＿＿ ）の作成や指定（ ④ ＿＿＿＿＿＿＿ ）事業者との連携、利用申込みの調整、訪問介護員等に対する指示、業務管理、技術指導などを行う。

◆保健医療その他のマンパワー

● **医師**…診察や処置、薬の投与、手術、指導などを行う。

● **歯科医師**…歯の治療、保健指導、健康管理などを行う。

● （ ⑤ ＿＿＿＿ ）…保健所などに勤務し、地域住民の健康管理や保健指導を行う。

● **助産師**…病院、診療所、保健所などにおいて、助産および妊婦や新生児の保健指導を行う。

● **看護師**…病院、診療所において患者に対する療養上の世話または診療の補助や、（ ⑥ ＿＿＿＿ ）等において地域の人の健康保持増進、企業で働く人の健康管理などを行う。

● （ ⑦ ＿＿＿＿＿＿ ）…高度な専門知識を要する栄養指導や、特定多数人に食事を供給する施設での給食管理、栄養改善指導などを行う。

● （ ⑧ ＿＿＿＿＿＿＿＿ ）…福祉用具の利用を希望している要介護者等の選定相談、福祉用具サービス計画の作成、適合・取扱説明、その他必要な情報の提供等を行う。

確認しよう！

★障害者や高齢者などの要援護者を対象として、日常生活動作上の援助を行う専門職は何という？　　　⇒ Ⓐ

72 地域連携①

重要度 **A**
学習日 ／／／

1. 地域連携にかかわる職種・機関

①**民生委員・児童委員**…**民生委員**は、民間ボランティアであり、**都道府県知事の推薦**によって**厚生労働大臣**が委嘱する（**任期は3年で児童委員も兼任**）。住民の生活状態を把握し、援助を必要とする者に情報を提供し、相談・援助を行う。

②**特定非営利活動法人（NPO法人）**…「**特定非営利活動促進法**」に基づいて法人格を取得した法人。**特定非営利活動**にかかる事業と、特定非営利活動に支障がない限り、その他の事業（**収益**を目的とした事業も含む）を行うことができる。

③**社会福祉協議会（社協）**…「社会福祉法」に基づいて**地域福祉の推進**を図ることを目的とした団体である。各種の福祉サービスや相談活動、ボランティアや市民活動の支援などを行っている。

④**福祉事務所**…「社会福祉法」に規定されている**福祉に関する事務所**のことをいい、福祉六法に定める援護・育成・更生の措置に関する事務を行う第一線の社会福祉行政機関である。

⑤**社会福祉法人**…**社会福祉事業**を行うことを目的として設立された法人。運営する社会福祉事業に支障がない限り、**公益事業**だけでなく**収益事業**も行うことができる。

⑥**保健所**…**地域保健活動**Aの中心機関で、医療・福祉の分野にまたがる専門職が配置され、栄養改善や食品衛生、下水道・廃棄物処理などの環境衛生、感染症、母性・乳幼児および高齢者の保健に関する事項など、さまざまな事業を行っている。

⑦**市町村保健センター**…市町村における保健活動の拠点となる施設で、地域住民に対して、健康相談や保健指導、健康診査、その他地域保健に関する必要な事業を行っている。

⑧**精神保健福祉センター**…市町村、保健所を中心とする地域における**精神保健福祉活動**を技術面から指導・援助する機関で、精神科医をはじめとする、精神保健福祉士、臨床心理技術者、保健師などの専門職員が配置されている。

⑨**発達障害者支援センター**…「**発達障害者支援法**」に基づき、発達障害のある人への支援を総合的に行うことを目的とした専門的機関で、発達障害者およびその家族への相談支援、発達支援、就労支援のほか、発達障害をより多くの人に理解してもらうための普及啓発・研修を行っている。

⑩**在宅療養支援診療所**…在宅療養をしている患者やその家族に対し、**24時間365日体制**で訪問看護や往診を行う。

⑪**病院・診療所**…「**医療法**」に規定されている医療提供施設である。

○**病院**…**20人以上**の患者を入院させるための施設を有する施設。

○**診療所**…**19人以下**の患者を入院させるための施設を有するか、入院施設をまったく有しない施設。

書いて覚えよう！

◆地域連携にかかわる職種・機関

民生委員・児童委員	都道府県知事の推薦によって（ ① ）が委嘱する（任期は３年で（ ② ）も兼任）
特定非営利活動法人（NPO法人）	「（ ③ ）」に基づいて法人格を取得した法人
社会福祉協議会（社協）	「社会福祉法」に基づいて（ ④ ）の推進を図ることを目的とした団体
福祉事務所	「（ ⑤ ）法」に規定されている福祉に関する事務所のことをいい、福祉六法に定める（ ⑥ ）・育成・更生の措置に関する事務を行う第一線の社会福祉行政機関
社会福祉法人	社会福祉事業を行うことを目的として設立された法人。運営する社会福祉事業に支障がない限り、（ ⑦ ）だけでなく収益事業も行うことができる
精神保健福祉センター	市町村、保健所を中心とする地域における（ ⑧ ）活動を技術面から指導・援助する機関
病院・診療所	○病院…（ ⑨ ）人以上の患者を入院させるための施設を有する施設 ○診療所…（ ⑩ ）人以下の患者を入院させるための施設を有するか、入院施設をまったく有しない施設

確認しよう！

★保健所は何の中心機関となっている？　⇒ Ⓐ

レッスン **72** # 地域連携②

重要度	A
学習日	／　／　／

1. 地域包括ケアシステム

1）地域包括ケアシステムとは

　介護が必要な状態になっても、住み慣れた地域で尊厳ある在宅生活を維持できるようにするためには、**地域包括ケアシステム**の整備が重要となります。地域包括ケアシステムとは、利用者のニーズの変化に応じた住まいが提供されることを基本としたうえで、日常生活の場において、医療、介護、予防、住まい、生活支援サービスが切れ目なく、包括的かつ継続的に提供されるサービス体制をいいます。

　地域包括支援センター Ⓐ は、この地域包括ケアシステムの中核機関であり、また**ワンストップサービス**の拠点としての役割も期待されています。

2）地域ケア会議

　地域包括支援センター（または市町村）は、地域包括ケアシステムの実現に向けて、行政職員、地域包括支援センター職員、介護支援専門員、保健医療関係者、民生委員、その他の関係者で構成される**地域ケア会議**を設置するように努めなければなりません。会議は**地域包括支援センター**（または市町村）が開催します。

　また、地域ケア会議には、①**個別課題解決**機能、②**ネットワーク構築**機能、③**地域課題発見**機能、④**地域づくり・資源開発**機能、⑤**政策形成**機能という5つの機能があります。地域包括支援センター（または市町村）は、それぞれの機能が有機的に相互連関するよう、地域の実情に応じて出席者を選定して目的や機能を整理し、地域ケア会議を設置・運営することが求められています。

■**地域ケア会議の5つの機能**

個別課題解決機能	自立支援に資するケアマネジメントの支援、地域の介護支援専門員への支援困難事例に関する相談・助言
ネットワーク構築機能	自立支援に資するケアマネジメントの普及、関係者の共通認識、住民との情報共有、課題の優先度の判断
地域課題発見機能	個別ケースの課題分析等を積み重ねることにより、地域に共通した課題を浮き彫りにする機能
地域づくり・資源開発機能	インフォーマルサービスや地域の見守りネットワークなど、地域で必要な資源を開発する機能
政策形成機能	地域に必要な取り組みを明らかにし、次期介護保険事業計画に反映するなど、政策を立案・提言していく機能

書いて覚えよう！

◆地域包括ケアシステム

● 介護が必要な状態になっても、住み慣れた地域で尊厳ある在宅生活を維持できるようにするためには、(①＿＿＿＿＿＿＿＿＿＿＿＿)の整備が重要となる。

● 地域包括ケアシステムとは、利用者のニーズの変化に応じた住まいが提供されることを基本としたうえで、日常生活の場において、医療、介護、予防、住まい、生活支援サービスが切れ目なく、(②＿＿＿＿＿＿)かつ継続的に提供されるサービス体制をいう。

● (③＿＿＿＿＿＿＿＿＿＿＿)は、地域包括ケアシステムの中核機関であり、またワンストップサービスの拠点としての役割も期待されている。

● 地域包括支援センター（または市町村）は、地域包括ケアシステムの実現に向けて、行政職員、地域包括支援センター職員、介護支援専門員、保健医療関係者、民生委員、その他の関係者で構成される(④＿＿＿＿＿＿＿)を設置するように努めなければならない。会議は地域包括支援センター（または市町村）が開催する。

● 地域ケア会議には、①個別課題解決機能、②ネットワーク構築機能、③(⑤＿＿＿＿＿)発見機能、④地域づくり・資源開発機能、⑤(⑥＿＿＿＿＿)形成機能がある。

● 個別課題解決機能では、自立支援に資するケアマネジメントの支援、地域の介護支援専門員への(⑦＿＿＿＿＿＿)に関する相談・助言を行う。

 確認しよう！

★地域包括ケアシステムの中核機関であり、またワンストップサービスの拠点としての役割も期待されているのは？ ⇒

用語

ワンストップサービス
さまざまな手続きに関して、一度の手続きで必要な作業をすべて完了させられるように設計されたサービス。

地域ケア会議
「行政職員をはじめ、地域の関係者から構成される会議体」と定義されている。会議の関係者には、必要に応じて会議への協力が求められたり、守秘義務が課されたりする。

NOTE

介護職の倫理

重要度 **B**

学習日 ／　／　／

1. 職業倫理

　介護職は利用者の人生や生活の情報を知ってしまう職業であり、排泄（はいせつ）の介助など、利用者の無防備な姿を目の当たりにする機会もあります。こうした立場にある介護職には**高い倫理性**が求められます。

> 「令和４年度高齢者虐待調査」によれば、養介護施設従事者等による虐待で最も多い職種は「**介護職**」で、全体の約８割を占めています。また、養護者による虐待では「**息子**」が最も多く、次いで「夫」「娘」の順となっています。どちらも虐待の種別では「**身体的虐待**」が最も多く、次いで「心理的虐待」「ネグレクト」の順となっています。

2. 日本介護福祉士会倫理綱領（りんりこうりょう）

　「日本介護福祉士会倫理綱領」は、介護福祉士に専門職としての**倫理観の確立を促す**ために策定されました。

　「日本介護福祉士会倫理綱領」では、①**利用者本位、自立支援**、②**専門的サービスの提供**、③**プライバシーの保護**、④**総合的サービスの提供と積極的な連携、協力**、⑤**利用者ニーズの代弁**、⑥**地域福祉の推進**、⑦**後継者の育成**の７つの柱が掲げられています。

3. 身体拘束等の禁止

　2000（平成12）年に介護保険制度が開始されたことに伴い、利用者等の生命または身体を保護するために緊急やむを得ない場合を除き、身体拘束等を行ってはならないことが「介護保険指定基準」で法的に定められました。緊急やむを得ない場合とは、**切迫性、非代替性、一時性**の３つの要件をすべて満たし、かつ、以下のような条件を満たしている場合です。

> ○施設内に身体拘束等についての**組織**をつくり、身体拘束等をすべきか判断する
> ○利用者本人や家族に対して説明し、十分な理解を得る
> ○常に観察、再検討する

　なお、緊急やむを得ず身体拘束等を行う場合には、その態様および時間、利用者の心身の状況、緊急やむを得なかった理由を**記録**しなければなりません。

　厚生労働省では2001（平成13）年に「**身体拘束ゼロへの手引き**」Ⓐを作成し、身体拘束等がなぜ問題なのか、身体拘束等の廃止のためになすべき方針、身体拘束等をしないための原則、緊急時の対応等について示しています。

書いて覚えよう！

◆職業倫理

● 介護職は利用者の人生や生活の情報を知ってしまう職業であり、（ ① ）の介助など、利用者の無防備な姿を目の当たりにする機会もある。そのため、高い（ ② ）が求められる。

◆日本介護福祉士会倫理綱領

● 「日本介護福祉士会倫理綱領」は、介護福祉士に専門職としての（ ③ ）の確立を促すために策定された。

● 「日本介護福祉士会倫理綱領」では、①利用者本位、自立支援、②専門的サービスの提供、③（ ④ ）の保護、④総合的サービスの提供と積極的な連携、協力、⑤利用者ニーズの代弁、⑥地域福祉の推進、⑦後継者の育成の7つの柱が掲げられている。

◆身体拘束等の禁止

● 緊急やむを得ない場合を除き、（ ⑤ ）を行ってはならないことが「介護保険指定基準」で法的に定められた。緊急やむを得ない場合とは、（ ⑥ ）、非代替性、一時性の3つの要件をすべて満たし、かつ、「施設内に身体拘束等についての組織をつくり、身体拘束等をすべきか判断する。利用者本人や家族に対して説明し、十分な理解を得る。常に観察、再検討する。」という条件を満たしている場合である。

● 厚生労働省では2001（平成13）年に「（ ⑦ ）」を作成し、身体拘束等がなぜ問題なのか、身体拘束等の廃止のためになすべき方針、身体拘束等をしないための原則、緊急時の対応等について示している。

確認しよう！

★身体拘束等の禁止の手引きとして厚生労働省が作成したのは？⇒ Ⓐ

介護における安全の確保①

重要度 **A**
学習日 ／／／

1. リスクマネジメント

1）介護におけるリスクマネジメント

　介護は、利用者の身体に直接触れる仕事であり、生活と密接に結びついているため、さまざまな**介護事故**が起こる可能性があります。そのため、介護職には事故を未然に防ぐ技術や、事故発生時に被害を最小限に留める技術などが求められます。

　介護保険制度においても、「介護保険指定基準」の事故発生に関する規定に、事故防止のための指針の整備や、従業者の研修を定期的に行うことなどが定められています。こうした仕組みを**リスクマネジメント** Ⓐ といいます。

2）リスクマネジメントに必要な要素

　リスクマネジメントには、個人的な技術の向上、多職種による連携、組織的な体制整備などが必要です。具体的には、次のような要素が必要となります。

①リスクに強い環境

　○**記録類の整備**…リスクマネジメントのためには、介護記録、**事故報告書**、**ヒヤリハット報告書**などの書式を整備し、情報共有を図る。

　○**多職種によるチーム**…多職種のさまざまな視点から利用者を観察することで、リスクマネジメントにつながる。

　○**事故発生時・発生後の検討**…事故発生時は、多職種連携による適切な対応で被害を最小限に食い止める。事故発生後は事故原因を分析し、組織全体で検討する。

②個々の正確な技術

　リスクを回避するには、まずは介護職一人ひとりが適切な技術を身につけていることが必須条件となる。

③利用者への共感

　利用者の思いに共感することは、リスクの予測、安全確保につながる。

④介護ストレスへの対処法

　介護ストレスは介護職の判断力を鈍らせ、ミスを犯す原因ともなる。介護ストレスへの適切な対処（**コーピング**）が必要。介護職は、自らの健康管理を怠らないように注意する。

⑤医療的なリスクを回避する方法

　健康状態などの観察ポイントを医療職から情報収集し、毎日利用者をよく観察する。利用者の様子に変化がみられたときは、速やかに医療職に状況を報告する。家族などとの緊急連絡網等を用意しておく。

⑥利用者・家族との信頼関係

　日頃から利用者や家族と情報を共有し、信頼関係を築いておく。

書いて覚えよう！

◆リスクマネジメント

● 介護は、利用者の身体に直接触れる仕事であり、生活と密接に結びついているため、さまざまな（①＿＿＿＿＿）が起こる可能性がある。そのため、介護職には事故を未然に防ぐ技術や、事故発生時に被害を最小限に留める技術などが求められる。

● 「介護保険指定基準」の事故発生に関する規定には、事故防止のための（②＿＿＿＿）の整備や、従業者の（③＿＿＿＿）を定期的に行うことなどが定められている。こうした仕組みを（④＿＿＿＿＿＿＿＿）という。

● リスクマネジメントには、個人的な技術の向上、多職種による（⑤＿＿＿＿）、組織的な体制整備などが必要である。

● リスクに強い環境にするためには、（⑥＿＿＿＿＿）の整備、多職種によるチーム、事故発生時・発生後の検討が必要。

● リスクを回避するには、まずは介護職一人ひとりが（⑦＿＿＿＿＿＿）を身につけていることが必須条件となる。

● 利用者の思いに（⑧＿＿＿＿＿）ことは、リスクの予測、安全確保につながる。

● 介護ストレスは介護職の（⑨＿＿＿＿＿）を鈍らせ、ミスを犯す原因ともなる。介護ストレスへの適切な対処（コーピング）が必要である。

● 健康状態などの観察ポイントを（⑩＿＿＿＿）から情報収集し、毎日利用者をよく観察する。

● 日頃から利用者や（⑪＿＿＿＿）と情報を共有し、信頼関係を築いておく。

確認しよう！

★介護事故が起こらないように防止したり、研修をしたりする仕組みのことを何という？　⇒ Ⓐ

用語

事故（アクシデント）
実際に事故が起こった場合を指す。利用者への影響はヒヤリハットよりも大きいものになる。

ヒヤリハット（インシデント）
事故（アクシデント）には至らないものの、その寸前でヒヤリとしたこと、ハッとしたことなどを指す。

ハインリッヒの法則
１件の重大な事故の背景には、多くの軽微な事故とヒヤリハットが存在するという法則。アメリカのハインリッヒが労働災害に関する統計を分析し、1930年代に論文として発表した。

NOTE

レッスン74 介護における安全の確保②

重要度 **B**

学習日 ／／／

1. 防災対策

　施設では、「**非常災害に関する具体的計画**」Ⓐ（消防計画、風水害・地震の災害に対応する計画）の作成が義務づけられています。また、非常災害時の関係機関への通報および連携体制を整備し、それらを定期的に従業者に周知するとともに、**消火・避難訓練**を定期的（年2回以上）に行うこととされています。

　施設ではさらに、カーテンなどに**不燃性**の素材を使用すること、消火器や煙感知器を設置することなども義務づけられています。

　また、**市町村長**は「**災害対策基本法**」に基づき、指定緊急避難場所および指定避難所の指定、避難行動要支援者名簿の作成をしなければなりません。

■ 福祉避難所

　福祉避難所は、**高齢者**や**障害者**、妊産婦、乳幼児、**医療的ケア**を必要とする者、難病患者、内部障害者など何らかの特別な配慮を必要とする人（要配慮者）とその家族（介助者）が避難する施設です。老人福祉施設、障害者支援施設、児童福祉施設などが福祉避難所としての指定を受けます。

2. 服薬管理

　服薬に関する業務は、法的には**医師**や**看護師**が行うⒷこととされています。介護職は、利用者の服用している薬の種類、目的、服薬方法、量、**副作用**などを事前に把握しておくことが必要です。また、医師に指示された服薬時間、回数、量を厳守しているか、利用者に確認します。

1）内服時

　薬剤は、コップ一杯の白湯（さゆ）または水で服用します（舌下錠の場合、水分は不要）。服用後は、服用の状況、副作用の有無について確認します。

　薬剤が飲みにくいなどの理由で薬の形状を安易に変えることは、薬効が変化したり副作用の危険性が高くなったりします。このような場合には医師や薬剤師に相談し、指示を仰ぎます。

2）皮膚への塗布（とふ）・湿布時

　薬剤による発赤（ほっせき）・発しんなどがないか、十分に観察します。皮膚に異常がみられる場合には、医療職に報告します。

> 介護職が利用者に服薬介助を行う際、薬を間違えるリスクを回避する工夫を「フェールセーフ」といいます。

書いて覚えよう！

◆防災対策

● 施設では、「（ ① _____ ）」（消防計画、風水害・地震の災害に対応する計画）の作成が義務づけられている。

● 非常災害時の関係機関への通報および連携体制を整備し、それらを定期的に従業者に周知するとともに、消火・（ ② _____ ）を定期的（年2回以上）に行うこととされている。

● （ ③ _____ ）は「災害対策基本法」に基づき、指定緊急避難場所および（ ④ _____ ）の指定、避難行動要支援者名簿の作成をしなければならない。

◆服薬管理

● 服薬に関する業務は、法的には医師や（ ⑤ _____ ）が行うこととされている。

● 介護職は、利用者の服用している薬の（ ⑥ _____ ）、目的、服薬方法、量、副作用などを事前に把握しておくことが必要である。また、医師に指示された（ ⑦ _____ ）、回数、量を厳守しているか、利用者に確認する。

● 薬剤が飲みにくいなどの理由で薬の形状を安易に変えることは、薬効が変化したり副作用の危険性が高くなったりする。このような場合には医師や（ ⑧ _____ ）に相談し、指示を仰ぐ。

● 皮膚への塗布・湿布時には、薬剤による発赤・（ ⑨ _____ ）などがないか、十分に観察する。皮膚に異常がみられる場合には、（ ⑩ _____ ）に報告する。

災害対策基本法
1961（昭和36）年に制定された災害対策の基本を定めた法律。防災に関する責務の明確化・組織、防災計画、災害対策の推進などについて定めている。

防災に関する主な図記号

避難場所

避難所

津波注意

NOTE

確認しよう！

★施設で作成義務がある消防計画、災害対策の計画を何という？ ⇒ Ⓐ
★服薬に関する業務は、法的には誰が行うこととされている？ ⇒ Ⓑ

レッスン 75 感染対策

重要度 **A**
学習日 ／／／

1. 感染予防の基礎知識

1) 感染症とは

感染症とは、病原微生物が人の体内に侵入することにより発症する疾患をいいます。感染症を引き起こす微生物（細菌、ウイルスなど）を**病原体**Ⓐといい、侵入した病原体が、体内で定着し増殖することによって感染が成立します。

2) 感染予防の原則

介護の専門職として、感染についての正しい知識を身につけておくことが必要です。感染予防の基本として、**標準予防策（スタンダード・プリコーション）**があります。また、感染予防の原則として、**①感染源の排除、②感染経路の遮断、③利用者の感染に対する抵抗力の向上**、の３点が重要です。

> 感染源の排除では、手洗いやうがい、機器の消毒などを徹底する、使い捨てのマスクや手袋、予防衣（エプロン）を必ず着用することなどが原則となります。手洗いは「**1ケア1手洗い**」が基本ですので、**液体石鹸**をつけて丁寧に洗いましょう。

3) 主な感染症の感染経路

主な感染症の感染経路は、次のとおりです。

①**経口感染**…主な感染症は赤痢、**ノロウイルス**、細菌性食中毒など。病原体に汚染された食品（水も含む）を飲食して感染する。

②**飛沫感染**…主な感染症は**インフルエンザ**Ⓑなど。病原保有者の咳、くしゃみなどの飛沫粒子で感染する。

③**空気感染**…主な感染症は水痘、麻しん、**結核**など。空中に飛散した病原体を吸い込むことで感染する。

④**接触感染**…主な感染症は**疥癬**、MRSA（メチシリン耐性黄色ブドウ球菌）**感染症**など。皮膚や粘膜などの接触で感染する。

⑤**血液感染**…主な感染症はHIV、B型肝炎など。傷口から直接血中に入り感染する。

2. 感染管理

一般に、高齢者は若い人よりも免疫力や抵抗力が低下しており、ちょっとしたきっかけで感染しやすい状態にあります。このような高齢者が集団で生活している施設や病院で感染症が発生すると、あっという間に拡がってしまう危険性があります。感染予防の原則は在宅でも施設等でも同じですが、施設等の場合には**集団感染**にも留意する必要があります。

書いて覚えよう！

◆感染予防の基礎知識

● （[1]＿＿＿＿＿）　とは、病原微生物が人の体内に侵入すること

により発症する疾患をいう。

● 感染予防の基本として、標準予防策

　（（[2]＿＿＿＿＿＿＿＿＿＿）　）がある。

● 感染予防の原則として、①感染源の排除、

　② （[3]＿＿＿＿＿＿＿＿＿）、③利用者の感染に対する抵

抗力の向上、の３点が重要である。

■主な感染症の感染経路

感染経路	主な感染症	感染原因
（[4]＿＿） 感染	赤痢、ノロウイルス、細菌性食中毒など	病原体に汚染された食品（水も含む）を飲食する
飛沫感染	インフルエンザなど	病原保有者の咳、くしゃみなどの（[5]＿＿＿＿＿）
（[6]＿＿） 感染	水痘、麻しん、（[7]＿＿＿）など	空中に飛散した病原体を吸い込む
接触感染	（[8]＿＿＿＿）、MRSA（メチシリン耐性黄色ブドウ球菌）感染症など	皮膚や粘膜などの接触
血液感染	HIV、（[9]＿＿＿）など	傷口から直接血中に入る

確認しよう！

★感染症を引き起こす微生物を何という？　　⇨ Ⓐ

★飛沫感染する主な感染症には何がある？　　⇨ Ⓑ

レッスン76 介護職の安全①

重要度 A
学習日 ／／／

1. 介護職の健康管理

1）介護職の健康管理の意義

利用者にとって安心で快適な生活を提供するためには、心身共に良好な状態で業務を遂行しなければなりません。介護職自身の健康管理は、大変重要な課題なのです。

介護職のための健康管理のポイントとしては、規則正しい生活、栄養バランスのとれた食事、**睡眠**と**休養**の確保、定期的な**健康診断**、ストレスの解消などが挙げられます。

2）こころの健康管理

①**燃えつき症候群**（バーンアウト・シンドローム）…今まで熱心に仕事や趣味などに打ち込んできた人が、燃えつきたように突然無気力状態（無気力感、無感動、疲労感、不満足感など）になることをいう。これらの症状が悪化すると、アルコール依存症を発症したり、不眠、頭痛、胃痛などの**身体症状**が現れる。

②**ストレス対策**…施設等は、職員に対するストレス対策（**ストレスケアマネジメント**）を行う必要がある。これは施設等の運営にとって大切なリスクマネジメントでもあるため、職員の仕事での不安、悩みなどを相談できるような職場全体の取り組みが重要である。また、「労働安全衛生法」の一部改正により、2015（平成27）年12月から、定期的に労働者のストレスチェックと面接指導の実施等を事業者に義務づける**ストレスチェック制度** Ⓐ が導入された。

2. 身体の健康管理

1）感染症の予防

介護を必要とする人は体力や免疫力が低下していることから、感染症にかかりやすい状態になっています。介護職は、自分自身が感染源とならないように、普段から自らの健康管理に努める必要があります。感染予防には、①**手洗い、うがいの励行**、②**自分の身体に傷をつくらない**、③**免疫力の維持**などが有効です。

2）腰痛の予防

介護職は、利用者を持ち上げる際など、前傾中腰姿勢を伴う動作が多いため、特に**腰痛の予防**が重要になります。

腰痛予防のポイントとしては、普段から、腹筋・背筋力を鍛える体操や**静的ストレッチング**を行う、正しい姿勢をとる、介護時には、リフトなどの**福祉用具**を積極的に使用する、**ボディメカニクス**を十分に活用する、などに気をつけます。

> 介護職は、業務に従事する前と、その後6か月以内ごとに1回、定期に、医師による腰痛の健康診断を受けることとされています。また、コルセットを慢性的に装着していると筋力が弱まるため、必要に応じて使うことが大切です。

書いて覚えよう！

◆介護職の健康管理

● 介護職のための健康管理のポイントとしては、規則正しい生活、栄養バランスのとれた食事、睡眠と（^[1]＿＿＿＿＿）の確保、定期的な健康診断、（^[2]＿＿＿＿＿＿）の解消などがある。

● （^[3]＿＿＿＿＿＿＿＿＿＿）（バーンアウト・シンドローム）は、今まで熱心に仕事や趣味などに打ち込んできた人が、燃えつきたように突然無気力状態になることをいう。

● 施設等は、職員に対するストレス対策（（^[4]＿＿＿＿＿＿＿＿＿＿）を行う必要がある。これは施設等の運営にとって、大切なリスクマネジメントでもある。

◆身体の健康管理

● 利用者が感染症にかかりやすい状態であることも多いことから、介護職は、自分自身が（^[5]＿＿＿＿＿）とならないように、普段から自らの健康管理に努める必要がある。

■感染予防のポイント

| 手洗い、うがいの励行 | 自分の身体に（^[6]＿＿＿）をつくらない | 免疫力の維持 |

■腰痛予防のポイント

○普段から、腹筋・背筋力を鍛える体操や（^[7]＿＿＿＿＿）を行う、正しい姿勢をとる

○介護時には、リフトなどの（^[8]＿＿＿＿）を積極的に使用する、（^[9]＿＿＿＿＿）を十分に活用する

確認しよう！

★事業者に労働者のストレスチェックと面接指導を義務づけた制度のことを何という？　⇒ Ⓐ

用語

静的ストレッチング
筋肉を伸ばした状態で静止すること。反動や動きを伴う動的ストレッチングに比べて筋肉への負担が少なく、安全性が高いといわれている。

NOTE

レッスン 76 介護職の安全②

重要度　**A**

学習日 ／　／　／

1. 労働環境の整備

1）「労働基準法」

　「労働基準法」は、労働者の保護を目的とした法律で、**労働時間に関する規定（1日8時間、週40時間まで）**や**母性機能の保護**について定めています。

2）「労働安全衛生法」

　「労働安全衛生法」は、労働災害の防止に関する総合的計画的な対策を推進することにより、職場における**労働者の安全と健康**を確保するとともに、快適な職場環境の形成を促進していくための法律です。事業者には、労働者の健康保持増進や快適な職場環境形成のための措置を講じることや、安全衛生管理体制の整備が義務づけられています。

■職場の安全衛生管理体制

選任義務のある職種	事業場の規模
衛生管理者、産業医、衛生委員会	従業員が常時 **50 人以上**の事業場
衛生推進者	従業員が常時 **10 人以上 50 人未満**の事業場

3）「育児・介護休業法」

　「育児休業、介護休業等育児又は家族介護を行う労働者の福祉に関する法律（**育児・介護休業法**）」は、育児休業・介護休業制度や子の看護休暇・介護休暇制度を設けることなどを定めた法律です。法の対象は、**男女労働者**ⓐ です。

　労働者は、制度を利用する場合、育児休業と介護休業の場合は**取得期間**、子の看護休暇と介護休暇の場合は**取得日**を明らかにしたうえで、事業主に申請します。

① **介護休業**…要介護状態にある家族（以下、対象家族）1 人につき、**通算93日**まで分割取得可能（3 回を上限）。

② **介護休暇**…対象家族1 人につき、1 年に**5 労働日**を限度（2 人以上の場合は10労働日）とし、**時間単位**での取得可。介護、通院等の付き添いなどが対象。

③ **育児休業**…原則として**1 歳未満**の子どもを養育する労働者が取得可能（2 回まで分割取得可）。期間は、原則として子どもが**1 歳**に達する日（誕生日の前日）までだが、一定の要件を満たす場合は1 歳6 か月まで延長可（再延長は2 歳まで）。

④ **子の看護休暇**…養育する**小学校就学前**の子ども1 人につき、1 年に**5 労働日**を限度（2 人以上の場合は10労働日）とし、**時間単位**での取得可。子どもの看護または疾病の予防を図るために必要な予防接種や健康診断にかかる子どもの世話が対象。

　また、2022（令和4 ）年10月から、**出生時育児休業**（産後パパ育休）制度が創設され、子の出生後8 週間以内に**4 週間**まで取得できるようになりました（**2 回まで分割取得可**）。育児休業とは別に取得できます。

書いて覚えよう！

◆労働環境の整備

● 「労働基準法」は、（ ① 　　　　　　 ）の保護を目的とした法律で、労働時間に関する規定（1日 （ ② 　　　 ）時間、週40時間まで）や（ ③ 　　　 ）機能の保護についても定めている。

● 「労働安全衛生法」は、（ ④ 　　　　　　　　 ）の防止に関する総合的計画的な対策を推進することにより、職場における労働者の（ ⑤ 　　　 ）と健康を確保するとともに、快適な職場環境の形成を促進していくための法律である。従業員が常時50人以上の事業場には、衛生管理者、（ ⑥ 　　　 ）、衛生委員会の選任が義務づけられている。

■「育児・介護休業法」における制度

介護休業	（ ⑦ 　　　 ）状態にある家族（以下、対象家族）1人につき、通算（ ⑧ 　　　 ）日まで分割取得可能（3回を上限）
介護休暇	対象家族1人につき、1年に5労働日が限度。（ ⑨ 　　　 ）単位での取得可。介護、（ ⑩ 　　　 ）等の付き添いなどが対象
（ ⑪ 　　　 ）	養育する1歳未満の子どもが1歳に達する日まで取得可能（2回まで分割取得可）。一定の要件を満たす場合は（ ⑫ 　　　 ）まで延長可（再延長は2歳まで）
子の看護休暇	養育する（ ⑬ 　　　 ）就学前の子ども1人につき、1年に5労働日が限度。時間単位での取得可。子どもの看護、予防接種や健康診断にかかる子どもの世話が対象

確認しよう！

★ 「育児・介護休業法」はどの性別の労働者を対象としている？ ⇒

用語

育児休業、介護休業
育児休業または介護休業を取得した労働者は、雇用保険から育児休業給付または介護休業給付が支給される。

要介護状態
負傷、疾病、身体上または精神上の障害により、2週間以上の期間にわたり常時介護を必要とする状態。

対象家族
労働者の配偶者、父母、子、祖父母、兄弟姉妹、孫、配偶者の父母。

NOTE

利用者・家族との コミュニケーション

重要度 **A**
学習日 ／／／

1. 傾聴_{けいちょう}

傾聴とは、相手の言葉、表情、動作、間のとり方、沈黙などを通して、相手の経験、行動、感情、ものの見方などを、総合的に聴くということです。これは介護職として、対人援助の基本的かつ重要な姿勢です。

傾聴のポイントは次のとおりです。

○**予備的共感（準備的共感）**…事前に得られた情報から、利用者の置かれた環境や心理を予測する。

○**観察**…利用者や家族の心理をとらえるため、反応の仕方などをよく観察する。

○**波長合わせ**…利用者や家族が表した意思や感情を、言葉にしたり繰り返したりして、それらに対する反応を見る。

○**日常的な言葉**…利用者や家族と話すときは専門用語を避け、日常的な言葉を用いる。

2. 質問

1) 質問の仕方

①**閉じられた質問（クローズドクエスチョン）** Ａ…「はい」「いいえ」または「（子どもは）○人です」など、相手が**短い言葉**で答えられるような質問方法をいう。利用者の基本情報の収集や、利用者にコミュニケーション障害がある場合などに効果的な方法。質問者にとっては便利な方法といえるが、利用者は答えを自由に選択することができず、質問者の意図する方向に答えが偏り_{かたよ}がちになる。このため、利用者の抱える隠された要望や問題を見逃してしまう危険がある。

②**開かれた質問（オープンクエスチョン）**…「何が食べたいですか？」「具体的にどんな要望がありますか？」といった、相手が自分の言葉で**自由に**答えられる質問方法をいう。利用者のことをまだ十分に把握していない場合や、**相談面接、生活場面面接**などでよく用いられる。

3. 相談・指導・助言

相談援助を行う際は、専門的な知識や技術を用いて個別に対応することが大切です。利用者と介護職の援助関係の原則として、**バイステックの7原則**があります。

バイステックの7原則は、①個別化、②意図的な感情表出、③統制された情緒関与、④受容、⑤非審判的態度、⑥自己決定、⑦秘密保持、とされています。

書いて覚えよう！

◆傾聴

● （①＿＿＿＿）　とは、相手の言葉、表情、動作、間のとり方、沈黙などを通して、相手の経験、行動、感情、ものの見方などを、総合的に聴くということである。

● 事前に得られた情報から、利用者の置かれた環境や心理を予測する （②＿＿＿＿＿）（準備的共感）が重要である。

● 利用者や家族が表した意思や感情を、言葉にしたり繰り返したりして、それらに対する反応を見る （③＿＿＿＿＿） が重要である。

◆質問

● （④＿＿＿＿＿）（クローズドクエスチョン）とは相手が短い言葉で答えられるような質問方法をいう。利用者の （⑤＿＿＿＿＿） の収集や、利用者にコミュニケーション障害がある場合などに効果的な方法。

● （⑥＿＿＿＿＿）（オープンクエスチョン）とは相手が自分の言葉で （⑦＿＿＿＿） に答えられる質問方法をいう。利用者のことをまだ十分に把握していない場合や、（⑧＿＿＿＿＿）、生活場面面接などでよく用いられる。

◆相談・指導・助言

● バイステックの７原則…①個別化、②意図的な感情表出、③統制された情緒関与、④受容、⑤ （⑨＿＿＿＿＿＿）、⑥自己決定、⑦秘密保持。

用語

転移と逆転移
心理学における精神分析の考え方で、転移とは、クライアント（利用者）が支援者側（介護職）に無意識に自分の親や子どもなどの重要人物との関係を投影するなどして、感情や思いを向けてしまうこと。その逆で、支援者側がクライアントに思いを向けてしまうことが逆転移である。

NOTE

確認しよう！

★質問者の意図する方向に答えが偏りがちになるため、利用者の抱える隠された要望や問題を見逃してしまう危険がある質問の仕方は？　⇒ Ⓐ

利用者の状況・状態に応じたコミュニケーション

重要度 **A**

学習日 ／／／

1. 視覚障害者とのコミュニケーション

1）コミュニケーションのポイント

　視覚障害者は、情報収集や情報理解、意思の伝達などコミュニケーション面での支障があります。しかし、触覚や聴覚といった**残存機能**の活用により、コミュニケーションが豊かになることを理解しておく必要があります。

2）コミュニケーション方法

　視覚障害者とコミュニケーションを図る方法として、**点字**があります。点字は、浮き上がった6点の組み合わせで文字や数字を表すもので、視覚障害者にとって触覚を利用した大切な文字情報となります。

2. 聴覚障害者とのコミュニケーション

　聴覚障害者への援助は、情報を十分に入手できないために感じている不安をできる限り取り除くことが基本となります。聴覚障害者とのコミュニケーション方法には次のようなものがあります。

○**手話**…手指の動きや顔の表情などを用いて意思疎通を図る方法。技術面の習得にはある程度の時間を要するため、高齢の中途失聴者には手話よりも**筆談**などが有効。

○**指文字** …五十音などの表音文字を手指の形で表す方法。手話で表現できない言葉（人名、地名など）などを一字ずつ示すときなどに用いる。

○**筆談**…紙などに文字を書いて読み合う方法。要点を簡潔に、わかりやすく書くことがポイント。

○**読話**…話す人の口の動きや表情を主な手がかりとして、話の内容を読み取る方法。話者は**正面**を向いて口元がよく見えるようにし、口を大きく開けて比較的ゆっくり話す。

3. 言語障害者とのコミュニケーション

　言語障害者への援助は、その人に合ったコミュニケーション手段を見つけることが大切です。言語障害者とのコミュニケーション方法には次のようなものがあります。

○**構音障害**…人の話や言葉の意味は理解できていても、発する言葉が相手に聞き取りにくい場合がある。その場合は、**筆談**やパソコンなどを利用してコミュニケーションを図る。

○**失語症**…**ウェルニッケ失語**（感覚性失語）では、身振りなどの**非言語的コミュニケーション**などを活用する。**ブローカ失語**（運動性失語）では、**カード**、閉じられた質問などを活用する。

書いて覚えよう！

◆視覚障害者とのコミュニケーション

● 視覚障害者とコミュニケーションを図る方法として、触覚を利用した文字情報である （①＿＿＿＿） がある。

◆聴覚障害者とのコミュニケーション

● 手話は （②＿＿＿＿＿＿） や顔の表情などを用いて意思疎通を図る方法。技術面の習得にはある程度の時間を要するため、高齢の中途失聴者には手話よりも （③＿＿＿＿） などが有効。

● 指文字は五十音などの表音文字を （④＿＿＿＿＿） で表す方法。手話で表現できない言葉（人名、地名など）などを一字ずつ示すときなどに用いる。

● （⑤＿＿＿＿） は紙などに文字を書いて読み合う方法。要点を簡潔に、わかりやすく書くことがポイント。

● 読話は話す人の （⑥＿＿＿＿＿＿） や表情を主な手がかりとして、話の内容を読み取る方法。話者は （⑦＿＿＿＿） を向いて口元がよく見えるようにし、口を大きく開けて比較的ゆっくり話す。

◆言語障害者とのコミュニケーション

● 構音障害では、人の話や言葉の意味は理解できていても、発する言葉が相手に聞き取りにくい場合がある。その場合、 （⑧＿＿ ＿＿） やパソコンなどを利用してコミュニケーションを図る。

● （⑨＿＿＿＿＿＿） （感覚性失語） では、身振りなどの非言語的コミュニケーションなどを活用する。
（⑩＿＿＿＿＿＿） （運動性失語） では、カード、閉じられた質問などでコミュニケーションを図る。

確認しよう！

★聴覚障害者とのコミュニケーションに用いられる、表音文字を手指の形で表す方法は何？ ⇒ Ⓐ

用語

触手話
もうろうしゃ
盲聾者が用いるコミュニケーション手段で、相手の手話を両手で触読していく方法。聴覚障害者が用いる手話が基本となる。

透明文字盤
透明なアクリル板などに五十音表や数字を書き、利用者と家族などがその文字盤を挟んで向かい合い、利用者の眼球の動きから1文字ずつ読み取って意思の疎通を図るコミュニケーションツール。筋萎縮性側索硬化症（ALS）などの利用者に有効。

NOTE

レッスン 79 チームの コミュニケーション

重要度 **A**

学習日 ／／／

1. 記録の目的と書き方

　介護における記録には、介護の質を向上させる、介護福祉士の**現任教育**や**スーパービジョン**に役立つ、といった目的があります。記録を書く際は、**5W1H**の要素を盛り込んで読みやすく、わかりやすく、事実を**ありのまま**に、**客観的**に書きます。介護実施者、指示者、情報収集源を明記し、記録者は必ず**署名**するなど社会的責務にも配慮します。

2. 情報の管理と保護

1）ICT（情報通信技術）を活用した記録・情報の管理と留意点

　システムトラブル等によるデータの消失を防ぐため、記録作業が終了するたびに**バックアップ**（複製）をとる、パスワードは**定期的に変更**するなどの点に留意します。

2）個人情報の匿名化と開示請求

　ケアカンファレンスや学会等で利用者やその家族に関する情報（症例や事例など）を公表する場合は、**匿名化**を図る必要があります。匿名化が困難な場合は、事前に利用者などから承諾を得なければなりません。また、利用者などから個人情報の開示を求められた場合は、原則**書面の交付**による方法などで遅滞なく開示しなければなりません。

3. 報告・連絡・相談

　介護職が報告・連絡・相談をする場合は、次の点に注意します。

①**報告**…情報漏洩防止のため、報告する**場所**や声の**大きさ**などには十分配慮する。

②**連絡**…連絡をとる場合は、口頭と文書のどちらがよいか、いつ誰に連絡すべきかを考え、適切なタイミングで行う。連絡内容、時間、相手の名前などを**記録**に残す。

③**相談**…誰に、いつ相談すべきかを考え、相談内容やそれに対する自分自身の考えをよく整理してから相談する。

4. 会議

1）ケアカンファレンス

　援助過程で利用者の意向や希望をふまえたよりよい支援を行うために、援助にかかわる専門職などが話し合う会議を**ケアカンファレンス**といいます。

2）サービス担当者会議

　サービス担当者会議は、ケアプランの作成・変更などを目的として、さまざまな分野の専門職、利用者やその家族が集まって行われます。**介護支援専門員（ケアマネジャー）**が招集します。開催場所は特に定められていなく、利用者や参加者が集まりやすい場所（利用者の自宅や主治医の診療所、地域包括支援センターなど）で行われます。

書いて覚えよう！

◆記録の目的と書き方

● 介護における記録には、（ 1 　　　　　　　 ） を向上させる、介護福祉士の （ 2 　　　　　　　 ） やスーパービジョンに役立つ、といった目的がある。

◆情報の管理と保護

● ICT（情報通信技術）を活用した記録・情報の管理では、システムトラブル等によるデータの消失を防ぐため、記録作業が終了するたびに （ 3 　　　　　　　 ） （複製）をとる、（ 4 　　　　　　　 ）は定期的に変更するなどの点に留意する。

● ケアカンファレンス等で利用者やその家族に関する情報を公表する場合は、（ 5 　　　　　 ）を図る必要がある。また、利用者などから個人情報の開示を求められた場合は、原則（ 6 　　　 ）の交付による方法などで遅滞なく開示しなければならない。

◆報告・連絡・相談

● 介護職が連絡をとる場合は、口頭と （ 7 　　　 ） のどちらがよいか、いつ誰に連絡すべきかを考え、適切なタイミングで行う。

◆会議

■ケアカンファレンスとサービス担当者会議

ケアカンファレンス	サービス担当者会議
援助過程で利用者の意向や（ 8 　　　 ） をふまえたよりよい支援を行うために、援助にかかわる（ 9 　　　　　 ） などが話し合う会議	（ 10 　　　　　　　 ） の作成・変更などを目的として、さまざまな分野の専門職、利用者やその家族が集まって行われる

確認しよう！

★サービス担当者会議は、どの職種が招集する？　⇒ Ⓐ

用語

現任教育
専門職として業務に従事している者に、さらに専門的な教育を行うこと。

個人情報
利用者やその家族の映像や音声、顔写真なども個人情報に含まれる。

NOTE

レッスン**80** 生活支援

重要度 **B**
学習日 ／／／

1. 生活の理解

1）生活の多面性

　生活には**多面性**があり、いくつかの側面が統合されて個人の生活は成り立っています。身体的・精神的側面、家事的側面、対人関係の側面、社会的側面、文化的側面、経済的側面などです。これらの生活の各側面は個人により差異があることから、生活全体の**個別性**も高いものとなります。生活のありさまに一般的な正解はなく、どの側面が欠けても利用者が望む生活を実現することは困難です。

2）生活の要素

　一人ひとりが望む生活を実現するためには、「**人**」「**健康**」「**社会**」「**環境**」「**福祉**」の5つの生活の要素が必要とされます。

2. 生活支援のあり方

1）生活支援のとらえ方

　人は、誰でもよりよく生きることを目指して生活しています。よりよく生きることを実現するための生活支援の基本は、まず利用者の日常生活を尊重することです。

　また、利用者の生活を支援するうえで、**自立支援**の視点も必要です。自立支援とは、いかなる状況の人に対しても、**自己決定権（主体性）**を尊重し、自分の人生が価値あるものとして自覚できるよう、その自立を側面から援助していくことであるといえます。

2）生活支援を行う際の視点

　自立に向けた具体的な生活支援では、利用者の生命・生活維持のための基本的サービスとQOLの向上に資するサービスが必要になります。

3. ICF と生活支援

　生活支援では、**ICF（国際生活機能分類）**に基づき、健康状態がどのようなレベルであっても、本人が**主体的**に意欲をもって生活できるよう支援していくことが求められます。

　ICFの生活機能の要素である「**活動**」レベルでの支援を行う場合は、まず、目標として「**する活動**（目標を達成したときにしている活動）」を設定します。この目標を達成するために、利用者の日常生活での「**している活動**（実際に行っている活動）」と「**できる活動**（訓練などでできると認められた活動）」にはたらきかけていきます。これを**活動向上支援**といいます。

　介護職は、「利用者ができない部分を援助する」という視点ではなく、**ICFモデル**をよく理解し、医師や看護師など他の専門職とも連携しながら、利用者の活動の範囲を広げる支援を行っていくことが大切です。

書いて覚えよう！

◆生活の理解

● 生活には多面性があり、いくつかの側面が （ ① ） されて個人の生活は成り立っている。

■ 生活の要素

| 人 | （ ② ） | 社会 | 環境 | （ ③ ） |

◆生活支援のあり方

● 人がよりよく生きることを実現するための生活支援の基本は、まず利用者の日常生活を （ ④ ） することである。

● 利用者の生活を支援するうえで、自立支援の視点も必要である。自立支援とは、いかなる状況の人に対しても、（ ⑤ ）（主体性）を尊重し、自分の人生が価値あるものとして自覚できるよう、その自立を （ ⑥ ） から援助していくことであるといえる。

◆ICF と生活支援

● 生活支援では、 （ ⑦ ）（国際生活機能分類）に基づき、健康状態がどのようなレベルであっても、本人が主体的に （ ⑧ ） をもって生活できるよう支援していくことが求められる。

■ 活動レベルの支援

「している活動」
（実際に行っている活動）
「 （ ⑨ ） 活動」
（できると認められた活動）

⇒

「 （ ⑩ ） 活動」
（目標を達成したときにしている活動）
ができるようになる

↑
介護職がはたらきかける ⇒ （ ⑪ ） 支援

レッスン81 居住環境整備の意義と目的

重要度　**A**
学習日 ／／／

1. 自立に向けた居住環境の整備

　居住環境の整備は、加齢や障害から生活環境への適応能力が低下している人たちが、可能な限り制限のない自由な生活を送るために行います。個人の障害や能力に配慮した居住環境整備は、本人の意欲の向上と尊厳の保持にもつながり、自立生活ができるようになるだけでなく、介護者の負担を大幅に軽減し、安全な介護の実践にも役立ちます。

2. 居住環境と介護

　日常生活をより快適に過ごすための居住環境整備には、**安全性**の重視、健康的・衛生的な環境の保持、**自立**を助ける機能的な生活空間、という視点が重要になると考えられます。

1）安全性の重視

①**家庭内事故と安全管理**…国の調査によると、住宅にかかわる高齢者の不慮の事故死では、同一平面上や階段等からの**転倒**や**転落**、浴槽内での**溺水**および**溺死**によるもの（Ⓐ）が特に多いことがわかっている。

②**災害と安全管理**…高齢者や障害者などは、災害時に要援護者（Ⓑ）となる恐れが特に高いため、日頃から住宅の安全対策が必要である。

2）健康的・衛生的な環境の保持

　健康的な生活を維持するためには、シックハウス症候群への配慮やカビ・ダニ対策なども必要です。

①**シックハウス症候群**

　シックハウス症候群とは、室内の健康を害する何らかの因子によって、頭や目、喉の痛み、吐き気や疲労感などの症状が複合的に起こる健康障害をいう。

②**カビ・ダニ対策**

　近年、室内のほこり（ハウスダスト）に含まれるカビやダニに起因する**アレルギー性疾患**の激増が大きな問題となっている。居室や浴室の清掃などを定期的に実施し、日頃からカビやダニが発生する環境をつくらないように心がけることが大切である。特に高温多湿になりやすい浴室は、使用後は**換気**を十分に行って乾燥させる（Ⓒ）ことが重要である。

　カビの発生条件は、適度な**温度・湿度**、**栄養分**、**酸素**である。ダニの発生条件は、適度な**温度・湿度**、**栄養分**、潜り込む場所がある、などである。

3）自立を助ける機能的な生活空間

　障害の程度に合わせた居住環境の整備や**福祉用具**の導入を行います。利用者の自立により、家族の負担が軽減することで家族関係の円滑化にもつながります。

書いて覚えよう！

◆自立に向けた居住環境の整備

● 個人の （␣␣␣[1]␣␣␣） や能力に配慮した居住環境整備は、本人の意欲の向上と （␣␣␣[2]␣␣␣） の保持にもつながり、自立生活ができるようになるだけでなく、介護者の負担を大幅に （␣␣␣[3]␣␣␣） し、安全な介護の実践にも役立つ。

◆居住環境と介護

● 住宅にかかわる高齢者の不慮の事故死では、同一平面上や階段等からの （␣␣␣[4]␣␣␣） や転落、浴槽内での （␣␣␣[5]␣␣␣） および溺死によるものが特に多い。

● （␣␣␣[6]␣␣␣） 症候群とは、室内の健康を害する何らかの因子によって、頭や目、 （␣␣[7]␣␣） の痛み、吐き気や （␣␣␣[8]␣␣␣） などの症状が複合的に起こる健康障害をいう。

■カビの発生条件

○適度な温度・（␣␣[9]␣␣）　○栄養分　○（␣␣[10]␣␣）

■ダニの発生条件

○適度な温度・湿度　○（␣␣[11]␣␣）　○潜り込む場所

● 自立を助ける機能的な生活空間をつくるため、障害の程度に合わせた （␣␣␣[12]␣␣␣） の整備や （␣␣␣[13]␣␣␣） の導入を行う。利用者の自立により、家族の （␣␣[14]␣␣） が軽減することで家族関係の円滑化にもつながる。

確認しよう！

★住宅にかかわる高齢者の不慮の事故死の原因は何が多い？　⇨ Ⓐ

★高齢者や障害者などは、災害時に何になる恐れが特に高いとされている？　⇨ Ⓑ

★特に高温多湿になりやすい浴室は、使用後はどうすることが重要とされている？　⇨ Ⓒ

レッスン 82 安全で心地よい 生活の場づくり①

重要度　A
学習日 ／／／

1. 居住環境整備

　従来の日本の住宅は、建築構造上、必ず敷居や上がり框などの**段差**があり、高温多湿であるために調湿効果のある畳や木などを多用しています。こうした環境は、高齢者や障害者にとっては身体への負担が大きく、福祉用具が使いづらいなどの支障が生じる場合があります。

2. 在宅における生活の工夫と支援

1）居住環境整備の工夫

①**玄関・廊下**…玄関は、スロープや段差解消機を用いて**段差**の解消に努め、必要な箇所には**手すり**を取り付ける。玄関戸は、車いす利用者でも開閉しやすい**引き戸**が望ましい。壁面には**手すり**を連続的に取り付け、足元灯（フットライト）を設置する。

②**階段**…滑りにくく踏み外しにくいように、ゴム製の**滑り止め**をつける。可能なら両側、少なくとも片側（**下りる際の利き手側**）に**手すり**を設置する。階段の勾配は緩やかにし、小休止のための**踊り場**があると望ましい。

③**脱衣室・浴室**…**ヒートショック**を起こさないよう、居室と脱衣室・浴室との温度差を少なくする工夫が必要である。転倒防止のため、脱衣室・浴室間や浴室内の**段差**の解消に努め、床面は滑りにくい材質にするか、滑り止めゴムマットを使用する。浴槽の縁の高さは、洗い場から40 ～ 45cm程度（**膝**くらいの高さ）とする。

④**トイレ**…車いす利用や介護が必要な場合には、トイレの戸は**引き戸**や外開きが望ましい。便器は**洋式**のほうが、利用者・家族とも負担が少ない。トイレットペーパーや洗浄ボタンは、**健側**の手が届く位置に取り付ける。**緊急通報装置**（コールボタン）は、万一利用者が倒れても手が届く位置に設置する。

⑤**居室（寝室）**…外出時の利便性や災害、緊急時に備えて、**1階**が望ましい。部屋と部屋との間の段差をなくし、フラットな構造にする。

2）快適な室内環境

①**採光**…住居に自然の光などを採り入れることを**採光**という。窓は、一般に縦長で高い位置にあるほど採光がよくなる。

②**照明**…照明には室内全体を照らす**全般照明**と、必要な部分を照らす**局部照明**がある。全般照明と局部照明を組み合わせる場合、視界に明暗の差があると目が疲労しやすくなる。このため、局部照明の明るさや照明器具の位置に配慮する。

③**温度の調整**…屋内外を問わず、高温多湿な環境下にいることで体温調節機能が低下し、**熱中症**の症状が現れる場合がある。扇風機やエアコンで適度な室温に調節したり、こまめに**水分**を補給したりして、熱中症による健康被害を予防する。

書いて覚えよう！

◆居住環境整備

● 従来の日本の住宅は、段差が多いなどの理由から、高齢者や障害者にとっては身体への （ ① ） が大きく、（ ② ） が使いづらいなどの支障が生じる場合がある。

◆在宅における生活の工夫と支援

■居住環境整備の工夫

玄関・廊下	（ ③ ） の解消に努め、必要な箇所に手すりを取り付ける
階段	可能なら両側、少なくとも片側（下りる際の（ ④ ） 側）に手すりを設置する
脱衣室・浴室	（ ⑤ ） を起こさないよう、居室と脱衣室・浴室との温度差を（ ⑥ ） する
浴槽	縁の高さは、洗い場から 40〜45cm 程度（（ ⑦ ） くらい）とする
トイレ	戸は（ ⑧ ） や外開きが望ましい
便器	（ ⑨ ） 式のほうが、利用者・家族とも負担が少ない
居室（寝室）	部屋と部屋との間の段差をなくし、（ ⑩ ） な構造にする

● 窓は、一般に （ ⑪ ） で高い位置にあるほど採光がよくなる。

● 屋内外を問わず、高温多湿な環境下にいることで体温調節機能が低下し、（ ⑫ ） の症状が現れる場合がある。扇風機やエアコンで適度な室温に調節したり、こまめに（ ⑬ ） を補給したりして、熱中症による健康被害を予防する。

用語

上がり框
玄関などの上がる段差の部分に取り付けた横木、あるいは化粧材のこと。

ヒートショック
急激な温度変化がもたらす身体への悪影響のこと。ヒートショックによって血圧が大きく変動し、脳血管障害や心筋梗塞などを引き起こすことがある。

熱中症の症状
重症度によってⅠ度、Ⅱ度、Ⅲ度に分類される。Ⅰ度では手足のしびれ、めまい、筋肉の硬直、失神など、Ⅱ度では頭痛、嘔吐、倦怠感など、Ⅲ度では意識障害や痙攣、高体温などが生じ、最悪の場合は死に至る。

NOTE

レッスン82 安全で心地よい 生活の場づくり②

重要度　A

学習日 ／／／

1. バリアフリーの環境づくり

1）バリアフリー住宅

　一定の基準に適合する住宅を**バリアフリー住宅**といい、安全性や機能性、可変性などへの具体的配慮として段差解消・手すりの設置・空間確保などの目安が示されています。

2）バリアフリー法

　2006（平成18）年に、高齢者や障害者等の移動や施設利用の利便性・安全性の向上の促進を図ることを目的とした「高齢者、障害者等の移動等の円滑化の促進に関する法律（**バリアフリー法**）」が成立、施行されました。

3）ユニバーサルデザイン

　ユニバーサルデザインとは、「どこでも、だれでも、自由に、使いやすく」という考え方を踏まえたデザインをいいます。また、このユニバーサルデザインの考え方を反映した製品を**共用品**といいます。共用品の例としては、缶入りアルコール飲料の点字表記などが挙げられます。

2. 施設等における生活の工夫と支援

1）集団生活への配慮

　施設では、集団生活におけるルールの徹底や公平を図る観点から、援助の方法や内容が画一化しやすい傾向がありますが、利用者の生活にかかわる者は、集団が個人の集まりであることを常に忘れてはなりません。介護職は、利用者それぞれの心身状態、意向、生活歴などを尊重した**個別ケア**を行うと同時に、利用者同士がお互いの生活を尊重し合えるような支援体制を構築することが大切です。

2）施設等を快適な居住空間とするための工夫

　集団生活の場である施設等を快適な居住空間に変えるには、①**ユニット型**の導入、②なじみの環境づくり、③利用者に仕様を合わせる、などの視点が大切です。

3）居住環境整備の留意点

　生活環境の変化による状態の悪化を**リロケーションダメージ**Ⓐといい、いったん受けたダメージを改善するのは容易ではありません。施設では、リロケーションダメージを最小限に留められるよう在宅生活との変化が少ない環境をつくることが求められます。

4）他職種の役割と協働

　施設での生活では、暮らしの連続性を支援することが利用者の安全・安楽・安心な生活のうえで重要です。このためには、チームでのケアが不可欠になります。

　チームケアを円滑に進めるには、日々の利用者の**情報を共有**することが基本となるため、職員一人ひとりが記録の**一元化・一覧化**に努め、介護職以外の専門職とも積極的に連携し、情報の共有を図ります。

書いて覚えよう！

◆バリアフリーの環境づくり

■バリアフリー化の施策・考え方

バリアフリー住宅	一定の基準に適合する住宅をいう。 （ ① ）解消・（ ② ）の設置・空間確保などの目安が示されている
バリアフリー法	高齢者や障害者等の（ ③ ）や（ ④ ）利用の利便性・安全性の向上を図ることを目的とする
（ ⑤ ）	「どこでも、だれでも、自由に、使いやすく」という考え方を踏まえたデザインをいう
共用品	（ ⑥ ）の考え方を反映した製品をいう

◆施設等における生活の工夫と支援

● 施設においても、介護職は、利用者それぞれの心身状態、意向、生活歴などを尊重した（ ⑦ ）を行うと同時に、利用者同士がお互いの生活を（ ⑧ ）し合えるように支援する。

■施設等を快適な居住空間とするための工夫

① （ ⑨ ）の導入
② （ ⑩ ）の環境づくり
③利用者に仕様を合わせる

● 施設でのチームケアを円滑に進めるには、日々の利用者の情報を（ ⑪ ）することが基本となる。

確認しよう！

★生活環境の変化による状態の悪化を何という？　⇒ Ⓐ

バリアフリー
人が生活を送るうえで問題となる、あらゆる障壁（バリア）を取り除こう（フリー）という理念。

ユニット型
施設入居者をおおむね10人以下で15人を超えないもののユニットに分け、少人数の家庭的な雰囲気を生かしたケアを行うもの。少数の居室（原則個室）と共同生活室によって一体的に構成される。

NOTE

レッスン **83** **自立に向けた身支度の介護①**

重要度 **A**

学習日 ／／／

1. 身支度の意義と目的

　生活のさまざまな場面に合わせ、身なりを整えることを**身支度**といいます。身支度は、その人が「こうありたい」と望むスタイルに合わせて行われます。自分らしく思いどおりに身支度ができると、晴れやかな気分で日々の活動に取り組むことができ、反対に、思ったように身支度ができなければ、活動への意欲は損なわれ、人との接触を避けたくなるでしょう。このように身支度のできばえは**精神面への影響**が大きいため、介護職は身支度の意味を十分に理解し、利用者自身が楽しみながら主体的に行える身支度の方法を工夫していきます。

2. 整容の介助

1）洗面

　洗面は、顔面の汚れや皮脂、老廃物を取り除いて、皮膚の清潔を保持し、爽快（そうかい）な気分をもたらします。洗面後は、必要に応じてローションやクリームを使い、皮膚を保護します。洗面所への移動が困難な場合は、蒸しタオルなどで**清拭**（せいしき）をします。

2）ひげの手入れ

　ひげの手入れは、成人男性にとっては日常的な習慣です。清潔保持の点では毎日剃（そ）るほうがよいといえますが、好みの長さは人によって違うため、必ず利用者に確認します。
　電気かみそりを皮膚に対して**直角**に当て、ひげの流れに**逆らう**ようにして剃ります。顎（あご）の下や頬骨（ほおぼね）などの湾曲した部分、しわのある口のまわりなどは、もう一方の手で**皮膚を伸ばす**ようにして剃ります。

3）耳の手入れ

　高齢者は、耳垢（じこう）が溜（た）まって聞こえにくい状態になっていることがあるため、定期的に（2週間に1回程度）耳を清潔にします。耳掃除をする場合は、**目に見える範囲内（外（がい）耳道（じどう）の入り口から1～1.5cm程度）** ⒶÂ で慎重に行います（ピンセットは使用しない）。耳垢が乾燥している場合は、綿棒で耳垢を湿らせてから取ります。**耳垢塞栓**（耳垢が固くこびりついて外耳道を塞いでいる状態）の場合は、無理に取らずに医療職に報告します。

4）爪の手入れ

　爪は伸びたままにしていると、皮膚を傷つけたり、爪の異常を引き起こしやすくなるので、**こまめに**手入れをします。爪や周囲の皮膚の状態をよく観察し、異常があれば、速やかに医療職へ報告します。高齢者の爪は硬く割れやすいため、<u>入浴後や足浴（そくよく）・手浴（しゅよく）後の**柔らかくなったとき**に切り</u>Ⓑ、**端から中央**に向かってヤスリをかけます。また、先端の白い部分を1mm程度残しながら**少しずつ**切り、深爪にならないように注意します。

書いて覚えよう！

◆身支度の意義と目的

● 生活のさまざまな場面に合わせ、身なりを整えることを
（①＿＿＿＿＿＿＿）　という。

● 身支度のできばえは　（②＿＿＿＿＿）　面への影響が大きいた
め、介護職は身支度の意味を十分に理解し、利用者自身が楽しみ
ながら　（③＿＿＿＿＿）　的に行える身支度の方法を工夫する。

◆整容の介助

■整容介助の留意点

洗面	洗面後は、必要に応じてローションやクリームを使い、皮膚を　（④＿＿＿＿＿）　する。洗面所への移動が困難な場合は、　（⑤＿＿＿＿＿）　をする
ひげの手入れ	電気かみそりを皮膚に対して　（⑥＿＿＿＿＿）　に当て、ひげの流れに　（⑦＿＿＿＿＿）　ようにして剃る。顎の下などの湾曲した部分などは、もう一方の手で皮膚を　（⑧＿＿＿＿＿）　ようにして剃る
耳の手入れ	耳垢が乾燥している場合は、　（⑨＿＿＿＿＿）　で耳垢を湿らせてから取る。耳垢塞栓の場合は、無理に取らずに　（⑩＿＿＿＿＿）　に報告する
爪の手入れ	高齢者の爪は硬く　（⑪＿＿＿＿＿）　やすいため、（⑫＿＿＿＿＿）　後や足浴・手浴後の柔らかくなったときに切る。少しずつ切り、　（⑬＿＿＿＿＿）　にならないように注意する

確認しよう！

★耳掃除を行える範囲はどこまでとされている？　⇒ Ⓐ

★高齢者の爪はいつ切るのが望ましい？　⇒ Ⓑ

レッスン83 自立に向けた身支度の介護②

重要度 **A**
学習日 ／／／

1. 口腔ケア

1）口腔ケアの目的

口腔ケアは、**う蝕**（虫歯）などの予防、口腔粘膜疾患の予防、**誤嚥性肺炎**の予防、口臭の予防を目的として行われます。

2）基本的な口腔ケアの方法

歯ブラシを**軽い力**で**小刻み**に動かしながら磨きます。歯と歯の間や歯と歯肉の境目は磨き残しが多い部分なので注意します。口腔清掃は**毎食後**に行いますが、1日1回しか行えない場合は**夕食後**Ⓐに行います。

3）義歯の手入れ

総義歯は、下顎から上顎の順に外し、上顎から下顎の順に装着するのが基本です。

義歯は、**毎食後**に取り外し、義歯用歯ブラシを用いて流水下で丁寧にブラッシングします。外した義歯は、乾燥しないように必ず水を入れた容器に保管Ⓑします。

4）状態別口腔ケアの方法

○**経管栄養を行っている場合**…唾液による自浄作用が低下し、**口臭**の発生や**誤嚥性肺炎**のリスクが高くなる。経管栄養が終了して一定の時間を空けた**空腹時**に、スポンジブラシなどで口腔内を湿らせてから口腔清掃を行う。

○**嚥下障害がある場合**…口に含んだ水が誤って気管に入ってしまう恐れがあるので気をつける。

○**片麻痺がある場合**…患側の頬部や歯と歯の間に食べかすが残りやすいので、その部分の口腔清掃を丁寧に行う。

2. 衣服の着脱

1）衣服を着用する目的

衣服の着脱は、社会生活を維持するために欠かせない生活習慣です。介護職は、利用者の好みや習慣を十分に尊重したうえで、着替えが利用者の精神的満足や自己表現の機会になるように配慮することが大切です。

2）衣服の着脱介助

衣服の着脱介助時は、**プライバシー**に十分配慮し、**脱健着患**の原則に従って行います。

3）衣服の種類

加齢や疾患、障害のために着脱が困難な場合や時間がかかるような場合には、できるだけ着脱しやすいデザインや材質の衣服を選び、利用者の身体機能に合わせた工夫をしていきます。ただし、利用者の好みを反映することも大切です。

また、下肢の筋力が低下していると、歩行時に足のつま先が上がりにくくなり、つまずきや転倒の原因となるため、靴の選び方にも注意が必要です。

書いて覚えよう！

◆口腔ケア

■口腔ケアの目的

① （ [1]　　　 ）（虫歯）などの予防	②口腔粘膜疾患の予防
③誤嚥性肺炎の予防	④口臭の予防

● 歯ブラシを（ [2]　 ）い力で小刻みに動かしながら磨く。歯と歯の間や歯と（ [3]　　　 ）の境目は磨き残しが多い部分なので注意する。

● 総義歯は、下顎から上顎の順に（ [4]　 ）し、上顎から下顎の順に（ [5]　 ）する。義歯は、（ [6]　　　 ）後に取り外し、義歯用歯ブラシを用いて丁寧にブラッシングする。

■状態別口腔ケアの方法

経管栄養を行っている場合	経管栄養が終了して一定の時間を空けた（ [7]　　　　 ）に、スポンジブラシなどで口腔内を湿らせてから口腔清掃を行う
嚥下障害がある場合	口に含んだ（ [8]　 ）が誤って気管に入ってしまう恐れがあるので気をつける
片麻痺がある場合	患側の（ [9]　　 ）や歯と歯の間に食べかすが残りやすいので、その部分の口腔清掃を丁寧に行う

◆衣服の着脱

● 着脱介助時には（ [10]　　　　　　　 ）に十分配慮し、（ [11]　　　　　　 ）の原則に従って行う。

● 下肢の筋力が低下していると、歩行時に足の（ [12]　　　 ）が上がりにくくなり、つまずきや（ [13]　　　 ）の原因となる。

確認しよう！

★口腔清掃が1日1回しか行えない場合は、いつ行う？　⇒ A

★乾燥防止のため、外した義歯はどのような容器に保管する？　⇒ B

用語

総義歯の取り外し
上顎用の総義歯は、義歯の後方を下げるようにして外す。総義歯を装着するときには、回転させるようにしながら口腔内に入れる。

唾液による自浄作用
食物摂取により生じた歯垢や食べかすが、口唇や頬、舌などの運動や唾液で洗い流され、口腔内の清掃が自然に行われる作用をいう。

靴の選び方
踵が低く、足先にゆとり（0.5～1cm）があり、足背（足の甲）をしっかり覆うものを選ぶ。また、靴底は溝が深く、ある程度の厚みと屈曲性のあるものがよい。

NOTE

レッスン84 自立に向けた移動の介護

重要度　B

学習日　／／／

1. 移動の意義と目的

1）移動と暮らし

　移動による生活範囲の拡大は、**ADL**や**IADL**の自立に大きくかかわるだけでなく、**QOL**の向上にも役立ちます。自立歩行が困難な場合でも、ベッドから車いすへの移乗が可能になれば寝食分離や室内外の移動が可能になります。そこから周囲の人々との交流が増えて社会生活が豊かなものになり、生きていくうえでの楽しみや心の張りが生まれることが期待できます。このように移動は身体的側面からの意義に加えて、精神的側面や社会的側面からの意義も極めて大きいといえます。

2）移動を阻害する要因

　疾患やけがなどをきっかけに長期臥床状態が続くと、身体機能の低下が全身に及び、**生活不活発病（廃用症候群）** **A** の発症につながることもあります。生活不活発病を予防するには、福祉用具の導入や住宅改修を検討するほか、**リハビリテーション**や**離床、体位変換**、適度な運動や水分補給を行うなど、心身機能の維持・向上に取り組める環境を整備します。

2. 麻痺および関節拘縮の理解

1）麻痺

　麻痺 **B** とは、筋肉や神経が障害のためにはたらかなくなった状態のことをいいます。障害される機能・麻痺の部位などによって、次のように分けられます。

　①**障害された機能による分類**…運動機能が障害される**運動麻痺**と知覚機能（温度の感覚や痛み、触覚など）が障害される**知覚麻痺**（**感覚麻痺**）に分けられる。

　②**麻痺の部位による分類**…**四肢麻痺**（頸髄損傷や脳性麻痺などでみられる両上肢および両下肢の麻痺）、**片麻痺**（身体の片側の麻痺）、三肢麻痺（四肢のうち、いずれか三肢の麻痺）、**対麻痺**（両下肢の麻痺）、単麻痺（四肢のうち一肢の麻痺）に分けられる。

2）関節拘縮

　関節拘縮とは、関節やその周囲の組織（関節包や靱帯など骨や軟骨以外の組織）が縮み、関節の動きが悪くなる状態のことで、特に大きな関節の拘縮は、基本動作やADLを困難にします。介助する際は、利用者の関節可動域について十分に理解し、苦痛の少ない方法で行い、**良肢位**を保ちます。

書いて覚えよう！

◆移動の意義と目的

● 移動による生活範囲の拡大は、ADLやIADLの自立に大きくかかわるだけでなく、（① ＿＿＿＿＿＿＿）の向上にも役立つ。

● 移動は身体的側面からの意義に加えて、（② ＿＿＿＿＿＿）的側面や（③ ＿＿＿＿＿＿）的側面からの意義も極めて大きい。

● 生活不活発病を予防するには、（④ ＿＿＿＿＿＿＿＿）の導入や住宅改修を検討するほか、リハビリテーションや離床、体位変換、適度な運動や水分補給を行うなど、（⑤ ＿＿＿＿＿＿＿）の維持・向上に取り組める環境を整備する。

◆麻痺および関節拘縮の理解

■麻痺の分類

障害された機能による分類	麻痺の部位による分類
○ 運動麻痺	○ 四肢麻痺　○（⑦ ＿＿）麻痺
○（⑥ ＿＿）麻痺（感覚麻痺）	○ 三肢麻痺　○ 対麻痺　○ 単麻痺

● （⑧ ＿＿＿＿＿＿＿）とは、関節やその周囲の組織（関節包や靱帯など骨や軟骨以外の組織）が縮み、関節の動きが悪くなる状態のことで、特に大きな関節の拘縮は、基本動作や（⑨ ＿＿＿＿＿）を困難にする。

● 関節拘縮がある人を介助する際は、利用者の（⑩ ＿＿＿＿＿＿＿＿）について十分に理解し、苦痛の少ない方法で行い、（⑪ ＿＿＿＿＿）を保つ。

確認しよう！

★けがなどで長期臥床状態が続いた場合に、身体機能が全体的に低下して発症する疾患は？　⇒ Ⓐ

★筋肉や神経が障害のためにはたらかなくなった状態のことを何という？　⇒ Ⓑ

用語

IADL
手段的日常生活動作。電話、バスや電車などを利用した遠方への外出、買い物、金銭の管理、服薬など、何らかの手段、器具を用いて実施する生活動作群をいう。

良肢位
関節拘縮などでその位置で動かせなくなったとしても苦痛が少なく、機能上最も影響の少ない姿勢。機能的肢位または便宜肢位ともいう。

NOTE

レッスン85 体位変換・安楽な体位の保持

重要度 **A**

学習日 ／　／　／

1. 移動の介護の基本的理解

1）移動の介護における5つの原則

移動の介護を行う際には、①利用者の身体の状態を考え、**残存機能**を活用する、②利用者にこれから行う介助を事前に説明し、了解を得る、③寝返りを打つ、座る、立ち上がるなど、身体の自然な動きに従って介助を行う、④状況に応じた介護の方法を実施する、⑤**ボディメカニクス**（生体力学）を活用する、という5つの原則を押さえます。

2）ボディメカニクス

ボディメカニクスの基本的な原則は次のとおりです。

> ○身体を安定させるために、支持基底面を**広く**とる。また、重心を**低く**する　○利用者に近づき、お互いの**重心**を近づける　○**大きな筋群**（背筋や腹筋など）を活用し、利用者の身体を**水平**に引く　○**てこ**の原理を活用する　○利用者の身体を**小さく**まとめ、摩擦による抵抗を少なくする　○身体（体幹）をねじらず、足先を重心の移動方向に向ける

2. 体位変換

自力で体位を変えることが困難な利用者に対しては、**定期的**（約2時間ごとを目安）に仰臥位、側臥位、腹臥位などに姿勢を変え、状態に合わせた楽な姿勢をとれるようにします。その際、利用者ができることは自分で行えるように工夫します。

3. 安楽な体位の保持

1）安楽な体位の保持と介助

身体機能の低下により思うように動くことが困難な利用者にとって、安楽な体位を保つということは、身体的な寛ぎだけでなく精神的な安定ももたらします。介護職は、安楽な体位保持の重要性を認識したうえで、支持基底面を**広く**とり、体圧を分散させる、**良肢位**を保ち、関節拘縮の予防に留意する、などの点に気をつけます。

2）褥瘡の原因と予防

褥瘡とは、身体組織の一部が長時間にわたって圧迫を受け、血液の循環障害が起こった状態をいいます。発生原因は**圧迫**のほか、**摩擦**、身体の**不潔**と**湿潤**、身体機能の**低下** Ⓐ です。

初期症状では**発赤**がみられ、適切な治療を行わないと比較的短時間で皮膚の損傷が進行してびらんや潰瘍となります。予防としては、圧迫、摩擦を避け、皮膚の湿潤を取り除いて清潔を保ち、栄養状態を改善するという対策をします。

書いて覚えよう！

◆移動の介護の基本的理解

● 移動の介護における5つの原則とは、①利用者の身体の状態を考え、（ ① ）を活用する、②利用者にこれから行う介助を事前に（ ② ）し、了解を得る、③寝返りを打つ、座る、立ち上がるなど、身体の自然な動きに従って介助を行う、④状況に応じた介護の方法を実施する、⑤（ ③ ）（生体力学）を活用する、である。

ボディメカニクスの基本的な原則
○ 身体を安定させるために、支持基底面を（ ④ ）とり、重心を低くする
○ 利用者に近づき、お互いの（ ⑤ ）を近づける
○ 大きな筋群を活用し、利用者の身体を（ ⑥ ）に引く
○ （ ⑦ ）の原理を活用する
○ 利用者の身体を小さくまとめ、摩擦による抵抗を少なくする
○ 身体（体幹）をねじらず、足先を重心の移動方向に向ける

◆安楽な体位の保持

■ 褥瘡の原因と予防

● （ ⑧ ）とは、身体組織の一部が長時間にわたって圧迫を受け、血液の循環障害が起こった状態をいう。初期症状では（ ⑨ ）がみられる。

圧迫・摩擦	…圧迫や摩擦を避ける
身体の不潔と湿潤	…皮膚の（ ⑩ ）を取り除いて清潔を保つ
身体機能の低下	…（ ⑪ ）を改善する

 確認しよう！

★褥瘡の発生原因は、圧迫のほかに何がある？ ⇒

用語

ボディメカニクス（生体力学）
外部からの力や抵抗に対して、筋肉や骨、関節などが関連し合って起こる姿勢や動作のこと。

褥瘡
姿勢により以下の部位に好発する。
仰臥位…肩・仙骨部・踵骨部など
側臥位…肩・大転子部など
座位…尾骨部・坐骨結節部など

NOTE

レッスン86 車いす・歩行の介助

重要度 **A**

学習日 ／／／

1. 車いすの介助

1）車いすの基本的理解

　車いすは、歩行が困難な利用者にとって、活動範囲を広げるための重要な移動手段です。車いすにはさまざまな種類があり、姿勢の保持、体力など身体状況への適合と、生活や用途に応じて適切なものを選択することが大切です。

2）車いすの介助

　利用者に危険が及ばないよう**安全・安楽・安心**に行うことが重要です。

■車いす介助の留意点

○事前に後輪の**空気圧**や摩耗度、ブレーキの利き具合などを点検する　○利用者に恐怖感を与えないよう、歩行速度よりも**遅い**速度で移動する　○一定時間停止するときは、安全のために必ず**ブレーキ**をかける　○段差を上がるときは**キャスター**を上げて段に乗せ、下りるときは後ろ向きで**後輪**から下りる。急な下り坂では、**後ろ向き**で進む。砂利道や踏切では、**キャスター**を上げたまま前進する　○電車を待つ間は、視覚障害者誘導用ブロック（点字ブロック）よりも**内側**で待つ　○エレベーターに乗るときは、**正面**からまっすぐに進む

2. 歩行の介助

1）歩行介助の基本的理解

　歩行は、人が移動するための基本的な手段となるため、身体機能の低下や障害などによって自分の足で移動することが困難になると、生活のあらゆる面で不自由を感じることになります。歩行が困難になっても、杖や手すりなどの**歩行支援用具**を活用して、活動範囲を広げていけるよう援助します。

2）歩行支援用具の種類

　歩行支援用具は、身体支持、体重の負荷軽減、バランスの保持などにより、自立歩行を助け、安全を確保するために用います。歩行支援用具を選択する場合は、利用者の身体状況や体力に合わせ、歩行機能の維持と安全に配慮する必要があります。

①**杖**…患側下肢の**体重負荷の減少**と**バランスの保持**を目的とする。利用者の障害の程度に応じて杖の長さや種類を選ぶようにする。

②**歩行器**…使用する場合は、**両上肢に障害がない**こと、立位で歩行器を操作するだけ**のバランス機能がある**ことなどを事前に確認する。

③**手すり**…利用者の体重を支えることで、バランスを保ちながら安全に移動することができ、転倒などの事故の予防にもつながる。

④**リフト**…自分で動くことのできない人を移動するときの補助として用いられる。

書いて覚えよう！

◆車いすの介助

● 車いすは、（①＿＿＿＿）が困難な利用者にとって活動範囲を広げるための移動手段である。（②＿＿＿＿）の保持、体力など身体状況への適合と、生活や用途に応じて適切なものを選択する。

■車いすの介助をする際の留意点

○事前に後輪の（③＿＿＿＿）や摩耗度、

（④＿＿＿＿）の利き具合を点検する

○歩行速度よりも（⑤＿）い速度で移動する

○一定時間停止するときは、安全のために必ず
（⑥＿＿＿＿）をかける

○急な下り坂では、（⑦＿＿＿＿）で進む

◆歩行の介助

● 歩行支援用具は、（⑧＿＿＿＿）支持、体重の負荷軽減、バランスの保持などにより、（⑨＿＿＿＿）を助け、安全を確保するために用いる。

■歩行支援用具の種類

杖	患側（⑩＿＿＿＿）の体重負荷の減少とバランスの保持を目的とする
歩行器	両上肢に（⑪＿＿＿＿）がないこと、（⑫＿＿＿＿）で歩行器を操作するだけのバランス機能があることなどを事前に確認する
手すり	利用者の体重を支えることで、バランスを保ちながら安全に移動することができ、（⑬＿＿＿＿）などの事故の予防にもつながる
（⑭＿＿＿＿）	自分で動くことのできない人を移動するときの補助として用いられる

レッスン87 利用者の状態に応じた移動の介助

1. 片麻痺のある場合

片麻痺のある利用者の歩行介助を行う際には、介護職は利用者の**患側後方**に立ち、転倒を防ぎます。

■杖歩行の基本動作

○**三動作歩行**…杖を**健側**の手で持ち、一歩分前につく。次に**患側**の足を前に出し、最後に健側の足を出して、患側の足に揃える

○**階段を上る場合**…杖、**健側**の足、患側の足の順に出す

○**階段を下りる場合や障害物を越える場合**…杖、**患側**の足、健側の足の順に出す

2. 視覚障害がある場合

1）移動の援助

歩行誘導の際は、介護職は声かけをし、利用者の半歩前（**白杖**を持つ手の反対側）に立ちます。次に、肘のすぐ上を、空いているほうの手でつかんでもらいます。誘導する際は、危険箇所の説明など、必要に応じて**声かけ**を行います。「危ないですよ」などのあいまいな言い方ではなく、その場の状況を**具体的**に説明します。

2）周囲の状況に応じた誘導の仕方

実際の援助では、周囲の状況に応じて誘導の仕方を変える必要があります。場面に応じた介助方法や留意点は次のとおりです。

○**狭い通路**…介護職は通路が狭くなることを伝え、手引きしていた腕を背中（腰より少し上の真ん中）に回す。利用者は介護職の**背後**に回り、一列で通過する。

○**誘導を中断**…誘導中に利用者のそばから離れる場合は、理由をはっきりと知らせ、安全な場所（柱や壁に触れる位置）に誘導する。

○**バス・車**…バスは介護職が**先**に乗降する。車は利用者が**先**に乗車し、介護職が**先**に降車する。

○**電車**…駅のホームでは、**視覚障害者誘導用ブロック（点字ブロック）** よりも**内側** Ⓐ で電車を待つ。介護職が先に乗車し、利用者を乗降口の手すりに誘導する。

3）歩行支援のための道具・用具など

①**白杖（盲人安全つえ）**…視覚障害者が障害物や段差などの存在に気づき、危険を回避するための歩行支援用具である。

②**盲導犬**…特別な訓練を受けた犬で、視覚障害者の目の代わり Ⓑ となる役割を果たす。

③**視覚障害者誘導用ブロック（点字ブロック）**…歩道や駅構内などに設置されている、視覚障害者の移動のための重要な設備である。

書いて覚えよう！

◆片麻痺のある場合

● 片麻痺のある利用者の歩行介助を行う際には、介護職は利用者の（ ① 　　　　　　　　　）に立ち、転倒を防ぐ。

● 杖歩行の基本動作（三動作歩行）は、杖を健側の手で持ち、一歩分前につく。次に（ ② 　　　　）側の足を前に出し、最後に（ ③ 　　　）側の足を出す。階段を上る場合は、杖、（ ④ 　　　　）側の足、（ ⑤ 　　　）側の足の順に出す。階段を下りる場合や障害物を越える場合は、杖、患側の足、健側の足の順に出す。

◆視覚障害がある場合

● 歩行誘導の際は、介護職は利用者の（ ⑥ 　　　　）前（白杖を持つ手の（ ⑦ 　　　　）側）に立つ。そして、（ ⑧ 　　　）のすぐ上を、空いているほうの手でつかんでもらう。

■周囲の状況に応じた誘導の仕方

狭い通路	手引きしていた腕を（ ⑨ 　　　　）（腰より少し上の真ん中）に回す。利用者は介護職の（ ⑩ 　　　）に回り、（ ⑪ 　　　　）で通過する
誘導を中断	誘導中に利用者のそばから離れる場合は、理由をはっきりと知らせ、（ ⑫ 　　　　）な場所（柱や壁に触れる位置）に誘導する
バス・車	バスは（ ⑬ 　　　　）が先に乗降する 車は（ ⑭ 　　　　）が先に乗車し、（ ⑮ 　　　　）が先に降車する

● 白杖は、視覚障害者が障害物や（ ⑯ 　　　　）などの存在に気づき、危険を回避するための歩行支援用具である。

確認しよう！

★視覚障害者を駅のホームに誘導した場合、どこで電車を待つ？ ⇨ Ⓐ

★盲導犬はどのような役割を果たしている？ ⇨ Ⓑ

用語

白杖（盲人安全つえ）
「道路交通法」第14条では、視覚障害者が道路を通行するときは、白色または黄色の杖、もしくは盲導犬を連れていなければならないと規定されている。

NOTE

317

レッスン88 自立に向けた食事の介護

1. 食事の意義と目的

1）食事の目的

　食事は、生命活動のためのエネルギーや栄養を補う重要な行為であり、好きなものを食べるという満足感や満腹による**心理的安定**をもたらします。また、家族や親しい人と一緒に食卓を囲むことで良好な人間関係を構築し、さらには行事食や郷土料理などによって食文化を継承していくという**社会的な役割**も果たしています。

2）食事における生活支援とは

　私たちは食事のたびに、献立を決め、必要な材料を揃え、適切な方法で調理を行い、食卓へ配膳し、食後には食器を洗って片付けるという一連の行為を繰り返しています。食事に関する援助が必要な状態になっても、利用者自身が献立や調理法を決めたり、使う食器を選んだり、調理や片付けにおいてできる部分を行うなど、主体的に食事にかかわっていくことが重要です。介護職は、利用者のできない部分について自助具を工夫したり、社会資源を活用しながら、食習慣や嗜好にも配慮した食事の援助を行い、利用者のQOLの向上へとつなげていきます。

2. 食事の介護

1）食事の場所と姿勢

　基本的には、寝床から離れ（**寝食分離**）、**座位**で食事を摂ります。使用するテーブルやいすは利用者の状態に合ったものを準備します。

2）基本的な食事介助の方法と留意点

①**準備**…手や口腔を清潔にし、身支度を済ませる。安定した姿勢に整える。

②**献立・配膳上の注意点**…新鮮な食材を使う、だしを利かせる、酸味・香辛料・香味野菜を利用するなど工夫し、**薄味**に仕上げる。**適温**で配膳する。

③**食事の際の基本的な介助**…胃液や唾液の分泌を促すよう、最初にスープやみそ汁などの**汁物**を勧める。好みを聞きながら汁物と主食、副食を**交互**に勧める。利用者と**同じ高さ**になるように座って介助する。嚥下の状態の確認は、一口ごとに行う。

④**食後**…食後の満足感や体調を確認する。歯磨き・うがい・義歯の洗浄など口腔を清潔に保つ。口の周囲を拭き、安楽な姿勢に戻す。

3. 自助具の活用

　自助具は、一般的には上肢の麻痺や関節リウマチなどによりADLに支障が生じている場合に、自力で行いやすくするために改良・工夫された道具のことを指します。利用者の状態に合った道具を用いることでADLの自立につながります。

書いて覚えよう！

◆食事の意義と目的

■食事の目的

生命活動のための （ ① _____ ） や栄養を補う

好きなものを食べる満足感や満腹による （ ② _____ ） 的安定を得る

家族や親しい人と一緒に食卓を囲み良好な人間関係を構築する

行事食や郷土料理などによって （ ③ _____ ） を継承する

● 食事に関する援助が必要な状態になっても、利用者自身が

（ ④ _____ ） や調理法を決めたり、使う （ ⑤ _____ ） を選

んだり、調理や片付けにおいてできる部分を行うなど、

（ ⑥ _____ ） 的に食事にかかわっていくことが重要である。

◆食事の介護

● 食事は、基本的には、寝床から離れ （ （ ⑦ _____ ） ）、

（ ⑧ _____ ） で摂る。

● 献立・配膳上の注意点としては、新鮮な食材を使う、

（ ⑨ _____ ） を利かせる、酸味・香辛料・香味野菜を利用する

など工夫し、 （ ⑩ _____ ） に仕上げる。

● 利用者と同じ高さになるように （ ⑪ _____ ） て介助する。

嚥下の状態の確認は、 （ ⑫ _____ ） ごとに行う。

◆自助具の活用

● 自助具は、一般的には上肢の麻痺や関節リウマチなどにより

（ ⑬ _____ ） に支障が生じている場合に、

（ ⑭ _____ ） で行いやすくするために改良・工夫された道具の

ことを指す。

確認しよう！

★食事の介助では、利用者ができないところについては、何を利

用して残存機能を活かすようにする？　⇒ Ⓐ

レッスン89 利用者の状態に応じた食事の介護①

重要度 **A**

学習日 ／　／　／

1. 視覚障害

　視覚障害者の食事の介護では、料理名や調理法、使用されている素材などについて、利用者に**わかりやすく説明する**ことが大切です。食べ物を並べる際は、位置関係を把握しやすいよう時計の文字盤になぞらえた**クロックポジション**の方法を用います。

2. 片麻痺（かたまひ）

　食事の際は、安定した姿勢が保持できるように支援します。介護職は、**健側**（けんそく）の口角（こうかく）から食べ物を入れ、**患側**（かんそく）に食べ物が残っていないか確認しながら介助します。**半側空間無視**がみられる場合は、患側の食事を残してしまうことがあるため、タイミングを見て食器の配置を入れ替えたり、適宜声かけをしたりする必要があります。

3. 内部障害

1）心臓機能障害

　基本的には**減塩**、**低脂肪**、**低コレステロール**の食事を心がけ、ビタミン、ミネラル、**食物繊維**を多めに摂取します。適切なエネルギー量を守り、食べ過ぎや飲み過ぎに気をつけます。アルコールは**適量**であれば問題ないといわれています。

2）呼吸器機能障害

　呼吸器機能に障害がある場合、感染症などに対する抵抗力をつけるためにも、栄養バランスのよい食事を摂ることは重要です。無理をせず、**少量**ずつ、**数回**に分けて、必要なエネルギー量を摂るようにします。

3）腎臓機能障害（じんぞう）

　基本的には、**塩分**、**たんぱく質**、**カリウム**が制限されます。食事制限によって不足するエネルギーを補うため、**油や砂糖**、でんぷんを適度に摂取します。ただし、**透析療法**を行っている場合は、治療の効果を妨げ（さまた）ないよう基本の食事制限とは異なる制限が必要となります。

4）膀胱・直腸機能障害（ぼうこう）

　医師からの指導が特になければ、基本的には食事の制限はありませんが、**ストーマ**を造設した人（**オストメイト**）の場合は、消化管（器）ストーマでは、調理の際に食材を細かく刻む、一度にたくさん摂らない、よくかんで食べる、などの配慮が必要です。回腸ストーマでは、栄養分や水分が消化・吸収される前に便（**水様便**）が排出されるため、栄養不足や貧血、脱水にならないように注意します。尿路ストーマでは、尿量が少ないと**尿路感染症**などにつながる恐れがあるため、水分を十分に摂ります。また、尿がアルカリ性になると臭いが強くなるため、**ビタミンC**を含む食品を多く摂取して尿を正常（酸性）に保つようにします。

書いて覚えよう！

用語

カリウム
生野菜や果物、豆類などには、カリウムを多く含むものがあるので注意が必要である。

オストメイトマーク
オストメイトのための設備があるトイレ（身体障害者用トイレ、多機能トイレ）の入口などに表示されるマーク。

◆視覚障害

● 視覚障害者の食事の介護では、料理名や調理法、使用されている素材などについて、利用者にわかりやすく（ ① 　　　　 ）する。

◆片麻痺

● 食事の際は、安定した（ ② 　　　　 ）が保持できるように支援する。介護職は、健側の（ ③ 　　　　 ）から食べ物を入れ、（ ④ 　　　　 ）に食べ物が残っていないか確認しながら介助する。

◆内部障害

■障害に応じた食事の介護

心臓機能障害		○ 基本的には（ ⑤ 　　　　 ）、低脂肪、低コレステロールの食事を心がける
（ ⑥ 　　　　 ）機能障害		○ 食事の際は、無理をせず、少量ずつ、数回に分けて、必要なエネルギー量を摂るようにする
腎臓機能障害		○ 基本的には塩分、（ ⑦ 　　　　 ）、カリウムが制限される。食事制限によって不足するエネルギーを補うため、（ ⑧ 　　 ）や砂糖、でんぷんを適度に摂取する ○（ ⑨ 　　　　 ）を行っている場合は、基本の食事制限とは異なる制限が必要となる
膀胱・直腸機能障害	消化管（器）ストーマ	○ 調理の際に（ ⑩ 　　　 ）を細かく刻む ○ 一度にたくさん摂らない ○ よくかんで食べる
	回腸ストーマ	○（ ⑪ 　　　　 ）や貧血、脱水にならないように注意する
	尿路ストーマ	○（ ⑫ 　　　　 ）などにつながる恐れがあるため、水分を十分に摂る

NOTE

レッスン 89 利用者の状態に応じた食事の介護②

1. 咀しゃく・嚥下機能の低下

1）食事の際に起こりやすい事故と対応

　疾患や障害、加齢などの影響により、咀しゃく・嚥下機能が低下している利用者は、食事中に誤嚥や窒息を起こしやすくなります。また、**誤嚥性肺炎**_Aなどを発症して命にかかわるような事態に陥ることもあります。

2）誤嚥の予防

　誤嚥予防のポイントとしては、**座位**をとり、顎を引いた嚥下しやすい姿勢をとります。寝たきりの場合でも、無理のない範囲で上体を起こします。食べ物は舌の**中央**_Bに入れ、食べ物を口に入れたら、口唇を閉じるように声かけをします。水分でむせやすい場合は、増粘剤（とろみ剤）を少量ずつかきまぜながら加え、料理に**とろみをつける**_Cようにします。また、隠し包丁を入れる、一口大に切る、軟らかくなるまで煮るなど調理の工夫をします。

　さらに、**食前**_Dに**アイスマッサージ**（水に浸して凍らせた綿棒で口腔内を刺激し、嚥下反射を起こしやすくする方法）や**嚥下体操**（口の周囲、舌、首、肩の運動）を行うと、誤嚥の予防に効果があります。

2. 脱水、低栄養の予防

1）脱水の予防

　高齢者は、体内の水分が若年者に比べて少なく、また体液の調節機能や水分吸収機能なども加齢により低下しているため、**脱水**を起こしやすい傾向があります。

　脱水予防のポイントとしては、高齢者の排泄予測量からみて、最低でも食事を含め1日2,500mL（うち、飲料水1,500mL）程度の水分補給をするようにします。みそ汁やスイカ、ヨーグルトなど水分の多い料理や食品を献立に取り入れ、間食時・入浴後・発汗時など、食事以外でも適宜水分を摂取するようにします。外気や暖房などで室温が高いと**不感蒸泄**が多くなるので、水分摂取量を多めにします。なるべく**経口**での摂取を促します。無理な場合には、速やかに医療職へ報告します。

2）低栄養の予防

　高齢者は、身体機能の低下や疾患などによって**低栄養**_Eになることがあります。低栄養を予防するためには、**たんぱく質**を多く含む食品（肉や魚、卵など）やエネルギーを十分に摂取する、いろいろな食品をバランスよく食べる、といったことが必要です。

書いて覚えよう！

◆咀しゃく・嚥下機能の低下

● 咀しゃく・嚥下機能が低下している利用者は、食事中に誤嚥や（ ① 　　　　 ）を起こしやすくなる。また、（ ② 　　　　　　　　 ）などを発症することもある。

● 誤嚥予防のポイントとしては、（ ③ 　　　　 ）をとり、顎を（ ④ 　　　　 ）た嚥下しやすい姿勢をとる。寝たきりの場合でも、無理のない範囲で（ ⑤ 　　　　 ）を起こす。

● 食前に（ ⑥ 　　　　　　 ）や嚥下体操（口の周囲、舌、首、肩の運動）を行うと、（ ⑦ 　　　　 ）の予防に効果がある。

◆脱水、低栄養の予防

● 高齢者は、体内の（ ⑧ 　　　　 ）が若年者に比べて少なく、また体液の調節機能や水分吸収機能なども加齢により低下しているため、（ ⑨ 　　　 ）を起こしやすい傾向がある。

● 脱水の予防として、最低でも食事を含め1日（ ⑩ 　　　　 ）mL（うち、飲料水（ ⑪ 　　　 ）mL）程度の水分補給をする。

● 低栄養の予防には、（ ⑫ 　　　　　　 ）を多く含む食品（肉や魚、卵など）やエネルギーを十分に摂取する、いろいろな食品を（ ⑬ 　　　　 ）よく食べる、といったことが必要である。

用語

脱水
嘔吐（おうと）や下痢（げり）、発汗などのために体内の水分や電解質が多量に失われた状態。体内の水分量が不足すると、口渇、頭痛、吐き気、めまい、皮膚の乾燥、体温上昇、倦怠感（けんたいかん）、目のくぼみ、尿量の減少、活動性の低下などの症状が現れる。

不感蒸泄
皮膚および呼気に含まれる水蒸気として身体から失われる（発汗は除く）水分のこと。

低栄養
体重の減少、BMIの低下（18.5未満）、筋肉量の減少、血清アルブミン値の低下が指標となる。

NOTE

確認しよう！

★咀しゃく・嚥下機能が低下している利用者が起こしやすい肺炎は何？ ⇨ Ⓐ

★誤嚥予防のため、食べ物は舌のどこに入れるようにする？ ⇨ Ⓑ

★水分でむせやすい場合は、調理時にどのような工夫が必要？ ⇨ Ⓒ

★アイスマッサージや嚥下体操は、いつ行うと誤嚥予防に効果がある？ ⇨ Ⓓ

★高齢者は、身体機能の低下や疾患などによって何になることがある？ ⇨ Ⓔ

自立に向けた入浴・清潔保持の介護①

重要度 **A**

学習日 ／／／

1. 入浴・清潔保持の意義と目的

　清潔を保つための援助では、単に身体をきれいにするだけでなく、生理的・心理的・社会的効果を考え、さらには利用者が長年培（つちか）ってきた生活習慣を継続していけるような援助を展開することが大切です。

■ **入浴・清潔保持による効果**

○気分爽快（そうかい）になり、食欲などの増進をもたらす　○**温熱作用**や**静水圧作用**により血行が促進され、**疲労回復**および**褥瘡**（じょくそう）の予防につながる　○**浮力作用**により筋肉がほぐれるため、**関節運動**が行いやすい　○心身ともにリラックスでき、**安眠**をもたらす　○皮膚が清潔になり、雑菌の繁殖防止・**感染症予防**につながる　○皮膚を保湿する　○胃腸のはたらきが活発になり、**排便・排ガス**を促す　○体臭等を防ぎ、良好な対人関係の維持・形成につながる

2. 入浴介助の技法

　入浴介助を行う際には、安全で快適な援助に努めるとともに、利用者のプライバシーについても十分な配慮が必要です。

　利用者それぞれの健康状態や心身状態によって入浴の方法は異なりますが、できる限り利用者自身が行えるところはやってもらい、残存機能の維持・向上を図ります。

■ **入浴介助の留意点**

①準備…○事前に健康状態（**バイタルサイン**など）を観察する　○空腹時・食事直後・飲酒直後の入浴は避ける　○脱衣室・浴室は暖かくしておく（**ヒートショック**の予防）　⇒　②入浴中…○心臓に遠い部位から（**末梢から中枢**（まっしょう）に向けて）湯をかける　○入浴は**短時間**が望ましい　○介助する場合は、できるだけ利用者の身体に近づき、重心を低くする（**ボディメカニクス**の活用）　⇒　③入浴後…○発汗作用によって失われた水分を補給し、**脱水**を防止する

3. シャワー浴

　シャワー浴は、浴槽での入浴が難しい場合や、発汗や失禁などの汚れをすぐに落としたい場合に行います。入浴に比べ、体力の消耗が少ないという特徴があります。利用者が楽に動作を行えるよう、安定のよいシャワーチェアや手すりなどを利用します。

書いて覚えよう！

◆入浴・清潔保持の意義と目的

● 清潔を保つための援助では、単に身体をきれいにするだけでなく、生理的・（ ①＿＿＿＿ ）的・社会的効果を考え、利用者が長年培ってきた生活習慣を継続していけるような援助をする。

■入浴・清潔保持による効果

○気分爽快になり、（ ②＿＿＿＿ ）などの増進をもたらす

○温熱作用や（ ③＿＿＿＿ ）作用により（ ④＿＿＿＿ ）が促進され、疲労回復や褥瘡の予防につながる

○浮力作用により筋肉がほぐれるため、（ ⑤＿＿＿＿ ）が行いやすい

○心身ともにリラックスでき、（ ⑥＿＿＿＿ ）をもたらす

○皮膚が清潔になり、雑菌の繁殖防止・感染症予防につながる

○皮膚を（ ⑦＿＿＿＿ ）する

○胃腸のはたらきが活発になり、（ ⑧＿＿＿＿ ）・排ガスを促す

○体臭等を防ぎ、良好な対人関係の維持・形成につながる

◆入浴介助の技法

準備	○事前に健康状態（（ ⑨＿＿＿＿＿＿＿＿＿ ）など）を観察する ○（ ⑩＿＿＿＿ ）時・食事直後・飲酒直後の入浴は避ける
入浴中	○心臓に遠い部位から（（ ⑪＿＿＿＿ ）から（ ⑫＿＿＿＿ ）に向けて）湯をかける ○介助する場合は、できるだけ利用者の身体に近づき、（ ⑬＿＿＿＿ ）を低くする
入浴後	○発汗作用によって失われた（ ⑭＿＿＿＿ ）を補給し、（ ⑮＿＿＿＿ ）を防止する

用語

バイタルサイン
生命徴候といわれ、一般に、脈拍、呼吸、血圧、体温の４つの指標からなっている。

NOTE

自立に向けた入浴・清潔保持の介護②

重要度　**A**
学習日　／／／

1. 部分浴

　入浴ができないときは、手浴や足浴、陰部洗浄、洗髪などの**部分浴**を行い、身体の清潔を保持します。介護職は常に利用者の**プライバシー**に配慮し、必要に応じてスクリーンやカーテンなどを使用します。

①足浴…足浴は、足を清潔にするだけでなく、全身の**血行が促進**され、身体が温まってリラックスした状態になることから、**安眠**の効果も期待できる。

②手浴…手は細菌などで汚染されやすく、手指に**関節拘縮**などがある場合は汚れも溜まりやすいため、こまめな手浴で清潔保持に努める。手浴には、関節リウマチによる関節拘縮の予防や症状の緩和などの効果がある。手浴は、座位が可能であれば**端座位**の姿勢で行うのが望ましいが、ベッド上で行う場合は上体を起こす。

③陰部洗浄…陰部は、不潔になりやすく、炎症も起こしやすい部位なので、汚れや汚臭を取り除いて清潔を保ち、**感染症**などを予防する。また、女性の場合は、尿路感染症や性器への感染防止のため、**前から後ろ（恥骨部から肛門）** に向かって洗う。

④洗髪…汚れを取り除くとともに、頭皮を適度に刺激することで血行を促進し、爽快感をもたらす。

2. 清拭（全身清拭）

　全身清拭には、垢や汚れを取り除き皮膚を清潔に保つことのほか、皮膚を刺激することで血行や新陳代謝を促し、褥瘡や筋萎縮を防ぐ効果が期待できます。介護職は、利用者の羞恥心に十分配慮しながら、利用者の全身の状態をさりげなく観察し、異常がみられる場合は速やかに医療職へ報告します。

■ 清拭の介助の留意点

○日中の暖かい時間帯を選び、適度な室温にする　○食事の直後は避け、排泄は済ませておく　○安楽な体位で、疲労させないよう手際よく行う　○**50〜55℃**程度の湯を準備し、冷感を与えないよう手早く行う　○均等の圧力で連続的に拭き、血行を促す　○**末梢から中枢**（上肢は手先から肩へ、下肢は足先から大腿へ）に向かって、**筋肉の走行に沿って拭く**　○皮膚と皮膚の接するところ（手足の指先や指の間など）は湿潤しやすいので丁寧に拭く　○清拭が終わった部位から乾いたタオルで十分に水分を拭き取る

書いて覚えよう！

◆部分浴

● 入浴ができないときは、手浴や足浴、陰部洗浄、洗髪などの（ ① _____ ） を行い、身体の清潔を保持する。介護職は常に利用者の （ ② _____ ） に配慮し、必要に応じてスクリーンやカーテンなどを使用する。

■部分浴の効果

足浴	足を清潔にするだけでなく、全身の （ ③ _____ ） が促進され、身体が温まってリラックスした状態になることから、 （ ④ _____ ） の効果も期待できる
手浴	手浴には関節リウマチによる （ ⑤ _____ ） の予防や症状の緩和などの効果がある
陰部洗浄	陰部は、不潔になりやすく、炎症も起こしやすい部位なので、汚れや汚臭を取り除いて清潔を保ち、 （ ⑥ _____ ） などを予防する
洗髪	汚れを取り除くとともに、頭皮を適度に刺激することで血行を促進し、 （ ⑦ _____ ） をもたらす

◆清拭（全身清拭）

■清拭の介助の留意点

○ （ ⑧ _____ ） の直後は避け、 （ ⑨ _____ ） は済ませておく

○ （ ⑩ ____ ） ～ （ ⑪ ____ ） ℃程度の湯を準備し、冷感を与えないよう手早く行う

○ （ ⑫ _____ ） から （ ⑬ _____ ） に向かって、 （ ⑭ _____ ） の走行に沿って拭く

確認しよう！

★女性の陰部洗浄では、どちらからどちらに向かって洗う？　⇨ Ⓐ

用語

尿路感染症

腎臓から尿道に至る尿路に起こる感染症の総称で、代表的なものに腎盂腎炎や膀胱炎などがある。女性は男性に比べて尿道が短く、膀胱まで直線的な構造であるため、尿路感染症が起こりやすい。

NOTE

レッスン91 利用者の状態に応じた入浴・清潔保持の介護

1. 片麻痺

片麻痺がある利用者は歩行や姿勢保持が不安定になるため、浴室に手すりを設置したり、バスボードなどの福祉用具を活用したりして、安全に入浴できるように支援します。浴槽に入るときも、姿勢を崩して転倒したり溺れたりしないよう、**見守り**が必要です。

■入浴介助の留意点

○浴室内では、介護職は利用者の**患側後方**に立ち、移動介助を行う　○浴槽に入るときは、**健側**の足から入る。浴槽から出るときは、**患側**の足を先に浴槽外に出す
○麻痺や関節拘縮のある利用者には、入浴中に手足の伸縮運動などを無理のない程度に行ってもらう　○浴槽やシャワーの湯温には注意する。湯をかける場合は、**健側**からかける

2. 内部障害

1）心臓機能障害

入浴によって、心臓などの循環機能にできるだけ負担がかからないように支援することが基本となります。**ぬるめ**の湯に入り、長湯はしないようにします。また、浴槽内の水位は**心臓より下**にし、**半身浴**で入浴します。

2）腎臓機能障害

入浴には特に問題はありません。ただし、**血液透析**を行っている場合は、血液透析の**当日**に入浴することは避けます。

3）呼吸器機能障害

入浴による利用者の身体的負担を少しでも減らすように支援することが基本となります。入浴時は酸素の消費量が増えるため、酸素療法を行っている場合は鼻カニューレをつけて酸素を吸入しながら入浴します。**ぬるめ**の湯に入り、長湯はしないようにします。また、浴槽内の水位は**心臓より下**にし、**半身浴**で入浴します。

4）膀胱・直腸機能障害

①**ストーマ**…排泄物の付着等による**皮膚炎**が起こりやすいため、ストーマの周辺は清潔保持に努める。入浴についてはほとんど制限はない。消化管（器）ストーマは、入浴時にストーマ装具を外してもよい。尿路ストーマは、常に尿が出ている状態のため、ストーマ装具を装着したまま入浴する。

②**膀胱留置カテーテル**…**尿路感染**を起こしやすいので、カテーテル挿入部の周囲を清潔に保つ。入浴時には蓄尿袋を外し、尿が流れ出ないようカテーテルにキャップをはめる。

書いて覚えよう！

◆片麻痺

● 片麻痺がある利用者は、浴室に（ ① ）を設置したり、バスボードなどの（ ② ）を活用したりして、安全に入浴できるように支援する。

■入浴介助の留意点

○浴室内では、介護職は利用者の（ ③ ）に立ち、移動介助を行う

○浴槽に入るときは、（ ④ ）側の足から入る。浴槽から出るときは、（ ⑤ ）側の足を先に浴槽外に出す

○湯をかける場合は、（ ⑥ ）側からかける

◆内部障害

■内部障害者の入浴の留意点

心臓機能障害	○（ ⑦ ）の湯に入り、長湯はしない ○浴槽内の水位は心臓より下にし、（ ⑧ ）で入浴する
腎臓機能障害	血液透析を行っている場合は、血液透析の（ ⑨ ）に入浴することは避ける
呼吸器機能障害	○酸素療法を行っている場合は、（ ⑩ ）をつけて酸素を吸入しながら入浴する ○ぬるめの湯に入り、（ ⑪ ）はしない
膀胱・直腸機能障害	○ストーマを造設している場合…排泄物の付着等による皮膚炎が起こりやすいため、ストーマの周辺は（ ⑫ ）に努める ○膀胱留置カテーテルをしている場合…（ ⑬ ）を起こしやすいので、カテーテル挿入部の周囲を清潔に保つ

レッスン **92** 自立に向けた排泄の介護

重要度 **B**

学習日 ／　／　／

1. 排泄の意義と目的

生理的欲求である排泄は、日常生活を健康で快適に過ごすうえで大きな意味をもっており、排泄行為の自立は**社会的自立の重要な条件**(A)であるといえます。

排泄はプライベートな行為であり、それを他人に介助してもらうことは、強い抵抗や羞恥心を伴います。そのため、排泄のコントロールができなくなると失敗を恐れて水分を摂らなくなったり、外出しなくなるなど、利用者の**精神的・社会的活動が不活発になる**ことがあります。介護職は利用者の心理面へも十分に配慮し、排泄関連の**福祉用具**などを活用しながら、利用者の生活リズムに沿った**安全・安楽・安心**な排泄の方法を工夫します。

2. 気持ちよい排泄を支える介護

1）排泄介助を行うにあたって

排泄の介助を行うにあたり、利用者の排泄の自立度がどの程度なのかを把握する必要があります。排泄のコントロールができなくなった場合は、それが一連の動作のどの段階で起きている問題なのか、原因は何なのかなどを見極め、援助の方法を導き出します。

2）排泄介助の基本

排泄の介助では、利用者が気兼ねなく一人で排泄できる環境をつくることが基本となります。一連の排泄行為が安全・安楽・安心で清潔に行えるよう心がけます。

3. 排泄の介助

1）トイレ・ポータブルトイレ

利用者に尿意・便意がない場合は失われた尿意・便意の代わりに、介護職が排泄の時間帯を把握して利用者に排泄を促します。

利用者に尿意・便意がある場合は、環境整備を行い、トイレでの排泄が継続できるように支援します。夜間は、居室等で**ポータブルトイレ**などを使用するのもよいでしょう。

2）尿器・差込便器

差込便器を使用する際は、上半身を起こして**腹圧**を加えやすい体位にし、差込便器の開口部の中央を**仙骨部**に当てて固定します。男性の場合は、尿器も同時に準備します。

3）おむつ

おむつがずり落ちないように、おむつの上端は**腸骨部**に合わせます。また、腹部とおむつとの間には指２本程度の**ゆとり**をもたせます。紙おむつのテープを止めるときは、上のテープはやや**下向き**に、下のテープはやや**上向き**に止めます。

書いて覚えよう！

◆排泄の意義と目的

● 排泄は、日常生活を健康で（ ① ＿＿＿＿ ）に過ごすうえで大きな意味をもっており、排泄行為の自立は（ ② ＿＿＿＿ ）的自立の重要な条件であるといえる。

● 介護職は利用者の心理面へも十分に配慮し、排泄関連の（ ③ ＿＿＿＿＿＿＿＿ ）などを活用しながら、利用者の生活リズムに沿った安全・安楽・安心な排泄の方法を工夫する。

◆気持ちよい排泄を支える介護

● 排泄の介助を行うにあたり、利用者の排泄の（ ④ ＿＿＿＿ ）度がどの程度なのかを把握する必要がある。

◆排泄の介助

トイレ・ポータブルトイレ	○尿意・便意がない場合…介護職が排泄の（ ⑤ ＿＿＿＿＿＿ ）を把握して利用者に排泄を促す ○尿意・便意がある場合…環境整備を行い、（ ⑥ ＿＿＿＿＿ ）での排泄が継続できるように支援する
尿器・差込便器	上半身を起こして（ ⑦ ＿＿＿＿ ）を加えやすい体位にし、差込便器の開口部の中央を（ ⑧ ＿＿＿ ）部に当てて固定する。男性の場合は、（ ⑨ ＿＿＿ ）も同時に準備する
おむつ	おむつがずり落ちないように、おむつの上端は（ ⑩ ＿＿ ）部に合わせる。また、腹部とおむつとの間には指２本程度の（ ⑪ ＿＿＿＿ ）をもたせる

確認しよう！

★排泄行為の自立は、どんなことについての重要な条件だといえる？　⇒ Ⓐ

レッスン**93** 利用者の状態に応じた
排泄の介護

重要度 **B**
学習日 ／／／

1. 尿失禁

1）尿失禁の原因

　尿失禁とは、自分の意思に反して尿が漏れてしまうことをいいます。膀胱の容量不足や尿道括約筋の筋力低下のほか、運動機能や認知機能の低下によりトイレへの移動が困難で間に合わない、排泄に関連した動作や判断ができないことなどが原因となります。

2）尿失禁の予防

　排泄の自立のためには、食事・水分摂取と排泄、睡眠と排泄の関係を把握するとともに、排泄サインを素早くキャッチする、排泄の予測を立てトイレへ誘導するなどのはたらきかけが必要です。

2. 便秘、下痢

1）便秘

　便通は、通常１日１回、多くは朝にみられます。普段と比べて便が硬く、量も少なく、排便回数が減少し、排便困難がある状態のことを**便秘**といいます。

　便秘の予防・改善のためには、できるだけ身体を動かす（腹筋運動やウォーキングなど）、規則的な排便を習慣づける、**１日３食**を規則正しく摂取する、**水分**を十分に摂る、適度に**油**を摂取する、整腸作用がある**食物繊維**や**乳酸菌**を含む食品を多く摂取するように利用者に勧めます。

2）下痢

　下痢とは、便の状態が水または泥状であることをいいます。

　下痢時には、安静にして体力の消耗を防ぎ、腹部を**温め**、痛みを和らげます。消化器に負担のかからない食物を摂ります。番茶や湯ざましなどの水分を少しずつ数回にわたって摂取するように促し、**脱水**の防止に努めます。冷たい飲み物、炭酸飲料、牛乳は避けます。

3. 内部障害

　心臓機能障害のある人は、排便時にいきみすぎると心臓に負担がかかるため、日頃から**便秘予防**を心がけます。

　膀胱留置カテーテルを使用している人は、水分摂取量が少ないとカテーテルが詰まる原因になるため、１日1,500〜2,000mL程度の水分補給を心がけます。また、カテーテルから排出された尿を溜める蓄尿袋は、膀胱よりも**低い**位置に固定します。

　自己導尿を行っている人には、医師の指導を守りながら安全・安楽・安心に実施できるよう、必要に応じて物品の準備や座位の保持の援助を行います。導尿が済んだらカテーテルを適切に処理し、排尿の量・性状などを**記録**します。

書いて覚えよう！

◆尿失禁

● 尿失禁の原因は、膀胱の容量不足や（ [1]　　　　　）
筋の筋力低下のほか、運動機能や（ [2]　　　）機能の低下に
よりトイレへの移動が困難で間に合わない、排泄に関連した動作
や（ [3]　　　）ができないことなどがある。

● 排泄の自立のためには、食事・水分摂取と排泄、睡眠と排泄の
関係を把握するとともに、（ [4]　　　　　　　　）を素早
くキャッチする、排泄の予測を立てトイレへ（ [5]　　　）す
るなどのはたらきかけを行う。

◆便秘、下痢

● 便秘の予防・改善のためには、できるだけ身体を動かす（腹筋
運動やウォーキングなど）、規則的な排便を習慣づける、1日3
食を規則正しく摂取する、（ [6]　　　）を十分に摂る、適度に
油を摂取する、整腸作用がある食物繊維や（ [7]　　　　　）を含
む食品を多く摂取するように利用者に勧める。

● 下痢時には、安静にして体力の消耗を防ぎ、（ [8]　　　）
を温め、痛みを和らげる。番茶や湯ざましなどの水分を少しずつ
数回にわたって摂取するように促し、（ [9]　　　）の防止に
努める。冷たい飲み物、炭酸飲料、牛乳は避ける。

◆内部障害

心臓機能障害	排便時にいきみすぎると心臓に負担がかかるため、日頃から（ [10]　　　）予防を心がける
膀胱留置カテーテル	蓄尿袋は、膀胱よりも（ [11]　　　）位置に固定する
自己導尿	利用者が（ [12]　　　）の指導を守りながら安全・安楽・安心に実施できるよう、必要に応じて物品の準備や（ [13]　　　）の保持の援助を行う

尿道括約筋
尿道の途中にある筋肉で、尿が漏れてしまわないように尿道を閉じる役目を果たしている。

便秘
便秘の改善がみられない場合、看護師などが下剤の投与などを行う。なお、下剤を定期的に用いると、刺激に対する直腸の反応が弱まり、かえって便秘になる危険性が高まる。

胃・結腸反射
起床直後の空腹な状態のときに胃に飲食物を入れると、反射的に便を直腸に送り出すぜん動運動が活発になること。

NOTE

レッスン94　自立に向けた家事の介護①

重要度　A
学習日　／／／

1. 家事の意義と目的

1）家事の意義

　家事は、人が生きていくうえで土台となる行為であると同時に、その手順や方法には暮らしの中で培った生活習慣や価値観が反映されており、利用者が望む生活を実現するための重要な要素にもなっています。

　専門職が行う家事支援では、技術やサービスの提供だけでなく、**個々の多様なニーズに応える支援が必要です**Ⓐ。

2）家事支援と制度

　介護保険制度における家事支援の代表的なサービスには、訪問介護による**生活援助**があります。これは利用者本人の代行的なサービスであり、対象となるのは介護等を要する状態が解消された場合には本人が自身で行うことが基本となる行為です。したがって、商品の販売や農作業等生業の援助的な行為、「直接本人の援助」に該当しない行為、「日常生活の援助」に該当しない行為Ⓑは、生活援助のサービスに含まれません。

> 「直接本人の援助」に該当しない行為とは、利用者の家族のために行う洗濯や調理などのことを指します。また、「日常生活の援助」に該当しない行為とは、草むしりやペットの世話などのことを指します。

2. 調理の支援

1）調理の支援に必要な視点

　食事の援助には、買い物、調理、配膳・下膳、食事介助などがあります。調理の支援に必要な視点としては、嗜好の傾向、栄養のバランス、摂取カロリー、疾患（食事制限など）、体調、利用者の望む食生活像の把握などがあります。

2）調理と栄養素

　調理の目的は、食物を安全でおいしく食べられるように調整することです。利用者が主体的に食事を楽しめるように、個々の心身状況や栄養状態などに配慮した献立・食材を決めることが大切です。

　食物に含まれる栄養素には、**炭水化物、脂質、たんぱく質、ビタミン、無機質**（ミネラル）の5つがあり、**五大栄養素**とよばれています。

■五大栄養素の主なはたらき

○体温維持や活動の**エネルギー源**となる（熱量素）⇨炭水化物、脂質、たんぱく質
○身体の**組織**をつくり、**成長**を促す（構成素）⇨脂質、たんぱく質、無機質Ⓒ
○身体の機能を**調整する**Ⓓ（調整素）⇨ビタミン、無機質

書いて覚えよう！

用語

生活援助
身体介護以外の援助をいい、利用者が単身、もしくは家族が障害・疾病などのため、本人や家族が家事を行うことが困難な場合に行われる。

◆家事の意義と目的

● 家事は、人が生きていくうえで（ ①　　　　　）となる行為であると同時に、その手順や方法には暮らしの中で培った生活習慣や（ ②　　　　　）が反映されており、利用者が望む生活を実現するための重要な要素にもなっている。

● 専門職が行う家事支援では、技術やサービスの提供だけでなく、個々の多様な（ ③　　　　　）に応える支援が必要である。

● 介護保険制度における家事支援の代表的なサービスには、訪問介護による（ ④　　　　　）がある。

■生活援助の内容

生活援助 利用者本人の代行的なサービス	✕ 商品の販売や農作業等生業の援助的な行為 ✕「直接（ ⑤　　　　）の援助」に該当しない行為 ✕「日常生活の援助」に該当しない行為

● 「直接本人の援助」に該当しない行為とは、利用者の（ ⑥　　　）のために行う洗濯や調理などのことを指す。また、「日常生活の援助」に該当しない行為とは、草むしりや（ ⑦　　　　）の世話などのことを指す。

◆調理の支援

● 食物に含まれる栄養素には、（ ⑧　　　　　）、脂質、たんぱく質、（ ⑨　　　　　）、無機質（ミネラル）の5つがあり、五大栄養素とよばれている。

確認しよう！

★専門職が行う家事支援では、どのような支援が必要？ ⇨ Ⓐ

★訪問介護による生活援助に含まれない行為は、生業の援助的な行為、「直接本人の援助」に該当しない行為ともうひとつは何？ ⇨ Ⓑ

★身体の組織をつくり、成長を促す3つの栄養素は何？ ⇨ Ⓒ

★ビタミン、無機質の2つの栄養素は、体内で主にどのようなはたらきをする？ ⇨ Ⓓ

NOTE

自立に向けた家事の介護②

重要度 **A**

学習日 ／／／

1. 洗濯の支援

1）洗濯の支援

洗濯には、水を用いる湿式洗濯（水洗い）と有機溶剤を用いる乾式洗濯（ドライクリーニング）があります。

■ 湿式洗濯の支援のポイント

①準備…○素材、色などを確認し、洗濯機使用のものと手洗いのものに分類する
○ひどい**染み**などはあらかじめ落としておく　⇒　②洗濯…○生成りや淡い色合いの衣類は蛍光増白剤が入っていない洗剤を使用する　○風合いの失われやすい繊維や傷みやすいものは、脱水の時間を**短め**にする　⇒　③乾燥…○変色しやすい繊維は**陰干し**にする　⇒　④収納…○アイロンは、表示された温度を守る　○感染症や皮膚障害のある利用者のものは**区別して保管**する A 　○防虫剤は成分の違うものを**併用しない**（ただし、**ピレスロイド系**のものは併用可）

2）染み抜き

染み抜きの際は、染みのついた部分をこすって広げないように注意します。また、薬剤を使用する場合は、目立たない部分で試してから使います。しょうゆ、コーヒーなどの水性の汚れには、**水**をつけて叩きます。襟垢、食べこぼし（油染み）などの油性の汚れは**ベンジン**で叩いて染み抜きをします。

2. 家庭経営、家計管理の支援

1）家庭経営、家計管理の支援

家庭経営とは、日常生活を送る中で心身両面に起こるさまざまな欲求を、消費活動を通じて充足させていく営みを指しています。家庭経営を円滑に行うためには、**家計管理**を適切に行うことが必要です。できるだけ利用者が家庭経営の主体者として携われるように支援していきます。

2）家計の仕組み

家計は、**収入**と**支出**（収支）で構成されます。総務省が行っている「家計調査」によると、高齢無職世帯（世帯主が60歳以上の無職世帯）の家計の主な収入源は**社会保障給付** B です。消費支出が可処分所得を上回っており、主な支出は「**食料**」となっています。

3）消費生活に関するトラブル

昨今では、形を変えた新たな悪質商法や高齢者を狙った詐欺まがい商法など、社会問題となっている販売方法が数多く横行しています。トラブルに巻き込まれたときは、早めに**消費生活センター**に相談することが重要です。また、**クーリング・オフ制度**の対象となるものについては、契約解除に向けた支援も必要となります。

書いて覚えよう！

◆洗濯の支援

● 洗濯には、水を用いる （ ① ） 式洗濯（水洗い）と有機溶剤を用いる （ ② ） 式洗濯（ドライクリーニング）がある。

● 洗濯の際は、生成りや淡い色合いの衣類は （ ③ ） 剤が入っていない洗剤を使用する。風合いの失われやすい繊維や傷みやすいものは、 （ ④ ） の時間を短めにする。

● 乾燥の際は、変色しやすい繊維は （ ⑤ ） にする。

● 収納の際は、アイロンは、表示された （ ⑥ ） を守る。

● 防虫剤は成分の違うものを併用しない（ただし、 （ ⑦ ） 系のものは併用可）。

■染みの性質による染み抜きの方法

> ○しょうゆなどの水性の汚れには、 （ ⑧ ） をつけて叩く
>
> ○襟垢などの油性の汚れは （ ⑨ ） で叩く

◆家庭経営、家計管理の支援

● 家庭経営とは、日常生活を送る中で心身両面に起こるさまざまな欲求を、 （ ⑩ ） 活動を通じて充足させていく営みを指す。

● 家庭経営を円滑に行うためには （ ⑪ ） を適切に行うことが必要だが、できるだけ利用者が家庭経営の （ ⑫ ） として携われるように支援する。

● 消費生活に関するトラブルに巻き込まれたときは、早めに （ ⑬ ） に相談することが重要である。

確認しよう！

★衣類の収納では、感染症や皮膚障害のある人の衣類はどうする？ ⇒ A

★「家計調査」によると、高齢無職世帯の家計の主な収入源は何？ ⇒ B

家計管理
家計の収支や、資産・負債などを管理すること。

可処分所得
実収入から税金、社会保険料などの非消費支出を差し引いた額。手取り収入ともいう。

NOTE

レッスン95 自立に向けた休息と睡眠の介護

重要度　**B**

学習日　／　／　／

1. 睡眠の意義と目的

　睡眠は、心身を休ませ疲労を回復させるだけでなく、新陳代謝や免疫物質をつくるホルモン分泌を促し、良好な健康状態や生活リズムを維持するために欠かせない活動です。睡眠のリズムには個人差がありますが、一般的に高齢者は日中の活動量が少ないことなどから、夜間に**不眠**になるという悪循環に陥りがちです。利用者の生活における睡眠パターンを把握して不眠の原因を探り、それを取り除くことが睡眠介護の基本となります。

2. 安眠のための援助

1) 安眠を促す環境

　質の高い睡眠のためには、睡眠の環境を整えることが大切です。具体的には、季節に合わせた快適な室温・湿度に調節し、話し声や足音、ドアの開閉音、テレビの音など夜間の騒音、雑音は排除します。就寝時はできるだけ暗くしたほうが睡眠ホルモンとよばれる**メラトニン**が分泌され、**安眠**につながります。

2) 日中の過ごし方の工夫

　夜間ぐっすりと眠るためには、規則正しい生活のリズムを整えることが大切です。朝は決まった時間に目を覚まし、日中は適度な疲労を感じる程度の仕事や運動を行うという生活パターンを確立して、夜間の安眠へとつなげていきます。

■安眠への介助の留意点

○朝はカーテンを開け、**日光を浴びる**　○昼寝をする場合は、午後の早い時間帯に**30分程度**とする　○水分はできるだけ**夕方**までに1日の必要量を摂る　○寝る2〜3時間前までには食事を済ませ、就寝前の空腹・満腹状態を避ける　○**覚醒**作用のある**カフェイン**を含む嗜好飲料（コーヒーや紅茶、緑茶など）は避ける　○就寝前の**飲酒**は避ける

3) 入眠への準備

　利用者が、心身ともにリラックスし、穏やかな気持ちで入眠できるように援助するだけでなく、夜間目が覚めたときにも速やかに対処できるよう準備しておきます。利用者が不眠を訴える場合は、就寝前に半身浴や**足浴**を行います。

■入眠の際の留意点

○床につく時間に合わせて、入浴（ぬるめの湯）を済ませておく　○排尿を済ませる。必要に応じて、**ポータブルトイレ**などを準備しておく　○肩や足元が冷えないよう保温に気をつける　○睡眠の妨げになるもの（かゆみや痛み、空腹、満腹など）があれば対処する

書いて覚えよう！

◆睡眠の意義と目的

● 睡眠は、心身を休ませ （ ［1］ ） を回復させるだけでなく、新陳代謝や免疫物質をつくる （ ［2］ ） 分泌を促し、良好な健康状態や （ ［3］ ） を維持するために欠かせない活動である。

◆安眠のための援助

■安眠を促す環境

○季節に合わせた快適な （ ［4］ ） ・湿度に調節する

○夜間の （ ［5］ ） 、雑音は排除する

○就寝時はできるだけ暗くしたほうが睡眠ホルモンの （ ［6］ ） が分泌され、安眠につながる

■日中の過ごし方

○日中は適度な疲労を感じる程度の仕事や （ ［7］ ） を行う

○昼寝をする場合は、午後の早い時間帯に（ ［8］ ）分程度とする

○水分はできるだけ （ ［9］ ） までに1日の必要量を摂る

○寝る2～3時間前までには （ ［10］ ） を済ませる

○覚醒作用のある （ ［11］ ） を含む嗜好飲料（コーヒーや紅茶、緑茶など）は避ける

■入眠への準備

○利用者が不眠を訴える場合は、就寝前に （ ［12］ ） や足浴を行う

○床につく時間に合わせて、 （ ［13］ ） （ぬるめの湯）を済ませておく

○排尿を済ませる。必要に応じて、 （ ［14］ ） などを準備しておく

確認しよう！

★食事は寝る何時間前までに済ませておく？　　⇒ Ⓐ

用語

メラトニン
脳の松果体から分泌されるホルモンの一種で、睡眠促進作用、概日リズムの調整作用がある。

抗ヒスタミン薬
かゆみや花粉症の症状を抑える抗ヒスタミン薬を服用すると、夜間に十分に睡眠をとっても日中に強い眠気を催すので、注意が必要である。

NOTE

レッスン 96 利用者の状態に応じた 休息と睡眠の介護

重要度 **B**

学習日 ／／／

1. 不眠時の対応

　安眠を妨げる要因を取り除いても不眠が改善されない場合は、**医師**から**睡眠薬**を処方してもらいます。睡眠薬は、作用時間の違いにより超短時間型、短時間型、中間型、長時間型 Ⓐ に分けられ、不眠のタイプにより処方される睡眠薬も異なります。

> 睡眠薬は、入眠障害には「超短時間型」が、中途覚醒・早朝覚醒・熟眠障害には「短時間型」「中間型」「長時間型」が処方されるのが一般的です。このうち、中間型や長時間型は効果の持続時間が長く、翌朝まで作用が残ることから、転倒の原因になります。

　服用時は、歩行障害や虚脱状態などの**副作用**が生じることもあるため、介護職は利用者の状態を十分に注意して観察します。

■睡眠薬服用の注意点

○水か白湯で服用する　○医師の指示どおりの**時間**と**量**を守る。勝手に量を増やしたり、服用を止めたりしてはいけない Ⓑ　○介護職の判断で服用を勧めたり、他人の睡眠薬を服用させたりしてはならない

2. 精神障害

　精神障害では、不眠などの**睡眠障害**の訴えがしばしばあり、**睡眠薬**を服用していることも少なくありません。また、症状の**日内変動**や昼夜逆転などがみられ、生活リズムに影響が現れることもあります。このため、医師と相談したうえで、利用者の状態に合った睡眠をとれるように援助していきます。

3. 認知症

　睡眠が昼夜逆転している場合は、なるべく昼間は起きて活動的に過ごせるように、歌や散歩など利用者の好みに合わせた楽しみの時間を設けて精神的な刺激を与えます。また、軽い運動などを取り入れ、できるだけ身体も動かすようにし、良質の睡眠がとれるようにします。

書いて覚えよう！

◆不眠時の対応

● 安眠を妨げる要因を取り除いても不眠が改善されない場合は、

（ ① ） から睡眠薬を処方してもらう。

● 睡眠薬は、一般に入眠障害には「 （ ② ） 型」

が、中途覚醒・早朝覚醒・熟眠障害には「短時間型」

「 （ ③ ） 型」「長時間型」が処方される。

● 睡眠薬の服用時は、 （ ④ ） 障害や （ ⑤ ）

状態などの副作用が生じることもあるため、介護職は利用者の状

態を十分に注意して観察する。

■睡眠薬服用の注意点

○水か （ ⑥ ） で服用する

○医師の指示どおりの時間と （ ⑦ ） を守る

○ （ ⑧ ） の判断で服用を勧めたり、他人の睡眠薬

　を服用させたりしてはならない

◆精神障害

● 精神障害では、 （ ⑨ ） などの睡眠障害の訴えがしば

しばあり、睡眠薬を服用していることも少なくない。また、症状

の （ ⑩ ） や昼夜逆転などがみられ、生活リズ

ムに影響が現れることもある。

◆認知症

● 昼夜逆転している場合は、なるべく （ ⑪ ） は起きて

活動的に過ごせるようにしてもらう。また、軽い （ ⑫ ）

などを取り入れ、良質の睡眠がとれるようにする。

確認しよう！

★睡眠薬は、超短時間型、短時間型、中間型と何型がある？ ⇒ A

★睡眠薬が効かない場合、量を変えて飲んでもよい？ ⇒ B

レッスン97 人生の最終段階における介護①

重要度 **A**

学習日 ／／／

1. 人生の最終段階におけるケア

　厚生労働省の「人生の最終段階における医療・ケアの決定プロセスに関するガイドライン　解説編」（2018〔平成30〕年）によると、人生の最終段階における医療・ケアにおいては、できる限り早期から<u>肉体的苦痛等</u>Ⓐを緩和すること（**緩和ケア**）が重要であると示されています。また、医療・ケアの提供にあたっては、医療行為（または介護）の目的や内容を十分に説明し、本人の同意を得ること（**インフォームド・コンセント**）が大切です。

> 利用者の年齢にかかわらず、本人の意思は事前に確認しておくことが重要です。また、利用者が決定、合意した内容は書面にまとめておきます。なお、医療処置の範囲に関する説明は医療職が行います。

2. 意思決定への支援

1）アドバンス・ケア・プランニング（ACP）

　利用者自らが望む医療・ケアについて、本人が家族等や医療・介護職からなるケアチームと繰り返し話し合い、今後の目標や考え方を明確にし、共有します。このプロセスを**アドバンス・ケア・プランニング（ACP）**といいます。「<u>人生会議</u>Ⓑ」という愛称も定められ、自分の意思を関係者と話し合って確認する点が重要とされています。

2）リビングウィル（事前指示書）

　living（＝生きている）、will（＝意思、遺言）「生前発効の遺言」という意味で、本人の意思が明確なうちに、意思疎通が困難になった場合に行われる医療行為について指示した文書のことです。

3. 人生の最終段階における日常生活の援助

1）身体的側面での援助

　医療職と連携を図りながら、できる限り身体的苦痛をコントロールし、最期まで利用者が望む生活を送ることができるよう援助していきます。

　日常生活における援助では、必要に応じて**体位変換**などを行い、できるだけ苦痛を和らげます。食事はなるべく本人の希望を取り入れ、満足感が得られるように配慮します。

2）精神的側面での援助

　利用者とコミュニケーションを図る中で相手の複雑な胸の内を察し、共感的な姿勢で**傾聴**に努め、できる限り穏やかな気持ちで最期を迎えられるように援助します。また、利用者の手を握る、身体をさするなどの**スキンシップ**を行い、疼痛や不安の緩和を図ります。

NOTE

書いて覚えよう！

◆人生の最終段階におけるケア

● 厚生労働省の「人生の最終段階における医療・ケアの決定プロセスに関するガイドライン　解説編」（2018〔平成30〕年）によると、人生の最終段階における医療・ケアにおいては、できる限り早期から肉体的苦痛等を緩和すること

（（ ① ）） が重要であると示されている。

● 医療・ケアの提供にあたっては、医療行為（または介護）の目的や内容を十分に説明し、本人の同意を得ること

（（ ② ）） が大切である。

◆意思決定への支援

● 自らが望む医療・ケアについて、本人が家族等や医療・介護職からなるケアチームと繰り返し話し合い、今後の目標や考え方を明確にし、共有するプロセスを

（ ③ ） （ACP）という。

● （ ④ ） （事前指示書）とは、本人の意思が明確なうちに、意思疎通が困難になった場合に行われる

（ ⑤ ） について指示した文書のことをいう。

◆人生の最終段階における日常生活の援助

● 必要に応じて （ ⑥ ） などを行い、できるだけ苦痛を和らげる。

● 食事はなるべく本人の （ ⑦ ） を取り入れ、満足感が得られるように配慮する。

確認しよう！

★人生の最終段階における医療・ケアにおいては、できる限り早期から何を緩和することが重要であるとされている？　⇒ A

★アドバンス・ケア・プランニングは、何という愛称が定められている？　⇒ B

レッスン **97** 人生の最終段階における介護②

重要度 **A**

学習日 / / /

1. 危篤時の介護

危篤時の対応は、主に医師や看護師などの医療職が中心となって行いますが、介護職は、利用者が望む最期を迎えられるよう援助するために、次のような点に留意します。

■ 危篤時の介護の留意点

○利用者にとって**安楽**な体位を保持し、呼吸が楽になるよう枕などの位置を工夫する　○**義歯**を装着している場合は窒息予防のために外す　○清潔保持の方法は医師と相談し、利用者の希望を叶えるよう配慮する（定期の入浴は行わない）　○死を迎える場の室温や明るさなどに気を配る　○できるだけ利用者の意識がはっきりしているうちに、親しい人や親戚、知人との面会の機会をもてるように配慮する　○不用意な発言は慎み、死の間際まで優しく言葉をかけ続け、利用者の不安を取り除くよう努める　○容態が急変する可能性もあるため、夜間の巡回など利用者や家族が安心して過ごせるような支援は積極的に行う

2. 家族支援

1）家族への援助

人生の最終段階における介護では、利用者本人だけでなく、その家族も、身近な人を失うことへの不安、悲しみ、憤りを感じているということを忘れてはなりません。介護職は、家族の精神的負担だけでなく、介護量の増加による身体的負担の軽減に努めます。共に過ごした過去への執着、共に生きるはずだった未来への絶望感などを抱えながら、必死で生活している家族の心情を受け止め、利用者と家族の双方が悔いを残すことなく死を迎えられるよう援助します。

2）遺族への援助

利用者本人の人生は死によって終止符が打たれますが、身近な人を失った遺族の悲しみは利用者が亡くなった後も続きます。故人を偲び悲嘆することは自然なことですが、中には深い喪失感により鬱病などの精神疾患を引き起こしてしまうこともあります。故人を巡る共通の思い出をもつ介護職は、遺族に悲しみを共有しているということを伝え、遺族が立ち直っていく過程を精神的に支えていく**グリーフケア**を行うことが大切です▲。

ターミナルケアにかかわった職員が、利用者を看取った後にケアの内容を振り返り、悲しみを共有することを、**デスカンファレンス**といいます。

書いて覚えよう！

◆危篤時の介護

● 危篤時の対応は、主に医師や看護師などの

（①＿＿＿＿＿＿＿） が中心となって行うが、介護職は、

（②＿＿＿＿＿＿＿） が望む最期を迎えられるよう援助する。

■危篤時の介護の留意点

○利用者にとって （③＿＿＿＿） な体位を保持し、呼吸が楽になるよう枕などの位置を工夫する

○義歯を装着している場合は （④＿＿＿＿） 予防のために外す

○清潔保持の方法は医師と相談し、利用者の希望を叶えるよう配慮する（定期の （⑤＿＿＿＿） は行わない）

○死を迎える場の室温や （⑥＿＿＿＿） などに気を配る

○できるだけ利用者の意識がはっきりしているうちに、親しい人や親戚、知人との （⑦＿＿＿＿） の機会をもてるように配慮する

○不用意な発言は慎み、死の間際まで優しく言葉をかけ続け、利用者の （⑧＿＿＿＿） を取り除くよう努める

◆家族支援

● 人生の最終段階における介護では、介護職は、家族の精神的負担だけでなく、（⑨＿＿＿＿＿＿） の増加による身体的負担の軽減に努める。

● 遺族への援助として、介護職は、遺族に悲しみを共有しているということを伝え、遺族が立ち直っていく過程を精神的に支える（⑩＿＿＿＿＿＿） ケアを行う。

確認しよう！

★利用者が亡くなった後、介護職は家族に対してどんなケアをする？　⇒ Ⓐ

用語

グリーフケア
グリーフとは「悲嘆」という意味。利用者が亡くなった後も遺族を支え、遺族が悲しみを乗り越えて新たな生活を送ることができるように支援すること。ビリーブメントケアともいう。

死後のケア（エンゼルケア）
死後硬直が現れる前の1〜2時間の間に、看護師を中心に、介護職も連携して死後のケアを行う。死装束（着物）を左前合わせにしたり、帯紐を縦結びにしたりする。義歯を使用している場合は装着する。

NOTE

介護過程の意義

重要度 **B**
学習日 ／／／

1. 介護過程とは

1）介護過程の基本理解

　介護過程とは、利用者が生活のうえで直面している問題の解決に向けて検討し、計画を立て、実施、評価する一連のプロセスのことです。このプロセスを介護職と利用者が共に踏むことによって、介護職は利用者の抱えている**生活課題**（ニーズ）を**客観的**かつ**科学的**に判断することができ、利用者が望む、よりよい生活の実現に近づけることができます。

　介護過程の最終的な目標は、利用者や家族の**尊厳**を守り、その願いや思いにかなった生活を実現するために、適切な介護サービスを提供することです。利用者の状況などを十分に把握したうえで、「その人らしい日常生活」を理解しておくことが、根拠に基づいた介護の実践と利用者の**自立支援**につながります。

2）介護過程の概要

　介護過程は一般的に、「**アセスメント**」「**計画の立案**」「**援助の実施**」「**評価**」の4つで構成されます。

①**アセスメント**…利用者を援助するうえで必要な情報を**フェイスシート**や**アセスメントシート**などから収集し、専門的な視点から情報を整理・分析することで、利用者が抱える**生活課題**を明らかにする。

②**計画の立案**…明らかになった生活課題を解決するための**目標**や活動の**方向性**を定め、**計画**としてまとめる。

③**援助の実施**…計画に基づいた援助を実施する。

④**評価**…利用者にとって適切な援助が実施されているか**モニタリング**を行い、サービスの提供状況やその効果について評価を行う。なお、新たな生活課題が発見された場合には、**再アセスメント**を行い、必要な修正を行ったうえで、援助を続ける。

2. 介護過程と生活支援の関係性

　援助が必要な人々の生活は**個別性**が高く、目に見える問題に対応していくだけでは質の高い生活を維持することは難しいといえます。アセスメントの段階から利用者の全体像が把握できるよう**多角的・継続的**な情報収集に努め、利用者が望む生活の実現に向け、専門的視点から**生活課題の明確化**を図ります。

　長年介護現場に携わり、多くのケースを見てきた介護職の中には、自らの経験や先入観で利用者の状態を把握し、全体観や客観性に欠けた視点で援助を組み立ててしまうといったケースもみられます。同じような疾患や障害、家族構成であっても、利用者一人ひとりの背景はさまざまであり、生活課題も個別的です。個人の状態に合わせた根拠に基づいた援助を行うためには、適切な介護過程を展開することが必要です。

書いて覚えよう！

◆介護過程とは

● 介護過程とは、利用者が生活のうえで直面している

$\left(\underset{\text{①}}{\qquad\qquad} \right)$ の解決に向けて検討し、$\left(\underset{\text{②}}{\qquad\qquad} \right)$ を立て、

実施、評価する一連のプロセスのことである。

● このプロセスを介護職と利用者が共に踏むことによって、介護

職は利用者の抱えている生活課題（ニーズ）を $\left(\underset{\text{③}}{\qquad\qquad} \right)$

かつ科学的に $\left(\underset{\text{④}}{\qquad\qquad} \right)$ することができ、利用者が望む、

よりよい生活の実現に近づけることができる。

■介護過程の概要

アセスメント	利用者を援助するうえで必要な情報をフェイスシートやアセスメントシートなどから収集し、専門的な視点から情報を整理・分析することで、利用者が抱える $\left(\underset{\text{⑤}}{\qquad\qquad} \right)$ を明らかにする
計画の立案	明らかになった生活課題を解決するための $\left(\underset{\text{⑥}}{\qquad\qquad} \right)$ や活動の方向性を定め、計画としてまとめる
援助の実施	計画に基づいた援助を実施する
評価	利用者にとって適切な援助が実施されているか $\left(\underset{\text{⑦}}{\qquad\qquad} \right)$ を行い、サービスの提供状況やその効果について評価を行う。なお、新たな生活課題が発見された場合には、$\left(\underset{\text{⑧}}{\qquad\qquad} \right)$ を行い、必要な修正を行ったうえで、援助を続ける

（再アセスメント）

◆介護過程と生活支援の関係性

● 個人の状態に合わせた根拠に基づいた援助を行うためには、適

切な $\left(\underset{\text{⑨}}{\qquad\qquad} \right)$ を展開することが必要である。

用語

フェイスシート
利用者に関する本人および家族などの状況を一覧できるようにまとめたもの。

アセスメントシート
利用者氏名、性別、生年月日、現在の利用者の状況、身体的・心理的な問題、ADL・IADL、現在利用しているサービスの有無などの項目が記載されたもの。

NOTE

レッスン99 介護過程の展開

重要度 **A**
学習日 ／／／

1. アセスメント

①**アセスメント**…利用者の主訴（**デマンド**）やADL（日常生活動作）などの必要な情報を収集・分析し、**生活課題**（**ニーズ**）を明確にする一連の作業である。

②**アセスメントの方法**…アセスメントには「**情報収集**」「**情報分析・解釈**」「**生活課題の明確化**」というプロセスが含まれる。

2. 計画の立案

①**計画の種類**…介護保険制度における計画は、**介護サービス計画**（施設サービス計画、居宅サービス計画、介護予防サービス計画）と**介護計画（個別援助計画）** Ⓐ の2つに大別される。介護サービス計画は**ケアプラン**ともいい、利用者にかかわるすべての専門職の計画を統合し、支援全体の方針を決定するものである。一方、介護計画は、介護サービス計画で掲げた目標を実現するために、各専門職がどのように利用者にかかわっていくかを具体的に示したものである。

②**目標設定**…介護計画の作成にあたっては、利用者やその家族と介護職間で協議を行い、生活課題の解決に向けた具体的な**目標**を設定する。目標は、生活課題ごとに目標達成までの**期間**を設ける。目標には、**長期目標**と**短期目標**がある。

③**援助内容の決定**…目標の達成のためにどのような援助が必要かを検討する。

3. 援助の実施

①**援助の実施における基本的視点**…援助の実施では、介護職には、個別性・自己決定の尊重、自立支援と予防のほか、安全・安楽・安心への配慮という視点が求められる。

②**モニタリング**…利用者に提供された各種サービスの**点検・確認**を行う。

③**記録**…客観的な記録から、計画の有効性やサービス内容の妥当性を評価することができる。利用者の状況やニーズがどのように変化していったのかを評価するためには、援助の**実施前**、援助の**実施中**、援助の**実施後**の3段階の記録が必要である。

4. 評価

①**評価の目的**…介護過程は、介護計画に掲げた目標に沿って進められる。提供したサービスが、生活課題の解決や目標達成に向けて効果を上げているかを確認し、計画の妥当性を測ることが評価の目的である。

②**評価の留意点**…評価期間が適切でない、評価資料がない、評価基準がないなどの場合には、目標の達成状況自体が判断できないこともある。

書いて覚えよう！

◆アセスメント

● アセスメントとは、利用者の（ __①__ ）（デマンド）や ADL（日常生活動作）などの必要な（ __②__ ）を収集・分析し、生活課題（ニーズ）を明確にする一連の作業をいう。

■アセスメントのプロセス

「情報収集」 ⇒ 「情報分析・解釈」 ⇒ 「（ __③__ ）の明確化」

◆計画の立案

● （ __④__ ）（ケアプラン）は、支援全体の方針を決定するものであり、（ __⑤__ ）（個別援助計画）は、各専門職がどのように利用者とかかわっていくかを具体的に示したものである。

● 目標は、生活課題ごとに目標達成までの（ __⑥__ ）を設ける。

◆援助の実施

● モニタリングでは、利用者に提供された各種サービスの（ __⑦__ ）・確認を行う。

● 利用者の状況や（ __⑧__ ）がどのように変化していったのかを評価するためには、援助の実施前、援助の実施中、援助の実施後の３段階の（ __⑨__ ）が必要である。

◆評価

● 提供したサービスが、生活課題の解決や目標達成に向けて効果を上げているかを確認し、（ __⑩__ ）の妥当性を測ることが評価の目的である。

確認しよう！

★介護保険制度における計画は、介護サービス計画と何に大別される？　　　⇒ Ⓐ

用語

デマンド
利用者から発せられる主観的な要求を指す。

介護計画（個別援助計画）
障害者総合支援制度においては「個別支援計画」とよばれ、訓練等給付などのサービスごとに作成される。

SOAP方式の記録
記録者と記録を読む者の両方が情報を理解しやすくする記録方法。
S(Subjective)…主観的情報
O(Objective)…客観的情報
A(Assessment)…主観的情報と客観的情報に対する援助者の評価・課題分析
P(Plan)…SOAに基づいた計画作成・必要な修正

NOTE
....
....
....
....
....
....
....
....
....
....
....

介護過程と
チームアプローチ

1. ケアマネジメントと介護過程

　介護保険制度における**ケアマネジメント**_Aは、要介護者や家族が抱える複数の生活課題（ニーズ）と社会資源とを結びつけるための援助技術です。一方、**介護過程**は、利用者が直面している個々の問題を解決するために専門的な方法によって援助する一連のプロセスといえます。

　個々の援助がケアプランに位置づけられた役割を十分に果たすことで、初めて要介護者や家族が抱える生活課題を解決することができます。多職種連携が重要とされる根拠はここにあるのです。ケアマネジメントと介護過程は、それぞれ別個のものとして理解しておきましょう。

①**ケアマネジメント**…総合的な援助の方針を要介護者や関連職種と協議し、**ケアプラン**を作成して、ケアマネジメントを展開する。

②**介護過程**…ケアプランの目標に沿って**介護計画**を作成し、各専門職が個別援助を展開する。

2. チームアプローチにおける介護職の役割

1）観察と連携

　介護職は身のまわりの援助を行うため、利用者の状態の変化に気づきやすい立場にいるといえます。介護職には、**バイタルサイン**のような計測可能な要素だけでなく、利用者のささいな変化であっても医療職への迅速な情報提供に努めることが求められます。

2）援助にかかわる職種の専門性

　利用者の生活には医療・保健・福祉のさまざまな専門職がかかわりをもちますが、生活全般においてアセスメントを行う場合でも、その担当者の専門分野の特徴が強く出るといわれます。例えば、医療職がアセスメントを行うと、利用者の疾病や障害の状態に関する情報分析が多くなり、介護職が行うと、利用者の日常生活をより快適に質の高いものとするための援助に視点が置かれるという具合です。

　こうした専門職ごとの視点の違いは、チームケアとして相乗効果を上げ、**多角的な援助**につながります。しかし、逆に連携が滞った場合は、偏った援助になってしまう恐れもあります。

書いて覚えよう！

◆ケアマネジメントと介護過程

● 介護保険制度におけるケアマネジメントは、要介護者やその家族がもつ複数の生活課題と（［1］＿＿＿＿＿＿＿＿＿）とを結びつけるための援助技術である。

● （［2］＿＿＿＿＿＿＿＿＿）は、利用者が直面している個々の問題を解決するために専門的な方法によって援助する一連のプロセスといえる。

■ケアマネジメントと介護過程

ケアマネジメント	介護過程
総合的な援助の方針を（［3］＿＿＿＿＿＿＿）や関連職種と協議し、ケアプランを作成してケアマネジメントを展開する	ケアプランの目標に沿って介護計画を作成し各専門職が（［4］＿＿＿＿＿＿＿）を展開する

◆チームアプローチにおける介護職の役割

● 介護職は、利用者の状態の（［5］＿＿＿＿＿＿＿）に気づきやすい立場にいるといえる。利用者のささいな変化であっても（［6］＿＿＿＿＿＿＿）への迅速な情報提供に努めることが求められる。

● 利用者の生活にはさまざまな（［7］＿＿＿＿＿＿＿）がかかわりをもつが、生活全般において（［8］＿＿＿＿＿＿＿）を行う場合でも、その担当者の専門分野の特徴が強く出る。

● 専門職ごとの視点の違いは、チームケアとして（［9］＿＿＿＿＿＿＿）効果を上げ、多角的な援助につながる。

確認しよう！

★要介護者に社会資源を結びつけるための援助技術はケアマネジメント？ 介護過程？　⇒

杖の種類
つえ

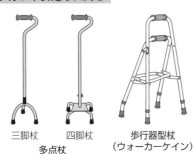

歩行が不安定な人向き

三脚杖　四脚杖
多点杖

歩行器型杖
（ウォーカーケイン）

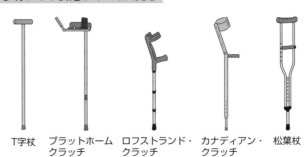

歩行がやや安定している人向き

T字杖　プラットホーム　ロフストランド・　カナディアン・　松葉杖
　　　　クラッチ　　　　クラッチ　　　　　　クラッチ

※握力の弱い人や筋力が低下した人などには、ロフストランド・クラッチやカナディアン・クラッチが向いている。また、関節リウマチ等の疾患により手指・手首で杖を支持することが困難な人には、前腕部などで杖を支持できるプラットホームクラッチが向いている。

主な食中毒の原因菌と予防法

ウエルシュ菌	カレーなどの煮込み料理を**常温放置**することにより、菌が増殖して発生 【主症状】下痢、腹痛など 【予防法】菌（芽胞）は熱に強いので、十分に加熱調理後、**低温保存**
カンピロバクター	生または加熱不十分の**鶏肉**などを介して発生 【主症状】頭痛、めまい、腹痛、下痢、高熱など 【予防法】十分に加熱調理
サルモネラ菌	**鶏卵**とその加工品、鶏肉などの食肉を介して発生 【主症状】下痢、腹痛、急な高熱、嘔吐など 【予防法】鶏卵・肉は十分に加熱調理。鶏卵の生食は新鮮なもののみ
腸炎ビブリオ	**魚介類**や、魚介類を調理したまな板や包丁などを介した二次汚染で発生 【主症状】下痢、腹痛、発熱、嘔吐など 【予防法】魚介類は**真水**（水道水）で十分に洗い、調理直前まで**冷蔵保存**
黄色ブドウ球菌	鼻粘膜や化膿した傷口の中に多く存在。手指を介した二次汚染で発生 【主症状】下痢、腹痛、嘔吐など 【予防法】手指の洗浄、調理器具の**洗浄殺菌**。手荒れや傷がある場合はゴム手袋をするなど、食品に**直接触れない**

※加熱調理は、食品（特に肉料理）の中心部が75℃で1分間以上が目安となる

ビタミン、無機質のはたらき

■主なビタミン

*豚、鶏、牛のレバーを指す

	種類	主なはたらき	多く含まれる食品	欠乏による主な症状
脂溶性ビタミン	ビタミンA	**視力**の調節、成長促進	*レバー、うなぎ	**夜盲症**、ドライアイ
	ビタミンD	**骨**の形成とはたらきに関与 カルシウムの吸収	魚介類、きのこ類	**骨粗鬆症**、骨軟化症
	ビタミンE	酸化防止、老化防止	穀物、緑黄色野菜	歩行失調、位置感覚障害
	ビタミンK	血液凝固に関与、**骨**の形成促進	緑黄色野菜、**豆類**	血液凝固遅延、**骨粗鬆症**
水溶性ビタミン	ビタミンB$_1$	糖質の代謝に関与 消化液の分泌促進	豚肉、レバー	浮腫、**脚気**、食欲不振
	ビタミンB$_2$	アミノ酸、糖質、脂質の代謝に関与	レバー、卵	口唇炎、口角炎
	ビタミンB$_6$	アミノ酸の代謝に関与 皮膚を健康に保つ	レバー、魚介類	貧血、痙攣、**皮膚炎**
	ビタミンB$_{12}$	造血作用	レバー、魚介類	悪性貧血
	ビタミンC	**コラーゲン**の合成	果実、野菜	壊血病、**貧血**、骨の形成不全

■主な無機質

種類	主なはたらき	多く含まれる食品	欠乏による主な症状
カルシウム	**骨**や**歯**の形成、精神安定	牛乳、乳製品、小魚	**骨粗鬆症**
リン	骨や歯の形成 血液中の酸やアルカリの中和	穀類、肉類、魚介類	骨や歯がもろくなる
鉄	**酸素**を体内に運搬	緑黄色野菜、レバー	**貧血**
ナトリウム	神経興奮の伝達 体液の浸透圧の調節	食塩、しょうゆ、みそ	血圧の低下、倦怠感
カリウム	体液の浸透圧やpHの調節	野菜、果実	筋力低下
ヨウ素	成長期の発育促進 成人の基礎代謝を盛んにする	海藻類	甲状腺腫、肥満
マグネシウム	筋肉の収縮や神経伝達、血圧調節などに関与	緑黄色野菜、穀類	骨の形成不全
亜鉛	たんぱく質の合成に関与 インスリンの構成元素	魚介類、肉類	皮膚障害、**味覚障害**
マンガン	骨の生成促進	豆類	骨の発育不全

書いて覚えよう！ の解答

人間の尊厳と自立

レッスン1①・・・・・・・・・・・・・・・・ P17
①利用者　②多面的　③尊厳　④ニーズ
⑤意志　⑥日本国憲法　⑦生活保護

レッスン1②・・・・・・・・・・・・・・・・ P19
①尊厳　②差別　③障害者差別解消　④人
権意識　⑤エンパワメント　⑥生活環境
⑦虐待　⑧連携

人間関係とコミュニケーション

レッスン2①・・・・・・・・・・・・・・・・ P21
①自己覚知　②傾聴　③自己開示　④意思
の疎通　⑤インフォームド・コンセント
⑥コミュニケーション　⑦人間関係

レッスン2②・・・・・・・・・・・・・・・・ P23
①言語　②言葉遣い　③④表情、態度　⑤
身体　⑥視線　⑦盲点部分

レッスン3・・・・・・・・・・・・・・・・・・ P25
①生活歴　②雑音　③物理的雑音　④心理
的距離　⑤パーソナル・スペース

レッスン4・・・・・・・・・・・・・・・・・・ P27
①チームマネジメント　②社会資源　③
フォロワー　④フォロワーシップ　⑤自発
的　⑥OJT　⑦Off-JT　⑧SDS　⑨スー
パーバイジー　⑩スーパービジョン

社会の理解

レッスン5①・・・・・・・・・・・・・・・・ P29
①核家族　②拡大家族　③パーソナリティ
④ケア機能　⑤世帯　⑥コミュニティ　⑦
アソシエーション

レッスン5②・・・・・・・・・・・・・・・・ P31
①少子化　②高齢化　③29.0　④2.6　⑤
7　⑥高齢社会　⑦21　⑧ワーク・ライ
フ・バランス　⑨育児休業

レッスン6①・・・・・・・・・・・・・・・・ P33
①ナショナル・ミニマム　②社会保障制度
③身体障害者福祉法　④老人福祉法　⑤国
民皆保険・国民皆年金

レッスン6②・・・・・・・・・・・・・・・・ P35
①老人保健法　②健康保険法　③介護保険
法　④社会福祉基礎構造改革　⑤措置制度
⑥利用者本位　⑦情報公開

レッスン7①・・・・・・・・・・・・・・・・ P37
①財源　②③社会保険、社会扶助　④強制
加入　⑤世帯　⑥租税　⑦サービス　⑧金
銭　⑨量　⑩国民負担率

レッスン7②・・・・・・・・・・・・・・・・ P39
①基礎年金制度　②3階建て　③自営業者
④公務員　⑤配偶者　⑥政府　⑦折半　⑧
老齢基礎年金

解答

こころとからだのしくみ

解答

発達と老化の理解

主観的幸福感 　⑩適応 　⑪バトラー 　⑫存在

レッスン36① ⋯⋯⋯⋯⋯⋯⋯ P145
①狭窄 　②難聴 　③嚥下 　④下肢 　⑤記憶
⑥尿失禁 　⑦ホルモン 　⑧感染症 　⑨慢性化 　⑩非典型 　⑪フレイル 　⑫歩行速度

レッスン36② ⋯⋯⋯⋯⋯⋯⋯ P147
①注意 　②分散 　③持続力 　④記銘 　⑤長期 　⑥意味 　⑦プライミング

レッスン36③ ⋯⋯⋯⋯⋯⋯⋯ P149
①経験 　②適応 　③情報 　④老性自覚 　⑤適応 　⑥受容 　⑦安楽 　⑧若者 　⑨敵意 　⑩過去

レッスン36④ ⋯⋯⋯⋯⋯⋯⋯ P151
①生活不活発 　②日内変動 　③夜間せん妄 　④無関心 　⑤心気症 　⑥鬱病 　⑦自殺 　⑧老年期心身症

レッスン37① ⋯⋯⋯⋯⋯⋯⋯ P153
①嘔吐 　②活動時 　③頭痛 　④安静時 　⑤脳動脈 　⑥血腫 　⑦人格

レッスン37② ⋯⋯⋯⋯⋯⋯⋯ P155
①ドーパミン 　②姿勢反射 　③筋肉 　④知能 　⑤自律神経 　⑥パーキンソニズム 　⑦上肢 　⑧失調 　⑨舞踏運動 　⑩幻覚 　⑪痙攣 　⑫全般

レッスン37③ ⋯⋯⋯⋯⋯⋯⋯ P157
①変形 　②女性 　③脊椎圧迫 　④こわばり 　⑤歩行 　⑥しびれ 　⑦化膿 　⑧転倒 　⑨肋骨

レッスン38 ⋯⋯⋯⋯⋯⋯⋯ P159
①水晶体 　②視野 　③糖尿病 　④指定難病 　⑤失明 　⑥小さな音 　⑦めまい 　⑧ヒゼンダニ 　⑨夜間 　⑩個室管理

レッスン39 ⋯⋯⋯⋯⋯⋯⋯ P161
①不整脈 　②徐脈 　③頻脈 　④頻脈 　⑤心原性脳塞栓 　⑥チアノーゼ 　⑦右心不全 　⑧増加 　⑨ニトロ製剤 　⑩女性 　⑪30 　⑫非特異的 　⑬喫煙

レッスン40 ⋯⋯⋯⋯⋯⋯⋯ P163
①高熱 　②食欲不振 　③頻呼吸 　④ショック 　⑤増悪 　⑥口腔ケア 　⑦運動時 　⑧喫煙 　⑨肺気腫 　⑩1

レッスン41① ⋯⋯⋯⋯⋯⋯⋯ P165
①ストレス 　②中高年 　③男性 　④3 　⑤ピロリ菌 　⑥女性 　⑦アルコール 　⑧炎症 　⑨早期 　⑩黄疸 　⑪加齢 　⑫胆石

レッスン41② ⋯⋯⋯⋯⋯⋯⋯ P167
①血液 　②20 　③30 　④多い 　⑤する 　⑥A 　⑦良好 　⑧6 　⑨肝炎ウイルス 　⑩肝がん 　⑪肝硬変 　⑫C 　⑬原発性肝 　⑭肝硬変

レッスン42 ⋯⋯⋯⋯⋯⋯⋯ P169
①心不全 　②糖尿病 　③浮腫 　④女性 　⑤頻尿 　⑥尿道 　⑦夜間頻尿 　⑧尿閉 　⑨高齢者 　⑩血尿

レッスン43 ⋯⋯⋯⋯⋯⋯⋯ P171
①更年期障害 　②自己免疫異常 　③女性 　④眼球突出 　⑤甲状腺 　⑥女性 　⑦心不全

解答

認知症の理解

障害の理解

介護の基本

コミュニケーション技術

生活支援技術

拭　⑥直角　⑦逆らう　⑧伸ばす　⑨綿棒
⑩医療職　⑪割れ　⑫入浴　⑬深爪

レッスン83② ・・・・・・・・・・・・・・・・・・・・ P309

①う蝕　②軽　③歯肉　④外　⑤装着　⑥
毎食　⑦空腹時　⑧水　⑨頬部　⑩プライ
バシー　⑪脱健着患　⑫つま先　⑬転倒

レッスン84 ・・・・・・・・・・・・・・・・・・・・ P311

①QOL　②精神　③社会　④福祉用具
⑤心身機能　⑥知覚　⑦片　⑧関節拘縮
⑨ADL　⑩関節可動域　⑪良肢位

レッスン85 ・・・・・・・・・・・・・・・・・・・・ P313

①残存機能　②説明　③ボディメカニクス
④広く　⑤重心　⑥水平　⑦てこ　⑧褥瘡
⑨発赤　⑩湿潤　⑪栄養状態

レッスン86 ・・・・・・・・・・・・・・・・・・・・ P315

①歩行　②姿勢　③空気圧　④ブレーキ
⑤遅　⑥ブレーキ　⑦後ろ向き　⑧身体
⑨自立歩行　⑩下肢　⑪障害　⑫立位　⑬
転倒　⑭リフト

レッスン87 ・・・・・・・・・・・・・・・・・・・・ P317

①患側後方　②患　③健　④健　⑤患　⑥
半歩　⑦反対　⑧肘　⑨背中　⑩背後　⑪
一列　⑫安全　⑬介護職　⑭利用者　⑮介
護職　⑯段差

レッスン88 ・・・・・・・・・・・・・・・・・・・・ P319

①エネルギー　②心理　③食文化　④献立
⑤食器　⑥主体　⑦寝食分離　⑧座位　⑨
だし　⑩薄味　⑪座っ　⑫一口　⑬ADL
⑭自力

レッスン89① ・・・・・・・・・・・・・・・・・・・・ P321

①説明　②姿勢　③口角　④患側　⑤減塩
⑥呼吸器　⑦たんぱく質　⑧油　⑨透析療
法　⑩食材　⑪栄養不足　⑫尿路感染症

レッスン89② ・・・・・・・・・・・・・・・・・・・・ P323

①窒息　②誤嚥性肺炎　③座位　④引い
⑤上体　⑥アイスマッサージ　⑦誤嚥　⑧
水分　⑨脱水　⑩2,500　⑪1,500　⑫たん
ぱく質　⑬バランス

レッスン90① ・・・・・・・・・・・・・・・・・・・・ P325

①心理　②食欲　③静水圧　④血行　⑤関
節運動　⑥安眠　⑦保湿　⑧排便　⑨バイ
タルサイン　⑩空腹　⑪末梢　⑫中枢　⑬
重心　⑭水分　⑮脱水

レッスン90② ・・・・・・・・・・・・・・・・・・・・ P327

①部分浴　②プライバシー　③血行　④安
眠　⑤関節拘縮　⑥感染症　⑦爽快感　⑧
食事　⑨排泄　⑩50　⑪55　⑫末梢　⑬
中枢　⑭筋肉

レッスン91 ・・・・・・・・・・・・・・・・・・・・ P329

①手すり　②福祉用具　③患側後方　④健
⑤患　⑥健　⑦ぬるめ　⑧半身浴　⑨当日
⑩鼻カニューレ　⑪長湯　⑫清潔保持　⑬
尿路感染

レッスン92 ・・・・・・・・・・・・・・・・・・・・ P331

①快適　②社会　③福祉用具　④自立　⑤
時間帯　⑥トイレ　⑦腹圧　⑧仙骨　⑨尿
器　⑩腸骨　⑪ゆとり

国家試験突破を強力サポート

2025年版介護福祉士試験対策書籍

ユーキャンだから効率的に学べる

● 合格に的を絞った内容で学習の負担軽減
● ていねいな解説で理解度アップ！
● 試験直前まで活用できる使いやすさ

出題範囲を効率よくインプット

よくわかる！速習テキスト

しっかり学べる基本書

〔フルカラーテキスト〕
A5判
2024年5月中旬発刊予定

書いて覚える！ワークノート

読んで書いて知識を定着！

〔書き込み式〕
B5判
2024年4月12日発刊

問題演習で実践力UP

よくわかる！過去5年問題集

過去5年分を徹底解説！

〔赤シート付き〕
A5判
2024年5月中旬発刊予定

2025徹底予想模試

本試験をシミュレーション！

〔取り外せる問題冊子〕
B5判
2024年5月中旬発刊予定

2024年2月末現在。書名・発刊日・カバーデザイン等変更になる可能性がございます。

●法改正・正誤等の情報につきましては、下記「ユーキャンの本」ウェブサイト内
「追補（法改正・正誤）」をご覧ください。
https://www.u-can.co.jp/book/information

●本書の内容についてお気づきの点は
・「ユーキャンの本」ウェブサイト内「よくあるご質問」をご参照ください。
https://www.u-can.co.jp/book/faq
・郵送・FAX でのお問い合わせをご希望の方は、書名・発行年月日・お客様のお名前・
ご住所・FAX 番号をお書き添えの上、下記までご連絡ください。
【郵送】〒 169-8682 東京都新宿北郵便局 郵便私書箱第 2005 号
ユーキャン学び出版 介護福祉士資格書籍編集部
【FAX】03-3350-7883
◎より詳しい解説や解答方法についてのお問い合わせ、他社の書籍の記載内容等に関
しては回答いたしかねます。

●お電話でのお問い合わせ・質問指導は行っておりません。

本文キャラクターデザイン なかのまいこ

2025 年版 ユーキャンの介護福祉士 書いて覚える！ワークノート

2014年6月25日 初 版 第1刷発行	編 者	ユーキャン介護福祉士
2015年5月22日 第2版 第1刷発行		試験研究会
2016年6月10日 第3版 第1刷発行	発行者	品川泰一
2017年6月7日 第4版 第1刷発行	発行所	株式会社 ユーキャン 学び出版
2018年4月20日 第5版 第1刷発行		〒 151-0053
2019年4月19日 第6版 第1刷発行		東京都渋谷区代々木 1-11-1
2020年4月17日 第7版 第1刷発行		Tel 03-3378-1400
2021年4月16日 第8版 第1刷発行		
2022年4月15日 第9版 第1刷発行	編 集	株式会社 東京コア
2023年4月14日 第10版 第1刷発行	発売元	株式会社 自由国民社
2024年4月12日 第11版 第1刷発行		〒 171-0033
		東京都豊島区高田 3-10-11
		Tel 03-6233-0781 （営業部）

印刷・製本 シナノ書籍印刷株式会社